Medusa

Thomas de Quincey
Bekenntnisse eines englischen Opiumessers

Medusa

Titel des englischen Originals:
The Confessions of an English Opium-Eater
Übersetzung aus dem Englischen von Peter Meier
Vorwort von Roland Fischer, aus dem
Englischen von Brigitte Adler
Herausgegeben mit einem Nachwort von Wolfgang Wicht
Illustrationen aus Piranesis Carceri

ISBN 3-88602-305-2

Umschlaggestaltung: Birgit Jürgenssen
Herstellung: Franz Hanns
Druck und Bindung: Wiener Verlag, Himberg
Printed in Austria

Vorwort

Den Sinn der einzelnen Wörter und Sätze eines Textes kann man erst verstehen, wenn man den Sinn des Textes als Ganzes versteht. Zu einem Verständnis des Gesamttextes gelangt man jedoch nur über das Verständnis der einzelnen Teile. Pascal drückt dieses Paradoxon in folgendem Aperçu aus: »Du suchtest mich nicht, wenn Du mich nicht gefunden hättest.« Um aus diesem Circulus vitiosus herauszukommen, benutzt die Hermeneutik den Begriff des Vorverständnisses, der die Lebenserfahrung und Einsicht ausdrückt, die der Leser für die Interpretation eines Textes mitbringt (Coreth). Der Leser sucht jedoch, nach Ricoeur, nicht nur nach dem, was hinter dem Text verborgen ist, sondern auch nach dem, was sich an seiner Oberfläche offenbart. Auf diese Weise an einen Text heranzugehen, ihn so zu verstehen, heißt, von seinem Bedeutungsinhalt zu seinen Bezügen zu gelangen, von dem, was er aussagt, zu dem, was er über eine mögliche Welt sagen will.

Es soll versucht werden, das Vorverständnis des Lesers zu vertiefen und de Quinceys Welt begreifbar zu machen, und zwar in einer Weise, in der Erklärung und Verstehen ineinander übergehen. Zwischen den *Bekenntnissen* (Confessiones) des Heiligen Augustinus 354 bis 430), der ersten und berühmtesten Darstellung der Welt des Inneren, und den *Bekenntnissen* des Thomas de Quincey (1785–1859) besteht eine verblüffende Analogie. Bei Augustinus ermöglicht die Religion das, was Freud das »Primärprozeßdenken« nennt, wodurch Literatur überhaupt erst entstehen kann; bei de Quincey ist es das Opium, das dieses frei assoziative, triebgesteuerte, autistische »Wiederaufleben« einer Art des Schauens, wie wir es nur aus der Kindheit kennen, ermöglicht. Religion ist das Opium des Heiligen Augustinus und Opium ist de Quinceys Religion.

Freuds Begriff des Primärprozesses könnte neurophysiologisch übersetzt werden mit affektiv (emotional) bedingte kognitive Aktivität der rechten Hemisphäre der Hirnrinde, die für die räumliche Orientierung der Körperlage, die geometrische Realisierung räumlicher Zusammenhänge und das Erkennen von Reizkonfigurationen wie z. B. Figur – Hintergrund, Tiefe und Gestalt verantwortlich ist. Auf diesem Humus erblühen Träume und gedeihen Halluzinationen (Wachträume); es bedarf jedoch eines kreativen Künstlers, um die nicht-verbalen Bedeutungsschemata in die poetische Sprache erzählender Literatur zu übertragen.

Motiv und Absicht aller *Bekenntnisse* ist die autobiographische Offenbarung, und sie setzt ein hohes Maß an Selbstbewußtheit voraus. Die Rolle des Selbst oder des Subjekts kann mit der eines Parameters in der Mathematik verglichen werden: Man kann sie sich als lokale Invariante denken, die variiert, wenn sie in einem größeren Feld beobachtet wird (Merrell-Wolff). Letzteres schließt die Phänomene des sozialen Lebens ein und entspricht dem Zeitgeist, durch den die Menschen und deren Selbst zu kollektiven Erscheinungen werden (Durkheim).

Das Wort »self« geht dem Oxford English Dictionary zufolge auf das Jahr 1595 zurück; in der französischen Sprache taucht das Wort »moi« zum ersten Mal zur Zeit Montaignes, um 1588, auf. Wenn das »Selbst« ein System innerer Vorstellungen oder »die Sprache des Denkens« ist, dann sollte es, nach Goedel, auch den Grenzen formaler Systeme unterliegen: Widerspruchsfreiheit kann nur auf Kosten syntaktischer Vollständigkeit aufgezeigt werden, syntaktische Vollständigkeit nur auf Kosten von Widerspruchsfreiheit. Daraus folgt, daß unsere Kenntnis des Selbst oder die Selbsterkenntnis unbestimmt und unvollständig sein muß.

Historisch gesehen ist die individuelle Bewußtwerdung oder die Selbstbewußtheit ein sich allmählich entwickelnder Prozeß, der mit Montaigne (1533–1592) einsetzt. Die Literatur spiegelt und erhellt den Bedeutungswandel des Begriffs »consciousness« (aus dem Lateinischen *con-scientia* oder »wissen mit anderen«); seit

1690 bedeutet der Begriff nur mehr »wissen in einem selbst« (Law Whyte).

Während Montaigne das neue Konzept des Selbst einführt, gehen bedeutende Entwicklungen vor sich. Handwerker in Nürnberg und Venedig erfinden flache, nicht verzerrende Spiegel und stellen diese serienmäßig her; die Menschen können sich nun in ihnen betrachten. Die neue Kunst des Selbstportraits, auch eine parallele Entwicklung, ermöglicht es Rembrandt – um nur ein Beispiel zu nennen – 80 Selbstdarstellungen von faszinierender Vielfalt in Körperhaltung, Stimmung und prunkvoller Kleidung zu schaffen. Die Faszination des eigenen Abbildes, des neu entdeckten »Innenlebens« und die Auseinandersetzung mit dem eigenen Ich zwingen die Menschen geradezu, ihre autobiographischen Beobachtungen niederzuschreiben, Eintragungen in ihre Tagebücher zu machen, gewissenhaft Bekenntnisse aufzuzeichnen und sich für die Idee des »Journal intime« zu begeistern. Die *New Cambridge Bibliography of English Literature* (1974) verzeichnet bis 1660 hundertzweiundvierzig Autobiographien (Gusdorf); 1963 gibt Hocke eine umfassende und vollständige Sammlung europäischer Autobiographien und der Tagebücher von Columbus, Dürer, Ignatius von Loyola, Samuel Pepys, Boswell, Lavater, Rousseau, Novalis, Coleridge, Fichte, Byron, Kierkegaard und über hundert weiterer historisch bedeutender Denker heraus.

Thomas de Quincey schrieb sein Tagebuch (1803) in der Ideenwelt der »romantischen Einbildungskraft«, lange bevor er zu einem »regelmäßigen und überzeugten Opiumesser« (1813) wurde. Das Tagebuch ist bereits reich an gefühlsbetonten Träumereien, die auf die Literatur der wiederentdeckten Gotik, mit der de Quincey durchaus vertraut war, und auf seine späteren *Bekenntnisse* hinweisen (Schneider). In den selbstbewußten Autobiographien der Vorgänger de Quinceys ist der Bericht zunächst ein Kommentar zur Biographie, später wird die Biographie zu einem fortlaufenden Kommentar des Berichts, schließlich gehen beide ineinander über und der Text wird zu einem unpersönlichen archetypischen Monolog. Auch de Quincey hat so begonnen: »Viele Jahre meditierte er über seine Träume, dann träumte er über seine Meditationen, und dann wieder machte er eine Synthese seiner Traumerfahrungen« (Hayter).

Die *Bekenntnisse* de Quinceys unterscheiden sich von jenen seiner Vorgänger in zwei wesentlichen Punkten; er bekennt nicht Tatsachen, sondern Träume; und diese Träume stattet er mit der ästhetischen Pracht der Welt der Halluzinationen aus, zu der das Opium Zugang schafft.

Er wollte »die Macht des Opiums verkünden . . . über die großartige und undurchsichtige Welt der Träume«. Die *Bekenntnisse* sind ein autobiographischer Bericht über de Quinceys Traumfahrt und seinen Versuch, ein Meister der Traumprosa zu werden.

Betrachten wir nun de Quinceys Text vor dem sozialen Hintergrund des Autors. Von den zahlreichen Belastungen im persönlichen Bereich, die die *Bekenntnisse* beeinflußt und geformt haben, müssen vor allem de Quinceys finanzielle Not, dann seine Neuralgien und Schmerzen, welche er mit Laudanum, in Alkohol gelöstes Opium (das Aspirin seiner Zeit), bekämpfte, erwähnt werden. Auch ein Einfluß seines Freundes und Vorbildes, Charles Lamb, ist nicht auszuschließen (Kramer), dessen *Bekenntnisse eines Trinkers* 1813 erschienen, dem Jahr, in dem de Quincey zum Opiumesser wurde.

De Quincey war mehr als der Timothy Leary seiner Zeit. Er nahm Opium nicht, um »high« zu werden oder um »auszusteigen«, sondern weil er von Neuralgien und zahlreichen (wahrscheinlich) psychosomatischen Leiden gequält wurde und nur mit Hilfe von Opium in der Lage war, den Lebensunterhalt für seine Familie zu verdienen (1). Er spricht es offen aus: »Daß meine Schmerzen verschwunden waren, wurde in meinen Augen zu einer Kleinigkeit; der negative Effekt wurde von der ungeheuren Größe jener positiven Auswirkungen verschlungen, die sich vor mir in der Unendlichkeit des göttlichen Vergnügens auftaten, das sich mir plötzlich offenbart hatte. Hier gab es ein Allheilmittel . . . das Glück konnte jetzt für einen Penny gekauft und in der Westentasche mitgenommen werden; tragbare Ekstasen konnte man auf Halbliterflaschen abgezogen bekommen, und Seelenfrieden ließ sich mit der Post versenden.«

Die Gefahren der Abhängigkeit wurden von de Quinceys Zeitgenossen vor 1856 nicht erkannt. Erst seit dem Beginn des 20. Jahrhunderts kennt man die drei Stadien der Intoxikation, nämlich Toleranz, Abhängigkeit und Abstinenz (Weil-Malherbe). De Quincey war sich zum Zeitpunkt des Erscheinens der ersten Ausgabe der *Bekenntnisse* im Jahre 1821 seiner Abhängigkeit vom Opium nicht bewußt. Erst 35 Jahre später, in der überarbeiteten Ausgabe, die ungefähr zweieinhalbmal so umfangreich ist wie die erste, warnt er vor den Gefahren der Abhängigkeit (Jordan).

Die Frage, wer für eine Gewöhnung an Opium prädisponiert sei, beantwortet Samuel Grumpe bereits 1793 dahingehend, daß Opium nur über bestimmte Menschen, und zwar in Abhängigkeit von ihrer Konstitution, Macht ausüben kann (Musto).

Diese Frage ist auch heute, zweihundert Jahre später, noch offen und Gegenstand der Diskussion. 1971 nahm der Gebrauch von Drogen, einschließlich Opium und Heroin, durch amerikanische Soldaten in Vietnam nahezu epidemische Ausmaße an. Aufgrund zuverlässiger Forschung – und das ist weithin unbekannt – zeigen die Ergebnisse zur Dauer der Abhängigkeit, daß von den registrierten Männern, die Vietnam im September 1971 verlassen haben, 44% mit narkotisierenden Drogen in Berührung kamen und 20% abhängig wurden. 8 bis 12 Monate nach der Rückkehr in die Vereinigten Staaten war nur noch 1% abhängig, während in den folgenden drei Jahren eine Abhängigkeit bei 2% festgestellt wurde (Robins et al.). Vergleichen wir diese Zahlen mit jenen über die Abhängigkeit von Alkohol: 1970 gab es in den Vereinigten Staaten 80 Millionen Menschen, die Alkohol konsumierten, davon waren schätzungsweise 4½ bis 6 Millionen alkoholsüchtig. Betrunkene Autolenker verursachen alle 20 Minuten einen Verkehrstoten, eine Zahl, die sich im Vergleich mit den Praktiken der Menschenopfer der Inkas sehen lassen kann.

Was erfahren wir von dem überzeugten Opiumesser de Quincey über den Unterschied zwischen einem Alkohol- und einem Opiumrausch? »Während Wein die geistigen Fähigkeiten in Unordnung bringt, stellt Opium (wenn es in richtiger Weise genommen wird) dagegen die hervorragendste Ordnung, Gesetzgebung und Harmonie unter ihnen her.« ... »Dies ist die Lehre der wahren Kirche über das Thema Opium; ich betrachte mich selbst als Papst dieser Kirche (infolgedessen bin ich unfehlbar) ...«

* * *

Woher kommt diese »wunderbare Ordnung ... und Harmonie«, die Opium erzeugt? Opium und andere halluzinogene Drogen (wie LSD, Meskalin, Psylocybin, Haschisch, etc.) können nur »Manifestationen hervorrufen, die potentiell, d. h. gehirnstrukturbedingt, vorhanden sind.« De Quincey drückt es so aus: Wenn ein Mensch, »der nur über Ochsen spricht«, Opium nimmt, so »werden auch seine Träume von Ochsen bevölkert sein.« In der großen Ode *»Dejection«* von Coleridge, die unter Opiumeinfluß entstanden ist, findet sich ein ähnlicher Gedanke: nämlich daß wir nur das empfangen, was schon gegeben ist.

Woraus besteht dieses »Gegebene«, d. h. unser Nervensystem? Maturana, einer unserer interessantesten Neurophysiologen, sagt über das Nervensystem: Es ist ein in sich geschlossenes System; es operiert wie ein Pilot im Cockpit bei Sichtweite Null, dessen Aufgabe beim Instrumentenflug lediglich darin besteht, Zahlenwerte aufrechtzuerhalten und zu regulieren. Diese Werte, so könnte man hinzufügen, beziehen sich auf Flucht oder Kampf, Nahrung, Sex, Schlaf, Verdrängung, Übertragung, Sublimierung etc.

Dieses in sich geschlossene Nervensystem mit seinen Interaktionen mit Selbstbezug (d. h. die Aufrechterhaltung bzw. Regulation von Werten) ist für Energie offen, für Information jedoch ziemlich geschlossen (Ashby); es ist sozusagen gegenüber Information »abgedichtet«. Übersetzt in die Terminologie der Psychologie: Der Begriff der Informationsundurchlässigkeit bezieht sich auf den starren Ablauf und die begrenzte Reichweite des menschlichen Verhaltensrepertoires; eben diese Informationsundurchlässigkeit mag für manche Menschen einer der zwingenden Gründe sein, zu halluzinogenen Drogen zu greifen, um durch diese dem »Gefängnis«, das unser Nervensystem darstellt, zumindest zeitweise zu entfliehen.

Das Nervensystem versucht, während des ›Instrumentenfluges‹ unter dem Einfluß halluzinogener Stoffe eine relative Stabilität und Ordnung von ›Zahlenwerten‹ aufrechtzuerhalten, und zwar durch die »halluzinatorischen Formkonstanten« (Fischer, a).

Was sind denn diese halluzinatorischen Formkonstanten? Klüver beschreibt die durch Meskalin hervorgerufenen halluzinatorischen Phänomene, seine Formkonstanten, als: »a) Gitter, Netz, Mäandermuster, Filigran, Wabenmuster, Schachbrettmuster; b) Spinnengewebe; c) Tunnel, Trichter, Allee, Kegel, Schlauch; d) Spirale«. Sehr viele Phänomene sind bei genauerer Betrachtung lediglich Modifikationen und Transformationen dieser Grundformen. Die Tendenz zu »geometrischen Mustern«, wie sie in diesen Formkonstanten zum Ausdruck kommt, zeigt sich noch auf zwei andere Arten: a) Die Formen werden häufig wiederholt, kombiniert oder zu Mosaiken und Ornamenten ausgearbeitet . . . b) Die einzelnen Elemente dieser Formen, wie z. B. die Quadrate eines Schachbrettmusters haben häufig Grenzen, die aus geometrischen Formen bestehen. Diese Begrenzungen sind manchmal hauchdünne Linien, bei denen man nur schwer unterscheiden kann, ob sie schwarz oder weiß sind. Viele Beobachter haben auf die Feinheit dieser Linien hingewiesen, vor allem Ceroni und Moeller. Moeller drückt es so aus: »Das ›absolut Eindimensionale‹ erscheint als Realität.«

De Quincey beobachtete unter Opiumeinfluß das absolut Eindimensionale und seinen Übergang in ornamentale Realität – er beschrieb es poetisch in seiner *Suspiria de Profundis:* »Auf Dunkelheit gemalte heraldische Motive«. Diese großartige Metapher steht für die Unaussprechlichkeit des Erlebnisses und das Bedürfnis, es dennoch mitzuteilen.

Wir haben Klüvers Beobachtungen – die sich auf Meskalin bezogen – erweitert und finden, daß halluzinatorische Formkonstanten in der Erregungsphase (2) aller Halluzinationen, seien sie drogeninduziert oder natürlich, vorhanden sind.

Das Halluzinatorische wiederum gehört zum Bewußtseinszustand der schöpferischen Erregung – ein Tatbestand, der uns von Rimbaud, dem archetypisch erregten Poeten, ganz besonders nahegelegt wird: »Les hallucinations sont innombrables. C'est bien ce que j'ai toujours eu: plus de foi en l'histoire, l'oubli des principes. Je m'en tairai: poètes et visionnaires seraient jaloux. Je suis mille fois le plus riche, soyons avare comme la mer.«* Halluzinationen sind eben nicht immer ein ominöses Zeichen psychopathologischen Geschehens, und man nehme es mir nicht übel, wenn ich behaupte, daß – analog dem Krieg, der zu wichtig ist, um den Generälen überlassen zu werden – Halluzinationen zu wesentlich sind, als daß man sie ausschließlich den klinischen Psychiatern überließe.

Die halluzinatorischen Konstanzen sind »magische Symbole«, sichtbare oder hörbare Metaphern innerhalb einer Struktur symbolischer Logik und Sprache, der Sprache über- und untererregter halluzinatorischer Zustände, und sie sind das Substrat der Tendenz zu geometrisch-rhythmischer Ornamentik. So sind die Rosettenfenster gotischer Kathedralen wie auch die Mandalas in der religiösen Kunst des Tantra ritualisierte halluzinatori-

* Die Halluzinationen sind unzählbar. So habe ich es immer gehalten: kein Glaube an die Geschichte, keine Prinzipien. Mehr will ich dazu nicht sagen: Dichter und Visionäre wären eifersüchtig. Ich bin der unendlich reichere, seien wir geizig wie das Meer.

sche Formkonstanten. Die Tendenz zum Ornamentalen ist jedoch nicht nur auf visuelle Vorstellungen beschränkt, sondern sie bestimmt auch die Form des poetischen und musikalischen Rhythmus, indem sie ein absolutes Maß setzt und eine Harmonie der halluzinatorischen kreativ-religiösen Zustände bestimmt: Der Rhythmus der Musik, der Lyrik und des Tanzes entspricht dem geometrisch-ornamentalen Rhythmus des visuell-räumlichen Bereiches. Deshalb kann man den manieristischen (Navratil) halluzinatorisch-kreativen Stil in Kunst und Literatur als Projektion und Elaboration der geometrisch-rhythmisch-ornamentalen Struktur halluzinatorischer Erregungszustände betrachten (Fischer, b).

Wichtiger als die halluzinatorischen Formkonstanten waren de Quincey jedoch die Synästhesien, die er unter Opiumeinfluß erlebte. Synästhesien sind Übertragungen von Empfindungen aus einem Sinnesgebiet in ein anderes, eine Farbempfindung wird z. B. in eine Tonempfindung umgesetzt. Phonetische Gegensätze in einem Gedicht können selbst Töne, Farben, Geschmacks- und Geruchsempfindungen hervorrufen. Ein hohes Erregungsniveau – durch Drogen oder auf natürliche Weise verursacht (einschließlich Zustände mystischer Ekstase) – kann die bereits vorhandene »Begabung« zu synästhetischen Empfindungen (Schrader), die de Quincey als Umsetzung von Gedanken und Gefühlen in musikalische Muster erlebte, noch fördern. »Wenn er unter Opiumeinfluß eine Oper hörte, so erlebte er bestimmte Ereignisse aus seiner Vergangenheit als ›musikalische Inkarnationen‹« (3). Für einige seiner Aufsätze, z. B. *Die englische Postkutsche,* verwendete er ganz bewußt die Struktur der Sonate, »die wie die Symphonie in vier Teile gegliedert ist, und die innerhalb der einzelnen Teile die musikalische Form des ersten und zweiten Themas, der Entwicklung, der Rückkehr zum ersten Thema, der Koda, bei wechselnder Tonart aufweist« (Hayter).

Ein weiteres Zurechtrücken von ›Zahlenwerten‹ während des ›Instrumentenfluges‹ des Nervensystems unter dem Einfluß halluzinogener Drogen bezieht sich auf das

Erleben von Zeit und Raum. De Quinceys Traumbilder – besonders in seinem Prosagedicht *Die englische Postkutsche* – können nur wenige Minuten gedauert haben. Die Beschreibung dieser Bilder, unter dem Einfluß des Opiums, vermittelt jedoch den Eindruck einer Zeitlosigkeit, die einen nie endenden Augenblick in sich birgt. Eine solche Beschleunigung des Zeitgefühls – Jahrzehnte und Jahrhunderte scheinen in wenigen Augenblicken zu verfliegen – führt zu einer Überschätzung der Zeit (man käme zu früh zu einer Verabredung). »Die Zeit scheint unendlich langsam zu vergehen, da zwischen zwei deutlich wahrgenommenen Eindrücken ungezählte andere auftauchen . . . die den Menschen durch ihre Anzahl und Vielfalt faszinieren . . . (Sie) scheinen unendlich, und da die Zeit nur gemessen wird, indem man sich ihrer erinnert, wird sie als unendlich erlebt (Bouquet, s. Fischer, c). Wenn Menschen davon sprechen, daß »Stunden wie Sekunden verflogen« oder »eine Sekunde eine Ewigkeit zu dauern schien«, so ist dies kein Widerspruch, da sie damit dieselbe Erfahrung eines Überangebotes an Daten innerhalb einer chronologischen Zeiteinheit ausdrücken wollen. Die durch Datenüberfluß bedingte Erfahrung unendlich extensiver (überschätzter) und intensiver Zeit hat ihre Parallele in der unendlichen Erweiterung des entfernt liegenden Raumes. Über die Erweiterung des Raumgefühls unter Opiumeinfluß sagt de Quincey: »Der Raum schwoll an und wurde zu unaussprechlicher, sich immer wiederholender Unendlichkeit ausgedehnt. Diese Tatsache beunruhigte mich sehr viel weniger als die ungeheure Ausdehnung der Zeit (Abrams).« Die grenzenlose Ausdehnung des Raumes, die de Quincey in der durch Opium bedingten Erregungsphase erlebte, ist auf einen erhöhten Metabolismus, wie er auch bei Fieber auftritt, zurückzuführen (4). Dies erklärt die Parallele zwischen den *Carceri* des Giovanni Battista Piranesi – Radierungen, die Kerker darstellen – und der Architektur von de Quinceys Opiumträumereien. Piranesis Bilder sind aus einem Fieberdelir während eines Malaria-Anfalls (1740) hervorgegangen; de Quincey erkannte in der Architektur der *Carceri* »dieselbe Kraft unendlichen Wachsens und Selbstreproduzierens, wie er sie von den Gebäuden seiner eigenen Opiumvisionen kannte« (Hayter). Wo enden Piranesis kolossale Gewölbe? Wohin führen die zahllosen Treppen und Balkone? Die riesigen gewölbten Räume, wie hoch und weit sie auch sind, gehen in immer noch höhere Gewölbe über. Um jede Treppe führt eine andere Treppe in ein entferntes verborgenes Inneres. Niemals zuvor hat ein Meister der Radierung ähnliches geschaffen. Heute gibt es nur einen Künstler, M. Cornelius Escher, dessen Zeichnungen den Radierungen Piranesis vergleichbar sind (5). Beide Künstler lebten und träumten in der selben paradoxen Welt optischer und begrifflicher Illusion, in einer Welt, in der sie unendliche Vorgänge endlich darstellten.

* * *

> »Der Feind, der deine Struktur ist, zwinge ihn, sich zu offenbaren. Wenn du nicht fähig bist, deine Bestimmung zu verändern, so wirst du nichts als ein gemietetes Apartment gewesen sein.« *(Henry Michaux)*

Wir haben davon gesprochen, daß dem Gebrauch von Drogen der Wunsch zugrunde liegt, der Stereotypie und Begrenztheit des menschlichen (Verhaltens-) Repertoires zu entfliehen. Dieser Wunsch hat seine unbewußten Wurzeln im religiös-ästhetischen Bereich. Ein Musikstück kann unter Einfluß von Opium (oder von anderen Halluzinogenen) sakral anmuten, hört man es jedoch während der täglichen Routine, so mag es profan klingen. Was macht die von Halluzinogenen hervorgerufene Verschmelzung von Objekt und Subjekt, das Erleben von Einheit, so faszinierend? Ist das Erleben von Einheit gleichbedeutend mit der Einsicht, daß wir das Bewußtsein des Universums sind, des Universums, das man selbst ist? Der Wissenschaftstheoretiker Schroedinger sagt in seinem Buch *»Was ist Leben«*, daß eine durch die

Evolution perfektionierte Funktion »aus dem Bewußtsein herausfällt und nicht mehr wahrnehmbar ist«. Sie ist nicht mehr wahrnehmbar, transparent, wie René Daumals Edelstein, der »Peradam«. »Dieser Stein ist so vollkommen durchscheinend und sein Brechungsgrad, trotz der großen Dichte des Kristalls, dem der Luft so ähnlich, daß er vom ungeübten Auge kaum wahrgenommen wird. Jedem Menschen aber, der ihn aufrichtig und aus tiefem Verlangen sucht, offenbart er sich durch den strahlenden Glanz eines Tautropfens«. Opium läßt die Realität durchscheinend werden wie einen Peradam. Aber Opium ist nicht für jeden Menschen. Halluzinogene wie Opium sind eher für introvertierte Menschen geschaffen, während Extravertierte – in Übereinstimmung mit unserer faustischen, handlungsorientierten westlichen Kultur – Alkohol, die Droge des Massenmenschen bevorzugen.

Das Gefühl des Introvertierten, das Bewußtsein des Universums zu sein, mag in der Architektur der Existenz begründet sein: Nur als Beobachter nehmen wir an der Erschaffung des Universums teil und ermöglichen sein Dasein (6). Was könnte es sonst für einen Sinn haben, vom »Universum« zu sprechen, wenn es nicht irgendjemanden gäbe, der darum weiß (Dicke). »Oh Mohammed«, sagte Gott, »gäbe es dich nicht, hätte ich den Himmel nicht erschaffen.«

Von einem anderen Gesichtspunkt aus betrachtet, zeigt sich das Problem des Rausches als romantischer Wunsch nach Schaffung eines disziplinierten Mystizismus (Cooke). De Quincey und Coleridge ist ein starkes Gefühl der Isolation und Abwehr gemeinsam. De Quincey schreibt mehr als eine spannende Geschichte, er schreibt das Evangelium der »wahren Kirche des Opiums«. De Quincey setzt den Zustand des Bewußtseins unter Opium dem gleich, wie er unter »natürlichen«, geschützten Bedingungen in der Kindheit und in prophetischen Träumen auftritt (Freuds Primärprozeß, Jungs mythische Vorstellungen bei Kindern, in Träumen und Trunkenheit). Northrop Frye ist überzeugt, daß de

Quincey durch seine Träume zu einer Verschmelzung mit einer höheren Energie gelangen will. Diese Energie ist zugleich Ursprung und Objekt seiner Berauschung. Das Religiöse in einem Kunstwerk wird durch die Fähigkeit des Künstlers bestimmt, sich mit der religiösen Haltung innerhalb des kreativen Prozesses selbst auseinanderzusetzen und sie auszudrücken. So gesehen enthält echte Kunst immer eine potentiell religiöse Qualität (Dupré). Deswegen laufen sehr viele durchschnittliche, nicht-kreative Menschen, die mit Hilfe von Drogen Transzendenz oder Selbstveränderung suchen und vor der durch Überfluß bedingten kosmischen Langeweile flüchten, Gefahr, einander gegenseitig in ihrem durch Drogen verursachten Größenwahn zu bestärken und letztlich nicht das Nirwana zu erreichen, sondern einen Zustand, der für alle anderen verdächtig nach Wahnsinn aussieht, unabhängig davon, wie sie ihn selbst empfinden. Das Dreieck Drogen, Religiosität, Kreativität ist für den Leser des 19. Jahrhunderts, mit seiner Empfänglichkeit für Pathos, eine höchst romantisch-rhetorische Angelegenheit. »Oh reines, edles, mächtiges Opium!«, hebt de Quincey an und fügt hinzu: »beredtes Opium! Daß du mir mit deiner hohen Redekunst . . .« (de Quincey).

Heute haben nur die wenigen späten Anhänger der »romantischen Einbildungskraft« – die Dichter der Beat-Generation, ganz besonders Allan Ginsberg – und Aldous Huxley den Versuch unternommen, durch Drogen die Tore der Wahrnehmung zu öffnen und die Schranken zum Himmel zu durchbrechen. Ein wichtiger (französischer) Vertreter des 20. Jahrhunderts jedoch, Henry Michaux, ist nicht auf der Suche nach irgendwelchen Paradiesen. In »Connaissances par les Gouffres« (1961) sagt Michaux: »Die Drogen mit all ihren Paradiesen langweilen uns.« Der Dichter und Maler will nicht das Produkt des Denkens, die Ideen, entdecken, sondern den Denkprozeß an sich (ich würde sagen: den abstrakten »Beweg-Grund«). Michaux glaubt nicht an die kreativitätsfördernde Wirkung der Drogen, er billigt ihnen höchstens aufdeckende Eigenschaften zu (Kuhn).

XV

Diese kühle (drogenfreie) Rationalität hat jedoch auch ihre Grenzen, vor allem, wenn wir von der – einer gewissen Logik nicht entbehrenden – Annahme ausgehen, daß sich das Denken wahrscheinlich im Dienste des Überlebens entwickelt hat und deshalb für die Lösung kosmisch wesentlicher Probleme nicht das geeignetste Mittel ist. Michaux' Suche nach rationalem Wissen kann den Leser verwirrt, einsam, stumpf und nachdenklich machen – »der Geist . . . ja, herrlich . . . aber wozu?« (Bowie).

Erinnern wir uns, daß Thomas Shadwell der erste englische Dichter war, dessen Abhängigkeit von Opium überliefert ist. Es ist jedoch für die Einstellung der Neoklassik gegenüber jener der Romantik bezeichnend, daß er wegen seiner Abhängigkeit nur belächelt wurde. Erst mit dem Erscheinen von de Quinceys *Bekenntnisse eines englischen Opiumessers* im Jahre 1822 drang die Droge als etwas mehr als nur ein Mittel gegen Verdauungsstörungen oder Melancholie in das europäische Bewußtsein ein (Freedman). De Quincey war außerordentlich produktiv, und seine ungeheure Vorstellungskraft riß eine ganze Generation mit, die der rationalen, sachlichen Welt der Aufklärung überdrüssig war. Alfred de Musset übersetzte de Quinceys *Bekenntnisse* in die französische Sprache *(L'Anglais mangeur d'opium,* 1828) und schrieb eine Autobiographie, *La Confession d'un enfant du siècle.* Auch Baudelaire übersetzte und übernahm Teile der *Bekenntnisse* in sein *Les Paradis artificiels* (1860), durch das Balzac, Flaubert und Gautier beeinflußt wurden (Jordan).

Und wer sich heute an der Musik Berlioz' berauscht und »high« wird, sollte nicht vergessen, daß der Komponist die *Bekenntnisse* de Quinceys (in der Übersetzung von Musset) kannte und daß die *idée fixe* seiner *Symphonie Fantastique* durch sie stark beeinflußt wurde. De Quinceys Geist – oder besser sein Opium – sowie seine Träume leben in uns fort . . .

Esporles, Mallorca, Spanien *Roland Fischer*

Anmerkungen

(1) De Quincey war weit mehr als der Castaneda seiner Zeit. Während Castanedas stark ausgeschmückter fiktiver Bericht über seine Erfahrungen mit Drogen einer der großartigsten literarischen »Coups« sein mag (Siegel), wird de Quincey durch seine minutiösen Selbstbeobachtungen unter Opiumeinfluß und durch die Magie seiner Prosa zum klassischen Meister aller drogennehmenden Schriftsteller der Vergangenheit und Gegenwart (Coleridge, Baudelaire, Gautier, Poe, Cocteau etc.). De Quincey selbst sagt, der schwindenden äußerlichen Projektion dessen, was innerlich ist, wird Zurückhaltung oder bewußte Hemmung auferlegt, und dem, was vage ist, wird Gehalt verliehen.

(2) Der Begriff *Erregung* oder Reizzustand (das Gegenteil des Dämmerzustandes) beschreibt sowohl Quantität als Qualität und umfaßt Aspekte des Körpers und der Psyche als Einheit.

(3) Lassen Sie mich an dieser Stelle darauf hinweisen, daß die Empfindung von Musik – wie auch von Gebet, Fluch, Traum und Halluzination – eine Funktion der rechten Hirnhemisphäre, d. h. den Primärprozessen zuzuordnen ist. Dagegen wird das rationale, analytische Denken – Freuds »Sekundärprozesse« – bei den meisten Rechtshändern (und bei zwei Drittel der Linkshänder) von der linken Hirnhemispäre gesteuert.

(4) Erhöhte Körpertemperatur steigert den Metabolismus, was zu einer Überschätzung von Zeit und Raum führt; über den Zusammenhang zwischen Körpertemperatur und Zeitschätzung siehe Fischer (c) und (d).

(5) Neben Piranesis Fieber haben natürlich auch andere Einflüsse den Stil der *Carceri* geformt und zu der klaustrophobischen Ausdehnung ihrer Räume geführt. So trug z. B. Giuseppe Galli Bibiena mit seinem bemerkenswerten Buch *Architektur und Perspektive,* das 1740 – Piranesi war gerade 20 Jahre alt – erschien, sehr wesentlich zu ihrer Entstehung bei. Auch ein Einfluß des großen venetianischen Malers Giuseppe Batista Tiepolo ist erkennbar. Der Zeitgeist dieser Epoche war außerordentlich reich an scheinbaren ›Zufällen‹: Piranesi schuf seine *Carceri* mit den sich endlos wiederholenden Windungen eines nichteuklidischen Raumes (1740–1744), in einer Zeit intensiven Interesses an den Überresten und dem Untergang vergangener Zeiten (Jacobs); Girolamo Saccheri widerlegt den fünften »euklidischen« Satz, indem er behauptet, daß sich zwei Parallelen im Unendlichen schneiden (1733) und die Welt aus diesem Grunde nicht endlos oder grenzenlos sei, wie man es 2000 Jahre lang

angenommen hatte. Dann entwickeln zwei Mathematiker, der 21 Jahre alte Ungar Janos Bolyai und der Russe Nikolay Lobachevskiy (1823), gleichzeitig und unabhängig voneinander, die nicht euklidische Geometrie; schließlich gelingt es Riemann in seinem berühmten Vortrag (1864), die Krümmung des Raumes in einer algebraischen Formel auszudrücken (Lanczos). Die Szene ist bereitet für de Quinceys Bilder überschwemmter Städte (der Vergangenheit), Städte, die in der Tiefe versunken sind. Ihr Traumerfinder jedoch blickt durch das klare Wasser aus flackerndem Licht, das sich in den vorbeiziehenden Kräuselwellen bricht. Diese tiefen Strukturen symbolisieren Chomskys Tiefenstrukturen, Durkheims kollektive Repräsentationen, Jungs Archetypen und das Freudsche Unbewußte.

(6) Die Materie wird sich ihres eigenen Wissens bewußt und vergewissert sich ihrer Selbstinterpretation. Die Architektur des *Wissens* ermöglicht dem Universum Existenz durch Selbstreflexion und (partizipierende) Beobachtung.

Anhang

über halluzinogene Drogen, einschließlich des körpereigenen Opiums

Dem aufmerksamen Leser wird unsere ungewöhnliche Klassifizierung halluzinogener Drogen nicht entgangen sein: Es wurde alles in einen Topf geworfen, LSD, Meskalin (aus Peyote), Psilocybin (aus dem ›magischen Pilz‹ der Azteken), Ketamin (das intravenöse Anästhetikum), Phenylcyclidin (oder PCP, ein tranquilisierendes Ketaminderivat für die Veterinärpraxis), Amphetaminderivate (auch aus dem Myristicin der Muskatnuß), Δ^9-Tetrahydrocannabinol (aus Haschisch und Marihuana), bestimmte (anästhesierende) Kortikosteroide, die Opiate und ihre Antagonisten.

Alle oben erwähnten Drogen verursachen Halluzinationen oder Wachtraumzustände, das sind überaus intensive Empfindungen bei gleichzeitiger Hemmung der Willkürmotorik. Dieses ungleiche Verhältnis zwischen Sensorik und Motorik führt zu einer Verminderung und schließlich Blockierung der Fähigkeit, Wahrnehmungen z. B. durch Berührung zu überprüfen; deshalb werden reale Dinge zu nicht verifizierbaren Erscheinungen, d. h. zu Halluzinationen. Was wir »Realität« nennen, war schon für den ungläubigen Thomas eine heikle Angelegenheit. Wie wir wissen, nimmt der Tagträumer, wie auch der ihm verwandte Halluzinierende die Welt »dort draußen« nicht wahr, obwohl seine Augen geöffnet sind. Wahrnehmungen, Träume und Halluzinationen liegen auf einem Kontinuum, einem Kontinuum verminderter Realitätsprüfung, das mit einem allmählich ansteigenden Erregungsniveau einhergeht. Außerdem besteht zwischen Trauminhalt und Erregungsniveau und natürlich auch zwischen Halluzination und Erregungsniveau ein enger Zusammenhang. Interessant ist, daß *alle* halluzinogenen Drogen Schmerzunempfindlichkeit (die Wonne der Schmerzfreiheit) erzeugen und so den Abstand zwischen dem Individuum und der es umgebenden Welt in seiner Bedeutung verringern oder auflösen; dies führt bei manchen Menschen zu einem Gefühl beglückender »Einheit«, bei anderen zu einem Gefühl, als seien sie ›außerhalb ihres Körpers‹. Auch die Schmerzunempfindlichkeit, ein Zustand verminderter Realitätsprüfung, kann als Spezialfall der Depersonalisation betrachtet werden.

Die sogenannten »Euphorika« Morphium, Heroin etc. wie auch ihre narkotisierenden Antagonisten (Pentazocin, Naloxon, Zyklazocin, Naltrexon etc.) haben halluzinogene *und* schmerzlindernde Wirkung. Und, was besonders interessant ist, *alle* halluzinogenen Drogen (die im ersten Abschnitt des Anhangs aufgeführt sind) besitzen einen gemeinsamen chemischen Strukturanteil (2-Aminotetralin, das auch die Phenylethylamin-Struktur enthält). Ausführlichere Information findet sich bei Fischer (e), Fischer-Goldmann und Fertziger-Fischer. Der gemeinsame chemische Strukturanteil halluzinogener Drogen läßt einen gemeinsamen (neurohumoralen) Vermittlungsfaktor vermuten. Dieser Stoff, der vom Körper als Antwort auf halluzinogene Drogen freigesetzt wird, besteht aus körpereigenen Opioiden, den Endorphinen und Enkephalinen. Die feinen Unterschiede in der Wirkungsweise der Halluzinogene sind auf das drogenspezifisch unterschiedliche Verhältnis zwischen bestimmten Wirkungsweisen zurückzuführen: Schmerzlinderung, Euphorisierung, Veränderung des Körperschemas, Ansteigen des Gefälles zwischen Sensorik und Motorik, u. a. Das für jede Droge spezifische Reaktionsmuster kann mit einem Leitmotiv verglichen werden, das auf der Klaviatur unseres Nervensystems gespielt wird, wobei einzelne Saiten durch spezifische pharmakologische Wirkstoffe zum Klingen gebracht werden.

Die überraschende Entdeckung körpereigener opiatähnlicher Peptide bei Lebewesen – von Würmern bis zum Menschen – ist kaum älter als 10 Jahre. Deshalb ist die jüngste umfassende Arbeit von Alethea Hayter *Opium und die Romantische Einbildungskraft* (1968), durch die Entdeckung der Endorphine in gewisser Weise überholt.

Die Geschichte der Endorphine, auch wenn man sie nur kurz zusammenfaßt, wäre der magischen Sprache eines de Quincey würdig. Bei extremen und unerträglichen Schmerzen kann das Gehirn sein eigenes Narkotikum freisetzen. Eine solche Freisetzung erfolgt auch als Antwort auf elektrische Reizung bestimmter Hirnteile (sie wird bei Patienten mit unerträglichen Schmerzen durchgeführt), bei der Akupunktur und nach Verabreichung von Drogen des Diazepam(Valium)-Typus (Emrich et al.). Endorphine haben eine mit den Opiaten verwandte chemische Struktur, und ihre stark schmerzlindernde Wirkung kann durch narkotisierende Antagonisten aufgehoben werden. Endorphine haben auch stark anxiolytische (angstlösende) Wirkung, und ungefähr ein Drittel aller Menschen ist in der Lage, sie in lebensbedrohenden oder besonders streßreichen Situationen freizusetzen. Diese Menschen sind sogenannte »Placebo- oder Zuckerpillentypen«.

Jene, die diese »Placebotypen« schlicht als hysterisch und ihre therapeutische Reaktion auf »Zuckerpillen« als »rein psychologisch« abtun (»das bilden sie sich nur ein«), werden sich wundern, daß diese »Hysteriker« tatsächlich in der glücklichen Lage sind, sich selbst schmerzunempfindlich zu machen, indem sie körpereigene Opiate, die Endorphine, freisetzen. Es ist fast tragikomisch, daß nach all den erhitzten Diskussionen, permissiven und intoleranten Gesetzen und den, unter dem Banner wirtschaftlicher Interessen und der Volksgesundheit ausgetragenen Konflikten und Kriegen um das Opium, sich das Janusgesicht der Problematik des Opiumgebrauches und -mißbrauches zeigt, und wir uns plötzlich alle als Produzenten und Konsumenten von körpereigenen Opiaten sehen. Dazu kommt, daß starke und tapfere Menschen, die Folter ertragen ohne zusammenzubrechen, oder Fakire, die Dinge vorführen, die dem Beobachter ungeheuer schmerzvoll erscheinen, wahrscheinlich solche Individuen sind, die mit der Selbststeuerung ihrer Endorphinausschüttung begabt sind.

Literatur

M. H. Abrams: The Milk of Paradise, Perennial Library, Harper & Row, New York, 1934.

R. V. Ashby: Introduction to Cybernetics, Chapman & Hall, London, 1955.

L. Bersani: A Future for Astyanax and Desire in Literature, Little Brown & Co., Boston, 1976.

M. Bowie, Trajectories of mind in crisis, The Times Literary Supplement October 15, p. 1309, 1976.

M. G. Cooke: in Intoxication and Literature, E. Rhodes Peschel (Ed.), Yale French Studies Nr. 50 (pp. 26–40), Yale University Press, New Haven, 1974.

E. Coreth: Grundlagen der Hermeneutik, Herder, Freiburg-Basel-Wien, 1969.

R. Daumal: Mount Analogue, R. Shattuck (Transl.), Vincent Stuart Ltd., London, 1959.

Th. de Quincey: Collected Writings of Thomas de Quincey, D. Masson (Ed.) 14 Vols., A. & C. Black, Edinburgh, 1889 bis 1890.

R. H. Dicke: Dirac's cosmology and Machs's principle, Nature 192, 440-1 (1961).

L. Dupré: The enigma of religious art, The Review of Metaphysics 29, 27–44 (1975).

E. Durkheim: Individual and collective representations, in Sociology and Philosophy, The Free Press, Glencoe, Illinois, 1953.

H. M. Emrich, M. J. Millan: Stress Reaction and endorphinergic Systems, Journal of psychosomatic research, 26, 101–104, 1982.

A. P. Fertziger, R. Fischer: Interaction between narcotic antagonists (naloxone) and LSD in the rat, Psychopharmacology 54, 313–4 (1977).

R. Fischer: (a) Über das Rhythmisch-Ornamentale im Halluzinatorisch-Schöpferischen, Confinia Psychiatr. (Karger, Basel) 13, 1–25 (1970).

(b)1 Cartography of Inner Space, in Hallucinations; Behavior, Experience and Theory, R. Siegel and J. West (Eds.), Wiley, New York, 1975.

(b)2 Consciousness as Role and Knowledge, in Readings in Abnormal Psychology, Contemporary Perspectives, Harper & Row, New York, 1976.

(b)3 Cartography of Conscious States; Integration of East and West, in Expanding Dimensions of Consciousness, A. A. Sugerman & R. E. Tarter (Eds.), Springer, New York, 1978.

(c) Manipulation of Space and Time through Hallucinogenic Drugs, in LSD – a Total Study, D. V. S. Sankar (Ed.), P. J. D. Publ. Ltd., Westbury, N. Y., 1975.

(d)1 A cartography of the ecstatic and meditative states, Science 174, 897–904 (1971).
(d)2 The Biological Fabric of Time, in Interdisciplinary Perspectives of Time, R. Fischer (Ed.), Annals of the New York Academy of Sciences 138, 367–915 (1967).
(e) A pharmacological and conceptual re-evaluation of hallucinations, Confinia Psychiatr. 17, 143–151 (1974).

R. Fischer, H. Goldman: Therapeutic usefulness of hallucinogenic drugs as a function of their chemical structure, Pharmakopsychiatrie 8, 176–178 (1975).

R. Freedman: Dabblers and addicts, a review of A. Hayter's The Romantic Imagination, New Republic February 22, pp. 30–31 (1969).

K. Goedel: Über formal unentscheidbare Sätze der Principia Mathematica und verwandter Systeme I, Monatshefte f. Mathematik u. Physik 38, 173–198 (1931).

G. Gusdorf: Naissance de la Conscience Romantique au Siècle des Lumières, Payot, Paris, 1976.

A. Hayter: Opium and the Romantic Imagination, University of California Press, Berkeley, 1968.

G. R. Hocke: Das Europäische Tagebuch, Limes, Wiesbaden, 1963.

M. Jacobs: Geometry, spirituality and architecture, Humanitas 7, 291–319 (1971).

J. E. Jordan: Introduction to de Quincey's The Confessions of an English Opium Eater, Everyman's Library 223, J. M. Dent & Sons, London, 1960.

H. Kluever: Mescal (1928) and Mechanism of Hallucinations (1942), Phoenix Books, University of Chicago Press, 1966.

J. C. Kramer: The metapsychology of opium, Journal of Psychoactive Drugs 13, 71–79 (1981).

R. Kuhn: in Intoxication and Literature (see: Cooke).

C. Lanczos: Space through the Ages, Academic Press, London-New York, 1970.

L. Law Whyte: The Unconscious before Freud, Tavistock, London, 1959.

H. Maturana: Cognition, in Wahrnehmung und Kommunikation, P. M. Hejl, et al. (Eds.), Peter Lang, Frankfurt, M. (1978).

F. Merrell-Wolff: The Philosophy of Consciousness without an Object, The Julian Press, New York, 1973.

H. Michaux: in Contribution a la Connaissance des Psychoses Toxiques, Expériences et découvertes du poète Henry Michaux, J. de Ajuriaguerra et F. Jaeggi (Eds.), Sandoz A. G. Basel (sans date).

D. F. Musto: The American Disease; Origins of Narcotic Control, Yale University Press, New Haven and London, 1973.

L. Navratil: Schizophrenie und Kunst, DTV, München, 1965. Schizophrenie und Sprache, DTV München, 1966.

P. Ricoeur: Hermeneutics and the Human Sciences, J. B. Thompson (Ed. & Transl.), Cambridge University Press, Cambridge-London-Paris, 1981.

A. Rimbaud: Une saison en enfer, in Poésies Complètes, présenté par P. Claudel, Gallimard, Paris, 1963.

L. N. Robins, D. H. Davis & D. N. Nurco: How permanent was Vietnam Drug Addiction, Amer. Journ. Publ. Health, Supplement 64, (The epidemiology of drug abuse) 38–110 (1974).

E. Schneider: Coleridge, Opium and Kubla Khan, University of Chicago Press, Chicago, 1953.

L. Schrader: Sinne und Sinnesverknüpfungen, Carl Winter Universitätsverlag, Heidelberg, 1969.

R. K. Siegel: Inside Castaneda's pharmacy, Journ. Psychoactive Drugs 13, 325–332 (1981).

R. Weil-Malherbe: La toxicomanie littéraire en France dans la seconde moitié du XIXe siècle, Doctoral Thesis, University of Maryland, 1970.

Ursprüngliche Einleitung vom Jahre 1822

An den Leser

Ich lege dir, geneigter Leser, hier einen Bericht über einen denkwürdigen Teil meines Lebens vor. Entsprechend der Bedeutung, die ich ihm beimesse, vertraue ich darauf, daß er sich nicht nur als ein interessanter Bericht erweisen, sondern auch in beachtlichem Maße belehrend sein wird. In *dieser* Hoffnung nämlich habe ich ihn aufgezeichnet, und *das* soll auch meine Entschuldigung dafür sein, daß ich jene Schranken feiner Zurückhaltung durchbreche, die uns sonst meist hemmt, unsere Fehler und Schwachheiten vor der Öffentlichkeit auszubreiten.

Schuld und Elend scheuen, von einem natürlichen Instinkt getrieben, die Öffentlichkeit und huldigen der Verborgenheit und der Einsamkeit. Ja, selbst bei der Wahl eines Grabes sondern sie sich manchmal von den übrigen Toten auf dem Kirchhof ab, als ob sie jede Gemeinsamkeit mit der großen Menschheitsfamilie ablehnten. Sie wollen also in allgemein verständlicher symbolischer Sprache (wie Wordsworth es mit ergreifenden Worten ausdrückt)

›Demutsvoll uns zeigen alle Zeit
eine bußbereite Einsamkeit‹.

Es ist letztlich auch gut so und dient uns allen, daß es so ist, und ich selbst beabsichtige keineswegs, solche begrüßenswerten Gefühle geringzuachten. Aber obwohl meine Selbstanklage sich einerseits zu keinem Schuldbekenntnis aufschwingt, brächte solch Bekenntnis andererseits doch möglicherweise Nutzen für andere; denn der Bericht über Erfahrungen, die mit einem so hohen Preis an Leiden und Selbstüberwindung erkauft sind, würde mit riesigem Übergewicht jede Verletzung der genannten Gefühle ausgleichen und den Bruch der allgemeinen Regel rechtfertigen. Schwachheit und Elend bedeuten nicht notwendigerweise Schuld. Sie nähern sich dem Anschein nach solch dunkler Verbindung oder fliehen sie – je nach den vermutlichen Motiven und Zielen des Sünders und nach den offenen oder versteckten Bemäntelungen der Sünde, je nachdem, ob die

Versuchung von Anfang an groß und der Widerstand dagegen – sei es im Tun oder in der Bemühung – bis zum Schluß ernst war. Ohne gegen die Wahrheit oder die Bescheidenheit zu verstoßen, darf ich für mein Teil versichern, daß mein Leben insgesamt das Leben eines Philosophen war. Von Geburt an war ich ein intellektuelles Wesen, und meine Beschäftigungen und Vergnügungen waren schon in meiner Schulzeit von höchst intellektueller Art. Wenn auch das Opiumessen ein sinnlicher Genuß ist und ich bekennen muß, daß ich ihm in einem Maße gefrönt habe, wie es noch von keinem anderen Menschen berichtet wurde, so ist es doch nicht weniger wahr, daß ich mit glühendem Eifer gegen diese Verstrickung ankämpfte und daß ich schließlich erreichte, was man noch von niemandem sonst sagen konnte: jene Kette, die mich einst gefesselt hatte, fast bis zu ihren letzten Gliedern zu lösen. Solche Selbstüberwindung kann wohl jedem Grad von Genußsucht die Waage halten, zumal wenn die Selbstüberwindung unstreitig ist, während man andererseits darüber streiten kann, ob man den Ausdruck ›Genußsucht‹ auch auf die bloße Befreiung von Schmerzen anwenden oder auf den Versuch beschränken sollte, sich überflüssiges Vergnügen zu verschaffen.

Ich kann daher keine Schuld zugeben – und selbst wenn ich es täte, hätte ich mich wohl doch zu diesen Bekenntnissen entschlossen, und zwar im Hinblick auf den Dienst, den ich damit der ganzen Klasse der Opiumesser erweise. Doch wer ist das? Verehrter Leser, ich muß sagen, wirklich eine große Klasse. Davon überzeugte ich mich, als ich vor einigen Jahren die mir direkt oder indirekt bekannten Opiumesser einer kleinen Schicht der englischen Gesellschaft (nämlich der Männer von Talent und Ansehen) zusammenrechnete. Unter ihnen waren zum Beispiel der redegewandte und mildtätige William Wilberforce; Dr. Isaac Milner,[1] der frühere Dekan von Carlisle; der erste Lord Erskine; Mr. ...,[2] der Philosoph; ein früherer Unterstaatssekretär (nämlich Mr. Addington, der Bruder des ersten Lord Sidmouth, der mir mit denselben Worten wie der Dekan von Carlisle das Gefühl beschrieb, das ihn zuerst zum Gebrauch von Opium getrieben hatte: ›mir war, als ob Ratten an meiner Magenwand nagten‹); Samuel Taylor Coleridge – und viele andere, die kaum weniger berühmt waren. Wenn also eine so relativ begrenzte Schicht eine solche Fülle von Beispielen lieferte (und *das* auf Grund einer schnellen und kurzen Nachfrage), dann war es eine natürliche Folgerung, daß die gesamte Bevölkerung Englands schon auf eine erste Nachfrage eine schier unglaublich anmutende Zahl von Beispielen liefern würde. Ich zweifelte jedoch an der Richtigkeit dieser Schlußfolgerung, bis mir einige Tatsachen bekannt wurden, die mich davon überzeugten, daß sie nicht falsch sein konnte. Zwei von ihnen will ich erwähnen. Zunächst versicherten mir drei ehrenwerte Drogisten in weit voneinander entfernten Stadtvierteln Londons, von denen ich gelegentlich kleine Mengen Opium zu kaufen pflegte, daß die Zahl der ›Liebhaber‹, wie ich sie nennen möchte, unter den Opiumessern zu jener Zeit ungeheuer hoch war und daß ihnen die Unterscheidung der Personen, für die das Opium durch die Gewöhnung zur Notwendigkeit geworden war, von solchen, die mit dem Gedanken an Selbstmord Opium kauften, täglich Ärger und Debatten eintrug. Dieses Zeugnis bezog sich jedoch nur auf London. Doch nun zum zweiten (was den Leser vermutlich weit mehr überraschen wird). Als ich vor einigen Jahren durch Manchester kam, berichteten mir mehrere Baumwollfabrikanten, daß sich unter ihren Arbeitern die Gewohnheit des Opiumessens immer mehr verbreitete, und zwar in einem Maße, daß schon am Samstagnachmittag die Ladentische der Drogisten mit Pillen zu ein, zwei oder drei Grain voll lagen, um für die Nachfrage am Abend gerüstet zu sein. Der unmittelbare Anlaß dafür waren die niedrigen Löhne, die es ihnen zu jener Zeit nicht gestatteten, dem Bier oder dem Branntwein zu frönen. Bei einem Steigen der Löhne, so wäre denkbar, könnte diese Gewohnheit ein Ende haben; da ich aber nicht glaube, daß jemand, der einmal den himmlischen Genuß des Opiums kennengelernt hat, dann wieder zu den rohen irdischen Freuden des Alkohols hinabsteigt, halte ich es vielmehr für erwiesen,

›daß jetzt es mancher nimmt, der nie zuvor es aß,
und wer es früher aß, der nimmt jetzt mehr und mehr‹.

Und in der Tat, die faszinierenden Kräfte des Opiums werden selbst von jenen medizinischen Schriftstellern eingeräumt, die seine erbittertsten Feinde sind. Wenn zum Beispiel Awsiter, Apotheker am Greenwich Hospital, in seinem 1763 veröffentlichten ›Essay über die Wirkungen des Opiums‹ es zu erklären unternimmt, warum Mead sich über die Eigenschaften dieser Droge, ihre Gegenmittel und so weiter nicht deutlich genug ausläßt, benutzt er folgende mysteriöse Ausdrucksweise (die allerdings den Eingeweihten völlig verständlich ist): ›Vielleicht hielt er das Thema für zu heikel, als daß es allgemein bekanntgemacht werden sollte, und da dann viele Leute unterschiedslos diese Droge gebrauchen würden, käme ihnen damit die notwendige Furcht und Vorsicht abhanden, ihre ungeheure Kraft zu erproben; *denn sie hat viele Eigenschaften, die – wären sie allgemein bekannt – den Gebrauch zur Gewohnheit machen und die Nachfrage bei uns noch mehr als bei den Türken steigen lassen würden.* Das Resultat solcher Kenntnis‹, fügt er hinzu, ›müßte sich als allgemeines Unglück erweisen.‹ Der Notwendigkeit dieser Schlußfolgerung kann ich keineswegs beipflichten, aber ich werde Gelegenheit haben, im Hauptteil dieses Werkes dazu offener zu sprechen. An dieser Stelle möchte ich nur sagen, daß Opium erstens das einzige *universelle* schmerzstillende Mittel ist, das der Menschheit bisher bekannt wurde; zweitens ist es das einzige schmerzstillende Mittel, das in der weiten Mehrzahl aller Fälle *unfehlbar* wirkt; drittens stellt es das wirksamste aller bekannten Mittel gegen Überreizung der Nerven und gegen den schrecklichen Fluch des *taedium vitae* dar; viertens ist es möglicherweise, nach einem von mir behaupteten glaubwürdigen Argument, das einzige bekannte Mittel gegen die schwere englische Geißel der Lungenschwindsucht – nicht zur Behandlung, wenn sie ausgebrochen ist, sondern zur Vorbeugung, wenn sie auszubrechen droht. Ich sage, daß Opium als Träger dieser vier segensreichen Eigenschaften, ja selbst als Träger nur einer von ihnen – ich sage, daß jedes Mittel, wie es auch heißen mag, das solche hohen Ansprüche erheben kann, sich mit Stolz gegen die gemeine Einordnung und Behandlung wehren darf, die dem Opium in Büchern zuteil wird. Ich sage, daß Opium – oder jedes andere Mittel von solcher Kraft – Anspruch darauf erheben darf, daß es dem Menschen für einen höheren Zweck entdeckt wurde, als ihm ein Ziel zu liefern für moralische Anschuldigungen, die dumm sind, wenn nicht scheinheilig, kindisch, wenn nicht verlogen; als es als aufgeputzte Vogelscheuche für abergläubische Schrecken hinzustellen, woraus häufig folgt, daß menschliche Leiden um ihre einfachste Linderung betrogen werden, und was *bezweckt*, ›ut pueris placeant et declamatio fiant‹.[3]

Im weitesten Sinne bieten sich alle Medikamente und medizinischen Behandlungsmethoden als schmerzstillende Mittel an, das heißt, soweit sie letzten Endes versprechen, das mit körperlichen Krankheiten und Schwächen verbundene Leiden zu lindern. Doch bezeichnen wir im speziellen und gewöhnlichen Sinn jene Mittel nicht als ›schmerzstillende Mittel‹, bei denen die Befreiung von Schmerzen nur die untergeordnete oder unklare Folge der Behandlung des Leidens ist, sondern nur jene, die diese Befreiung bewirken und als ihr *höchstes* und *unmittelbares* Ziel verfolgen. Wenn ein Kind an regelmäßig auftretenden Magenschmerzen leidet, wir ihm ein Stärkungsmittel geben und damit schließlich die Schmerzen beseitigen, würde uns das nicht berechtigen, solche Stärkungsmittel als schmerzstillende Mittel zu bezeichnen, denn die Neutralisation der Schmerzen wäre ein indirekter, natürlicher Prozeß, der sich über Wochen erstrecken könnte. Dagegen bannt ein wirklich schmerzstillendes Mittel (wie zum Beispiel ein halbes Dutzend Tropfen Opiumtinktur oder ein Dessertlöffel eines warmen Carminativums, mit Branntwein vermischt) das Leid des Kindes oft schon in fünf oder sechs Minuten. Zu den wirkungsvollsten schmerzlindernden Mitteln sind Schierling, Bilsenkraut, Chloroform und Opium zu rechnen. Doch zweifellos haben die drei ersten im Vergleich zu Opium nur ein sehr beschränktes Wirkungsfeld. Über alle dem Menschen sonst bekannt gewordenen Mittel hinaus ist Opium das mächtigste, das er besitzt und das ihm gegen die Schmerzen zur Verfügung steht. Es ist soviel mächtiger als alle anderen, daß ich mir vorstellen könnte, man hätte ihm und seiner wohltätigen und schützenden Kraft in einem heidnischen Land – vorausgesetzt, es wäre dort durch praktische Erfahrungen mit seinem umwälzenden Geheimnis bekannt geworden[4] – Altäre und Priester geweiht. Aber darum geht es mir nicht in diesem kleinen Werk. Sehr viele Leute haben dieses Thema gründlich mißdeutet, und ich bitte daher zum Abschluß meiner ursprünglichen Einleitung, die ich hier etwas umgestellt habe, eines sagen zu dürfen: Ich war in diesen Bekenntnissen bemüht, die Macht des Opiums zu verherrlichen – nicht seine Macht über körperliche Krankheiten und Schmerzen, sondern über die großartige und düstere Welt der Träume.

Vorwort

Als feststand, daß im Rahmen dieser Neuveröffentlichungen die ›Bekenntnisse eines englischen Opiumessers‹ den fünften Band bilden sollten, beschloß ich, eine solche Gelegenheit sehr sorgfältig für eine Überarbeitung des gesamten Werkes zu nutzen. Zufällig war ein beträchtlicher Teil der ›Bekenntnisse‹ (praktisch alles außer den ›Träumen‹) ursprünglich hastig geschrieben worden und hatte nie eine gründliche Überarbeitung, sondern *tatsächlich* nur eine gewöhnliche formale Korrektur erfahren. Doch wesentlich mehr war notwendig. Die eigentliche Erzählung hätte sich in natürlicher Weise durch eine Kette von Nebenereignissen bewegen sollen, und die Muße, sie zu berichten, wäre ihr sehr dienlich gewesen. Der Mangel an jeder Gelegenheit, so zu verfahren, hatte die Erzählung unnötig verarmen lassen. Und so hatte sich denn gezeigt, daß nicht die gründliche Korrektur oder gar Streichungen gebraucht wurden, sondern die Ergänzung dessen, was unvollständig geblieben, oder die Ausführlichkeit dessen, was seinerzeit nicht breit genug dargestellt worden war.

Unter diesen Aspekten hätte es nicht schwierig (wenn auch mühsam) sein sollen, das kleine Werk in eine bessere Form zu bringen, und das Ergebnis kann in aller Bescheidenheit zumindest mit dem Beifall seiner früheren Leser rechnen. Wenn man das Buch mit seiner früheren Gestalt vergleicht, muß es zumindest von seiner Absicht her dazu tendieren, besser zu werden, wie immer auch diese Absicht *verwirklicht* wird; und trotz aller Einschränkungen und Vorbehalte in bezug auf die mangelhafte Verwirklichung eines guten Prinzips glaube ich, es *ist* besser. Das wäre schon eine Angelegenheit logischer oder konsequenter Notwendigkeit, denn jeder schon bewährte Gegenstand kann eindeutig nur gewinnen, wenn etwas hinzugefügt wird – er umfaßt jetzt alles, was an dem alten Werk gut war, und daneben einen großen Teil Neues. Indessen wurde diese Verbesserung mit einem Preis an Arbeit und Leiden erkauft, der – könnte man alles wirklich aufzeigen – kaum glaubhaft erschiene.

Eine nervöse Erkrankung ganz besonderer Art, die mich in den letzten elf Jahren immer wieder befiel, trat im vergangenen Mai fast genau zu dem Zeitpunkt auf, als ich mit der Überarbeitung begann. Und diese Krankheit belagerte mich so hartnäckig in lautloser und geradezu untergründiger Weise – denn keines ihrer Symptome manifestierte sich äußerlich –, daß es trotz aller Entschlossenheit, mich nur dieser einen Arbeit zu widmen, sie auch nicht für einen Tag zu unterbrechen oder mich davon zu erholen, in wenigen Tagen sechs Kalendermonate sein werden, die ich für die Umgestaltung dieses einen kleinen Bändchens gebraucht habe.

Die Folgen waren für alle Beteiligten betrüblich. Die Druckerei stöhnte unter der ständigen Heimsuchung, und die Setzer schauderten beim Anblick meiner Handschrift, was man ihnen auch im Hinblick auf deren Lesbarkeit nicht verübeln konnte. Ich habe vor allem Grund zu fürchten, daß ich an den Tagen, an denen der Druck meiner Beschwerden am stärksten war, ihnen soweit nachgegeben habe, daß die Klarheit meines kritischen Blicks getrübt wurde. Manchmal habe ich möglicherweise versteckte oder gar ausdrückliche grobe Schnitzer, Fehldeutungen oder Wiederholungen übersehen. Öfter noch mag es mir durch fehlerhafte Handhabung des Stils und seiner Schattierungen mißlungen sein, die richtige Wirkung zu erzielen. Manchmal kann zum Beispiel eine schwergewichtige oder zu komplizierte Satzanordnung eine Absicht zunichte gemacht haben, die in natürlicher Darstellung bewegend gewirkt hätte. Genauso möglich ist es, daß ich durch unpassende Leichtfertigkeit an anderen Stellen Sympathien bei meinen Lesern verscherzt habe – bei einigen von ihnen oder gar bei allen. Zahllos sind die Gelegenheiten für solche Fehler – das heißt für Fehler, die nicht sofort als solche erkannt werden. Doch selbst im Fall eines eindeutigen Fehlers, der gesehen und erkannt wird, kann er doch nur durch eine plötzliche und energische Handlung beseitigt werden, gleich oder nie – und dann ist die Druckerei vielleicht zwanzig Minuten lang für die Annahme von Änderungswünschen noch geöffnet, danach aber geschlossen und unerbittlich versiegelt. Von solchen Umständen ausgehend, wird der nachsichtige Leser Verständnis für jene Schwäche haben, die lieber freiwillig und bewußt den Irrtum hinnimmt und ihn wissentlich akzeptiert, als daß sie sich der grausamen Anstrengung seiner sorgfältigsten Korrektur gerade zum Zeitpunkt scheußlichen Elends unterzieht, zumal wenn man voraussieht, daß um der erforderlichen Konsequenz willen die erste Korrektur ein halbes Dutzend weitere Korrekturen zur Folge hat. Ich spreche von diesen Dingen nicht im Bewußtsein irgendeines gegen mich zu erhebenden Vorwurfs – meines Wissens gibt es *keinen* solchen. Aber ich benutze den Extremfall des bewußten Irrtums, damit mir läßliche Sünden des Übersehens unter dem Schutz dieser *formalen* Entschuldigung von einem großmütigen Kritiker vergeben werden. Gegen den zermürbenden Angriff andauernder Krankheit anzugehen bedeutet erbitterten Kampf. Ich beabsichtige nicht, diesen Kampf zu beschreiben, denn ich kenne die Unverständlichkeit und Widerwärtigkeit aller Versuche, Unerklärliches zu erklären. Doch der geneigte Leser möge im Fall einer von mir verschuldeten Unterlassung Nachsicht zu üben bereit sein, wenn ich ihrer (für mich unerwartet) bedürfen sollte.

Damit habe ich den Leser mit einem von zwei Hindernissen bekannt gemacht, die meine Bemühungen, dieses kleine Werk zu verbessern, zu durchkreuzen drohten. Es gab indessen noch ein zweites, das ich auch mit größter Mühe kaum überwinden konnte. Ich hatte schon länger darauf gezählt, dem Werk eine krönende Zier aufzusetzen, und zwar hatte ich die letzten Seiten dieses Bändchens für eine Folge von etwa zwanzig oder fünfundzwanzig Träumen und Halluzinationen vorgesehen, die unter dem Einfluß des Opiums in seinem späteren Stadium entstanden waren. Doch sie sind verschwunden – einige von ihnen unter Begleitumständen, die mich ernsthaft hoffen lassen, sie zurückzuerlangen, einige unerklärlicherweise, einige auf unehrenhafte Weise. Fünf oder sechs wurden durch einen plötzlichen Brand vernichtet, der aus dem Funken einer Kerze entstand, der unbeobachtet zwischen einen recht großen Stoß von Papieren in einem Schlafzimmer fiel, als ich allein war und las. Da er nicht *auf*, sondern *zwischen* und *unter* sie fiel, hätte das Feuer bald die Oberhand gewonnen, auf das leichte Holz und die

Bettvorhänge übergegriffen, im Nu die getäfelte Zimmerdecke erfaßt, und das Haus wäre, fern von allen Feuerspritzen, in einer halben Stunde niedergebrannt. Ich wurde erst durch ein plötzliches Licht aufmerksam, das auf mein Buch fiel. Der ganze Unterschied zwischen der völligen Zerstörung des Gebäudes und dem unbedeutenden Verlust von fünf Guineas für verkohlte Bücher war einem großen spanischen Umhang zu danken. Über das Feuer geworfen und dann fest heruntergezogen mit Hilfe einer einzigen Person, die etwas aufgeregt war, aber geistesgegenwärtig blieb, erstickte er den Brand auf wirkungsvolle Weise. Unter den Papieren, die angesengt, aber doch nicht unwiederbringlich verbrannt waren, befand sich die ›Tochter des Libanon‹. Diesen Text habe ich drucken lassen und ihn absichtlich ans Ende des Buches gestellt, um damit den Bericht gebührend abzuschließen, in dem der Fall der armen, ausgestoßenen Ann nicht nur den denkwürdigsten bildete und den wohl erschütterndsten, sondern er war es, der mehr als alle anderen der Gesamtheit der Opiumträume Farbe verlieh oder (so möchte ich es besser ausdrücken) sie gestaltete, formte und umformte, zusammenfügte und auflöste. Die Suche nach den verlorenen Zügen Anns in der Menschenmenge Londons, wovon ich berichtet habe, fand in eigentlichem Sinne jahrelang in meinen Träumen statt. Die allgemeine Idee des Suchens und Nachspürens wiederholte sich in vielen Formen. Die Person, ihre gesellschaftliche Stellung, ihr Alter, die äußere Szene – alles veränderte sich ständig; doch die Hauptlinien blieben immer mehr oder weniger deutlich erkennbar: die Geschichte von einer verlorenen, ausgestoßenen Frau und von einer dunklen Bosheit, die sie von Rettung und Hoffnung zurückhielt oder zurückzuhalten versuchte. Das ist die Erklärung, die ich dafür gebe, warum jener besondere Zusatz – um den sich zu kümmern einige meiner Freunde ermächtigt waren – nicht gänzlich wiedergegeben wurde noch im Augenblick wiedergegeben werden *konnte* und warum der Teil, den ich veröffentlicht *habe*, an der auffallenden Stelle (nämlich als Schlußkapitel) zu finden ist, die er jetzt einnimmt.

November 1856

Bekenntnisse eines englischen Opiumessers

Ich bin oft gefragt worden, wie und durch welche Folge von Schritten ich zum Opiumesser geworden bin. Geschah es langsam, zunächst nur versuchsweise und mißtrauisch, wie man einen abschüssigen Strand in eine immer tiefer werdende See hineingeht, und von Anfang an in Kenntnis der Gefahren, die auf diesem Wege liegen, eigentlich ein bißchen mit ihnen kokettierend, während man ihnen scheinbar die Stirn bietet? Oder geschah es vielmehr in völliger Unkenntnis dieser Gefahren, von gewinnsüchtiger List verleitet? Denn oft ist es so, daß sich die Wirkung von Pastillen gegen Atembeschwerden einzig und allein auf ihren Opiumgehalt gründet, obwohl sie solch verdächtige Verbindung lauthals abstreiten, und diese hinterhältige Tarnung hat schon viele zur Abhängigkeit von einer ihnen bis dahin nicht bekannten Droge geführt, die sie nicht vorhersehen konnten – zur Abhängigkeit von einer Droge, die sie vorher weder dem Namen nach noch vom Sehen kannten. Oft geschieht es daher, daß sie die Kette tiefster Sklaverei überhaupt erst wahrnehmen, wenn sie sich bereits unlösbar um die gesamte körperliche Verfassung geschlungen hat. Oder geschah es schließlich auf dem dritten möglichen Weg (in leidenschaftlicher Vorwegnahme antworte ich schon *›Ja!‹*, bevor die Frage beendet ist), war es ein plötzlicher, übermächtiger Impuls, der körperlicher Qual entsprang? Laut wiederhole ich *›Ja!‹*, laut und unwillig – wie als Antwort auf eine vorsätzliche Verleumdung. Opium war einfach als schmerzstillendes Mittel meine einzige Zuflucht, als mich der größte Schmerz bezwang; und genau dieselbe Qual oder eine ihrer Varianten ist es auch, wodurch die meisten Leute dazu getrieben werden, mit diesem heimtückischen Mittel Bekanntschaft zu schließen. So geschah es also, durch diesen unglücklichen Zufall. Indessen hätte es auch anders gewesen sein können, ohne daß ich mich dessen hätte schämen müssen. Hätte ich schon früher die dieser starken Droge eigenen raffinierten Kräfte erkannt, die (wenn besonnen angewendet) erstens die Kraft haben, alle Erregungen des Nervensystems zu beruhigen, zweitens die Kraft, alle Lustempfindungen zu steigern, drittens die Kraft, bei außergewöhnlichen Anforderungen (vor die alle Menschen zuzeiten gestellt sind) vierundzwanzig Stunden hintereinander die sonst schwindende physische Energie aufrechtzuerhalten – hätte ich all das gewußt oder vermutet, hätte ich unfehlbar mit Opiumessen auf der Suche nach *besonderer* Kraft und *besonderer* Lust, nicht jedoch nach Befreiung von *besonderer* Qual begonnen. Und warum auch nicht? Wenn *das* ein Fehler wäre, wäre es dann nicht derselbe Fehler, den die meisten von uns jeden Tag in bezug auf Alkohol begehen? Dürfen wir denn auch *ihn* nur als Medizin benutzen? Ist Wein unzulässig, wenn er nicht als schmerzstillendes Mittel benutzt wird? Ich hoffe nicht, denn sonst müßte ich heucheln und ein unnormales Zucken in meinem kleinen Finger vorschützen, und damit würde ich, der ich gegenwärtig ein wahrheitsliebender Mensch bin, wie in einer Ovidschen Metamorphose allmählich Zoll um Zoll zum Simulanten. Nein, die gesamte Menschheit betrachtet es als zulässig, Wein zu trinken, ohne die Berechtigung dafür durch ein ärztliches Attest nachweisen zu müssen. Dieselbe Freiheit erstreckt sich aber auch auf den Gebrauch von Opium. Was ein Mensch gerechterweise im Wein suchen darf, darf er gerechterweise ohne Zweifel auch im Opium finden. Das trifft auf die vielen Fälle (zu denen auch der meinige gehört) besonders zu, in denen Opium die physische Verfassung weit weniger beeinträchtigt als die entsprechende Menge Alkohol. Coleridge war daher doppelt im Irrtum, als er sich gestattete, meine angebliche Wollust beim Gebrauch von Opium mit höchst unfreundlichen Hieben zu bedenken: im Irrtum hinsichtlich des Prinzips, und im Irrtum hinsichtlich der Tatsache. Einer seiner Briefe, von dem ich annehmen will, daß er ihn nicht für die Veröffentlichung geschrieben hat, obwohl er veröffentlicht worden ist, lenkt die Aufmerksamkeit des Empfängers auf einen deutlichen Unterschied, der meinen Fall als Opiumesser von seinem eigenen Fall abgrenzen soll. Während er entschuldbar (weil unvermeidlich) der Gewohnheit des Opiumessens – als des einzigen verfügbaren therapeutischen Mittels gegen seine spezielle Krankheit – verfallen sei, müsse ich Elender, der von guten Feen offensichtlich vor allen Schmerzen geschützt wird, in der widerwärtigen Art eines abenteuersüchtigen Wollüstlings, der in allen Ecken nach neuen Vergnügungen sucht, zum Opium gegriffen haben. Coleridge hat in jeder nur möglichen Weise unrecht – in seiner Tatsache und in seiner Theorie, in der kleinen Tatsache und in der großen Theorie. Ich tat nicht, was er mir vorwirft, und wenn ich es getan *hätte*, würde es mich nicht wie einen Bewohner von Sybaris oder Daphne verdammen. Keine Unterscheidung war je so grundlos und eingebildet wie jene, die er zwischen meinen und seinen Motiven zu machen beliebte. Coleridge kann auch nicht durch irgendwelche falschen Informationen zu diesen Behauptungen gelangt sein; denn was meine persönliche Erfahrung angeht, so kann niemand behaupten, besser informiert zu sein als ich selbst. Oder wenn es doch jemanden geben sollte, dann wird er es nicht für zu beschwerlich halten, diese Bekenntnisse von Anfang bis Ende neu zu schreiben und ihre unzähligen Fehler zu korrigieren. Und da gegenwärtig gerade einige Teile der noch unveröffentlichten Abschnitte fehlen, könnte er sie dann freundlicherweise ersetzen – die vielleicht verblaßten Farben auffrischen, die vielleicht ermattete Inspiration wieder entfachen, alle jene Lücken füllen, die sonst wahrscheinlich mein kleines Werk auf die Dauer verunstalten würden? Der Leser, den solche Frage interessiert, wird allerdings feststellen, daß ich (der ich in diesen Dingen nicht nur die beste, sondern die einzige Autorität bin) ohne auch nur den Schatten einer Abweichung immer anders von dieser Angelegenheit berichtet habe. Völlig der Wahrheit entsprechend habe ich dem Leser erzählt, daß es nicht die Suche nach einem Vergnügen, sondern einfach die ungeheure Qual rheumatischer Zahnschmerzen und nichts anderes war, was mich zuerst zum Gebrauch von Opium trieb. Coleridges körperliches Leiden war lediglich Rheumatismus. Was in mir zehn Jahre lang in Abständen tobte, war dagegen Gesichtsrheuma in Verbindung mit Zahnschmerzen. Diese Schmerzen hatte ich von meinem Vater geerbt – oder, besser gesagt, von meiner eigenen hoffnungslosen Unwissenheit, denn eine winzige Dosis von Koloquinthe oder einem ähnlichen Medikament, dreimal wöchentlich eingenommen, hätte mich sicherer als Opium von jenem furchtbaren Fluch befreit.[5] In dieser Unwissenheit, die mich dazu verleitete, die Zahnschmerzen erst zu bekämpfen, nachdem sie herangereift und manifest geworden waren, anstatt bereits gegen ihre Keime und verschiedenen Ursachen anzugehen, folgte ich allerdings der übrigen Welt. Dem Übel schon in den frühen Stadien seiner Herausbildung den Weg zu verlegen wäre die richtige Methode gewesen, wogegen ich in meiner Blindheit das bereits herausgebildete Übel ein wenig zu lindern suchte, als es nicht mehr aufzuhalten war. In diesem Stadium des vollständig herausgebildeten Leidens war ich zufälligem Rat ausgeliefert, und als natürliche Folge geriet ich an Opium – ist es doch das einzige schmerzstillende Mittel, das als solches überall bekannt ist und in dieser wichtigen Funktion allgemein geschätzt wird.

In bezug auf unsere Einführung in den Gebrauch dieser mächtigen Droge befinden sich also Coleridge und ich in genau derselben Lage. Wir sitzen im selben Boot, und selbst engelsgleiche Haarspalterei kann nicht nachweisen, daß der dunkle Schatten, den unsere verschiedenen Sünden auf seinen und meinen Weg geworfen haben sollen, sich auch nur um die Breite einer Stecknadelspitze unterscheidet. Sünde gegen Sünde (wenn es überhaupt Sünde war), Schatten gegen Schatten (wenn diese Sünde wirklich einen Schatten auf das schneeweiße Rund reiner strenger Moral wirft) – auf jeden Fall hätte die Tat bei jedem von uns dieselbe Bedeutung, zählte sie in gleichem Maße als Schuld, würde sie als Vergehen zu derselben Last an Verantwortung führen. Wirklich vergeblich versucht Coleridge, zwischen zwei absolut identischen Fällen zu differenzieren, die sich nur insoweit unterscheiden, als Rheumatismus etwas anderes ist als Zahnschmerzen. Unter Coleridges Bewunderern stand ich immer in der ersten Reihe; um so erstaunter war ich, so oft als Zeuge für seine Sorglosigkeit bei der Behandlung strittiger Fragen und für seine teuflische Ungenauigkeit bei der Wiedergabe von Tatsachen aufgerufen zu werden. Um so stärker fühlte ich auch Coleridges grobe Ungerechtigkeit in bezug auf mich selbst. Coleridges höchst falsche Darstellung von Tatsachen in Hinsicht auf unsere verschiedenen Erfahrungen mit Opium hatten ihren Ursprung manchmal im flüchtigen Lesen, manchmal im zusammenhanglosen Lesen von Ausschnitten, manchmal in anschließender Vergeßlichkeit, und jede dieser laxen Angewohnheiten (so wird es dem Leser vorkommen) ist eine läßliche Schwäche. Sicherlich ist es eine – jedoch dann nicht mehr läßlich, wenn sie sich nachteilig auf die Selbstbeherrschung auswirken darf, wo es um einen Mitmenschen geht, der von *ihm* nie anders als im Geist enthusiastischer Bewunderung gesprochen hat, jener Bewunderung, die seine ausgezeichneten Werke so umfassend hervorrufen. Wenn man sich vorstellt, ich *hätte* wirklich irgend etwas Unrechtes *getan*, so wäre es dennoch wenig edelmütig gewesen – mich hätte es, wie ich offen zugebe, sehr betrübt, wenn Coleridge meinen Fehler öffentlich so ausgebreitet hätte: ›Möge jedermann daraus ersehen, daß ich, S. T. C., *ein bedeutender Mann mit großen grauen Augen*,[6] ein autorisierter Opiumesser bin, während jener andere Mann ein Freibeuter, ein Pirat, ein Flibustier[7] ist, der nichts als eine gefälschte Autorisation in seiner unwürdigen Tasche haben kann. Im Namen der Tugend nehmt ihn fest!‹ Aber die Wahrheit ist, daß Ungenauigkeit in bezug auf Tatsachen und Zitate aus Büchern bei Coleridge geradezu ein Wesensmerkmal war. Gerade vor drei Tagen las ich einen kurzen Kommentar des früheren Archidiakons Hare (›Mutmaßungen über das Wahre‹) zu einer kühnen (völlig grundlosen) Spekulation, die Coleridge über das dramatische Kunstmittel der lateinischen Verse von Eton angestellt hatte. Dabei fand ich meine alten Gefühle für sein Vorgehen durch ein Detail wiederaufgefrischt, das unsagbar komisch ist, denn alles, was Coleridge als ein Zitat aus einem Buch anführt, um seine Hypothese zu stützen, ist nichts als ein Produkt seiner Träume; allerdings unterliegt es keinem Zweifel (und gerade das macht den Fall besonders interessant), daß dies geschieht, ohne daß er selbst gegen seine Fabulierkunst Mißtrauen empfindet. Das gutmütige Lächeln des Archidiakons über jene Eton-Geschichte erinnerte mich natürlich an unser jetziges Thema, was unsere angeblich unterschiedliche Entwicklung zum Opiumesser angeht. Über dieses Thema brauche ich nichts mehr zu sagen, denn inzwischen ist dem Leser klar, daß alles, was Coleridge dazu sagt, nichts als Unsinn ist – wie die Bilder auf der Hängelampe in Coleridges ›Christabel‹:

›geschnitzt nach des Schnitzers Phantasie‹.

Diese Angelegenheit kann also als erledigt betrachtet werden; und das Vergnügen, das sie vielleicht bereiten konnte, ist erschöpft. Inzwischen wird bei weiterer Überlegung ein anderes und viel größeres Versehen von Coleridge deutlich; und da dies einen Aspekt berührt, der die Grundlage für die nachfolgenden Bekenntnisse liefert, kann es nicht gänzlich vernachlässigt werden. Nach kurzer Überlegung wird es jeder aufmerksame Leser erkennen: Was auch immer der zufällige *Anlaß* für Coleridges oder meine Hinwendung zum Opiumessen gewesen ist, es kann nicht auch der ständige *Grund* dafür gewesen sein, daß das Opiumessen für uns zur Gewohnheit wurde. Weder Rheumatismus noch Zahnschmerzen sind eine *chronische* Erkrankung des menschlichen Körpers. Beides sind von Zeit zu Zeit auftretende Krankheiten, die keine ständige Gewöhnung an das Opiumessen bewirken können, denn dazu braucht es einige Monate. Unter Berücksichtigung der Unterschiede in der körperlichen Konstitution möchte ich sagen, daß *in weniger als hundertzwanzig Tagen* sich keine Gewohnheit des Opiumessens herausbilden kann, deren Aufgabe, ja, selbst deren plötzliche Aufgabe, eine außergewöhnliche Selbstüberwindung erfordern würde. Am Sonnabend ist man noch Opiumesser, am Sonntag schon nicht mehr. Was war es dann, was Coleridge schließlich zum Sklaven des Opiums machte, zu einem Sklaven, der seine Kette nicht zerbrechen konnte? Er glaubt in seiner unbesonnenen Sorglosigkeit, daß er diese Gewohnheit und diese Sklaverei ausreichend begründet hätte; dabei hat er in der Zwischenzeit überhaupt nichts begründet, wonach gefragt worden war. Er sagt, der

Rheumatismus habe ihn dem Opium in die Arme getrieben. Nun gut – aber bei entsprechender medizinischer Behandlung hätte der Rheumatismus bald nachgelassen, und selbst ohne jede medizinische Behandlung unter den gewöhnlichen Veränderungen der Natur. Und wenn der Schmerz aufhört, hätte auch das Opium abgesetzt werden sollen. Warum geschah das nicht? Weil Coleridge das anregende Vergnügen des Opiums zu schmecken begonnen hatte; und so fällt gerade die Anklage, der er auf mysteriöse Weise entflohen zu sein glaubte, mit unverminderter Kraft auf ihn zurück. Der rheumatische Anfall wäre vorbei gewesen, bevor der Gewohnheit die Zeit geblieben wäre, sich auszubilden. Angenommen nun, ich unterschätze die Macht der möglichen Gewöhnung – so spricht das ebenfalls zu *meinen* Gunsten, und Coleridge ist nicht berechtigt gewesen, in *meinem* Fall ein Argument zu vergessen, an das er sich in seinem eigenen Fall erinnerte. In der Geschichte der menschlichen Selbsttäuschung ist es wirklich bemerkenswert, daß Coleridge angesichts solcher Tatsachen solche Sprache führen konnte. Ich, der ich keineswegs mit meinem Sieg über mich selbst prahle und keinerlei moralisches Argument gegen den freien Gebrauch von Opium besitze, durchbrach dennoch aus reinen Klugheitsgründen mehr als einmal die Knechtschaft, und zwar mit Anstrengungen, die ich als Formen übernatürlicher Leiden geschildert habe. Coleridge gibt vor zu glauben, daß Opiumessen verbrecherisch sei (wofür er keine Gründe nennt), und zwar in einem geheimnisvollen Sinne verbrecherischer, als Wein oder Porter zu trinken, und hätte also die stärksten *moralischen* Motive dafür, sich dessen zu enthalten – doch läßt er sich in die Knechtschaft ebendieses verruchten Opiums fallen, das tödlicher als alles ist, wovon man je gehört hat, ohne daß er uns den Zwang irgendwie erklärt, der ihn dazu gebracht hat. Er war ein Sklave dieser mächtigen Droge, nicht weniger abhängig als Caliban von Prospero, seinem verabscheuten und doch despotischen Herrn. Wie Caliban zerreibt er die Fasern seines Herzens an seinen Kettengliedern. Zwischen den düsteren Nachtwachen seines Gefängnisses hört man von Zeit zu Zeit das murmelnde Grollen einer ohnmächtigen Meuterei, die sich über den Wind erhebt:

›Irasque leonum
Vincla recusantum‹ –

recusantum – das trifft zu: noch immer widerstrebend und dennoch hinnehmend, ständig gegen die grimmige, übermächtige Zaumkette protestierend und dennoch ständig bereit, sie im Munde zu dulden. Es ist allgemein bekannt, daß er in Bristol (von *dort* weiß ich es genau, vermutlich aber auch an anderen Orten) so weit ging, sich Männer – Träger, Droschkenkutscher und andere – zu mieten, die ihn mit Gewalt daran hindern sollten, den Laden eines Drogisten zu betreten. Doch da die Autorität, ihm das Betreten zu verwehren, allein von ihm selbst stammte, gerieten diese armen Männer in eine metaphysische Klemme, für die nicht einmal Thomas von Aquino oder der Fürst der jesuitischen Kasuisten eine Lösung parat haben. Und in diesem schauderhaften Dilemma konnten sich Szenen wie die folgende abspielen:

»Ach, mein Herr«, würde der demütige Träger bitten – demütig und zugleich halb befehlend (denn ob der arme Mann energisch *wurde* oder *nicht*, auf jeden Fall schien sein Tageslohn von fünf Shilling in Gefahr) –, »Sie dürfen wirklich nicht; bedenken Sie, mein Herr, Ihre Frau und ...«

Erhabener Philosoph:[8] »Meine Frau!! Was für eine Frau? Ich habe keine Frau!«

Träger: »Aber wirklich, mein Herr, Sie dürfen nicht. Sagten Sie nicht erst gestern ...«

Erhabener Philosoph: »Pah! Gestern ist lange her. Ist dir klar, Mann, daß es schon Leute gab, die tot umgefallen sind, weil ihnen eine Zeitlang das Opium fehlte?«

Träger: »Aber Sie haben mir doch gesagt, ich sollte nicht darauf hören ...«

Erhabener Philosoph: »Ach, Unsinn. Ein Notfall, ein entsetzlicher Notfall ist aufgetreten – völlig unerwartet. Egal, was ich dir irgendwann in der Vergangenheit einmal gesagt habe. Aber jetzt sage ich dir folgendes: Wenn du deinen Arm nicht vom Eingang dieses höchst ehrenwerten

Drogisten wegnimmst, werde ich dich mit gutem Grund wegen Gewalttätigkeit und Körperverletzung belangen.«

Bin ich der Mann, Coleridge seine Abhängigkeit vom Opium vorzuwerfen? Bewahre! Als einer, der unter demselben Joch gestöhnt hat, bemitleide ich ihn und beschimpfe ihn nicht. Aber ohne Zweifel muß eine solche Abhängigkeit freiwillig und bewußt durch die eigene Begierde entwickelt worden sein, nachdem man die belebende Stimulierung erfahren hat. Ich werfe dies niemandem vor, doch Coleridge *tat* es. Was mich betrifft, so habe ich das Opium zu dem Zeitpunkt aufgegeben, als die Qual nachließ, gegen die ich zum Opium gegriffen hatte; es war nicht das Ergebnis rühmenswerter Anstrengungen zur Selbstüberwindung – dergleichen will ich keineswegs behaupten –, mich warnte einfach ein vernünftiger Instinkt davor, mit einem Mittel zu spielen, das eine so ungeheure Tröstung und Hilfe sein kann, und für ein momentanes Unwohlsein zu verschwenden, was sich einmal in Zeiten alles vernichtender Stürme als mächtiges Elixier der Rettung erweisen konnte. Was war es dann eigentlich, was mich zum Opiumesser machte? Was für ein Einfluß trieb mich schließlich zum *gewohnheitsmäßigen* Opiumgenuß? War es Schmerz? Nein, sondern Elend. War es die gelegentliche Bewölkung des Himmels? Nein, sondern völlige Verlassenheit. War es eine Düsternis, die wieder gewichen wäre? Nein, sondern eine bleibende, beständige Dunkelheit.

›Tiefe Finsternis der Nacht,
ohne Hoffnung auf den Morgen.‹[9]

Doch woher? Was war die Ursache? Wie ich offen sagen will, verursacht durch jugendliche Leiden in London. Doch zu diesen Leiden kam es durch meine eigene, unverzeihliche Torheit, und auf solche Torheit ist manches Verderben zurückzuführen. Oh, Geist der barmherzigen Auslegung, Engel der Vergebung jugendlicher Irrtümer, der du stets wie einem süßen Chor ferner Fürsprecherinnen lauschest: Mögest du, Chor der Fürsprecherinnen, dich mit dem Engel der Vergebung vereinen, möget ihr jenes mächtige Phantom wegzaubern, das – geboren in den aufziehenden Nebeln der Reue – mich als Erbe vergangener Tage verfolgt, sich zu immer gewaltigerer Größe auftürmt und meinen Kopf überragt und überschattet, als stünde es direkt hinter mir, obwohl es seinen Ursprung Stunden verdankt, die mehr als ein halbes Jahrhundert vergangen sind. O Himmel! Daß ein Kind von noch nicht siebzehn Jahren aus momentaner Blindheit, einer ganz falschen Einflüsterung seines eigenen verwirrten Herzens folgend, durch einen einzigen falschen Schritt, eine Wendung hier- oder dorthin den Lauf seines Schicksals ändern, die Quellen seines Friedens vergiften und im Handumdrehen das Fundament einer lebenslangen Knechtschaft legen kann! Doch ach, ich muß bei der Wahrheit der Umstände bleiben. Denn eines ist klar: solch bittere Selbstvorwürfe, wie sie mir jetzt die Qual meiner Erinnerungen abringt, können nicht dazu dienen, einleuchtende Entschuldigungen zu ersinnen oder der Schande zu entfliehen, indem ich den Anfang meines unbestrittenen Opiumessens auf eine Notwendigkeit zurückführe, die meinen frühen Leiden in den Straßen Londons entsprang. Es trifft zwar zu, daß in späteren Jahren die Nachwirkung jener Londoner Leiden meinen Opiumverbrauch *vermehrte*, doch genauso trifft es zu, daß jene Leiden selbst meiner eigenen Torheit entsprangen. Was wirklich Entschuldigung verdient, ist nicht die Zuflucht zum Opium, als es das einzige verfügbare Mittel gegen die Krankheit war, sondern jene Torheiten, die Ursache dieser Krankheit waren.

Ich für mein Teil, nachdem ich regelmäßiger Opiumesser geworden und durch Mißbrauch in elende Ausschweifungen beim Genuß von Opium verfallen war, kämpfte dennoch viermal erfolgreich gegen die Herrschaft dieser Droge an; viermal sagte ich mich davon los, und zwar jedes Mal für längere Zeit. Wenn ich das Opiumessen schließlich wiederaufnahm, dann geschah es, weil meine bewußte wohlerwogene Entscheidung dafür bürgte, daß es von zwei Übeln das bei weitem geringere sei. Insofern kann ich nichts anerkennen, was Entschuldigung fordert. Ich wiederhole immer wieder, daß nicht die Anwendung von Opium mit seiner tief beruhigenden Kraft zur Linderung des Unglücks, das von meinen Londoner Nöten herrührte, berechtigte Sorge weckt, sondern das Übermaß kindischer Torheit, das mich in Situationen stürzte, die natürlicherweise solche Nöte bewirkten.

Ich bin jetzt aufgerufen, die Erinnerung an diese Situationen wiederzufinden. Vielleicht sind sie auch um ihrer selbst willen interessant genug, um eine kurze Erwähnung zu rechtfertigen; im Augenblick und an dieser Stelle sind sie jedoch als Schlüssel zum richtigen Verständnis alles Folgenden unentbehrlich. Denn in diesen Ereignissen meiner Jugend findet sich das ganze Substrat und das geheime, unterschwellige Motiv[10] jener prunkvollen Träume und Traumszenen, die in Wirklichkeit das wahre – erste und letzte – Anliegen sind, mit dem sich diese Bekenntnisse beschäftigen.

Mein Vater starb, als ich im siebenten Lebensjahr stand, und überließ sechs Kinder, mich eingeschlossen (vier Söhne und zwei Töchter), der Sorge von vier Vormündern und meiner Mutter, der ebenfalls Vormundschaftsrecht übertragen wurde. Das Wort ›Vormund‹ entzündet eine feurige Erregung in meinen Nerven, so stark war die besondere Macht der Vormundschaft, die einer der vier, der an dem einen großen Fehler meiner Kindheit beteiligt war, ausübte. Selbst meine eigene Torheit wäre kaum so groß gewesen wie dieser Fehler, wenn sie nicht mit dem Eigensinn anderer zusammengetroffen wäre. Angesichts der bitteren Erinnerung an meinen Fehler – an den Eigensinn meines feindseligen Vormunds – sei mir gestattet, einen Augenblick bei dem Thema der gesetzlichen Vormundschaft zu verweilen.

Nach meinem eigenen Eindruck, der sich auf die Zusammenstellung vieler auffälliger Nachrichten gründet, bot zur Zeit des antiken Griechenland und des antiken Rom die Vormundschaft über alle anderen Formen häuslicher Herrschaft hinaus den weitesten Spielraum für Raub und Veruntreuung in großem Maßstab. Die Beziehung zwischen Vater und Sohn, eine Beziehung zwischen Herr und Schützling, wurde im allgemeinen, im täglichen Leben, mit strenger Treue gepflegt, wogegen die ernsten Pflichten eines Wächters (das heißt des ›Vormunds‹) gegen sein Mündel, Pflichten, die ihren eigentlichen Ursprung und ihre Wurzel in den zärtlichsten Beschwörungen eines sterbenden Freundes haben und später durch den ständigen Anblick hilfloser Waisen erneuert werden, welche am Rande der von Blumen verborgenen Fallgruben spielen, nur sehr selten die Gefühle des Römers mit der Sprache prophetischer Macht anrühren. Wenn überhaupt, so waren es im eigentlichen Sinne nur wenige Verpflichtungen *moralischer* Art, die den Römer belasteten. Die Hauptquellen moralischer Verpflichtung waren in Rom durch Gesetz oder durch Gewohnheit gründlich vergiftet worden. Die Ehe war durch die Möglichkeit der Scheidung korrumpiert, und die Folgen dieser Möglichkeit (Leichtfertigkeit bei der Wahl, Wankelmut beim Festhalten an der getroffenen Wahl) hatten aus ihr ein so ausgezeichnetes Geschäft der Selbstsucht gemacht, daß sie nicht länger als heilige Verbindung gelten konnte. Wie aus allen moralischen Eindrücken hervorgeht, waren die Beziehungen zwischen Ehemann und -frau bei den Römern zerstört. In der Beziehung zwischen Vater und Kind waren alle Möglichkeiten heiliger Güte unter dem harten Druck strafender und rachsüchtiger Gewalttätigkeit zerstört worden. Die Pflichten des Schützlings gegenüber seinem Herrn standen nicht auf der Basis einfacher Dankbarkeit oder einfacher Treue (wie etwa in einem feudalen Lehnsverhältnis), sondern auf der Basis durchdachter Gewalt – der Gewalt des formalen Rechts oder der Gewalt der öffentlichen Meinung. Wenn sich das Recht erst in die Regungen höherer moralischer Neigungen einmischt, ist es vorbei mit der Handlungsfreiheit, der Reinheit des Motivs, der Würde der persönlichen Beziehung. Auch im vorrevolutionären Frankreich sowie im China aller Epochen hat es sich auf die nationale Moral unheilvoll ausgewirkt, daß das formale Gesetz die väterlichen Rechte unterstützte. Und in bezug auf das antike Rom kann man sagen, daß dieses eine ursprüngliche und elementare Unrecht, das der heiligen Freiheit menschlicher Zuneigungen zugefügt wurde, dazu führte, alle *bewußten* Gemütsregungen, in welcher Richtung auch immer, auszulöschen. In einem Volk, das von Natur her höhere moralische Prinzipien hatte als die Griechen, wenn man von Ausbrüchen des Gemeinsinns und des Patriotismus absieht (die zu oft nur einem gänzlich unwürdigen Nationalismus zuzurechnen sind), gab es keinerlei Handlungen mehr, die einem höheren Motiv als den folgenden entsprungen wären: 1. gesetzlicher Vorschrift, 2. abergläubischer Furcht, oder 3. unterwürfiger Willfährigkeit gegenüber den anmaßenden Forderungen öffentlicher Sitten. Es wäre daher befremdlich gewesen, wenn der Vormund unbedeutender Waisen, der *besonderen* Versuchungen ausgesetzt war und *besondere* Möglichkeiten hatte, sie zu befriedigen, seinem Mündel gegenüber ehrlicher gewesen wäre als der Statthalter einer Provinz – Prätor oder Prokonsul. Denn wer war unehrlicher und räuberischer als er? Ein aufrechter Statthalter, der von Angeklagten keine Bestechungen angenommen und von den Furchtsamen kein Lösegeld erpreßt hätte, war höchst selten. Dennoch wurde er als *öffentlicher* Treuhänder von der Eifersucht politischer Konkurrenten belauert und mußte immer mit der Möglichkeit einer feierlichen Rechenschaftslegung vor Senat oder Forum, vielleicht auch vor beiden, rechnen. Doch der Vormund, der im Namen von Waisen ein nicht öffentliches Vermögen verwaltete, konnte mit der Gewißheit rechnen, daß so unbedeutende und politisch so unwichtige Dinge niemals die Aufmerksamkeit der Öffentlichkeit auf sich ziehen würden. Logischerweise und auf Grund aller Erfahrungen mußte ein Römer den herkömmlichen häuslichen Vormund daher nahezu unweigerlich als heimlichen Verbrecher betrachten, der die Möglichkeiten und Privilegien seines Amtes nur als Mittel dazu benutzte, das seiner Obhut anvertraute Erbe auszuplündern und zugrunde zu richten. Dieses abscheuliche und ständig drohende Übel heidnischer Zeiten muß die dunklen Wolken, die über dem Sterbebett der Eltern hingen, hundertfach verdichtet haben. Nur zu oft mußte der sterbende Vater aus eigener lebenslanger Erfahrung erkennen, daß er, auf der Suche nach besonderem Schutz für seine Kinder, möglicherweise selbst einer zusätzlichen und drohenden Gefahr den Weg bahnte. Er läßt eine kleine Familie von Kindern zurück, eine kleine Flotte (so könnte man sagen) von winzigen Pinassen, die gerade die

Anker lichten wollen, um die gewaltigen Tiefen des Lebens zu überqueren, und der Vater setzt das Signal, mit dem er schützendes Geleit anfordert. Für dieses Amt akzeptiert er unter denen, die diese Meere bereits überquert haben, einen oder zwei (ihm günstigenfalls flüchtig bekannt), aber voller Zweifel, Sorgen und Angst; und in demselben Augenblick, da die Gesichter seiner Kinder hinter den Wolken des Todes entschwinden, durchzieht der klägliche Gedanke seine ahnungsvolle Seele, daß sich das vermeintliche ›Schutzgeleit‹ unter den starken Versuchungen der Lage gar zu wahrscheinlich doch in Piraten, ja Räuber verwandeln könnte, möglicherweise in bewußte Verführer seiner unerfahrenen Kinder.

Diese entsetzlich gesteigerte Qual, die jedenfalls an den Sterbebetten von Eltern lauert, die von einer Schar kleiner Kinder abberufen werden, hat im Laufe der Jahrhunderte durch die weite Verbreitung des Christentums erhebliche Linderung erfahren. Heutzutage, da wir allenthalben in einer Atmosphäre leben, die durch christliche Nächstenliebe und christliche Moral geläutert ist, schwindet dieser häusliche Fluch immer mehr. Im England unserer Zeit gibt es, was uns selten zu Ohren kommt, keinen Stand, der von der Treuepflicht sowenig hält: Ein Beweis dafür liegt in der Gleichgültigkeit, mit der die meisten von uns die absolute Sicherheit betrachten, die den Kindern vom Kanzleigericht gewährt wird. Für den Frieden seiner Sterbestunde kam meinem Vater die Segnung seiner Zeit und seines Landes zugute. Er traf für die zukünftige Vormundschaft über seine sechs Kinder die beste Wahl, die ihm möglich war. Aus dem Kreis seiner engsten Freunde wählte er jene vier, die er in bezug auf Rechtschaffenheit und praktischen Verstand am meisten achtete. Nachdem er das getan hatte und im Vertrauen darauf, daß die meiner Mutter übertragene unumschränkte Vollmacht alle strengen Absichten der männlichen Vormünder ausgleichen würde, ruhte er von seinen Sorgen aus. Nicht einer der Vormünder rechtfertigte seine Wahl auf andere Weise als mit Rechtschaffenheit und Lauterkeit. Doch schließlich gibt es für das Gute, das in solchen Fällen durch vorausschauende Weisheit erreicht werden kann, eine Grenze (die vielleicht in England schneller erreicht wird als in anderen Teilen der Christenheit), denn von uns Engländern kann man entschiedener als von irgendeiner anderen Nation sagen, daß wir keine Nichtstuer sind: ob reich oder arm, wir alle haben etwas zu tun. Nach Italien muß man blicken, wenn man ein Landvolk sucht, das zu zwei Dritteln seiner Zeit müßig ist. Nach Spanien muß man blicken, wenn man eine Aristokratie sucht, die unter der unwürdigen Erziehung durch Frauen und Priester *physisch*[11] heruntergekommen ist, oder Fürsten (wie Ferdinand VII.), die es als den Ruhm ihres Lebens betrachten, daß sie einen Unterrock bestickt haben. Während man sich in unserer heutigen Generation sicherlich auf jene Funktionen der Vormundschaft verlassen kann, die bewußte Loyalität gegenüber den Interessen des Mündels voraussetzen, lassen sich andererseits all jene, die ständige Wachsamkeit und Fürsorge von weitem erfordern, mit unseren englischen Gesellschaftszuständen kaum vereinbaren. Auch wenn die von meinem Vater ausgewählten Vormünder die weisesten und energischsten Männer gewesen wären, hätten sie in vielen denkbaren Notfällen seine geheimen Wünsche doch nicht erfüllen können.

Einer der vier war ein Kaufmann (nicht in dem engen Sinne Schottlands, wie er sich ursprünglich von Frankreich herleitet, wo es eine Klasse von Handelsfürsten nie gegeben hat, sondern in dem weiten, edlen Sinne Englands, von Florenz oder von Venedig); weil nun seine ausgedehnten Beziehungen zu Seehäfen und fernen Kolonien den häuslichen Angelegenheiten ständig seine Aufmerksamkeit und sogar seine persönliche Anwesenheit entzogen, war nicht zu erwarten, daß er für seine Mündel mehr tun konnte, als die Verwaltung ihrer finanziellen Interessen oberflächlich zu überwachen.

Ein zweiter Vormund war Friedensrichter auf dem Lande in einem dichtbewohnten Bezirk in der Nähe von Manchester, das schon damals von einer wachsenden Menge aufrührerischer Fremder – Waliser und Iren – umgeben war. Erdrückt von den Ablenkungen seiner amtlichen Stellung, glaubte er vielleicht berechtigterweise, seine Aufgaben als

Vormund erfüllt zu haben, wenn er sich für Schwierigkeiten bereithielt, die auftauchen mochten; für die alltäglichen Dinge übertrug er seine Funktionen lieber denen, die sich größerer Muße erfreuten. Zu dieser Kategorie gehörte zweifellos ein dritter Vormund, Reverend Samuel Hall, der zu der Zeit, als mein Vater starb, Hilfspfarrer war an einer Kirche (ich glaube) in Manchester oder in Salford.[12] Dieser Herr vertrat eine Schicht, die, dem Bedürfnis der menschlichen Natur zufolge, zu allen Zeiten groß genug, in jenen Tagen jedoch noch weit größer war als heute – ich meine, jene Schicht, die an der geistigen Empfänglichkeit des Menschen oder seinen geistigen Fähigkeiten keinerlei Anteil nimmt, sondern unter Religion nur einen achtenswerten Moralkodex versteht und sich dabei auf einige große Mysterien stützt, die undeutlich im Hintergrund stehen und in bestimmten großen Festen der *älteren* christlichen Kirchen überliefert werden – wie zum Beispiel der englischen Hochkirche, die ja nicht erst aus der Reformationszeit stammt, der römischen Kirche oder der byzantinischen Kirche. Er hatte eine Sammlung von etwa 330 Predigten zusammengestellt, die mit zwei Predigten je Sonntag einen Zyklus von drei Jahren umfaßten; dieser Zeitraum wurde als ausreichend betrachtet, um ihre redegewandte Kraft vergessen zu lassen. Einem Zyniker hätte vielleicht für dieses Resultat ein kürzerer Zyklus genügt, denn ihre Themen erhoben sich kaum über das Niveau praktischer Moral, und ihr Stil war zwar gelehrt, aber keineswegs beeindruckend. Als Prediger war Mr. Hall ernst, aber nicht eifernd. Er war ein guter und gewissenhafter Mann, und er schätzte die Kanzel hoch als ein Werkzeug der Zivilisation und der Lehre, aber niemand, der von der kärglichen Grundlage so leidenschaftsloser und so planloser Themen – wie des Nutzens der Industrie, der Gefahr schlechter Kameraden, der Bedeutung eines guten Vorbildes oder des Wertes der Beharrlichkeit – ausging, war es möglich, einen ständigen Strom der Ergriffenheit in sich selbst oder seinen Zuhörern auszulösen. Seine Zuhörer hinwieder gehörten nicht zu einer Klasse, die nach Ergriffenheit verlangte. Unter ihnen gab es keine schlimmen Leute; die meisten von ihnen waren reich und kamen in Kutschen zur Kirche, und als natürliche Folge ihrer Hochachtung für meinen ehrwürdigen Vormund schlossen sich etliche zusammen, um ihm eine Kirche zu bauen, nämlich St. Peter, an der Stelle, wo die Moseley Street und die neu projektierte Oxford Street zusammentreffen, die damals nur eine Skizze in der Mappe eines Landvermessers war. Mich persönlich verband aber etwas anderes mit Mr. Hall: zwei oder drei Jahre vor dem Kirchenbau war ich zusammen mit meinem fünf Jahre älteren Bruder ihm zur Beaufsichtigung unserer klassischen Studien anvertraut worden. Ich glaube, das geschah, um einer letzten Verfügung meines Vaters zu genügen, der Mr. S. H. berechtigterweise als einen aufrechten Mann schätzte, jedoch von seiner Gelehrsamkeit zweifellos eine zu hohe Meinung hatte, denn er war nur ein mittelmäßiger Gräzist. Wie es auch zu dieser Bestallung gekommen war – auf jeden Fall wurde dieser Herr, der bisher unser aller Aufseher im alten römischen Sinne gewesen war, für meine und meines Bruders Studien jetzt auch zum Aufseher im üblichen heimischen Sinne des Wortes. Von meinem achten Jahre bis zum elften und einem halben übten der Charakter und die geistigen Kenntnisse Mr. Halls also einen entscheidenden Einfluß auf die Entwicklung meiner damaligen Gaben aus. Sogar seine 330 Predigten, die sonst mit solch mäßiger Wirkung über die Köpfe seiner Gemeinde dahinrollten, wurden für mich wirklich zu einem Werkzeug der Vervollkommnung. Ich lernte allerdings nur die Hälfte von ihnen kennen, denn damals stand das Haus meines Vaters (Greenhay) auf dem Lande, war also Manchester noch nicht einverleibt, und die Entfernung nötigte uns, in einer Kutsche zur Kirche zu fahren, weswegen wir auch nur am Morgengottesdienst teilnahmen. Aber jede Morgenpredigt wurde für mich zur Textvorlage, von der ich eine nachgeahmte Ausfertigung zu liefern hatte – manchmal nur einen kleinen Auszug, manchmal auch eine rhetorische Erweiterung; doch mußte soviel wie möglich vom ursprünglichen Stil beibehalten werden und auch (was mir schreckliches Kopfzerbrechen bereitete) die genaue Gedankenfolge gewahrt bleiben. Das konnte leicht sein, wenn die Gedanken in einer gewissen Abhängigkeit voneinander standen, wie es zum Beispiel bei der Entwicklung eines Arguments der Fall war; folgten die Gedanken aber willkürlich oder zufällig aufeinander, wurden meine Kräfte wie beim Kunststück des Seiltanzens auf die Probe gestellt. Unter der ganzen Gemeinde[13] war ich daher der einzige gramerfüllte Zuhörer, den Unruhe über das erfüllte, was über alle anderen Köpfe dahinfloß wie Wasser über eine Marmorplatte: nämlich über die etwas schlaffe Predigt meines etwas schlaffen Vormunds. Doch dieses Ärgernis war nicht völlig umsonst: jene Hälfte von den 330 Predigten, die (jede währte nur sechzehn Minuten) von jedermann sonst gebilligt und vergessen wurden, wurde für mich zur Hohen Schule intellektueller Übungen – für meine kindliche Schwachheit weit besser geeignet als etwa die Predigten von Isaac Barrow oder Jeremy Taylor. Die prachtvollen Bilder der letzteren und beider ungeheure Gedankentiefe hätten alle meine Bemühungen, sie zu verstehen, vereitelt. Aus meinen wöchentlichen Übungen zog ich dagegen den höchsten Nutzen. Vielleicht entwickelte sich schließlich auch zum Vorteil, worüber ich mich lange bitterlich beklagt hatte: daß ich keinen Stift benutzen durfte, um mir Notizen zu machen, sondern alles im Gedächtnis behalten mußte. Aber es ist allgemein bekannt, daß das Gedächtnis erstarkt, wenn man ihm Lasten auferlegt, und zuverlässig wird, wenn man sich darauf verläßt. In meinem dritten Übungsjahr merkte ich, daß sich meine abstrahierenden und zusammenzufassenden Fähigkeiten spürbar vergrößert hatten. Mein Vormund wurde allmählich auch zufriedener; denn zum Unglück (und zu Anfang *war* es ein Unglück) konnte bei jedem Zweifel an meiner Wiedergabetreue ein Zeuge aufgerufen werden – nämlich die Predigt selbst; der Sünder konnte also leicht entdeckt werden, mochte er sich auch zwischen den 330 verkriechen. Doch diese Vorwürfe wurden seltener, und mein Vormund zeigte – wie ich schon sagte – immer größere Zufriedenheit. Aber mußte ich indessen mit *ihm* und seinen Predigten nicht immer weniger zufrieden sein? Keineswegs! Voll Liebe und Vertrauen, ohne Zweifel und Vorbehalt und mit den Grundsätzen tiefster Verehrung im Herzen, habe ich, auch wenn ich Eindrucksvollerem als dem Durchschnittscharakter seiner Predigten begegnete, meinen Vormund niemals für schlechter oder unbedeutender gehalten als andere Menschen, sondern einfach für anders. Ich tadelte die ihm eigene Schwäche genausowenig wie ein grünes Band dafür, daß es nicht blau war. Ganz durch Zufall hörte ich eines Tages ein Reimpaar zitieren, das mir sehr erhaben zu sein schien. Es beschrieb einen Prediger, wie er manchmal in schwierigen oder gärenden Zeiten auftritt – einen Sohn des Donners, der allen Feinden die Stirn bietet und der sich freiwillig der Herausforderung stellt, auch wenn er ihr leicht hätte ausweichen können. Die Zeilen stammten von Richard Baxter – der von der ersten Morgenröte des Bürgerkrieges im Jahre 1642 über die Zeit Cromwells (dem er persönlich verhaßt war) bis schließlich zu den schwierigen Regierungszeiten Karls II. und Jakobs II. oft mit selbstgeschaffenen Stürmen kämpfte. Als Kanzelredner war er vielleicht der Whitfield des 17. Jahrhunderts – der Leuconomos von Cowper. Und so beschreibt er den leidenschaftlichen Charakter seiner eigenen Predigten:

›Ich predigte, als schwinde meine Zeit‹

(auch *das* war eindrucksvoll, aber dann kam dieser Donner*schlag*:)

›Unter Todgeweihten todgeweiht.‹

Dieses Reimpaar, das mir an Gewicht wie an Glanz flüssigem Gold zu gleichen schien, enthüllte noch eine andere Seite der katholischen Kirche: es zeigte sie als streitbare und kämpferische Kirche.

Nicht einmal in dieser Hinsicht stellte ich eine tatsächliche Unvollkommenheit bei meinem Vormund fest. Er und Baxter gehörten verschiedenen Generationen an. Baxters Jahrhundert war vom Anfang bis zum Ende revolutionär. Während des ganzen 17. Jahrhunderts mußten die hohen Prinzipien der parlamentarischen Regierung und der Gewissensfreiheit[14] die Qual von Widerstreit und Feuerprobe durchlaufen. In unseren Tagen am Ende des 18. Jahrhunderts trifft es wiederum zu, daß alle Elemente öffentlichen Lebens in den Schmelztopf geworfen werden – jedoch im Interesse unserer Nachbarn, nicht mehr in unserem eigenen Interesse. Es wurde also nicht mehr der heroische Verteidiger aufgerufen, der, zum Martyrium bereit, daherpredigte, ›als predigt ich zum letzten Mal‹, und ich rechnete es meinem Vormund weder als Fehler an, daß ihm die Kraft mangelte, gegen heute vergessene Übel zu kämpfen, noch daß er, wie der sagenhafte römische Märtyrer Curtius, aus patriotischem Überschwang nicht in einen Abgrund sprang oder nicht im Freiheitseifer das Schafott bestieg wie der historische englische Märtyrer Algernon Sidney. Jeder Sonntag brachte pünktlich mit seinem Nahen jene grausame Beklemmung mit sich. Samstagnacht schlief ich schlecht in düsterem Vorgefühl, Sonntagnacht schlief ich schlecht in traurigerem Wissen um die erlebte Erfahrung; mein Kopfkissen war mit Dornen gepolstert. Und bis zur Inspektion und Waffenmusterung am Montagmorgen, bis die Parade vorbei war und ›Rührt euch!‹ befohlen wurde, fühlte ich mich wirklich wie ein ungetreuer Verwalter, der zu hochnotpeinlichem Verhör zitiert war. Und dabei konnte es passieren, daß der Montag besetzt wurde durch den Überfall eines entsetzlichen Eindringlings, Besuch etwa aus der Schar der armen Verwandten meines Vormunds, die anscheinend in irgendeinem unbekannten Winkel von Lancashire alle Felder schwarz zudeckten, plötzlich, auf ein einziges Krächzen hin, wie Krähen in einer Wolke aufflogen und sich für Wochen am Tisch meines Vormunds und seiner Frau niederließen, deren edle Gastfreundschaft niemals zugelassen hätte, daß auch nur der niedrigste von ihnen durch ein schwaches Willkommen betrübt worden wäre. In solchen Fällen konnte es leicht geschehen, daß meine Sorgen während der ganzen Woche kein Ende fanden.

Mehr als dreieinhalb Jahre – von meinem achten bis nach meinem elften Geburtstag – bestand auf solcher Basis ein herzliches Verhältnis zwischen meinem Vormund und mir. Er wurde niemals ärgerlich, denn er hatte tatsächlich niemals Grund, sich zu ärgern; ich betrachtete meine Aufgabe niemals als hassenswert (obwohl sie das in scheußlichstem Maße war) und andererseits auch nicht als etwas, was nur geringe Mühe machte und mich infolgedessen hätte dazu verführen können, mit geringschätziger Sorglosigkeit darüber hinwegzueilen. Bis ganz zum Schluß hatte diese allwöchentliche Aufgabe nichts Sorgloses an sich, sie hörte nie auf, ein ›Pfahl im Fleisch‹ zu sein, und ich glaube, mein Vormund sog wie viele der strengen heidnischen Gottheiten das Aroma wohlriechenden Weihrauchs aus der Aufregung und dem Schmerz meiner Angst, die er, gleichsam wie ein heiliges vestalisches Feuer, durch regelmäßige Forderung lebendig erhielt. Es bereitete ihm Vergnügen, daß er mich noch im Schlupfwinkel meiner Träume erreichen konnte, wo sogar ein Paria seine Ruhe fände, so daß der Sonntag, der dem Menschen und selbst dem Tier innerhalb seines Gatters eine Ruhepause brachte, sich mir als Tag des Martyriums ankündigte. Doch ist es letzten Endes möglich, daß er mir damit einen Dienst erwies, denn meine angeborene Gedächtnisschwäche hätte sonst nur zu sicher zum Versinken in endlose Phantasien und zur träumerischen Absonderung vom Leben und seiner Wirklichkeit geführt.

Ob nun nützlich oder nicht – die Verbindung zwischen meinem Vormund und mir näherte sich jetzt ihrem Ende. Einige Monate nach meinem elften Geburtstag wurde Greenhay[15] verkauft, und der Haushalt meiner Mutter – sowohl Kinder als Bedienstete – zog nach Bath um, abgesehen davon, daß ich und ein Bruder noch für ein paar Monate in der Obhut Mr. Samuel H.s blieben, jedenfalls was unsere Erziehung anbetraf. In bezug auf die üppigen Annehmlichkeiten eines echt englischen Heims wurden wir jedoch auf Grund einer besonderen Einladung Gäste eines jungen Ehepaars in Manchester, von Mr. und Mrs. K. Obwohl dieser Zufall sonst keine Folgen hatte, blicke ich auf ihn doch mit unsagbar tiefem Gefühl als auf eine köstliche Episode rührenden Glücks zurück – wie sie sich im Leben eines Menschen nur einmal ergibt. Mr. K. war ein junger und aufstrebender amerikanischer Kaufmann, womit ich sagen möchte, daß er ein Engländer war, der in die Vereinigten Staaten exportierte. Er hatte vor ungefähr drei Jahren eine hübsche und liebenswerte junge Frau geheiratet – gebildet und mit einem einzigartigen Intellekt begabt. Doch das Besondere an diesem Haus war der Geist der Liebe, der sich unter der gütigen Aufsicht der Hausherrin unter all seinen Bewohnern ausbreitete.

Unter vielen neuen Ideen, die nicht einmal bei seinen Freunden willkommene Aufnahme fanden, vertrat der verstorbene Dr. Arnold von Rugby mit Nachdruck immer wieder ernsthaft eines: daß unser Gesellschaftssystem in Großbritannien durch die strenge Trennung, die zwischen der gebildeten und den arbeitenden Klassen besteht, erheblich gefährdet sei und daß im Verkehr zwischen diesen beiden Teilen unserer Gesellschaft unbedingt eine versöhnlichere Ausdrucksweise Platz greifen müsse – sonst gäbe es eine schreckliche Revolution. Hier ist jetzt nicht der Ort dafür, eine so umfassende Frage zu diskutieren; ich will mich daher auf zwei Bemerkungen beschränken. Die erste ist, daß ein solcher Wandel, wie ihn Dr. Arnold im Auge hat, als wirksame *Ursache* betrachtet, einige Vorteile verspricht, andererseits verweist er uns, als Wirkung betrachtet, auf eine gesellschaftliche Ordnung zurück, die bei weitem weniger gut ist wie die, deren wir uns bereits erfreuen. Jene Nationen, deren obere Klassen väterlich und gütig zu den arbeitenden Klassen und insbesondere zu Bedienten sprechen, handeln so, weil sie von der erhabenen Position der Menschen her, die bürgerliche Rechte besitzen, zu jenen sprechen, die keine haben. Wenn vor zwei Jahrhunderten ein militärischer Anführer seine Soldaten mit ›Meine Kinder!‹ anredete, dann tat er das, weil er ein rücksichtsloser Despot war, der die uneingeschränkte Macht über Leben und Tod ausübte. In dem Augenblick, da die ärmsten Klassen gesetzliche Rechte errungen haben, tötet der unvermeidliche Respekt auf seiten der höheren Klassen unwiderruflich den gütigen Umgangston, der naturgemäß zum Zustand der Unmündigkeit und kindlicher Abhängigkeit gehört.

Das ist meine erste Bemerkung. Die zweite lautet, daß der von Dr. Arnold vorgeschlagene Wandel – sei er vielversprechend oder nicht – praktisch unmöglich ist oder, so möchte ich sagen, lediglich auf einem einzigen Wege möglich ist – dem des häuslichen Dienstverhältnisses. Nur dort kommen die betroffenen beiden Klassen ständig in Berührung. Nur auf diesem Boden begegnen sie einander, ohne sich gegenseitig ihre Meinung aufzudrängen. Nur dort bietet sich die Möglichkeit für einen Wandel. Und eine kluge Herrin, die über genug Takt verfügt, freundliche Leutseligkeit mit einer Selbstachtung zu verbinden, die nie einschläft, noch ihr erlaubt, sich zu Klatsch herabzulassen, wird sich die Anhänglichkeit aller jungen und eindrucksfähigen Frauen sichern. Solch eine Herrin war Mrs. K. Sie hatte sich von Anfang an die Dankbarkeit ihrer Bedienten durch die größte Sorge um deren Wohlbefinden erworben, ihr Vertrauen durch geduldiges Zuhören und kluge Ratschläge und ihren Respekt, indem sie es ablehnte, sich mit anzüglichem Klatsch zu befassen, der immer übler Nachrede dient. Es wäre vielleicht gut, wenn alle Herrinnen ihrem Beispiel folgen würden. Aber das Glück, das damals in Mrs. K.s Haus herrschte, hatte ganz besondere Ursachen. Alle acht Personen hatten den Vorzug der Jugend; und die drei jungen Dienstmädchen standen, wie man es nur selten erwarten kann, unter dem Zauberbann eines Bildes, das sie stündlich vor Augen hatten – des Bildes, das vor allen andern die weiblichen Gefühle am stärksten anrührt und das ein jedes dieser Hausmädchen ohne Vermessenheit auch für sich erhoffen mochte: des Bildes nämlich einer glücklichen ehelichen Verbindung zwischen zwei Menschen, die in einer solchen Harmonie miteinander lebten, daß sie von der Welt draußen unabhängig waren. Sie sahen mit eigenen Augen, wie zart und selbstgenügsam solch eine Verbindung sein kann. Damals war Wintermitte, und diese Jahreszeit knüpft ohnehin alle häuslichen Bande noch enger. Wie in angesehenen englischen Häusern allgemein üblich, waren sie um zwei Uhr meist mit ihrer eigenen Arbeit fertig, und wenn die Abendstunden nahten und die Rückkehr des Hausherren unfehlbar in Aussicht stand, lag ein schönes Lächeln der Erwartung auf den anmutigen Zügen der Hausfrau, noch schöner war der Widerschein dieses Lächelns, halb unbewußt und halb unterdrückt, auf den Zügen der mitfühlenden Hausmädchen. Ein Kind, ein kleines Mädchen von zwei Jahren, krönte damals das Glück der Familie K...l. Sie trug mit ihrer kleinen Person natürlich allezeit und offenbar überall zugleich dazu bei, die Kreise der Familie zu verschönen. Mein Bruder und ich, von früher Kindheit an zum höflichen Umgang mit Bediensteten erzogen, füllten in dieser Familie eine Lücke in der altersmäßigen Zusammensetzung aus und empfanden in unterschiedlichem Maße die Tiefe eines Friedens, den wir nicht hinreichend verstehen und schätzen konnten. Unter uns gab es keine schlechte Laune und keinen Anlaß für private Eifersüchteleien, und der Vorzug der gemeinsamen Jugend bewahrte uns sowohl vor bösen Erinnerungen, die aus der Vergangenheit rührten, als auch vor nagenden Sorgen, die sich mit der Zukunft befaßten. Der Geist der Hoffnung und der Geist des Friedens (so schien es mir, wenn ich auf diese tiefe Ruhe zurückschaute) hatten sich zu ihrer eigenen Freude brüderlich vereint, um eine einzige Seifenblase unwirklichen Glücks aufsteigen zu lassen – und um einen einzigen Haushalt von acht Personen für eine Windstille von vier Monaten aus den unruhigen Stürmen des Lebens herauszuhalten – so als stünde er in einem arabischen Zelt oder in einer jungfräulichen Wildnis, dem menschlichen Eindringen, vielleicht sogar der menschlichen Kenntnis durch Welten von Nebel und Dampf entzogen.

Wie tief war diese Stille! Und doch, in der menschlichen Atmosphäre, wie trügerisch! Platzte die unwirkliche Seifenblase auf einmal? Keineswegs; still und schrittweise, wie ein wegtauender Schneepalast fiel sie in sich zusammen. Um den großartigen Ausdruck zu gebrauchen, den Shakespeare geprägt und aus seiner eigenen erhabenen Phantasie geschöpft hat: wie eine Wolke *›löste sie sich auf‹*, verlor ihre äußere Gestalt unmerklich Schritt für Schritt. Schon das Wort ›Abschied‹ (mein Bruder und ich waren nach Bath beordert) bedeutete das erste Signal für die Auflösung. Nicht viel später folgte ein anderes Signal, in dem sich Worte der Freude und des Schmerzes mischten: Heirat und Tod zerrissen das schwesterliche Band zwischen den jungen Hausmädchen. Das dritte Signal folgte erst viele Jahre später: die Hausfrau selbst entschwand aus der Welt und aus dem tiefsten Frieden, der auf Erden möglich ist, und ging in einen noch viel tieferen Frieden ein zusammen mit ihrem ersten Kind. Später dann, vielleicht zwanzig Jahre nach dieser Zeit, hatte ich in einem Laden der Hauptgeschäftsstraße von Manchester vor dem Regen Zuflucht gesucht, als mich der Geschäftsinhaber auf einen Mann auf der anderen Straßenseite hinwies, der dort mit achtlosem Gang entlangschlenderte, offensichtlich ohne jedes Gefühl für die Aufmerksamkeit, die er erregte. »Das war einst ein führender Kaufmann in unserer Stadt«, sagte der Ladeninhaber, »aber er geriet in große geschäftliche Schwierigkeiten. Seine Rechtschaffenheit wurde zwar nie angezweifelt und auch nicht (wie ich glaube) seine Klugheit, aber dieses geschäftliche Unglück und Todesfälle in seiner Familie ließen ihn alle Hoffnung verlieren, und Sie sehen ja, welche Art Trost er sucht«, was heißen sollte, daß sein Gang auf Trunkenheit schließen ließ. Das glaube ich aber nicht. In seinen Augen prägte sich tiefes Leid aus, Jammer, *damit* aber verknüpft der Ausdruck einer nervösen Verwirrung, die ihm, wenn sie sich verstärkte, das Leben zu einer unerträglichen Last machen mußte. Ich sah ihn nie wieder und dachte mit Schrecken daran, wie er im Alter den grimmigen Tragödien des Lebens gegenüberstehen würde. Aus vielerlei Gründen scheute ich davor zurück, mich seiner Aufmerksamkeit aufzudrängen; kurz vor diesem zufälligen Zusammentreffen hatte ich jedoch erfahren, daß nun von dem einst so fröhlichen Haushalt er und ich allein übriggeblieben waren. Jetzt bin ich seit vielen Jahren das einzige Überbleibsel jener lieblichen, heiteren und zauberhaften häuslichen Zufluchtsstätte, die wie eine schwimmende Arche auf einsamen Gewässern acht Insassen barg, außer mir inzwischen alle zu jener Ruhe abgerufen, die allein noch tiefer ist als unsere Ruhe damals.

Als ich die K.s verließ, verließ ich auch Manchester; während der nächsten Jahre wurde ich auf zwei sehr unterschiedliche Schulen geschickt: zunächst auf eine öffentliche – die Grammar School in Bath, damals und heute für ihre Vortrefflichkeit berühmt, dann auf eine Privatschule in Wiltshire. Am Ende dieser drei Jahre befand ich mich wieder einmal in Manchester. Ich war damals ein bißchen über fünfzehn Jahre alt, und da es Mr. G., einem Bankier in Lincolnshire (den ich bisher unter meinen Vormündern zu erwähnen vergessen habe – er war häufig zu weit entfernt, um Einfluß zu nehmen, andererseits hätte ich ihn ehrenvoll erwähnen müssen als denjenigen, der unter ihnen bei weitem der fähigste war), bekannt geworden war, daß der Besuch der Grammar School in Manchester finanzielle Vorteile mit sich brachte, wobei diese Schule in anderer Hinsicht ebenso passend war wie jede andere, hatte er meiner Mutter empfohlen, mich dorthin zu senden. Ein dreijähriger Besuch der Schule brachte für die folgenden sieben Jahre ein Stipendium von fast (wenn auch nicht ganz) 50 Pfund jährlich ein; diese Summe hätte, zusammen mit meinem eigenen Einkommen aus dem väterlichen Erbe von 150 Pfund, jährlich 200 Pfund ergeben, was gewöhnlich für einen Studenten in Oxford als angemessen galt. Da sich von keiner Seite Einwände erhoben, wurde der Plan angenommen und bald danach ausgeführt.

An einem Tag Ende Herbst 1800 (eigentlich war es schon Wintersanfang) fand daher meine erste Begegnung mit der Grammar School von Manchester statt. Das Unterrichtszimmer ließ in seiner Weiträumigkeit bereits den Anspruch der Schule erkennen, eine Stiftsschule zu sein oder eine Schule jener Klasse, die wohl England eigentümlich ist. Der architektonische Sinn für Macht war für diesen Zweck zaghaft und sparsam angerufen worden. Doch darüber hinaus hatte man nichts unternommen; und die ausgedehnte Öde weißgekalkter Wände, die mit so niedrigen Kosten durch Stuckfriese und -medaillons hätten verziert werden können, um dem jugendlichen Schüler die bemerkenswertesten Lobpreisungen der Literatur vor Augen zu führen, erinnerte an die nackten Wände eines Armenhauses oder eines Aussätzigenspitals, an Gebäude, deren so traurige und düstere Funktion den Geist davor zurückschrecken läßt, bei Skulpturen oder Gemälden Entspannung zu suchen. Doch dieses Gebäude war ja edlen Zwecken geweiht. Die nackten Wände verlangten nach Dekoration, und wie leicht hätten Tafeln gefertigt werden können, die (als erste Huldigung an die Literatur) Athen mit der Weisheit Athens in der Person des Peisistratos gezeigt hätten, alle Kräfte auf die Überarbeitung und Neugestaltung der ›Ilias‹ konzentrierend. Oder (als zweites) die athenischen Gefangenen auf Sizilien im 5. Jahrhundert vor Christus, die edle Tröstung gewinnen aus

›des Dichters Weise,
der wieder und wieder von der trauernden Elektra sang‹.

So stark und so plötzlich ließ der zeitgenössische athenische Dichter irdische Leidenschaften vergessen, daß sich in einem Augenblick der Grimm Siziliens mit allen seinen Wogen in himmlische Ruhe verwandelte, und er, der für seinen Loskauf keine engere Beziehung zu Euripides anführen konnte, als zufällig ein paar Stellen aus seinen göttlichen Versen zu zitieren, sah plötzlich seine Ketten zu Boden fallen und fand sich, am Morgen noch als verzweifelter Sklave in einem Steinbruch erwacht, sogleich als Günstling in einen Palast von Syrakus versetzt. Oder (als drittes) wie leicht wäre es gewesen, ›den großen makedonischen Eroberer‹ darzustellen, der gleich zu Beginn seiner Laufbahn, als er Theben mit Rache überzog, sich dennoch beim Gedanken an die Literatur erweichen ließ und

›befahl zu schonen das Haus des Pindaros,
als Turm und Tempel fielen‹.

Alexander hätte unter den Kolonnaden einer persischen Hauptstadt – Hamadan oder Babylon, Susa oder Persepolis – dargestellt werden können, wie er einen Tribut aus Griechenland empfängt, eindrucksvoller als alles, was der ›wilde Osten‹ je zu bieten hatte: ein juwelenbesetztes Kästchen, in dem die ›Ilias‹ und die ›Odyssee‹ lagen, Schöpfungen, die fast das Alter der Pyramiden hatten.

Puritanisch kahl und häßlich war daher in meinen Augen die Halle, die mein Vormund und ich feierlich durchschritten – wenn auch nicht ›empor zum Thron des Sultans‹ wie bei Milton, dafür aber zum Thron eines Despoten, der zwar ein kleineres Reich besaß, aber eigenmächtiger herrschte. Dieser Potentat war der Rektor oder ›Archididaskalos‹ der Grammar School von Manchester, die sich in verschiedener Weise auszeichnete. Einmal war sie sehr alt, gegründet von einem Bischof von Exeter Anfang des 16. Jahrhunderts, so daß sie im Jahre 1856 schon mehr als 330 Jahre bestand; zweitens war sie reich und wurde jedes Jahr reicher; und drittens besaß sie eine vorteilhafte Verbindung zu der berühmten Universität von Oxford.

Zu jener Zeit war Mr. Charles Lawson Rektor. In früheren Ausgaben dieses Werkes habe ich aus ihm einen Doktor gemacht; ich wollte eine allzugroße Nähe zur Wirklichkeit des Falls und damit zu persönlichen Dingen vermeiden, die (wenn auch mir gleichgültig) anderen manchmal Mißfallen bereitet hätten. Mr. Lawson war jedoch weder Doktor noch im Sinne des Gesetzes ein Geistlicher. Die meisten Menschen jedoch, die sich unbewußt davon leiten ließen, was ihrer Meinung nach zu einem würdigen Schulmeister gehörte, legten ihm die geistliche Würde bei. Und er *hatte* tatsächlich auch einst die Weihe als Diakon in der englischen Hochkirche erhalten. Doch dessenungeachtet betrachtete er sich als Laie und wurde so auch im Briefwechsel von Standespersonen angeredet, die sicher die kunstgerechten Regeln der englischen Etikette am besten beherrschen. In solchen Fällen kann sich die Etikette nicht völlig von der Vorschrift entfernen. Wie der Fall von Horne Tooke allerdings zeigt, gilt im englischen Recht der Grundsatz: *›Einmal ein Geistlicher – immer ein Geistlicher.‹* Der heilige Charakter, den die Ordination einem Mann verleiht, ist untilgbar. Doch andererseits – wer *ist* wirklich ein Geistlicher? Nicht einfach der, dem die ersten Weihen eines Diakons erteilt wurden – so habe ich jedenfalls gehört –, sondern der, der die höheren und vollständigen Priesterweihen erhalten hat. Wenn das nicht zuträfe, wäre es ein grober Fehler, wenn Mr. Lawsons Freunde ihn mit ›hochwohlgeboren‹ anreden.

Hochwohlgeboren oder nicht, Pfarrer oder nicht, geistlich oder weltlich – Mr. Lawson war in gewissem Maße interessant durch seine Stellung und seine einsiedlerischen Gewohnheiten. Das Leben mit seinen Hoffnungen und Prüfungen war für ihn vorbei. Ihn erwartete höchstens noch eine Prüfung: der Kampf gegen eine schmerzhafte Krankheit und der Todeskampf. Er hatte den Tod noch vor sich, er war seine letzte Aufgabe – alles andere war getan. Es machte mir den Eindruck (aber bei so beschränkten Urteilsmöglichkeiten kann ich mich auch geirrt haben), daß seine Einsicht recht begrenzt war. Doch das beeinträchtigte nicht das

Interesse, das ihn jetzt in seinem hohen Alter umgab (er war wohl fünfundsiebzig Jahre alt, wenn nicht älter), und verminderte auch nicht meinen Wunsch, den Text seines Lebens rückwärts zu lesen und neu zu setzen. Was waren seine Erfolge in dieser Welt gewesen? Hatten sie ihn aufwärts oder abwärts geführt? Welche Triumphe hatte er in der lieblichen und feierlichen Abgeschiedenheit von Oxford erfahren? Was für Kränkungen in der rauhen Welt draußen? Nur zwei davon waren in der boshaften Überlieferung ›seiner Freunde‹ übriggeblieben. Er war ein Jakobit (wie so viele meiner lieben Landsleute von Lancaster), er hatte auf das Wohl des Prätendenten getrunken, und zwar gemeinsam mit jenem Dr. Byrom, der die Versammelten mit dem berühmten zweideutigen Stegreifvers[16] auf das Wohl jenes Prinzen beehrt hatte. Mr. Lawson mußte dann die schließliche Demütigung seiner politischen Partei erleben. Das war seine erste Kränkung. Eine zweite wurde ihm etwa sieben Jahre später zugefügt: eine Frau gab ihm den Laufpaß, und zwar unter grausamen und verächtlichen Umständen (wie ich zumindest hörte). Hatte *er* etwa unbestimmte Gunstäußerungen der Dame in einem für ihn zu schmeichelhaften Sinne gedeutet? Oder hatte sie in grausamer Laune die Hoffnungen zunichte gemacht, die sie geweckt hatte? Wie es auch gewesen sein mag, die lindernde und versöhnende Zeit eines halben Jahrhunderts hatte Mr. Lawsons Herzenswunde vernarben lassen. Wenn jene Dame von 1752 im Jahre 1800 noch leben sollte, mußte sie entsetzlich runzlig sein. Damit ergibt sich eine ausgefallene metaphysische Frage: Wenn der Gegenstand einer leidenschaftlichen Liebe zum Schatten verblaßt ist, kann dann die heiße Leidenschaft selbst lebendig bleiben, sozusagen als Abstraktion, immer noch ihre Fehler beklagend, immer noch nach Genugtuung rufend? Ich habe von solchen Fällen gehört. In Wordsworths Gedicht ›Ruth‹ (das, wie ich zufällig weiß, auf tatsächlichen Begebenheiten beruht) wird von dem bewegenden Vorkommnis berichtet, daß Ruth, als die erste Raserei ihres gestörten Geistes der ärztlichen Behandlung gehorchte und einer milderen Form des Wahnsinns wich, nach einigen Monaten wieder freigelassen wurde. Als sie sich unbewacht in der ländlichen Umgebung wiederfand, wo sie ihre Kindheit verbracht hatte, kehrte sie – jetzt nicht mehr von Kummer bedrängt – zu ihren früheren Lebensgewohnheiten zurück. Etwas Ähnliches war auch mit Mr. Lawson geschehen; einige Zeit nach der ersten Erschütterung hatte er, neben verschiedenen Versuchen, jenes tief einschneidende Erlebnis auszulöschen, viel Mühe darauf verwendet, sich wieder in die Situation eines Universitätsstudenten zu versetzen. Bei diesem Unterfangen war ihm die einmalige Anordnung des Hauses, das mit seiner offiziellen Stellung verbunden war, sehr behilflich. Für ein englisches Haus war es in jeder Weise ein Kuriosum, denn es war streng nach römischem Plan gebaut. Alle Zimmer beider Stockwerke blickten mit ihren Fenstern auf einen kleinen Innenhof hinunter. Dieser Hof war quadratisch, aber von so engen Abmessungen, daß ihn ein Römer nur als ›Impluvium‹ betrachtet hätte: wenn Mr. Lawson jedoch seine Phantasie ein bißchen anstrengte, verwandelte er sich in einen Collegehof. Hier erfolgte daher täglich der ›Appell‹, bei dem sich jeder Student zu melden hatte, wenn sein Name aufgerufen wurde. So erneuerte der unglückliche Mann ständig die Einbildung, noch auf dem Hof eines Oxforder Colleges zu stehen, betrog sich vielleicht mit der Vorstellung, daß alles, was die Launen der Dame anging, nur ein Traum gewesen war und die Dame selbst ein Phantom. In Millgate wurden also College-Gewohnheiten wiederholt, die das wunderliche Alibi verstärken sollten – zum Beispiel wurden beim Dinner zwei Teller vor ihn hingestellt (einer für Fleisch, einer für Gemüse). Einen einzigen etwas kostspieligen Luxus hatte er sich in Oxford wie die meisten jungen Leute mit gutem Einkommen geleistet, und den behielt er auch jetzt bei, obwohl er praktisch längst unnütz geworden war. Das war ein Jagdpferd für sich selbst und eines für seinen Stallknecht, die er trotz der steigenden Kriegssteuern noch jahrelang weiter hielt, nachdem er fast kaum noch ritt. Alle drei oder vier Monate ließ er die Pferde einmal satteln und hinausführen, dann schwang er sich mit beträchtlicher Mühe in den Sattel und ritt in gemächlichem Paßgang davon, um nach etwa fünfzehn oder zwanzig Minuten von seinem Ausflug zurückzukehren, der ihn zwei Meilen weit geführt hatte und ihm das Gefühl gab, sich für einen weiteren Zeitraum von hundert Tagen genügend körperliche Bewegung verschafft zu haben. Seinen Haupttrost fand Mr. Lawson indessen bei den großen Klassikern des Altertums; seine älteren Zöglinge waren ständig damit beschäftigt, sich ihren Weg durch einen der großen Dramatiker zu bahnen, der die Bühne Athens erschüttert hatte; mehr als eine seiner Klassen, nie aufhörend, ständig beginnend, erquickte ihn täglich mit dem Frohsinn des Horaz aus seinen Episteln und Satiren. Die Horazischen Späße veralteten für *ihn* nie. Wenn er zu dem plagosus Orbilius oder einem anderen witzigen Einfall kam, warf er sich, wie er es vor fünfzig Jahren getan *hatte*, mit scheinbar herzerschütternden Ausbrüchen seelenverwandter Fröhlichkeit in seinen Lehnstuhl zurück. Mr. Lawson brachte es wirklich fertig, bei dem Wort ›plagosus‹ aufrichtig fröhlich zu sein. Es gibt düstere, in der Zucht der Furcht frohlockende Tyrannen, bei denen und bei deren Schülern dieses Wort allzu entwürdigende Erinnerungen wachruft, nicht einmal geheuchelte Heiterkeit. Anspielungen, die zu fürchterlich persönlich sind, sind kein Gegenstand mehr für Scherze. Nur Kriecherei lacht noch, und erkünstelte Fröhlichkeit ist lediglich der Ausdruck widerwilliger und unterwürfiger Ablehnung. Ganz anders jedoch verhielt es sich an der Grammar School von Manchester. Es war eine Ehre sowohl für die Lehrer als auch die Schüler der oberen Klassen, die ein solches Ergebnis ermöglichten, daß in dieser Schule, solange ich sie kannte (das heißt im letzten Jahr des 18. Jahrhunderts und in den ersten beiden des 19.), alle Strafen, die ihre Zuflucht in der Empfindung körperlichen Schmerzes suchten, ungebräuchlich waren, und zu einer Zeit, lange bevor eine öffentliche Erörterung in dieser Richtung in Gang kam. Wie wurde dann die Ordnung aufrechterhalten? Die Selbstdisziplin der älteren Schüler und die Wirksamkeit ihres Beispiels in Verbindung mit ihrem Regelsystem hielt sie aufrecht. Edel sind die Impulse beginnender Männlichkeit, wo sie nicht völlig niedrig sind – ich meine jenes Alter, in dem der poetische Sinn sich zu entwickeln beginnt und die Knaben zuerst das Paradies erahnen, das sich im Lächeln einer Frau versteckt hält. Wäre die Schule nur eine Tagesschule gewesen, hätten sich sehr wahrscheinlich die gewöhnlichen lärmenden Neigungen von Jungen durchgesetzt, die sich selbst überlassen sind. Doch es ergab sich, daß der ältere Teil der Schüler – jene, die sich an der Grenze zur Männlichkeit befanden und in unbestimmbarem Maße bereits Gebildeten ähnelten, alle, die lasen, grübelten oder in der Liebe zur Literatur zu erglühen begannen – Pensionäre in Mr. Lawsons Haus waren. Die Schüler dieses Hauses übten also einen überwältigenden Einfluß in der Schule aus. Sie fühlten sich untereinander brüderlich verbunden, während die Tagesschüler vereinzelt blieben. Darüber hinaus erwies es sich als glücklich, daß zu der Schule nicht der kleinste Hof gehörte – das heißt nicht zur Höheren Schule, zur Grammar School. Auf derselben gemeinnützigen Stiftung beruhend, gab es allerdings noch eine Elementarschule, deren ganzes Unterrichtssystem sich auf die niedrigsten mechanischen Fertigkeiten des Lesens und Schreibens beschränkte. Der Saal, in dem die Knechtsarbeit ausgeführt wurde, lag unter dem der Höheren Schule; ich nehme daher an, daß er ein unterirdisches Duplikat des oberen Saals war, und da der obere nur etwa zwei oder drei Fuß höher lag als die benachbarten Straßen, mußte also die Elementarschule erheblich tiefer als diese Straßen liegen. Damit wäre sie notwendigerweise eine dunkle Krypta gewesen, wie man sie unter manchen Kathedralen findet; es hätte allerdings für einen einzigartigen Mangel an Rücksichtnahme auf seiten des Gründers gezeugt, einen Teil seiner Einrichtung von Anfang an mit dem Fluch der Dunkelheit zu belegen. Da der Zugang zu dieser plebejischen Schule über lange Stufenfluchten hinabführte, fand ich niemals genug überschüssige Kraft, um dieses Problem zu erforschen. Doch da der Boden an jener Stelle steil nach unten abfiel, nehme ich an, wenn ich darüber nachdenke, daß die unterirdische Krypta an einer Seite dem Besuch von Sonne und Mond offengestanden hat. Für diese niedrige geistlose Schule kann es möglicherweise einen Spielplatz gegeben haben. Doch für uns oben am Tageslicht gab es keinen, wie ich wiederholen möchte – nicht so viel

Platz, um das Taschentuch einer Dame zu bleichen, und dieser Mangel brachte ungeahnte Vorteile mit sich.

Lord Bacon erwähnt die feine Politik, die sich in der rein äußerlichen Form eines Tisches verbergen kann. Ein viereckiger Tisch hat unbestreitbar ein Kopf- und ein Fußende, zwei äußerste Enden, die den höchsten und den niedrigsten Platz kennzeichnen, einen sonnennächsten und einen sonnenfernsten Punkt, sowie zwei Äquatorseiten, und bietet sofort dem Ehrgeiz ein weites Feld, während ein runder Tisch solche anspruchsvollen Träume energisch unterdrückt, ein dreieckiger Tisch genauso. Ist dieses Dreieck gleichschenklig, könnte allerdings der Teufel, der an einer Spitze sitzt, behaupten, er stünde allein allen an der Hypothenuse Befindlichen gegenüber und sei daher vornehmer als sie, so wie Atlas vornehmer war als der Erdball, den er trug. Es war übrigens eine ähnliche Anordnung, die ursprünglich das Besondere an John o'Groats Haus ausmachte, und nicht seine Lage im hohen Norden (wie die meisten Leute meinen). John, so scheint es, beendete die Fehden um den Vorrang nicht, indem er diese oder jene Gesetze aufstellte, sondern indem er mit Hilfe eines runden Tisches die Voraussetzungen für solche Fehden beseitigte. Dasselbe Prinzip muß König Artus an der Tafelrunde seiner Ritter geleitet haben oder Karl den Großen unter seinen Paladinen sowie Matrosen, wenn sie die Gefahr eines meuterischen Ansinnens mittels der bewundernswerten Erfindung eines ›Round-Robin‹ wirksam verteilten. Wie Harrington in seiner ›Oceana‹ bemerkt, finden selbst zwei kleine Mädchen, die eine Orange unparteiisch teilen wollen, oftmals durch reinen Mutterwitz einen wirksameren Ausweg, als ihn alle Philosophenschulen hätten vorschlagen können. Dieser Ausweg besteht darin, daß eine teilt, die andere aber das Recht der Wahl hat. Du teilst, und ich wähle. Das ist die Formel, und ein Engel könnte keine bessere Garantie für die unparteiische Teilung ausfindig machen; denn auf diese Weise wird der Teilende notwendig zum Erben aller möglichen Nachteile, die er sich durch seine eigene Teilungshandlung zuziehen könnte. In allen diesen Fällen führt eine scheinbar geringfügige Vorsichtsmaßregel auf der nächsten Stufe zu einer Fülle unvermeidlicher Konsequenzen. Und in unserem Fall ergab sich eine nicht weniger unverhältnismäßige Wirkung aus der an sich unbedeutenden Tatsache, daß wir keinen Schulhof besaßen. Wir Schüler der oberen Klassen, die wir durch Ernsthaftigkeit und die betonte Würde der eingehenden Beschäftigung mit Literatur kaum noch zu jungenhaften Spielen neigten, erkannten durch das Fehlen eines Schulhofs unsere Wahl und unseren Stolz gleichzeitig als Notwendigkeit. Selbst der Stolzeste unter uns profitierte von diesem Zwang, denn viele hätten sonst das Vorrecht ihres Stolzes gegen eine Stunde Vergnügen eingetauscht und wären zumindest zu gelegentlichen Konformisten geworden. Ein Tag, der schöner war als sonst, eine Geschicklichkeitsprobe, die das Gefühl der Überlegenheit besonders reizte, hätten schließlich die meisten von uns dazu verführt, unsere vornehme Abgeschlossenheit aufzugeben. Wahllose Vertraulichkeit wäre die unabwendbare Folge gewesen; mischt man sich bei gemeinsamen Geschäften unter andere, mag das Gefühl der Zurückhaltung unberührt bleiben, doch alle Zurückhaltung weicht, wenn man sich gemeinsam ins Vergnügen stürzt. Durch das Band häuslicher Gemeinschaft, durch unsere wechselseitige Sympathie für die Probleme, die uns die Bücher eingaben, waren wir eine Gesellschaft von Knaben geworden (vier oder fünf von ihnen waren schon junge Männer, die achtzehn oder neunzehn Jahre zählten), die insgesamt so ernsthaft und so voller Selbstachtung waren, wie es sonst oft nur Erwachsene sind. Sogar die unterirdische Schule trug etwas zu unserer Selbstachtung bei. Sie bildete einen untergeordneten Teil unserer eigenen Einrichtung, und die Macht des Gegensatzes hütete in unseren Augen die zu unserer Struktur gehörende Würde. Ihr Streben war es, bescheidene Fertigkeiten zu beherrschen, die im Bereich *mechanischer* Anstrengungen lagen, und alles Mechanische ist begrenzt; wogegen wir glaubten, daß *unser* Streben, selbst wenn die Bezeichnung *Grammar* School in recht begrenzter Form diesem Streben zu entsprechen schien, dem Wesen nach edel und auf das Unendliche gerichtet war. Allerdings erkannte ich bald, daß wir hinsichtlich des *Namens* alle im

Irrtum lebten. Auf die Frage, was Grammar School bedeutet, was diese Schule zu lehren vorgibt, würde kaum jemand anders antworten als: ›Lehren? Grammatik natürlich – was sonst?‹ Doch ist das ein Irrtum: ich habe an anderer Stelle erklärt, daß ›grammatica‹ in diesem Zusammenhang nicht Grammatik bedeutet (obwohl auch Grammatik den Regeln einer höchst subtilen Philosophie folgt), sondern *Literatur*. Man lese bei Sueton nach. Jene ›grammatici‹, die er als einen Stand von Männern erwähnt, die zur Zeit der Flavier nach Rom strömten, waren keineswegs Grammatiker, sondern Literaten im umfassenden französischen Sinne des Wortes – das heißt Männer, die Literatur entweder studierten, lehrten oder praktisch produzierten. Und schließlich ist ›grammatica‹ wohl das treffendste lateinische Äquivalent für unser Wort ›Literatur‹.

Nachdem ich so die charakteristischen Merkmale skizziert habe, die diese Schule und ihren ranghöchsten Lehrer auszeichnen (insgesamt hatte diese höhere Schule vier Lehrer von verschiedenem Rang), möchte ich zu meiner eigenen Aufnahmeprüfung zurückkehren. An diesem Tag, für mich denkwürdig als Anfangspunkt einer so langen Reihe von Tagen, die zum einen durch überheblichen Starrsinn verdüstert, zum anderen durch Torheit beeinträchtigt wurden, hatte sich mein Vormund kaum zurückgezogen, als Mr. Lawson von seinem Tisch ein Heft des ›Spectator‹ nahm und mich anwies, einen Aufsatz von Steele, so gut ich könnte, ins Lateinische zu übersetzen – nicht den ganzen Aufsatz, sondern vielleicht ein Drittel. Es konnte keine bessere Aufgabe geben, um meine Fähigkeiten als Lateiner zu prüfen. An dieser Stelle sollte ich etwas erklären. In der früheren Ausgabe dieser ›Bekenntnisse‹, die ich manchmal zu schnell und mit wenig Genauigkeit in Fragen geringerer Bedeutung geschrieben hatte, vermittelte ich unbeabsichtigt einen falschen Eindruck in bezug auf die Berechtigung des Anspruchs, ein Gräzist zu sein; und eine ähnliche Korrektur muß ich hinsichtlich der geringeren Fähigkeit machen, die Gegenstand meiner jetzigen Prüfung war. Weder im Griechischen noch im Lateinischen besaß ich sehr weitgehende *Kenntnisse – das* war in meinem Alter unmöglich; insbesondere auch deshalb, weil es damals keine ordentlichen Führer durch die dornenreichen Dschungel der lateinischen Sprache gab, viel weniger noch für die griechische. Wenn ich erwähne, daß die von Dr. Nugent übersetzte griechische Grammatik von Port Royal etwa die beste im Englischen existierende Hilfe bei den unzähligen Schwierigkeiten der griechischen Diktion war und daß hinsichtlich der Verslehre Morells wertvoller ›Thesaurus‹, der damals nie wieder aufgelegt worden war, kaum irgendwo auftauchte – dann wird es dem Leser klar sein, daß die *Kenntnisse* eines Schülers im Griechischen nur dürftig sein konnten. Und die meinen waren in der Tat dürftig. Doch halt! *Was* war dürftig? Lediglich meine *Kenntnis* des Griechischen, denn die Kenntnis weitet sich durch Streben bis zum Unendlichen; anders aber stand es mit meiner *Beherrschung* des Griechischen. Die *Kenntnis* des Griechischen steht immer in einem ungefähren Verhältnis zu der dafür aufgewendeten Zeit – wahrscheinlich also zum Alter des Schülers; die *Beherrschung* einer Sprache jedoch, die Fähigkeit, sie plastisch zum Ausdruck der eigenen Gedanken zu verwenden, ist fast ausschließlich eine natürliche Gabe und steht kaum in Beziehung zur Zeit. Man denke an das erhabene Dreigestirn von Gräzisten, das zwischen der Glorreichen Revolution von 1688 und dem Beginn des 19. Jahrhunderts in England leuchtete, das anerkannte Dreigestirn nämlich: Bentley, Valckenaer und Porson. Das sind die Männer, so wird man allgemein wähnen, deren Hilfe angerufen werden sollte, falls auf einem öffentlichen Denkmal eine Inschrift in flüssigem Griechisch gebraucht wird. Ich bin anderer Meinung. Die größten Gelehrten haben sich meist als die ärmlichsten Verfasser in jeder der klassischen Sprachen erwiesen. Vor sechzig Jahren gab es von vier verschiedenen Doktoren vier unterschiedliche griechische Fassungen von Grays ›Elegie‹, doch keine war ein würdiges Produkt unserer nationalen Gelehrsamkeit. Dabei war einer dieser Doktoren sogar Porsons Vorgänger auf dem Lehrstuhl für Griechisch in Cambridge. Nun, dieser (Dr. Cooke) war ein unbedeutender Mann – man nehme statt dessen einen ausgezeichneten Gräzisten von peinlicher Genauigkeit, nämlich Richard Dawes, den bekannten Verfasser der ›Miscellanea Critica‹. Dieser Mann, ein wahrer Zuchtmeister in bezug auf die Feinheiten des griechischen Stils – und er *sollte* ein Gräzist von einigem Rang gewesen sein, sprang er doch oft genug Richard Bentley an die Kehle –, schrieb und veröffentlichte eine griechische Version vom ›Verlorenen Paradies‹ sowie zwei höchst kriecherische Idylle, die an Georg II. anläßlich des Todes seines ›erhabenen‹ Papas gerichtet waren. Es ist schwierig, sich irgend etwas vorzustellen, das in der Konzeption niedriger und im Ausdruck kindischer ist als diese Versuche. Nun, *ihnen* möchte ich die Abschrift der jambischen Verse[17] eines Knaben entgegenstellen, der – glaube ich – mit sechzehn Jahren starb: eines Sohnes von Tomline, dem Hauslehrer Mr. Pitts und Bischof von Winchester. Generell behaupte ich, daß die Fähigkeit, Gedanken ins Griechische zu kleiden, eine Funktion natürlicher Feinfühligkeit ist, was wenig damit zu tun hat, in welchem Umfang oder wie gut der Verfasser die griechische Grammatik beherrscht.

Doch diese Erklärungen sind zu ausführlich. Der Leser wird als ihr Ergebnis verstehen, daß ich in solchem Fall weniger die sorgfältige Vertrautheit mit der Syntax der Sprache oder einen *copia verborum* brauchte, sondern große Wendigkeit in der kritischen Beurteilung, wie die Gedanken miteinander zu verknüpfen waren, um moderne und nichtklassische Dinge so darzustellen, daß direkte Bezeichnungen, wo klassische nicht zur Verfügung standen, durch Umschreibungen ersetzt wurden, und meine Übersetzung mit so vielen idiomatischen Wendungen auszuschmücken, wie es die Umstände jeweils gestatteten. Ich hatte damit Erfolg, und zwar über meine Erwartungen hinaus. Denn ganz gegen seine Gewohnheit – es war das erste und zugleich das letzte Mal, daß man so etwas von ihm hörte – sprach mir Mr. Lawson eindeutig ein Lob aus. Und er krönte seine freundliche Herablassung mit einer Anerkennung, die nicht nur verbal war: ich wurde einstweilig in seine oberste Klasse aufgenommen. Zwar war es zu diesem Zeitpunkt nicht die oberste, weil es noch eine Klasse über uns gab, doch deren Schüler waren schon auf dem Sprung nach Oxford, wo sie in wenigen Wochen ihr Studium aufnehmen sollten. Danach wurden wir (ich und zwei andere) sofort auf den obersten Platz befördert.

Am folgenden Sonntag, also zwei oder drei Tage nach dieser Prüfung, bezog ich das Hauptquartier in Mr. Lawsons Haus. Gegen neun Uhr abends begleitete mich ein Bedienter eine kurze Treppenflucht hinauf und durch eine Reihe düsterer, unmöblierter kleiner Räume mit kleinen Fenstern, aber ohne Türen, bis zum ›Gemeinschaftsraum‹ (wie es in Oxford fachgerecht heißen würde) der älteren Knaben. Alles hatte sich vereint, um mich zu deprimieren. Die Gesellschaft gebildeter Frauen zu verlassen – schon *das* war ein außerordentlicher Verlust. Außerdem war die Jahreszeit regnerisch, was allein schon eine Quelle von Trübsinn ist, und der Anblick der leeren Räume vermehrte meine Niedergeschlagenheit. Aber das Bild änderte sich, als die Tür aufgerissen wurde: von Leben sprühende Gesichter zeigten sich, und aus der im Zimmer verstreuten Gruppe von sechzehn oder achtzehn Knaben kamen zwei oder drei, die altersmäßig den Vorrang hatten, auf mich zu und begrüßten mich mit einer Höflichkeit, die ich nicht erwartet hatte. Die ernste Freundlichkeit und die unbedingte Aufrichtigkeit ihres Benehmens beeindruckten mich höchst günstig. An der Grammar School von Bath hatte ich mit Knaben aus allen Teilen unserer Insel vertraut zusammen gelebt – eine Zeitlang, als ich Lord Altamont in Eton besuchte, auch mit Knaben von höchsten aristokratischen Ansprüchen. In Bath und in Eton herrschte, wenn auch unterschiedlich, ein Ton feinerer Gesittung, und in Auftreten, Rede und Haltung der Mehrheit konnte man sogleich eine frühreife Kenntnis der Welt spüren. Meinen neuen Freunden waren sie tatsächlich an würdevoller Selbstbeherrschung überlegen; doch andererseits unterlag der beste von ihnen im Vergleich mit diesen Knaben aus Manchester in bezug auf sichtbare Zurückhaltung und Selbstachtung. In Eton war die obere Klasse recht reichlich vertreten, während die Schule in Manchester viele Söhne von Künstlern und Knaben aus ähnlichen Kreisen besuchten; einige hatten sogar Schwestern, die gewöhnliche Dienstmädchen waren, und diejenigen, die durch Geburt und edle Abstammung höhere Ansprüche erhoben, waren höchstens Söhne des Landadels oder von Geistlichen. Abgesehen von drei oder vier Brüdern, die aus der Familie eines Geistlichen in York stammten, waren wohl alle anderen so wie ich aus Lancashire gebürtig. Zu jener Zeit war meine Erfahrung noch zu begrenzt, um mir das Recht zu geben, eine Meinung – so oder so – über die jeweiligen moralischen und geistigen Ansprüche der verschiedenen Provinzen unserer Insel zu äußern. Doch inzwischen habe ich Ursache, dem verstorbenen Dr. Cooke Taylor zuzustimmen, der in bezug auf Energie, Widerstandsfähigkeit und andere hohe Eigenschaften den Einwohnern von Lancashire den Vorrang einräumt. Schon vor hundert Jahren zeichneten sie sich durch die Pflege gebildeter Neigungen aus. Was Talent und Empfänglichkeit für Musik anging, konnte es kein Teil Europas – abgesehen von ein paar Orten in Deutschland – mit ihnen aufnehmen; hätte es zu Händels Zeit nicht die Chorsänger aus Lancashire gegeben, dann wären seine Oratorien ein wenn auch nicht völlig versiegelter, so doch höchst unvollkommen enthüllter Schatz geblieben.

Einer der jungen Männer, der meine Niedergeschlagenheit bemerkt hatte, holte Brandy hervor – ein alkoholisches Getränk, das ich für mein Teil zum erstenmal kennenlernte, denn bis dahin hatte ich nur Wein zu mir genommen und auch niemals in Mengen, die meinen Geist beeinflußt hätten. Um so größer war meine Überraschung über den schnellen Wechsel in meiner Gemütsverfassung – einen Wechsel, der meine natürlichen Gaben für Konversation sofort wiedererwachen ließ. Dafür fehlte nichts weiter als eine hinlänglich anregende Frage. Solch eine Frage ergab sich ganz zwanglos aus der von einem Knaben an mich gerichteten Bemerkung mit der Andeutung, daß ich vielleicht den Zeitpunkt meiner Ankunft absichtlich so gewählt hätte, um der Sonntagabend-Übung zu entgehen. Nein, antwortete ich, keineswegs; was das für eine Übung wäre? Einfach eine Stegreifübersetzung aus Grotius' Büchlein über die Zeugnisse des christlichen Glaubens.[18] Ob ich das Buch kennte? Nein – alles, was ich über Grotius wußte, bezog sich auf seine lateinischen Versübersetzungen verschiedener Fragmente, die von griechischen Dramatikern erhalten geblieben waren, und diese Übersetzungen hatten mich als äußerst schön beeindruckt. Andererseits hatte ich sein bedeutendstes Werk, ›De jure belli et pacis‹, das von Lord Bacon so außerordentlich gepriesen wurde, überhaupt nicht gelesen; doch hatte mir ein sehr tiefsinniger Mensch eine Darstellung davon gegeben, die es glaubhaft machte, daß Grotius auf literarischem Gebiet stärker war und sich auch stärker fühlte als auf philosophischem. In bezug auf sein Büchlein über die mosaischen und christlichen Offenbarungen hatte ich sehr abfällige Meinungen gehört, von denen mir zwei besonders wichtig scheinen. Eine lief auf nichts anderes hinaus als dies – daß die Frage mit einer Logik erörtert wäre, die der von Lardner und Paley hinsichtlich ihrer zwingenden Kraft weit unterlegen sei. An dieser Stelle unterbrachen mich mehrere Knaben mit laut geäußerter Zustimmung, insbesondere, was Paley betraf. Dessen ›Zeugnisse‹, zu dieser Zeit erst sieben Jahre alt, waren von ihnen bereits studiert worden. Der andere Einwand zweifelte nicht so sehr Grotius' dialektische Schärfe als vielmehr sein Wissen an – zumindest sein angemessenes Wissen. Nach der darüber umlaufenden Anekdote hatte Dr. Pococke, der große orientalische Gelehrte Englands im siebzehnten Jahrhundert, die Aufforderung, Grotius' Büchlein ins Arabische oder Türkische zu übersetzen, mit dem Hinweis auf die leere Legende von Mohammeds Taube als wechselweisem Boten zwischen dem Propheten und dem Himmel beantwortet – welche Legende von Grotius in blindester Leichtgläubigkeit aufgenommen und wiedergegeben worden war. Pococke erklärte, solch Fabel ohne Grundlage würde doppelten Schaden anrichten: sie würde nicht nur die Glaubwürdigkeit dieses Buches im Orient zunichte machen, sondern auch dem Christentum auf Generationen hinaus schaden, indem sie den Anhängern des Propheten zeigte, daß ihr Meister bei den Franken auf Grund von Ammenmärchen geringgeschätzt und daß diese Märchen von den führenden fränkischen Gelehrten geglaubt würden.

Das hätte doppeltes Unheil zur Folge: unsere christliche Ausbildung und unsere christlichen Gelehrten würden nicht nur in skandalöser Weise herabgesetzt; eine Folgerung, die in mancher Hinsicht nicht im Widerspruch zu der Auffassung der Mohammedaner stehen mag, daß die Stärke des Christentums von den Irrtümern und Fehlern seiner Streiter unberührt blieb; doch zum anderen würde es in diesem Fall zu einer starken Reaktion gegen das Christentum kommen. Ganz verständlicherweise würde man daraus schließen, daß eine so große religiöse Philosophie keine starken Geschütze von Argumenten in Bereitschaft haben könnte, wenn sie ihre wichtigsten antimohammedanischen Argumente auf eine so kindische Fabel stützt: selbst wenn man den Nationen, die keinen direkten Kontakt zu Mohammedanern haben, noch den unschuldigen Glauben an diese Fabel zubilligen wollte, so würde es doch eine entsetzliche Schwäche der Christenheit bedeuten, wenn ihre wichtigsten Argumente sich nicht etwa auf die eigene Stärke, sondern einfach auf die Schwäche ihres Widersachers gründen.

An dieser Stelle, als Grotius' Sache völlig hoffnungslos erschien, führte G. (ein Knabe, den ich in der Folgezeit als in gleichem Maße mutig, ehrlich und weitsichtig bewundern mußte) einen plötzlichen Wandel auf dem Feld der Auseinandersetzung herbei: Er machte keinen Versuch, die lächerliche Fabel von der Taube zu verteidigen; er zeigte die Taube vielmehr, wie sie im Harnisch einherzieht mit der christlichen Gans, von der die Mohammedaner einst glaubten, sie führe die Vorhut der frühen Kreuzfahrer an, und die in gewissem Maße tatsächlich eine historische Erscheinung war. Soweit gab er Grotius als unhaltbar auf. Doch in der Hauptfrage, in der sehr umfassenden Frage, ob er im Vergleich mit Paley usw. offenbar als dumm zu bezeichnen sei, kehrte er schlagartig und mit einem Satz die gesamte Logik jenes Vergleiches um. Paley und Lardner, sagte er, was suchten sie denn schon? Eingestandenermaßen war es *ihr* Ziel, aus jedem Argument, jedem Beweis oder jeder Vermutung, was auch immer, woher auch immer, Nutzen zu ziehen, solange es wahr oder wahrscheinlich war und dazu taugte, die Glaubwürdigkeit eines Bestandteils der christlichen Lehre zu unterstützen. Nun, galt ihnen und Grotius *das* nicht als gemeinsames Ziel? Keineswegs! Nur zu oft hatte er (der Knabe G.) insgeheim bemerkt, daß sich Grotius (offenbar in unzähligen Fällen) von bestimmten offensichtlichen Vorteilen der Argumentation zurückhielt, so daß er vermutete, Grotius hätte damit eine bewußte Absicht verfolgt, wenn er sein Diskussionsfeld eingrenzte, und etwas ganz anderes im Auge gehabt. Es wäre *ihm* klar, daß es Grotius aus irgendeinem Grunde ablehnte, Beweise aus einer anderen als einer speziellen und begrenzten Gruppe zu verwenden. Über solche Selbstbeschränkung, die sie als verwegene Bravourtat betrachteten, lachten einige von uns; es erinnerte sie an die seiltänzerischen Kunststücke einiger Verseschreiber, die stolz darauf waren, jeweils durch alle Strophen hindurch immer ohne einen bestimmten Konsonanten, Vokal oder Diphthong auszukommen und damit einen Triumph zu erreichen, der dem Siegeslorbeer eines Athleten entspricht, der auf einem Bein hüpfend oder gar unter der unmenschlichen Bedingung, daß beide Beine in einem Sack stecken, den Wettlauf gewinnt. »Nein, nein«, unterbrach uns G. ungeduldig, »alle solch phantastischen Konflikte mit selbstgeschaffenen Schwierigkeiten enden in reiner Prahlerei und nützen niemandem. Doch die Selbstbeschränkungen, die sich Grotius auferlegte, dienten einem besonderen Zweck und brachten etwas ein, was auf andere Weise nicht zu erreichen gewesen wäre.« Wenn Grotius Argumente und Mutmaßungen nur von Mohammedanern, von Ungläubigen oder von solchen akzeptiert, die als Unparteiische gelten, dann hat er sein Buch einem bestimmten, besonderen Leserkreis angepaßt. Der Unparteiische wird nur Autoritäten anhören, die allgemein als unparteiisch bekannt sind; Mohammedaner werden den Darlegungen von Mohammedanern Achtung erweisen; der Skeptiker wird sich den Argumenten des Skeptizismus beugen. Alle diese Personen, die sogleich von Anfang an von solchen Zeugnissen abgestoßen worden wären, die von einem ihnen feindlichen Standpunkt ausgehen, werden jedoch solchen Gedanken nachdenklich lauschen, die im Geist der Versöhnung vorgetragen werden, vor allem, wenn es Menschen tun, die von den gleichen Grundlagen ausgehen wie sie selbst.

Auf die Gefahr einer gewissen unverhältnismäßigen

Breite hin habe ich versucht, dieses erste Gespräch zwischen den führenden Schülern wiederzugeben. Ob es ganz richtig war, daß G. einen solchen Geheimschlüssel für das Verständnis von Grotius' Büchlein anwendete, weiß ich nicht. Ich schäme mich, daß ich es nicht weiß, denn mein Anteil an dem Sonntagabend-Studium von ›De veritate‹ muß auch abgefragt worden sein, so daß ich das fertige Material für die Beantwortung der Frage in Händen gehalten haben muß.[19]

Als einzigartige stille Beobachtung eines noch nicht fünfzehnjährigen Knaben rang mir indessen G.s erklärender Gedanke, der in direktem Widerspruch zur überkommenen Vorstellung stand, Bewunderung ab, unabhängig davon, ob sie, was die unmittelbare Tatsache betraf, richtig oder falsch war. Daß jemand mitten im Sturm der Jagd, wenn eine leidenschaftliche Gemütsbewegung alle Impulse in eine Richtung lenkt, es fertigbringen sollte, sich im Handumdrehen an das unverhoffte ›Hakenschlagen‹ des Wildes zu erinnern, seine Meinung zu ändern, wie *jenes* die Richtung wechselt, und sich ernsthaft den instinktiven Gefühlen einer voreingenommenen Voraussetzung zu widersetzen, beweist einen Scharfsinn, wie man ihn unter jungen Menschen selten antrifft. Hatte G. recht? Dann hatte er ein Schloß aufgebrochen, das aufzubrechen anderen nicht gelungen war. Hatte er unrecht? Dann hatte er eine Idee und eine Konzeption für ein besseres Werk (besser hinsichtlich Originalität und Nützlichkeit) entworfen, als es Grotius selbst gelungen war.

Nicht einen bestimmten Knaben, sondern eine bestimmte Schule wollte ich hier als rühmens- und dankenswert herausstellen. In späteren Jahren, als ich in Oxford studierte, hatte ich Gelegenheit, die typischen Ansprüche und den durchschnittlichen Erfolg vieler berühmter Schulen wie in einem Spiegel zu lesen. Diesen Spiegel fand ich in der gewöhnlichen Unterhaltung und der Lieblingslektüre der jungen Robenträger, die zu den vielen verschiedenen Colleges von Oxford gehörten. Allgemein gesagt hat jedes College eine Art familiäre Beziehung (eng[20] oder nicht eng) zu einer oder mehreren unserer großen Public Schools. Zu Englands

Glück sind sie über alle Grafschaften verstreut: und da die Besetzung der wichtigsten Ämter in solchen *Public* Schools von Rechts wegen meist den Universitäten Oxford oder Cambridge zusteht, ist ein vernünftiges Unterrichtssystem gesichert; unzureichende Ergebnisse müssen daher vermutlich dem einzelnen Schüler angerechnet werden. Allgemeines Versagen gab es wohl nicht. Klassische Kenntnisse, die geradezu glänzend genannt werden konnten, waren nicht selten und sind es auch heute nicht. Auf einem großen Gebiet jedoch hinterließen viele dieser Schulen, selbst die besten unter ihnen, wenn sie an ihren Früchten gemessen wurden, eine schmerzliche Erinnerung, versagt zu haben. Eigentlich war es kein Versagen bezüglich eines von ihnen fest anerkannten Ziels, sondern eine *bewußte* und *absichtliche* Geringschätzung wie gegenüber einem Ziel, das ihren Pflichten und allen Aufgaben, mit denen sie sich je befaßt hatten, fremd war. Ich meine ihr Versagen in bezug auf die *moderne* Literatur – die Nachlässigkeit, deren riesige Seekarte nicht zu entfalten: und bei der modernen Literatur eine besondere Vernachlässigung (auf fast schon brutale Weise) unserer eigenen englischen Literatur, obwohl das Privileg ihres Vorrangs geradezu mit Trompetentönen vertreten wurde. Für mich, dessen Verehrung Tag und Nacht zu den hehren Altären englischer Poesie und Beredsamkeit aufstieg, war es empörend und abstoßend, bei hochgesinnten jungen Landsleuten, deren glühende Empfindsamkeit vergeblich nach einer ihr gemäßen Entsprechung suchte, tiefe Unwissenheit über einen allgenugsamen Gegenstand festzustellen. Ich meine das große Erbe unserer Literatur, die manchmal sogar bei den öffentlichen Feinden unseres Landes Begeisterung entzündet hat. Wie schmerzlich, zu sehen oder zu erfahren, daß gewaltige Offenbarungen von Erhabenheit und Schönheit für immer vergeudet sind – Wälder, strotzend von prachtvollem Leben, blühende Wildnisse, unzugänglich verborgen! Und diesem Übel steht zur selben Zeit ein zweites gegenüber, das ihm entspricht: mit gleicher Verschwendung wird die große Fähigkeit, Freude zu empfinden, vergeudet, verbrennt allenthalben ungenutzt – kurz gesagt: Verschwendung in der Welt der *erfreulichen*

Dinge, und in gleicher Weise Verschwendung der Sinne und Möglichkeiten, sich zu freuen! Dieses Bild – muß es nicht das Herz eines Engländers betrüben? Einige Zeit (vielleicht zwanzig Jahre) vor meinem eigenen Einzug in Oxford, das mir so schmerzliche Erfahrungen von geringer Achtung gegenüber unserer nationalen Literatur vermittelte, gab es am Londoner Hof einen französischen Botschafter, einen Mann von Geist, der (wie manche glaubten) vor Nationalismus glühte. In Wirklichkeit war es jedoch etwas unsagbar Edleres und Tieferes: nämlich Patriotismus. Denn wahrer und aufrichtiger Patriotismus zeigt seine Liebe in einer edlen Form durch Lauterkeit und Aufrichtigkeit. Nationalismus aber, das habe ich immer wieder festgestellt, ist niedrig, ist unehrlich, ist kleinlich, ist der Aufrichtigkeit unfähig; ständig von der Versuchung zur Falschheit bedrängt, endet er nur zu oft in gewohnheitsmäßiger Lüge. Jener patriotische Franzose schätzte die Literatur über alles. Seine eigenen Auszeichnungen hatte er alle auf diesem Feld erworben; und doch, als er aufgefordert wurde, einen Überblick über die Literatur Europas zu geben, sah er sich durch sein Gewissen gezwungen, seine Arbeit zu einem Denkmal für den Ruhm eines einzigen Mannes zu machen, und dieser Mann war der Sohn eines feindlichen Landes. Der Name Milton verdunkelte *seiner* Meinung nach alle anderen. Und dieser Franzose war Chateaubriand. Der Glanz, der seine Person umgab, überstrahlte auch diese Tat. Und da er als Botschafter seines Landes ein Repräsentant war, kann auch diese Tat als repräsentativ betrachtet werden. Man könnte sagen, in diesem Fall verbeugte sich der Schutzgeist Frankreichs vor dem Schutzgeist Englands. Aber so freie und so edle Verehrung muß auch mit einer entsprechend hochherzigen Haltung aufgenommen und verstanden werden. Es war eine unwillige Unterwerfung unter eine gehaßte Wahrheit wie Bileams Zeugnis zugunsten Israels; sie war im Geist frommen Edelmuts ein Zugeständnis an die menschliche Natur als solche und überragte weit alle nur nationalen Überlegungen.

Dieser grenzenlosen Verehrung einer strahlenden Leuchte unserer literarischen Welt, die im Zeugnis eines Franzosen

– eines Franzosen also, der ein öffentlicher Feind sein könnte und müßte – so augenfällig gefeiert wird, steht das niederdrückende Bild junger Engländer gegenüber, die (soweit es ihre Bildung betrifft) die bloße Existenz dieses großartigen Dichters ignorieren. Heißt das nun, es wäre meiner Meinung nach empfehlenswert, ›Das verlorene Paradies‹, ›Das wiedergewonnene Paradies‹ oder ›Simson‹ in die Bibliothek eines Schülers aufzunehmen? Keineswegs. Jene Art von Empfindungsvermögen, die sich mit Miltons Erhabenheit beschäftigt, ist im Knabenalter kaum entwickelt. Diese göttlichen Werke sollten daher klugerweise der Zeit des reifen Mannesalters vorbehalten bleiben. Aber dann sollte man erklären, daß sie diesem Alter vorbehalten *sind* und daß es aus ehrerbietiger Rücksicht auf den Dichter selbst geschieht. Bis dahin würden Auswahlen von Milton, von Dryden, von Pope und vielen anderen, wenn sie auch nicht allenthalben von jenen geschätzt werden, die nur wenig Lebenserfahrung besitzen, den Verstand oder die Empfänglichkeit eines sechzehn- oder siebzehnjährigen Knaben nicht unbedingt übersteigen. Über alle anderen Bereiche der Literatur hinaus sind jedoch die beiden Dichter, die ich jetzt nennen will, geeignet (oder könnten es wenigstens sein, wenn mit ihnen geschickt umgegangen wird), das Interesse derer zu erwecken, die keine Kinder mehr sind, sondern das Alter erreicht haben, da man in England üblicherweise an der Universität immatrikuliert wird, also das Ende des achtzehnten Lebensjahres. Wenn man alle Sprachen der Erde durchforschte und vom geheimnisvollen Benares an den Ufern des Ganges bis zu den Quellen des Hudson reiste – ich bestreite, daß man zwei Büchersammlungen zusammenbringen könnte, die in ähnlicher Weise das jugendliche Interesse erwecken wie die beiden folgenden:

Zum ersten. Im Gegensatz zu Monsieur Cousins jüngster unverfrorener Behauptung (nur die extreme Ignoranz, auf der sie beruht, befreit sie vom Verdacht der Lüge), daß wir Engländer nach Lord Bacon keinen ordentlichen Prosaschriftsteller mehr haben, muß man sagen, daß das siebzehnte Jahrhundert, insbesondere der Teil, der hier interessiert, also die letzten siebzig Jahre davon (die Zeit von 1628 bis 1700), die höchsten Leistungen der Beredsamkeit hervorbrachte, über die unsere Literatur verfügt (einer philosophischen Beredsamkeit, die zugleich rhetorisch und leidenschaftlich war, wie es die französische Prosa in solchem Maße nicht kennt). Nicht eine einzige Zeile dieser Werke wurde vor Lord Bacons Tod geschrieben. Donne, Chillingworth, Sir Thomas Browne, Jeremy Taylor, Milton, South und Barrow bilden ein Siebengestirn, eine glänzende Vereinigung von sieben goldenen Sternen, wie sie keine Literatur in ihren eigenen Reihen aufzuweisen hat. Ich würde es wagen, aus den Büchern dieser sieben Schriftsteller, abgesehen von allen ihren Zeitgenossen, ein vollständiges philosophisches System[21] zum höchsten Nutzen der Menschheit zusammenzustellen. Ein Irrtum Monsieur Cousins lag zweifellos im Übersehen der Tatsache, daß sich alle denkbaren Fragen der Philosophie unter einer theologischen Maske darstellen lassen. Infolgedessen hat er davon Abstand genommen, viele englische Bücher zu lesen, die nur fachliche Darlegungen protestantischer Polemiker zu sein schienen, deren Beredsamkeit und philosophische Spekulation in Wahrheit jedoch unerschöpflich sind.

Zum zweiten. Wichtig wäre auch eine vollständige Zusammenfassung des englischen Dramas von etwa 1580 bis zu dem Zeitpunkt (sagen wir 1635), als es vom Frost des puritanischen Geistes getötet wurde, der alles Fleisch für die Bürgerliche Revolution abhärtete. Keine Literatur, nicht einmal die Athens, hat je solch vielgestaltiges Theater geboten, solch Karnevalsstück, Masken- und Zwischenspiel leidenschaftlichen Lebens – voll Atem, Bewegung, Handlung, Leid und Gelächter:

›Quicquid agunt homines –
Votum, timor, ira, voluptas,
Gaudia, discursus‹[22]

– all dies, aber sehr viel wahrer und angemessener, als es auf jenem Feld der Dichtung, mit dem sich der düstere Satiriker beschäftigte, geschehen war oder hätte geschehen können, was auch unsere mittelalterlichen Vorfahren in ihrem ›Totentanz‹ darstellten, trunken von Tränen und Gelächter, war hier wiederzufinden, szenisch geordnet, geschmückt und herrlich ausgemalt. Welch anderes nationale Drama kann es wagen, sich damit messen zu wollen? Das athenische Drama ist großenteils vergangen; das römische wurde frühzeitig durch die blutigen Vorgänge im Amphitheater getötet wie das Kerzenlicht vom Sonnenlicht; das spanische bietet, selbst in den Händen Calderóns, nur unfertige Skizzen; und das französische leidet – neben anderen und wesentlicheren Mängeln, denen noch keine Gerechtigkeit widerfahren ist – unter dem wesentlichen Nachteil, daß es seinen Höhepunkt erst etwa sechzig Jahre (oder zwei Generationen) nach dem englischen erreicht hat. Tatsächlich endete die große Zeit des englischen Dramas genau dann, als die des französischen begann:[23] folglich büßte das französische Drama den gewaltigen Vorteil der szenischen Effekte eines romantischen und pittoresken Zeitalters ein. Dieses Zeitalter war vergangen, als das französische Theater seinen Höhepunkt erreichte; das natürliche Ergebnis war, daß der zu dieser Zeit zu mächtig entwickelte verwöhnte französische Geschmack die freien Regungen des französischen Genius erstickte oder irreleitete.

Ich bitte den Leser um Nachsicht für diese unverhältnismäßig lange Abschweifung, in die mich meine Liebe zu unserer großen nationalen Literatur getrieben hat, mein Bestreben, sie bei den Grundlagen unserer Bildung mit offiziellem Auftrag von viel umfassenderem Charakter etabliert zu sehen, und meine Absicht, auf jeden Fall gegen die völlige Vernachlässigung unserer größten Schriftsteller zu protestieren, die uns dem schmerzlichen Vorwurf aussetzt (um mit Comus zu sprechen), ›täglich herumzutrampeln mit genageltem Schuh‹ auf dem, was hochherzige Ausländer für den schönsten Edelstein in unserer nationalen Krone halten.

Meine eigene, beschränkte Erfahrung läßt mich befürchten, daß dieser Vorwurf die meisten unserer großen Public Schools schwer trifft, auch wenn sie sonst so bewundernswürdig geführt werden.[24] Doch von der Grammar School in Manchester prallte ein solcher Vorwurf völlig ab. Meine allererste Unterhaltung mit den Knaben dort war zwanglos über ein zufälliges Thema entstanden, und sie hatte gezeigt, daß sie mit den Grundzügen christlicher Polemik in der Auseinandersetzung mit Juden, Mohammedanern, Ungläubigen und Skeptikern leidlich vertraut waren. Doch war dies ein Ausnahmefall; es war nur natürlich, daß sich die meisten von uns ihren alltäglichen Diskussionsstoff in der Literatur suchten, und zwar in unserer heimischen Literatur. Hierbei lernte ich, für meine neuen Mitschüler tiefen Respekt zu fühlen. Tief war der Respekt damals, und eine längere Erfahrung hat ihn noch tiefer werden lassen. Ich habe seitdem viele Männer der Literatur kennengelernt – solche, deren Beruf die Literatur war, die dafür bekannt waren, daß sie sich der Literatur geweiht hatten, und deren Kenntnisse auf einem Spezialgebiet oder in einem bestimmten Winkel der Literatur geradezu minutiös waren. Doch unter diesen Männern habe ich nur drei oder vier gefunden, die ein Wissen besaßen, das dem gleichkam, was es als – wie ich sagen möchte – umfassende Kenntnis unter diesen Knaben allgemein gab. Was der eine nicht wußte, wußte ein anderer; und auf diese Weise, indem durch den ständigen Kontakt der fragmentarische Beitrag des einen durch die fragmentarischen Beiträge der anderen Ergänzung fand wurden die Kenntnisse jedes einzelnen schrittweise in bestimmtem Umfang die gemeinsamen Kenntnisse des Versammlungszimmers der älteren Knaben. Zweifellos ist es richtig, daß einige Teile der Literatur unzugänglich blieben, einfach weil die Bücher für die Knaben in der Schule unzugänglich waren – zum Beispiel Froissart in der alten Übersetzung von Lord Berners, die jetzt mehr als dreihundert Jahre alt ist; und einige Teile waren für junge Leser im höchsten Sinne abstoßend. Doch wenn ich die allgemeinen Fähigkeiten an dem Maßstab messe, den ich seither unter den berufsmäßigen Littérateurs angetroffen habe, so empfinde ich gegenüber der Mehrzahl meiner älteren Schulkameraden mehr Respekt, als ich je für möglich gehalten hätte, daß ich dergleichen für Knaben zu empfinden Gelegenheit haben würde. Mein Umgang mit jenen von ihnen, die sich auf die Unterhaltung verstanden, förderte meinen Intellekt erheblich.

Dieser Umgang fand jedoch bald nach meiner Aufnahme

in die Schule engere Grenzen. Mit tiefem Selbstvorwurf erkenne ich an, daß mir jede nur mögliche Gunst eingeräumt wurde, welche die Umstände der Anstalt erlaubten. Ich erhielt zum Beispiel ein eigenes Zimmer, in dem ich nicht nur studieren, sondern nachts auch schlafen konnte. Da das Zimmer luftig und freundlich war, fand ich an dieser doppelten Zweckbestimmung nichts auszusetzen. Natürlich diente diese Möglichkeit, sich zurückzuziehen, andererseits dazu, mich von meinen Kameraden abzusondern; denn während ich mit einigen von ihnen gern zusammen war, hatte ich doch eine ungeheure Vorliebe (vielleicht eine krankhafte Vorliebe) für Einsamkeit. Um meiner Einsamkeit noch mehr Reiz zu verleihen, schickte mir meine Mutter fünf Guineas zusätzlich, damit ich mir eine Eintrittskarte kaufen konnte für die Bibliothek in Manchester; eine Bibliothek, die ich heute nicht für *sehr* umfangreich halten würde, die jedoch sowohl in ihrer Zusammensetzung als auch in ihrer Verwaltung von dem gesunden Verstand und der Bildung einiger ihrer ursprünglichen Gründer profitierte. Diese beiden Annehmlichkeiten waren wirklich und wahrhaftig welche: eine dritte, von der ich mir noch weit mehr Vergnügen erhofft hatte, erwies sich jedoch als völliger Fehlschlag, und zwar aus einem Grund, dessen Erwähnung nützlich sein mag, um anderen zur Warnung zu dienen. Es ging um ein Pianoforte, zusammen mit dem Geld, das für regelmäßige Stunden bei einem Musiklehrer erforderlich war. Doch ich machte schnell die Entdeckung, daß eine acht- oder zehnstündige Übungszeit täglich unerläßlich war, um eine nennenswerte Fertigkeit auf diesem Instrument zu erlangen. Eine weitere Entdeckung besiegelte meine Ernüchterung: nämlich diese. Dem besonderen Zweck, den ich im Auge hatte, so wurde mir klar, würde keine Beherrschung des Instruments – nicht einmal Thalbergs Meisterschaft – dienlich sein. Denn nur zu bald sah ich ein, daß für das tiefe, lustvolle Vergnügen an der Musik die absolute *Passivität* des Hörers unerläßlich ist. Selbst wenn man eine noch so große Kunstfertigkeit erreicht hat, muß dennoch Lebhaftigkeit, Sorgfalt und Mühe jegliche ernsthafte künstlerische Leistung der Musikausübung begleiten; und das ist mit der

Verzückung und der Muße, die zum wahren Musikgenuß gehören, so wenig vereinbar, daß, wäre eine riesenhafte mechanische Vorrichtung denkbar, die ein ganzes Oratorium spielen, aber hin und wieder einen hilfreichen Anstoß vom Fuß des Hörers brauchte, selbst *dies*, selbst der gelegentliche Stoß mit dem Fuß, das ganze Vergnügen völlig zerstören würde. Eine einzige psychologische Entdeckung ließ also meine musikalische Vorfreude dahinschwinden. Infolgedessen zerplatzte eine meiner drei Annehmlichkeiten wie eine frisch aufgestiegene Seifenblase. In dieser Situation, als das Instrument zur Seifenblase geworden war, wäre es nur natürlich gewesen, wenn den Musiklehrer ein gleiches Schicksal ereilt hätte. Doch er war ein so gutmütiger und liebenswürdiger Mann, daß ich mich mit einer solchen Katastrophe nicht befreunden konnte. Indessen war dieser Musiklehrer zwar in gewissen Grenzen gefällig, jedoch ein gewissenhafter Mann, dazu von achtenswertem Stolz. Als er nun feststellte, daß ich keinerlei ernsthafte Bemühungen unternahm, mich zu verbessern, gab er mir eines schönen Tages die Hand und verabschiedete sich für immer. Das Piano war also nutzlos geworden, es sei denn, man hätte damit eine Moral aufgezeigt oder eine Geschichte geschmückt. Es war zu groß, um auf Weiden zu hängen, auch gab es in dieser Gegend gar keine Weiden. So stand es monatelang als hölzernes Denkmal für falsch angewandte Mühe, für geplatzte Seifenblasen und für musikalische Visionen, die bei psychologischen Prüfungen für alle Zeit vergangen waren.

Ja, gewiß, diese eine Annehmlichkeit – eine von dreien – hatte sich als Seifenblase erwiesen, sie war ganz zweifellos vergangen; doch nicht die beiden anderen. Das ruhige Arbeitszimmer, zwei Stockwerke über den Dünsten der Erde gelegen und keiner unzeitigen Zudringlichkeit ausgesetzt, und die Bibliothek von Manchester, so wohlüberlegt und gleichmäßig in all ihren höchst attraktiven Abteilungen aufgebaut – keine stand im Mißverhältnis zu den übrigen: dies waren keine Seifenblasen, sie waren nicht vergangen. Oh, warum dann – durch welch unerklärlich wachsendes Unheil in mir oder anderen – konnte nun im Sommer des

Jahres 1802, als Friede über dem Land lag, Friede nach einem blutigen siebenjährigen Krieg, aber Friede, der schon Anzeichen für den Ausbruch eines weit blutigeren Krieges trug, eine entsprechend dunkle Regung in meinem eigenen Herzen erwachen, als wolle sie nachäffendes Echo und Wiederholung der politischen Bedrohungen dieser Erde sein, und mit Sturmgewölk den sonst heiteren und strahlenden Morgen überziehen, der meinen bevorstehenden Eintritt ins Leben hätte ankündigen sollen? Ich habe mir gestattet, diesen verhängnisvollen Fehler meines Lebens *unerklärlich* zu nennen, weil sogar mir selbst, sooft ich versäume, mir den Fall durch Wecken der Erinnerung in Art und Grad der Leiden zu vergegenwärtigen, vor denen mein besserer Engel wich – ja, sogar mir selbst dieser Zusammenbruch meiner Widerstandskräfte unerklärlich scheint. Heute, da es möglich ist, angesichts der Veränderungen durch die Zeit die *ganze* Wahrheit zu sagen (und nicht, wie in früheren Ausgaben, nur ein Stück davon), erkläre ich nochmals als schlichte Wahrheit, daß es eigentlich gar kein Geheimnis war. Doch wie viele andere beweist meiner Meinung nach dieser Fall, daß es völlig unmöglich ist, volle und ungeschminkte ›Bekenntnisse‹ abzulegen, solange viele der an den Ereignissen beteiligten Personen noch leben oder (was schlimmer ist) zwar tot und begraben sind, aber doch in den Personen naher und liebender Angehöriger stellvertretend weiterleben. Jeder Wohlgesonnene wird eher seine Erzählung verstümmeln, als Menschen, die in solcher Lage sind, Kränkungen zuzufügen, er wird Tatsachen unterdrücken und Erklärungen verschleiern. Zum Beispiel ist es an dieser Stelle meines Berichtes jetzt mein Recht – vielleicht darf ich sagen, meine Pflicht –, einen bestimmten Angehörigen des medizinischen Standes der vorletzten Generation einen Dummkopf, möglicherweise sogar einen verbrecherischen Dummkopf zu nennen. Aber konnte ich das ohne tiefe Bedenken tun, solange seine Söhne und Töchter noch lebten, von denen ich als Knabe höchst gastfreie Aufmerksamkeit empfangen hatte? Am gleichen Tage, der meiner leidvollen Überzeugung die gräßliche Unwissenheit des Papas deutlich machte, zog ich oft Nutzen aus den Artigkeiten der Töchter und aus der wissenschaftlichen Bildung des Sohnes. Nichtsdestoweniger wurde dieser Mann in jenem besonderen Augenblick, als sich über meinem Weg eine Wolke der Schwermut zusammenzog, tatsächlich mein böser Geist. Nicht daß er allein vielleicht dauerhaftes Unheil bewirkt haben könnte: aber indem er unbewußt mit anderen zusammenarbeitete, besiegelte und bestätigte er vielmehr jenes damals über meinem Haupt schwebende Urteil ungestümer Sorge. Drei verschiedene Personen machten sich tatsächlich unbeabsichtigt zu Mitschuldigen dieser Zerrüttung (einer Zerrüttung, deren Schatten noch heute über mir liegen), die mich als heimatlosen Landstreicher in die Welt stieß, bevor ich das siebzehnte Lebensjahr vollendet hatte. Unter diesen drei Personen muß ich zuerst mich selbst nennen mit meiner halsstarrigen Verzweiflung und entschiedenen Beschwörung jeder *nebensächlichen* Hoffnung: weil schließlich eine gewisse Milderung möglich war, wo vollständige Abhilfe *nicht* möglich sein mochte. Zum zweiten ist jener medizinische Rohling zu nennen, dessen grobe Unwissenheit schuld daran ist, daß meine Krankheit nicht aufgehalten worden war, bevor sie ein fortgeschrittenes Stadium erreicht hatte. Der dritte ist Mr. Lawson, dessen wachsende Gebrechlichkeit der Grund war, daß diese Krankheit überhaupt ihren Anfang genommen hatte. Es war seltsam, aber dennoch Tatsache, daß Mr. Lawson allmählich ein Fluch für alle wurde, die unter seine Macht gerieten, und zwar durch seine fanatisch eifernde Gewissenhaftigkeit. Wäre er ein schlechterer Mensch gewesen, hätte er seinem Kreis vielleicht weit mehr Wohltaten erwiesen. Hätte er es über sich gebracht, seine Pflichten nur unvollkommen zu erfüllen, hätte er seine Untauglichkeit für diese Pflichten nicht offenbart. Aber davon wollte er nichts hören. Er bestand darauf, den vorgeschriebenen Weg bis zum letzten Zoll zu gehen: die Folgen wirkten sich höchst schmerzlich auf das Wohlergehen aller aus, die um ihn waren. Nach altem, traditionellem Brauch der Schule begann der Unterricht morgens um sieben Uhr; um neun Uhr sollten wir eigentlich zum Frühstück und zu einer Pause von einer ganzen Stunde entlassen werden. Diese Stunde der Ruhe war streng genommen ein *Recht* der Schüler, das keiner Einschränkung unterlag, weder durch die Laune noch die Unpünktlichkeit des Rektors. Doch allmählich wurde diese Stunde so eingeschränkt, daß erst die Glocken der Stiftskirche – die nach altem Brauch an jedem Morgen von halb zehn bis zehn läuteten und durch den Wechsel in Tonfolge und *Rhythmus* die Etappen dieser halben Stunde anzeigten – uns regelmäßig beim Verlassen des Klassenzimmers verkündeten, daß Brot und Milch, woraus unser einfaches Frühstück bestand, in einem Tempo zu verzehren waren, das besser zu den Vögeln des Himmels gepaßt hätte als zu Schülern der griechischen Philosophen. Aber wurde nicht zum Ausgleich dafür die nächste Stunde, die von zehn bis elf Uhr dauern sollte, zu unseren Gunsten eingeschränkt? Nicht um den Bruchteil einer Sekunde. So unerbittlich wie die Glocken mit dem Ende ihres Geläutes den Beginn der zehnten Stunde anzeigten, konnte man Mr. Lawson die Stufen zur Schule hinaufsteigen sehen; und er, der am meisten unter dieser rigorosen Strenge seiner Pflichten litt, konnte nicht dulden, daß Mr. Lawson weniger gelitten hätte. Was er von anderen forderte, wollte auch er bis zum letzten erfüllen. Der gleiche Mißstand, der gleichfalls keinerlei Ausgleich zu unseren Gunsten gestattete, galt für die zwei Stunden, die unsere Mittagspause hätten sein *sollen*. Nur aus einem geheimnisvollen, vielleicht auf der häuslichen Ordnung der Tagesschüler beruhenden Grund – die, einmal verletzt, einen Aufstand der Väter und Mütter hervorgerufen hätte – hielt sich Mr. Lawson noch getreulich an die fünfte Nachmittagsstunde für das Ende des Tagewerks.

Hier stand also die ganze Maschinerie des Übels in guter Schlachtordnung bereit; sechs Monate lang oder mehr – nur durch eine kurze Pause von vier Wochen unterbrochen – hatte diese Maschinerie wirkungsvoll gearbeitet. Um damit zu beginnen: Mr. Lawson hatte (ohne es zu wollen oder auch nur zu bemerken) von morgens bis abends alle Wege blokkiert, die irgendeine körperliche Übung zugelassen hätten. Zwei oder drei gelegentliche Pausen von je fünf Minuten, und diese nicht einmal hintereinander, bildeten die gesamte verfügbare Freizeit, in der Spaziergänge in die Umgebung hätten unternommen werden können. Aber in einer so großen Stadt wie Manchester hätte man kaum die Vorstädte erreicht, ehe jene kleine Zeitspanne erschöpft war. Schon bald, nachdem Mr. Lawsons wachsende Gebrechlichkeit sich in jeder Hinsicht auf die Verkürzung unserer Freizeit ausgewirkt hatte, zeigte sich die Veränderung deutlich in meiner schwindenden Gesundheit. Nach und nach wurde die Leber in Mitleidenschaft gezogen, und in Verbindung damit entwickelte sich – oft eine Begleiterscheinung solcher Leiden – tiefe Melancholie. Unter solchen Umständen, ja auch nur bei der geringsten Störung meiner Gesundheit, war ich von meinen Vormündern ermächtigt, medizinischen Rat in Anspruch zu nehmen: die Wahl des Ratgebers jedoch blieb nicht meinem Ermessen überlassen. Diese Person war kein Arzt, der natürlich die normale Gebühr von einer Guinea pro Besuch erwartet hätte, auch kein Wundarzt, sondern einfach ein Apotheker. In jedem Fall ernster Erkrankung wäre ein Arzt gerufen worden. Doch eine weniger kostspielige Beratung galt vernunftgemäß als ausreichend bei allen Krankheiten, die dem Patienten genug Kraft zum Umhergehen ließen. Sicherlich hätte sie auch hier ausgereicht, denn kein Fall konnte einfacher sein als dieser. Dreimal eine Dosis Kalomel oder Quecksilberpillen, die ich damals unglücklicherweise noch nicht kannte, hätten mich zweifellos innerhalb einer Woche wiederhergestellt. Doch weit besser, da dies jederzeit auf mich mit magischer Geschwindigkeit und magischer Sicherheit gewirkt hätte, wäre die (Mr. Lawson vertraulich mitgeteilte) gebieterische Verordnung von siebzig Meilen Spaziergang pro Woche gewesen. Unglücklicherweise war mein medizinischer Ratgeber ein schlafsüchtiger alter Herr, über alle Bedürfnisse hinaus reich, unbekümmert in bezug auf seine eigene Praxis, der unter dem lästigen Zwang stand (gemäß der damals für die medizinische Praxis geltenden Gewohnheit, die Honorare für Apotheker verbot), seine Vergütung in einer Vielzahl von Medikamenten zu suchen. Aus reiner Bequemlichkeit unterließ er es bei mir jedoch, mich mit einer *Vielzahl* von Medikamenten zu plagen. Statt dessen beschränkte er sich in erhabener Einfachheit auf eine einzige abscheuliche Mixtur, auf die er gekommen sein muß, als er ein Rezept für einen

Tiger zusammenstellte. Unter gewöhnlichen Umständen und bei ausreichender körperlicher Bewegung hätte kein Lebewesen gesünder sein können als ich. Doch mein Organismus war von ungemein zarter Struktur. Und gleichzeitig mit solch einer Krankheit und solch einer Medizin kämpfen zu müssen schien wirklich zuviel zu sein. Das Sprichwort behauptet: ›Dreimal umgezogen ist genauso schlimm wie einmal abgebrannt.‹ Sehr wohl möglich. Und ich möchte meinen, mit derselben Berechtigung ließe sich sagen, daß drei solche Tigertränke einem Schlaganfall oder gar dem Tiger selbst gleichkamen. Nachdem ich zwei davon eingenommen hatte, die derart auf mich wirkten, daß es für ein ganzes Leben reichte, lehnte ich es ab, dem Gebot zu folgen, das auf jedem der Fläschchen aufgeklebt war: Repetatur haustus;[25] und anstatt etwas derart Gefährliches zu tun, wandte ich mich an Mr.... (den Apotheker) mit der Bitte um Auskunft, ob seine Kunst bei der vermeintlichen Grenzenlosigkeit ihrer Mittel nicht etwas weniger Widerwärtiges und für einen zarten Organismus weniger Zerstörerisches hätte. »Nichts, gar nichts!« erwiderte er. Dabei war er äußerst freundlich und bestand darauf, daß ich mich mit seinen wirklich liebenswerten Töchtern zum Tee setzte. Doch von Zeit zu Zeit wiederholte er immer wieder: »Nichts, gar nichts! – Nichts, gar nichts!«; dann sang er plötzlich laut, als raffte er sich zu einer besonderen Leistung auf: »Nichts, gar nichts!«, was er schließlich auf die Silben reduzierte »gar nichts – nichts – ichts«. Sein ganzer Verstand schien sich mit der Zubereitung dieser einen infernalischen Mixtur erschöpft zu haben.

Wir drei – Mr. Lawson, der schläfrige Apotheker und ich – hatten also zwischen uns die komplizierteste Lage geschaffen. Kraft seiner Gewissenhaftigkeit hatte Mr. Lawson es mir unmöglich gemacht, gesund zu bleiben. Der Apotheker hatte *seinen* kleinen Beitrag geleistet, indem er die verderblichen Wirkungen dieser sitzenden Lebensweise hinnahm und verdreifachte. Und mir als dem letzten in dieser Reihe oblag es, den Prozeß durch meinen eigenen kleinen Beitrag zu vollenden, mit dem, was ich einzig zu bieten hatte: absoluter Verzweiflung. Wer jemals an einer in Unordnung geratenen Leber gelitten hat, weiß vielleicht, daß es auf der endlosen Skala menschlicher Verzweiflung nichts Schlimmeres gibt. Alle Hoffnung erstarb in mir. Medizinische Hilfe konnte ich nicht erwarten, denn die Unwissenheit meines bestallten Ratgebers war ebensogroß wie meine eigene. Ich konnte nicht erwarten, daß Mr. Lawson sein Verfahren änderte – dazu war sein Pflichtgefühl zu stark, und seine Unfähigkeit, dieser Pflicht zu genügen, nahm ständig zu. ›Es ist demnach so‹, dachte ich, ›daß einzig in mir selbst ein hilfreicher Rückhalt verborgen liegt‹, wie jeder Mensch das letzte Vertrauen immer in sich selbst setzen sollte. Doch dieses mein *Selbst* schien absolut erschöpft zu sein; erschöpft an Rat und Einfällen, an tätigem Streben, an planender Vorstellung. Zwei Monate lang hatte ich mit einem Vormund betrieben, was als Verhandlung über diese Angelegenheit gedacht war: in der Hauptsache sollte mein Schulbesuch erheblich verkürzt werden. Doch *Verhandlung* war eine schmeichelhafte Bezeichnung für derartigen Briefwechsel, da mein Vormund von Anfang an nicht die geringste Neigung auch nur für den Schatten oder den Anschein eines Kompromisses zeigte. Was für ein Kompromiß sollte das sein, bei dem keine der beiden Seiten ein wenn auch kleines Zugeständnis machen konnte: hier mußte entweder *alles* oder nichts zugestanden werden, ein Mittelweg war nicht denkbar. Tatsächlich war mir, als ich diese bedauerliche Tatsache erkannte – daß es keine Möglichkeit *gegenseitiger* Zugeständnisse gab, daß das Zugeständnis nur von einer Seite kommen mußte –, sofort klar, daß *dergleichen* von keinem Vormund zu erwarten war. Gleichzeitig begriff ich, daß mein Vormund niemals auch nur eine Sekunde lang mit mir im Hinblick auf irgendein *praktisches* Ergebnis disputiert hatte, sondern lediglich in der Hoffnung, meine Zustimmung zu der vernunftgemäßen Regelung dessen zu erlangen, was – vernunftgemäß oder nicht – unabänderlich geregelt war. Diese plötzlichen Erkenntnisse, die mir blitzartig zu gleicher Zeit kamen, reichten aus, um einen Schlußpunkt unter die Korrespondenz zu setzen. Und ich begriff auch, was ich bis zu dieser Erkenntnis der Enttäuschungen insgesamt seltsamerweise übersehen hatte, daß jeder einzelne Vormund, *wäre* er auch zu einem Zugeständnis bereit gewesen, nur einer unter fünfen war. Nun, dieser Umstand brachte letztlich einen tröstenden Schimmer in die allgemeine Dunkelheit. Wenn die ganze Sache, an die ich soviel schönes Papier und mitternächtlichen Talg (ich schäme mich, solch miserablen Ausdruck zu benutzen, doch die Wahrheit verbietet es mir, von *Öl* zu sprechen) verschwendet hatte, wenn sie, falls gewonnen, nahezu wertlos war, dann war es gleichsam ein Vergnügen, verloren zu haben. Alle Überlegungen kamen jetzt zusammen und bewogen mich, künftig weder Rhetorik noch Talg noch Logik an meinen unempfindlichen Granitblock von Vormund zu verschwenden. Wenn ich seine letzte Mitteilung betrachtete, mußte ich wirklich befürchten, daß er inzwischen das letzte bißchen seiner Geduld erreicht oder – seemännisch ausgedrückt – die ganze Kette ausgegeben hatte, an der er schwang, und daß, wenn ich des Apothekers Vorschrift ›repetatur haustus‹ gefolgt wäre und versucht hätte, ihm eine weitere Pille oder einen weiteren Schluck meiner Einwendungen zu verabreichen, er verfahren wäre wie ich mit dem Tigertrank und jeglichem kühnen Versuch sein machtvolles Nein entgegengesetzt hätte. Andererseits muß ich meinem Vormund diese Gerechtigkeit widerfahren lassen – daß er, da es mir obendrein an Argumenten mangelte, die auch plausibel waren (denn Gallenerkrankung muß für ihn nur ein leeres Wort gewesen sein), die folgende gewichtige Überlegung vorzubringen hatte, ›die sogar dieser alberne Junge (wie er heimlich sagen würde) drei Jahre später für wichtig halten wird‹. Im Augenblick, als mein Vater starb, betrugen meine Einkünfte aus dessen Erbe, wie auch bei allen meinen Brüdern (damals drei), genau 150 Pfund pro Jahr.[26] Nach allgemeiner Auffassung oder, kühn gesprochen, nach dem in ganz England anerkannten traditionellen Grundsatz, waren solche Einkünfte zu knapp für einen Studenten, der jährlich seine vier Semester in Oxford oder Cambridge absolvierte. Zu knapp – um wieviel? Um 50 Pfund, denn 200 Pfund galten als angemessen. Und genau diese Summe, um die mein Einkommen (fälschlicherweise, wie eigene Erfahrung mich später überzeugte) als zu knapp für die Erfordernisse von Oxford galt, war eben der Betrag, den der Fonds der Grammar School in Manchester jedem Studenten zur Verfügung stellte, der drei Jahre ihr ordentlicher Schüler gewesen war; und nicht nur für eine Periode von ebenfalls drei Jahren zur Verfügung stellte, sondern sieben Jahre lang. Die Gründe hätten schon gewichtig sein müssen, wenn sie der gerechten und ehrenwerten Klugheit, die so überwältigend dafür plädierte, sich dem notwendigen weiteren Verbleiben an der Schule zu fügen, das Gleichgewicht halten wollten. O Leser, dringe nicht auf die offenkundigen Argumente, die so heftig gegen mich sprechen. Ich fühle sie selbst nur zu kummervoll. Von den erforderlichen sechsunddreißig Monaten der Anwesenheit hatte ich schon neunzehn hinter mir – das heißt, etwas mehr als die Hälfte. Andererseits waren meine Leiden wirklich fast unerträglich geworden; und wäre nicht die blinde, unbewußte Verschwörung zweier Menschen gewesen, dann hätten diese Leiden entweder 1. gar nicht existiert oder 2. wären sofort behoben worden. In einer großen Stadt wie Manchester lag wahrscheinlich eine Schiffsladung derselben Barmherzigkeit, von der ein winziges Stück, nicht einmal so groß wie eine Eichel, die Farbe eines Menschenlebens hätte ändern oder den schweren Klang der Totenglocke seiner eigenen grimmigen Selbstvorwürfe unterbrechen können – denn schwer war er, wenn vielleicht auch teilweise gedämpft.

Aus dem Übermaß körperlicher Leiden und geistiger Enttäuschungen erwuchs mir jetzt schließlich eine wilde, stürmische Gegenkraft. In den Vereinigten Staaten ist der Fall wohlbekannt und oft von Reisenden beschrieben worden, daß ein heftiger Instinkt bei heimlichem Verlangen nach salzhaltiger Nahrung alle Büffelherden über Tausende von Meilen zu dem gemeinsamen Zentrum ihrer ›Salzlecken‹ treibt. Unter solchem Zwang ziehen die Heuschrecken, unter solchem Zwang ziehen die Lemminge ihren geheimnisvollen Weg. Sie sind taub für die Gefahr, taub für den Lärm der Schlacht, taub für die Trompeten des Todes. Mag das Meer ihren Weg kreuzen, mögen Armeen mit Geschützen die Straße sperren – selbst diese fürchterlichen Mächte können sie nur durch Vernichtung aufhalten, und die schrecklichsten Abgründe die allerhöchste Gefahr des Verschlungenwerdens, der Augenblick völligen Auslöschens – nichts kann die Richtung ihres unerbittlichen Vorrückens ändern oder hemmen.

Solch ein Instinkt war es, solch ein ungestümer Befehl – genauso mächtig und, ach, genauso blind –, der im Wirbel heftiger Empörung und neugeborener Hoffnung plötzlich mein ganzes Wesen verwandelte. Im Nu faßte ich einen eisernen Entschluß – er entsprang nicht etwa eigenem Handeln oder eigener Wahl, sondern wurde gleichsam passiv von einer dunklen orakelhaften Gesetzgebung außerhalb meiner Person empfangen. Ich würde aus Manchester entlaufen – dies war der Entschluß. Flüchten wäre der bessere Ausdruck gewesen, wenn ich etwas Verbrecherisches vorgehabt hätte. Doch woher kamen die Empörung und die Hoffnung? Die Empörung wandte sich naturgemäß gegen meine drei Peiniger (Vormund, Archididaskalos und den Professor der Tigrologie); denn jene, die wirklich gemeinsam auf ein Ergebnis hinarbeiten, wenn sie das auch kaum geplant haben, erscheinen unvermeidlich als feindliche Verbündete. Doch die Hoffnung – wie soll ich *das* erklären? War sie die Erstgeborene des Entschlusses, oder war der Entschluß der Erstgeborene der Hoffnung? Untrennbar gehörten sie zusammen wie Donner und Blitz; oder jeder lief dem anderen wechselweise voraus und hinterher. In jener erhabenen Begeisterung, welche die Aussicht auf plötzliche Befreiung entfachte, wurde alle natürliche Angst, die sich sonst mit meinem Vorhaben verbunden hätte, von der Freudenglut erstickt, wie das Licht des Planeten Merkur schwindet und vergeht, wenn es zu tief in die Glut der Sonnenstrahlen sinkt. Tatsächlich machte ich mir keine Gedanken, die weiter als zwei oder drei Wochen reichten. Nicht daß ich unbekümmert oder sorglos gewesen wäre – meine Neigungen gingen allgemein in die andere Richtung. Nein, der Grund lag in dem verborgen, was Wordsworth, als er Frankreich in dem heiteren Zustand während des glücklichen Morgens seiner ersten Revolution (1788–1790) schilderte, die ›*Besinnungslosigkeit* der Freude‹ nennt: Das war es, Freude: unbesonnen, wild, unbedacht – und daher (wie Wordsworth richtig sagt) *erhaben*[27] –, die alle Einsichten nagender Sorge oder bohrenden Zweifels unterdrückte. Ich war ein Gefangener, ich war es lange gewesen: ich war in einem Haus der Knechtschaft: ein donnerndes Wort – *Laßt Freiheit herrschen* –, aus einem versteckten Winkel meines eigenen Willens gesprochen, hatte wie ein Erdbeben die Tore meines Gefängnisses gesprengt. Jeden Augenblick konnte ich hinaustreten. Im Vorgenuß betrat ich schon die sanften ländlichen Hügel, atmete ich schon die frischen Winde der ewigen Berge, die meinen Gefühlen vom Garten des Paradieses zuwehten; und in dieser Vorhalle eines irdischen Himmels konnte ich die dornigen Sorgen sowenig lebhaft oder in verdrießlichen Einzelheiten sehen, die sich hinterher um mich herum vervielfachen mochten, wie man inmitten der Junirosen und den herrlichsten Junimorgen für die Melancholie der Düsternis des vergangenen Dezembers empfänglich ist.

Zu gehen war beschlossen. Aber *wann* und *wohin*? Auf das *Wann* konnte es nur eine Antwort geben, denn aus mehr als einem Grund brauchte ich Sommerwetter, und davon soviel wie möglich. Abgesehen davon, wenn der August käme, würde er meinen eigenen Geburtstag mit sich bringen: Nun, ein Kodizill meines Freiheitsgelübdes hatte gelautet, daß mich mein siebzehnter Geburtstag nicht in der Schule finden sollte. Ich brauchte indessen noch ein wenig Vorbereitung. Insbesondere brauchte ich etwas Geld. Ich schrieb daher an den einzigen vertrauten Freund, den ich besaß, und zwar an Lady Carbery. Als frühe Freunde meiner Mutter hatten ursprünglich sie wie auch Lord Carbery mich in Bath und anderswo einige Jahre lang mit schmeichelhaften Aufmerksamkeiten ausgezeichnet: Besonders hatte während der letzten drei Jahre Lady Carbery, eine junge Frau, nur zehn Jahre älter als ich und sowohl im Hinblick auf ihre intellektuellen Ansprüche als auch auf ihre Schönheit und Güte gleich bemerkenswert, einen Briefwechsel über literarische Fragen mit mir unterhalten. Sie dachte zu hoch von meinen Fähigkeiten und Kenntnissen und sprach überall von mir mit einem solchen Enthusiasmus, daß er auf ihre Kosten belächelt worden wäre, wenn ich fünf oder sechs Jahre älter gewesen wäre und irgendwelche persönlichen Vorzüge besessen hätte. An sie schrieb ich jetzt und erbat ein Darlehen von fünf Guineas. Eine ganze Woche verging ohne jede Antwort. Das verwirrte und beunruhigte mich, denn ihre Ladyschaft war reich und besaß ein riesiges Vermögen, das der Kontrolle ihres Ehemanns völlig entzogen war; und ich war mir sicher, daß sie mir freudig zwanzigmal soviel wie die erbetene Summe geschickt hätte, wenn ihr Scharfsinn ihr nicht (was unmöglich schien) einen Argwohn über den wahren Zweck eingeflößt hätte, den ich für die Verwendung der fünf Guineas im Auge hatte. Konnte ich in meinem Brief irgend etwas unvorsichtig ausgedrückt haben, das darauf hinausgelaufen wäre? Sicher nicht; warum dann aber – doch in diesem Augenblick wurden meine Spekulationen durch einen Brief unterbrochen, der ein Siegel mit einem Adelswappen trug. Er war natürlich von Lady Carbery und enthielt zehn Guineas statt fünf. In jenen Tagen war die Post langsam; außerdem war Lady Carbery gerade an der See, wohin ihr mein Brief nachgeschickt worden war. Nun, unter Einrechnung meines eigenen Taschengeldes besaß ich jetzt ein Dutzend Guineas, die für meinen unmittelbaren Zweck ausreichend zu sein schienen; und wie der Leser verstehen wird, trat ich alle weiteren Notfälle mit Füßen. Diese Summe konnte jedoch, wenn sie in Gasthäusern in sparsamstem Maße ausgegeben wurde, nicht viel länger als einen Kalendermonat reichen, und was den Plan anging, zweitrangige Gasthäuser auszuwählen, so sind diese nicht immer billiger; doch der wichtigste Einwand dagegen besteht darin, daß es in den einsamen Orten der Berge (in Cambria nicht weniger als in Cumbria) oft keine Wahl gibt: Das teure Gasthaus ist das einzige. Und es wurde noch nötig, dieses Dutzend Guineas um drei zu verringern. Das Zeitalter der ›Bakschische‹ und Trinkgelder für drei oder vier Dienstboten im Haus jedes Herrn, bei dem man zum Essen eingeladen ist – es ist wahr, dieses Zeitalter ist seit ungefähr dreißig Jahren vorbei. Aber jener schändliche Mißbrauch steht in keinerlei Zusammenhang mit der englischen Sitte, unter jenen Dienstboten Geld zu verteilen, deren tägliche

Arbeit durch den Aufenthalt des Gastes in der Familie eine beträchtliche Zeit lang größer gewesen sein mag. Diese Sitte (ich glaube, sie ist eine Besonderheit des englischen Adels) ist ehrenhaft und gerecht. Ich selbst bin von meiner Mutter, die niedrige Gewohnheiten haßte, dazu erzogen worden, es als für einen Gentleman unehrenhaft zu betrachten, ein Haus ohne Anerkennung der gefälligen Dienste derer zu verlassen, die einen nicht offen an ihre Ansprüche erinnern können. In diesem Fall zwang mich die reine Notwendigkeit, die Haushälterin zu übersehen, denn ich hätte ihr nicht weniger als zwei oder drei Guineas anbieten können, und da sie zum Stammpersonal gehörte, überlegte ich mir, daß ich ihr diese Summe zu einem späteren Zeitpunkt senden könnte. Den drei einfachen Dienstboten konnte ich meiner Meinung nach nicht weniger als je eine Guinea geben; so viel ließ ich infolgedessen zu Händen von G., dem ehrenhaftesten und aufrichtigsten der Knaben zurück, denn wenn ich es selbst verteilt hätte, wären meine Absichten vorzeitig bekannt geworden. Nach Abzug dieser drei Guineas hatte ich noch neun oder ungefähr so viel. Jetzt waren alle Dinge bis auf eins geregelt: Das *Wann* war geregelt, auch das *Wie*, jedoch nicht das *Wohin*. Das war noch *sub judice*.

Ursprünglich hatte mein Plan darin bestanden, nach Norden zu reisen – und zwar in das Englische Seengebiet. Jenes kleine gebirgige Gebiet, das sich wie ein großes Zelt zwischen vier bekannten Punkten erstreckt – und zwar den kleinen Städten Ulverstone und Penrith als südlichem und nördlichem Pol sowie zwischen Kendal im Osten und Egremont im Westen –, wobei der eine Durchmesser etwa vierzig Meilen, der andere vielleicht fünfunddreißig Meilen beträgt, hatte für mich einen geheimen Reiz, fein, süß, phantastisch, und war schon seit meinem siebenten oder achten Lebensjahr von emotionaler Stärke. Der südliche Teil dieses Gebiets, etwa achtzehn oder zwanzig Meilen lang, Furness genannt, bildet in der eigenwilligen Geographie des englischen Rechts einen Teil von Lancashire, obwohl er von dieser Grafschaft durch den Meeresarm der Morecambe Bay getrennt ist; und da Lancashire die Grafschaft war, der ich von Geburt an angehörte, hatte ich von Kindheit an auf

Grund dieser rein rechtlichen Fiktion, gehegt wie ein begeistert begrüßtes mystisches Privileg, dünn wie ein Faden aus Luft, ein Stück Bürgerrecht in jenem geheimnisvollen kleinen Reich der Englischen Seen. Der größte Teil dieser Seen liegt in Westmoreland und Cumberland, doch das süße, beruhigende, kleine Wasser von Esthwaite mit seinen smaragdgrünen Feldern und das größere von Coniston mit seiner erhabenen Gruppe von Bergen und dem kleinen Netz ruhiger Tälchen, die um seinen Kopf[28] bis hoch nach Grasmere schlummern, liegen in oder bei der oberen Kammer von Furness; und sie alle waren, zusammen mit den Ruinen der einst berühmten Abtei, vor nicht allzulanger Zeit durch die große Zauberin jener Generation – durch Anne Radcliffe – in strahlenden Glanz gerückt worden. Aber mehr noch als Anne Radcliffe hatten die Landschaftsmaler, so viele und so verschiedene, zum Lobpreis des Englischen Seengebiets beigetragen; sie hatten die Heiligkeit der Ruhe in seinen abgelegenen Winkeln aufgezeigt und damit unsere Herzen beeindruckt – die alpine Erhabenheit in solchen Pässen wie Wastdale-Head, Langdale-Head, Borrowdale, Kirkstone, Hawsdale und so weiter, zusammen mit dem klösterlichen Frieden, der über seiner besonderen Form ländlichen Lebens zu schweben scheint, in seiner ernsten Einfachheit, ständig bedroht durch die Gefahren, die seine Hügel in ungeheuer aufgetürmtem Nebel überschatten, umgeben von den Armeen von Schnee und Hagel, die finstere nördliche Winter in die Schlacht führten, soviel edler (wie Wordsworth bemerkt) als das unmännliche Leben des Schäfers im klassischen Arkadien oder auf den blumigen Weiden Siziliens.

Unter diesen Reizen, die mich so sehr an die Seen zogen, war damals in dieser lieblichen Umgebung ein starker Magnet aufgetaucht (jedenfalls gab es damals in der ganzen Welt *nur* diesen einen für mich): William Wordsworth. Die enge Verbindung der Poesie, die mich am tiefsten bewegt hatte, mit dem Gebiet und der Landschaft, die meine Zuneigung am stärksten fesselte und meine Phantasie gefangenhielt, hätte unter gewöhnlichen Umständen meinen schwankenden Überlegungen eine abschließende und entscheidende Wendung geben müssen. Doch der tiefe Eindruck, den sowohl die Poesie als auch die Landschaft auf mich gemacht hatten, war zu feierlich und (wie ich aufrichtig sagen möchte) zu weihevoll, als daß er in Form eines hastigen oder zufälligen Schrittes seine Stärke hinreichend hätte ausdrücken oder sein geheiligtes Wesen hätte widerspiegeln können. Wärest du, Leser, ein frommer Mohammedaner, der jeden Tag Blicke mystischer Ehrfurcht nach Mekka wirft, oder ein gläubiger Christ, der mit derselben verzückten Verehrung nach St. Peter in Rom schaut oder nach El Kodah, der Heiligen Stadt Jerusalem (so heißt sie selbst bei den Arabern, die sowohl Christen als auch Juden hassen) – wie schmerzhaft würde es dein Zartgefühl erschüttern, wenn ein Freund, der hinter dir, je nach den Umständen, mit einem Zug Dromedare oder Kutschen heranstürmt, plötzlich anhalten und sagen würde: ›Komm, mein Freund, steig auf neben mir; ich bin auf dem Weg zum Roten Meer, und hier ist ein freies Dromedar für dich‹ oder ›auf dem Weg nach Rom, und hier ist ein gut gefederter Einspänner für dich‹. Günstig und bequem könnte die Einladung schon sein, aber dennoch würde es dich schockieren, daß sich eine Reise, die mit oder ohne deine Einwilligung am Ende den Charakter einer heiligen Pilgerfahrt annehmen *müßte*, aus einer zufälligen Aufforderung oder einer gewöhnlichen Gelegenheit augenblicklicher Bequemlichkeiten ergeben und ihren Anfang nehmen sollte. Im gegenwärtigen Fall hätte ich unter keinen Umständen davon geträumt, mich Wordsworth vorzustellen. Der Grundgedanke der ›Veneration‹ (um es phrenologisch auszudrücken) war in mir viel zu stark, als daß bei mir eine solche Annäherung möglich gewesen wäre. Ich hätte kaum den Mut gefunden, einer solchen Annäherung zu begegnen und sie zu beantworten, wenn sie von *ihm* ausgegangen wäre. Ich konnte nicht einmal die Annahme (als reine Möglichkeit) ertragen, daß Wordsworth meinen Namen vor allem im Zusammenhang mit gewissen pekuniären Verlegenheiten hören würde. Und abgesehen von all *diesem*, hätte es das ganze ›Interesse‹ (ich weiß keinen anderen Ausdruck, um die Angelegenheit umfassend auszudrücken) – das ganze ›Interesse‹ der Poesie und des zauberhaften Landes herabgewürdigt – es hätte in gleicher

Weise die Person und die Sache herabgewürdigt, den Weinberg und die Weinlese, die Gärten und die Damen der Hesperiden zusammen mit ihren goldenen Früchten, wenn ich mich auf sie in einem hastigen und gedankenlosen Zustand der Aufregung gestürzt hätte. Ich erinnerte mich an die feine Behutsamkeit, mit der diese Angelegenheit in einer Überlieferung behandelt ist, die Pausanias bewahrt hat. Diejenigen (so berichtet er), die nachts das große Feld von Marathon (wo zu gewissen Zeiten eine geisterhafte Reiterei fliegend und jagend umherstob) in einer Laune gewöhnlicher Schaulust und aus keinem höheren Antrieb als entwürdigender Neugier besuchten, begegneten denselben Leuten in der Dunkelheit, die, wie ich annehme, Falstaff in den ehrwürdigen Weinkellern von Windsor so grob behandelten, und wurden von ihnen streng bestraft. Loyale Besucher, die aus echter kindlicher Sympathie für die großen Taten ihrer athenischen Vorfahren, als Kinder desselben häuslichen Herdes kamen, wurden dagegen mit höchstem Wohlwollen aufgenommen und erfüllten alle Ziele ihrer Pilgerfahrt oder ihrer heiligen Mission. Unter meinen gegenwärtigen Umständen sah ich, daß gerade die Motive der Liebe und Verehrung, welche die Waagschale sich so stark zugunsten der nördlichen Seen neigen ließ, zugleich jene waren, die am stärksten in die engegengesetzte Richtung zogen – mochten die Umstände sein, wie sie wollten und zu Eile und Verwirrung drängen. Und genau in diesem Augenblick offenbarte sich noch ein anderes starkes Motiv gegen die nördliche Richtung – nämlich die Rücksicht auf meine Mutter – mein Herz schreckte davor zurück, ihr einen zu großen Schock zu versetzen; und auf welch andere Weise konnte er gemildert werden als dadurch, daß ich im Notfall selbst gegenwärtig war? Für einen solchen Zweck wäre Nord-Wales der beste Hafen, den ich ansteuern konnte, zumal die Straße von meinem gegenwärtigen Aufenthaltsort dorthin durch Chester führte – wo zu jener Zeit meine Mutter ihre Residenz aufgeschlagen hatte.

Wenn ich gezögert hatte (und ich zögerte sehr ernsthaft), ob ich auf diese Weise die Rücksichtnahme ausdrücken sollte, die meiner Mutter zukam, dann lag das nicht an mangelnder Entscheidungskraft in meinen Gefühlen, sondern vielmehr an der Furcht, mich durch diesen Akt der Zärtlichkeit selbst zu verspotten, da er für die Überschätzung meiner eigenen Bedeutung in den Augen meiner Mutter sprechen würde. Wenn ich fähig war, einen alarmierenden Schrecken auszulösen, mußte ich mich dann nicht als Gegenstand besonderen Interesses betrachten? Nein, ich stimmte dieser Schlußfolgerung nicht zu. Keineswegs. Es war besser, zehntausendmal belächelt zu werden, als die ständige Pein bitterer Selbstvorwürfe, welche die Zeit nicht auslöschen konnte, ertragen zu müssen. So beschloß ich, mich jenem Spott, ohne mit der Wimper zu zucken, zu stellen und den Weg nach der Priorei St. John zu nehmen – dem Wohnsitz meiner Mutter in der Nähe von Chester. Gerade in dem Augenblick, als ich diesen Entschluß faßte, geschah etwas Merkwürdiges, etwas Unvorhergesehenes, das ihn festigte. Genau einen Tag, bevor meine hastige Reise begann, erhielt ich durch die Post einen Brief, der in ausländischer Handschrift folgende Aufschrift trug – *A Monsieur Monsieur de Quincy, Chester.* Diese Wiederholung der *Monsieur*, eine höfliche französische Gewohnheit,[29] die etwas Ähnliches wie unsere Anrede *Esquire* bewirken soll, war zu jener Zeit für mich eine unverständliche Neuigkeit. Der beste Weg, sie zu erklären, bestand darin, den Brief zu lesen, was ich auch im Rahmen des *mon possible* tat, doch vergeblich versuchte ich, ihn zu entziffern. Soviel las ich jedoch heraus, daß ich überzeugt wurde, daß der Brief nicht für mich bestimmt sein konnte. Der Poststempel lautete, glaube ich, *Hamburgh*, doch der Brief war aus einem Ort in der Normandie datiert, und schließlich ergab es sich, daß der Adressat ein armer Emigrant war, irgendein Verwandter von Quatremère de Quincy,[30] der vermutlich als Französischlehrer nach Chester gekommen war und jetzt im Jahre 1802 seine Rückkehr nach Frankreich durch den kurzen und leeren Frieden von Amiens erleichtert fand. Solch eine obskure Person war der englischen Post natürlich unbekannt, und der Brief war an mich als das älteste männliche Mitglied einer Familie weitergeleitet worden, die zu jener Zeit in Chester notwendigerweise gut bekannt war.

Ich staunte darüber, daß mich ein Federzug nicht nur zum *Monsieur*, sondern sogar zum mit sich selbst multiplizierten *Monsieur* gemacht hatte oder, arithmetisch ausgedrückt, zu einem Monsieur im Quadrat; möglicherweise würde ich eines Tages noch zum Monsieur dritten Grades. Als ich den Brief hastig aufgerissen hatte, fiel ein Wechsel auf Smith, Payne & Smith über etwa vierzig Guineas heraus. An diesem Punkt der Offenbarungen, die sich mir eröffneten, kann man sich vorstellen, daß sich das Interesse an der Angelegenheit verdichtete: Denn wenn dieser unverhoffte Glücksfall für mich bestimmt *und kein Irrtum* war, dann war beim Aufbruch zu einem gefährlichen Abenteuer die Hilfe zweifellos noch nie so günstig, nein, noch nie in einem so melodramatisch-kritischen Moment auf einen Menschen herabgekommen wie jetzt. Doch ach! Mein Auge ist schnell dabei, die Logik schlechter Aussichten abzuschätzen. Ich bin immer mein eigener Prophet des Übels: Ich stand immer unter dem Zwang trauriger Vorahnungen, die ich von meinem Herzen nicht fernhalten kann, nein, nicht einmal während der Träume einer einzigen Nacht. Im Nu erkannte ich zu deutlich, daß ich nicht Monsieur war. Ich konnte vielleicht *Monsieur* sein, aber nicht *Monsieur hoch zwei.* Wer konnte denn *mein* Schuldner für eine Summe von vierzig Guineas sein? Wenn es einen solchen Menschen wirklich *gab*, warum hatte er so viele Jahre gebraucht, um seine Schuld zu begleichen? Wie verwerflich, mich mein siebzehntes Lebensjahr beginnen zu lassen, bevor er seine Schuld oder überhaupt nur seine freundliche Existenz bekanntgab! Unter streng moralischen Gesichtspunkten war diese schreckliche Verschleppung zweifellos nicht zu rechtfertigen. Doch da der Mann offensichtlich seine Reue bewies, und zwar in der konkretesten Form (nämlich durch Barzahlung), war ich völlig bereit, ihm Absolution für vergangene Sünden und Generalablaß für alle etwaigen Rückstände durch kommende Generationen zu erteilen. Doch ach! Die reine Nützlichkeit der Zahlung warf meine Hoffnungen zu Boden. Ein Fünf-Guinea-Schuldner hätte ein vorstellbares Wesen sein können, solch ein Schuldner mochte in Fleisch und Blut existieren, an *ihn* hätte ich glauben können, aber weiter wäre mein Glaube nicht gegangen. Wenn das Geld schließlich *bona fide* für mich bestimmt war, konnte es nur vom Satan sein, was zu der offenen Frage führen mußte, ob ich es annehmen sollte. Damit wurde die Angelegenheit zu einem Sphinx-Rätsel; wenn es eine Lösung gab, mußte sie in dem Brief gesucht werden. Doch der Brief, o Himmel und Erde! Hätte damals die Sphinx mit Ödipus brieflich verkehrt und ihm ihre verruchten Fragen durch die Post in Theben übermittelt, so hätte sie, meine ich, sich nur der französischen Schreibkunst zu bedienen brauchen, um jenen schicksalhaften Rätselentzifferer für alle Zeiten zu verwirren. In Bath, wo sich während der letzten drei Jahre des vergangenen Jahrhunderts die französischen Emigranten in großer Zahl sammelten (sechstausend, wie ich gehört habe), hatte ich durch die Bekanntschaft meiner Mutter mit verschiedenen Familien reiche Erfahrung mit französischer Kalligraphie gewinnen können.

Aus dieser Erfahrung wußte ich, daß die französische Aristokratie traditionell daran festhielt (sie *tat* das wirklich in jener Zeit von 1797 bis 1800), jene Klasse als Schreiber oder Plebejer zu verachten, nur dazu geeignet, ihnen (wie Shakespeare sagt, wenn er von ähnlichen Vorurteilen unter seinen eigenen Landsleuten berichtet) ›Dienst zu leisten‹. Einer wie der andere übertrugen sie die Sorge für ihre Schrift auf *valets* und *femmes-de-chambre*; manchmal war es sogar so, daß dieselben Personen, die ihre Betten und Decken reinigten, auch ihre Schrift sauberhalten mußten – das heißt, ihre Alltagsschrift; doch ihre Sonntagsschrift, jene überfeine, die sie ihren literarischen Bemühungen vorbehielten, war der Sorge der Drucker anvertraut. Von der königlichen Familie Frankreichs sind Briefe aus den Jahren 1792/93 in den Memoiren von Cléry und anderen ihrer treuesten Diener erhalten geblieben; sie enthüllen den äußersten Gipfel der Unwissenheit auf den Gebieten der Grammatik und Orthographie. Zur Schreibkunst ist zu sagen, daß alle dieselbe Handschrift zu schreiben schienen, und zwar mit demselben uralten Holzstück oder demselben ehrwürdigen Spieß; alle kratzten sie die gleichen steifen senkrechten Buchstaben, als ob sie dafür (so möchte ich es ausdrücken) eine Lichtschere benutzten. Ich sage das keineswegs mit höhnischem Unterton. Jene Fertigkeiten wurden *vorsätzlich* vernachlässigt, ja geradezu eifrig, wie eine offene Proklamation der Verachtung für die Künste, mit denen einfachere Leute oft ihr Brot verdienten. Ein Mann von Rang hätte sich durch irgendwelche Mängel in den snobistischen Fertigkeiten auf den Gebieten Schreibkunst, Grammatik oder korrekte Orthographie nicht mehr entehrt gefühlt als ein Gentleman unter uns durch Unerfahrenheit in den geheimnisvollen Künsten des Schuheputzens oder des Staubwischens. Das Ergebnis dieser systematischen und ostentativen Vernachlässigung der Schreibkunst jedoch verwirrt oft jene außerordentlich, denen aufgetragen ist, ihre Handschriften zu entziffern. Es kommt vor, daß das Ergebnis dieser Sorglosigkeit sehr unterschiedlich ist: Stets ist es roh und ungeschliffen, aber manchmal (sagen wir, in jedem zwanzigsten Fall) wird es besonders gut lesbar. In meinem Fall sah es ganz anders aus. In der großen Eile meines Abschiedstages konnte ich nicht einmal zwei aufeinanderfolgende Sätze verstehen. Unglücklicherweise genügte jedoch ein halber Satz, um mir zu zeigen, daß das Beigefügte irgendeinem bedürftigen Franzosen gehörte, der in einem fremden Land lebte und wahrscheinlich mit dem gewöhnlichen Übel solcher Lebensumstände zu kämpfen hatte – Einsamkeit und Exil. Bevor der Brief in meine Hände kam, hatte er schon eine Verzögerung von mehreren Tagen erlitten. Als mir das klar wurde, belebte sich natürlich mein Mitgefühl mit dem armen Fremden. Unvermeidbar hatte er bereits unter der Unruhe gelitten, die ein verzögerter Brief hervorruft; aber künftig und immer mehr würde er unter der Sorge um einen verlorengegangenen Brief leiden. Während dieses Abschiedstages war ich nicht in der Lage, eine Gelegenheit zu finden, um in Manchester zur Post zu gehen; und ohne dafür selbst eine deutliche Erklärung zu haben, entband ich mich auf Grund der schriftlichen Bestätigung der Post von jeder weiteren Verantwortung und sträubte mich sehr dagegen, den Brief wieder herzugeben. Es ist wahr, daß die Notwendigkeit einer Fälschung (dieses Verbrechen wurde damals unerbittlich mit dem Tode bestraft), die man begehen mußte, bevor man das Geld betrügerisch an sich bringen konnte, *wäre sie öffentlich bekanntgemacht worden*, jeden zufälligen Besitzer des Briefes von allem Verdacht unlauterer Absichten freigesprochen hätte. Doch bestand die Gefahr darin, daß während der Anhängigkeit und der Behandlung des Falles bis zu seiner endgültigen Klärung bei den vielen, die nur eine bruchstückhafte Version der ganzen Geschichte kennen würden, häßliche Gerüchte aufkommen und sich an den Namen des Betreffenden heften würden.

Schließlich war alles fertig. Wie eine Armee mit Standarten zog der Hochsommer über den Himmel; der längste Tag des Jahres war schon vorbei; jene wenigen und unvollständigen Vorkehrungen, durch die ich unangenehmen Eventualitäten, die auftreten konnten, wenigstens teilweise aus dem Wege zu gehen versuchte, waren getroffen; was blieb mir an Dingen, die ich tun konnte, weiter zu tun übrig? Nichts; und doch, obwohl ich endlich frei war, fortzugehen, zögerte ich; zögerte wie in einem gewissen Gefühl undeutlicher Verwirrung, oder gar wie aus weich werdender Liebe zu derselben Gefangenschaft, die ich so energisch abzuschütteln versuchte, oder verständlicher aus Liebe zu all den äußeren Gegenständen, lebendig und unbelebt, mit denen jene Gefangenschaft umgeben war und durch die sie angenehmer geworden war. Was ich möglichst schnell zu verlassen bestrebt war, das zu verlassen bedauerte ich zugleich; und ohne den ausländischen Brief hätte ich noch lange weitergetrödelt und gezaudert. Er beschleunigte jedoch mein Handeln in vielfältiger und drängender Weise; dieselbe Stunde, die mir den Brief in die Hände gab, wurde zum Zeugen meiner Entschlossenheit (die ich mir selbst in meinem Arbeitszimmer *hörbar* erklärte), daß ich am frühen Morgen des nächsten Tages abreisen würde. So war ein Tag gekommen, war endlich gekommen, war etwas plötzlich gekommen, der der letzte, der allerletzte Tag meiner Anwesenheit in der Schule sein sollte.

Es ist eine zutreffende und einfühlsame Bemerkung von Dr. Johnson, daß wir niemals etwas bewußt zum letzten Mal tun (das heißt, Dinge, die wir lange zu tun gewohnt waren), ohne daß unser Herz traurig wird. An diesem denkwürdigen Tag legte ich jedem Wort und jeder Tat insgeheim die Bedeutung eines Abschieds oder eines Testaments bei. Als Handelnder oder als Leidender, einzeln oder als einer aus der Menge, hörte ich für immer ein düsteres Echo des Abschieds in jedem Wechsel, dem zufälligen oder dem regelmäßigen, der den Ablauf der Stunden vom Morgen zum Abend veränderte. Am stärksten spürte ich diesen Abschiedsklang als Appell an das Gefühl, als die letzte Stunde um fünf Uhr den feierlichen Abendgottesdienst der Kirche von England brachte – gelesen von Mr. Lawson; wie immer so auch jetzt gelesen unter dem ehrfürchtigen Schweigen der gesamten Schule. Selbst ohne die Feierlichkeit der Gebete, nur von sich aus schafft schon das schwindende Licht des sterbenden Tages eine Stimmung nachdenklicher und gefühlvoller Traurigkeit. Und wenn sich auch im Hochsommer der Wechsel des Lichts zu einer so frühen Stunde wie fünf Uhr nur wenig bemerkbar macht, ist man sich der Nähe der Stunden des Ausruhens und der geheimen Gefahren der Nacht doch nicht weniger bewußt, als wenn es mitten im Winter wäre. Auch jetzt noch gab es etwas, was mich schon so oft in dieser Abendliturgie und in ihrem besonderen Gebet gegen die Gefahren der Dunkelheit tief beeindruckt hatte. Diese Wirkung hing in hohem Maße von der symbolischen Behandlung ab, die diese Liturgie dieser Dunkelheit und diesen Gefahren zukommen läßt. Wenn ich über diese Behandlung nachdachte, ließ sie mich die bemerkenswerte Rhabdomatie[31] oder magische Kraft der Beschwörung lebhaft fühlen, die das Christentum hier und in ähnlichen Fällen hervorgebracht hat. Der gewöhnliche Rhabdomane, der mit seiner Wünschelrute versucht, in den dunklen Räumen unserer Erde Wasseradern zu finden, die tief unter ihrer Oberfläche liegen, oder seltener Mineralien oder verborgene Lager von Juwelen und Gold, indem er irgendeinen magnetischen Zusammenhang zwischen seiner Rute und dem okkulten Gegenstand seiner Prophezeiung beschwört, ist in der Lage, die Stelle anzugeben, an der mit Erfolg nach diesem Objekt gesucht werden kann. Auf keine andere Weise hat der höchst erstaunliche Magnetismus des Christentums aus der Dunkelheit die erhabensten Gefühle ans Licht gebracht, die bisher unfaßbar, formlos und ohne Leben waren, denn vor ihm gab es noch keine religiöse Philosophie, die der Aufgabe gewachsen war, solche Gefühle heranreifen zu lassen; gleichzeitig hat es sie auch in Bildern ihnen entsprechender Erhabenheit Gestalt annehmen lassen und damit ihr Wesen so erhoben, daß es für immer in den menschlichen Herzen leben kann.

Blumen, die so ergreifend in ihrer Schönheit, so zart wie die Wolken, in ihrer Farbigkeit so großartig wie der Himmel sind, waren jahrtausendelang das Erbe der Kinder – nur von *ihnen* als die Juwelen Gottes geehrt –, bis plötzlich die Stimme des Christentums, die Stimme der Kindheit bekräftigend, sie zu einer Würde erhob, die noch den Thron Israels überstieg, der doch von Gott selbst begründet worden war, und von dem Salomo behauptete, daß er in all seiner Herrlichkeit keiner von ihnen gleiche. Winde und Stürme dagegen, der Atem der Ewigkeit, sanft oder laut, von äolischer Kraft, weshalb hatten sie sich stürmend oder ruhend aller moralischen Festnahme und Gefangenhaltung entzogen? Einfach deswegen, weil es vergeblich wäre, ein Nest zur Aufnahme einer neuen moralischen Geburt zu bieten, solange es unter den Menschen noch keine Religion gibt, die eine solche Geburt zustande bringen kann. Vergeblich ist das Bild, das ein himmlisches Gefühl veranschaulichen sollte, solange das Gefühl noch nicht geboren ist. Erst dann, wenn es für die Ziele einer geistigen Religion notwendig würde, daß der menschliche Geist als die Quelle aller Religion seine Größe und seine Unerklärlichkeit in einem angemessenen Spiegelbild verherrlicht finden sollte, würden plötzlich das Gepränge und der geheimnisvolle Weg der Winde und Stürme, die da blasen, wo sie wollen, und von denen kein Mensch weiß, woher sie kommen, aus Dunkelheit und Gleichgültigkeit hervorgeholt, um eine leidenschaftliche Glorifizierung sowohl zu verleihen als auch zu empfangen, wobei das niedrigere Geheimnis das höhere umfaßt und veranschaulicht. Frage nach dem großartigsten aller irdischen Schauspiele, welches ist *das*? Es ist die Sonne, die untergeht. Frage nach dem großartigsten aller menschlichen

Gefühle, welches ist *das*? Es ist der Wunsch, daß der Mensch seinen Zorn vergißt, bevor er sich schlafen legt. Und diese beiden großartigen Dinge, das gewaltige Gefühl und das gewaltige Schauspiel, werden vom Christentum miteinander vereint.

Hier wiederum, in dem Gebet ›Erleuchte unsere Finsternis, wir flehen Dich an, o Herr!‹, wurden die Finsternis und die großen Schatten der Nacht symbolisch bedeutsam: Diese starken Mächte, Nacht und Finsternis, Bestandteile des urzeitlichen Chaos, wurden Gleichnisse der Gefahren, die ständig die arme und geplagte menschliche Natur bedrohen. Mit tiefster Anteilnahme folgte ich dem Gebet gegen die Gefahren der Finsternis – Gefahren, die ich im Hinterhalt mitternächtlicher Einsamkeit über den Betten schlafender Völker lauernd zu sehen schien; Gefahren aus noch schlimmeren Formen der Finsternis, verborgen in geheimen Winkeln blinder menschlicher Herzen; Gefahren aus Versuchungen, die unseren Füßen ungeahnte Fallstricke woben; Gefahren aus den Grenzen unseres eigenen irrenden Wissens.

Die Gebete waren vorüber. Die Schule hatte sich aufgelöst. Es wurde sechs Uhr, sieben, acht. Nur noch drei Stunden bis zum Ende des sterbenden Tages. Nur noch drei Stunden also bis zu jener Finsternis, die unsere englische Liturgie mit solch symbolischer Größe nennt, als ob sie hinter dem Schatten ihres Mantels alle Gefahren verbirgt, die unsere menschliche Schwäche bestürmen. Doch im Sommer, unmittelbar vor der Sommersonnenwende, wird die ungeheure Spanne der himmlischen Bewegungen in ihrer Langsamkeit sichtbar. Die Zeit wird zum Deuter des Raums. Und nun, obwohl es schon acht Uhr geschlagen hatte, trödelte die Sonne immer noch über den Horizont; voll und grell, hatte das Licht noch zwei Stunden zu wandern, bevor es jenen zarten blassen Ton annehmen würde, der der Dämmerung[32] vorangeht. Jetzt kam die letzte offizielle Zeremonie des Tages: Die Schüler wurden alle gemustert und ihre Namen in der Reihenfolge der Rangordnung aufgerufen. Mein Name erklang wie gewöhnlich als erster.[33] Ich trat vor, ging an Mr. Lawson vorbei, schaute ihm ernst ins

Gesicht und machte meine Verbeugung, wobei ich mir sagte: ›Er ist alt und krank, und in dieser Welt werde ich ihn nicht wiedersehen.‹ Ich hatte recht; ich sah ihn *wirklich* nicht wieder, noch werde ich ihn je wiedersehen. Er sah mich selbstgefällig an, lächelte zufrieden, dankte für meinen Gruß (ohne zu wissen, daß es mein Abschiedsgruß war), und wir schieden für immer voneinander. Verstandesmäßig hätte ich keinen Grund sehen können, ihn besonders zu verehren. Aber ich respektierte ihn aufrichtig als einen gewissenhaften Mann, treu in der Ausübung seiner Pflichten, der sich selbst sogar, als er später kraftlos mit diesen Pflichten kämpfte, größeres Leid als anderen bereitete; schließlich respektierte ich ihn als einen ordentlichen und genauen (wenn auch nicht brillanten) Lehrer. Persönlich schuldete ich ihm viel Dankbarkeit, denn er war immer gleichmäßig freundlich zu mir gewesen und hatte mir alle Vergünstigungen gewährt, die in seiner Macht lagen; und der Gedanke an den Verdruß, den ich ihm bereiten würde, betrübte mich.

Der Morgen kam, der mich in die Welt entlassen sollte; jener Morgen, von dem und von dessen Konsequenzen mein ganzes anschließendes Leben in vielerlei wichtiger Hinsicht seine Farbe bekommen hat. Halb vier stand ich auf und betrachtete in tiefer Bewegung die alte Kollegienkirche, ›in das erste Licht gekleidet‹ und rot im tiefen Glanz eines wolkenlosen Julimorgens erglühend. Meine Absicht war fest und unabänderlich, und dennoch bewegte mich die Vorahnung ungewisser Gefahren und Mühen. Der tiefe Frieden des Morgens bildete zu dieser Bewegung einen ergreifenden Kontrast und war in gewissem Maße geradezu Medizin. Die Stille war tiefer als um Mitternacht, und mich berührt die Stille eines Sommermorgens mehr als jede andere Stille, denn das Licht, das so voll und stark wie das Mittagslicht in anderen Jahreszeiten ist, scheint sich vor allem dadurch vom vervollkommneten Tag zu unterscheiden, daß der Mensch noch nicht aus dem Hause ist, und der Frieden der Natur und der unschuldigen Geschöpfe Gottes scheint nur so lange sicher und tief zu sein, wie der Mensch und sein unruhiger Geist nicht da sind, um seine Heiligkeit zu belästigen. Ich kleidete mich an, nahm meinen Hut und meine Handschuhe und trödelte noch etwas in dem Zimmer herum. Für fast anderthalb Jahre war dieses Zimmer meine ›Gedankenfestung‹ gewesen, hier hatte ich ganze Nächte lang gelesen und studiert, und obwohl es stimmte, daß ich in dem letzten Teil dieser Zeit meine Fröhlichkeit und Seelenruhe im Streit und im Fieber der Auseinandersetzung mit meinem Vormund eingebüßt hatte, mußte ich als Junge, der von Büchern begeistert war und sich intellektuellen Beschäftigungen verschrieben hatte, auch inmitten der allgemeinen Niedergeschlagenheit hier viele glückliche Stunden verbracht haben.

Glückliche Stunden? Ja; und war es sicher, daß ich jemals wieder *so* glückliche Stunden verleben würde? An dieser Stelle ist es nicht unmöglich, daß ich von meinem Plan wieder zurückgetreten wäre, hätte ich mich meinen letzten Eindrücken hingegeben. Doch wie es in solchen Fällen nur zu oft geschieht, schien es mir, als ob kein Rückzug mehr möglich war. Das Vertrauen, das ich notwendigerweise einem von Mr. Lawsons Pferdeknechten bereits geschenkt hatte, hätte es gefährlich gemacht. Die Wirkung dieser quälenden Überlegung war nicht die Änderung meines Plans, sondern eine Verzagtheit, die eine traurige halbe Stunde alles bedeckte, was vor mir lag. In dieser Situation träumte ich mit offenen Augen. Eine Art Trance, ein kalter Hauch wie von einer Todesoffenbarung umhüllte mich plötzlich, und in mir wurde eine hassenswerte Erinnerung an einen Augenblick lebendig, der lange zurücklag. Vor zwei Jahren, als ich von meinem fünfzehnten Geburtstag ungefähr genausoviel erwartete wie jetzt von meinem siebzehnten, verbrachte ich zufällig mit einem Freund meines Alters einige Stunden in London. Zu den etwa acht oder zehn Sehenswürdigkeiten, die uns ernsthafte Aufmerksamkeit abnötigten, gehörte natürlich auch die St.-Paul's-Kathedrale. Wir hatten sie besichtigt und dabei auch die Flüstergalerie.[34] Sie hatte mich mehr als alles andere sonst beeindruckt; und als wir etwa eine halbe Stunde später unter der Kuppel standen, ich möchte annehmen, ganz nahe der Stelle, an der gut fünf Jahre später Lord Nelson beigesetzt wurde – einer Stelle, von der aus wir in dem oberen Teil des westlichen Seitenschiffs viele Fahnen pompös hin und her schweben sahen, die einst von Frankreich, Spanien und Holland erobert worden waren –, wurden meine bisherigen Gefühle der Ehrfurcht durch diese feierlichen Trophäen des Zufalls und der Veränderung unter mächtigen Nationen noch vertieft, und plötzlich überraschte mich ein Traum, so inhaltsschwer wie jetzt, in dem ein Gedanke triumphierend Gestalt annahm, der mich oft verfolgt hatte. Dieser Gedanke wandte sich dem Verhängnis zu, das oft eine unglückliche Wahl begleitet. Als Orakel des Schreckens erinnerte ich mich an jene große römische Warnung *Nescit vox missa reverti* (daß ein einmal ausgesprochenes Wort nicht wieder zurückgenommen werden kann), ein eisiges Halt für die so hitzigen Bewegungen der Hoffnung, die mich in vielerlei Gestalt heimsuchten. Lange vor meinem fünfzehnten Lebensjahr hatte ich die wie ein Wurm am Herzen des Lebens liegende und seine Sicherheit zernagende Tatsache beobachtet, daß unzählige Entscheidungen ihr Gesicht ändern und unterschiedlich in den verschiedenen Etappen des Lebens bewertet werden – ein Wechsel mit der wechselnden Zeit. Schon mit fünfzehn Jahren schämte ich mich zutiefst mancher Urteile, die ich einst abgegeben hatte, leerer Hoffnungen, die ich einst gefördert hatte, falscher Bewunderungen oder Geringschätzungen, denen ich mich einst angeschlossen hatte. Und in bezug auf jene Handlungen, die ich überhaupt mit irgendwelchen Zweifeln betrachtete, war ich mir niemals sicher, ob ich nicht einige Jahre später vernichtende Bedenken verspüren würde, sowohl hinsichtlich des Prinzips als auch hinsichtlich der unvermeidbaren Ergebnisse.

Dieses Gefühl nervösen Zurückschreckens vor jedem Wort und jeder Tat, die nicht zurückgenommen werden konnten, war plötzlich an diesem Londoner Morgen durch das beeindruckende Erlebnis der Flüstergalerie wieder erweckt worden. Am vorderen Ende der Galerie hatte mein Freund gestanden und im leisesten Flüsterton eine aufrichtige, aber nicht zu akzeptierende Wahrheit gehaucht. Nachdem sie an den Wänden der Galerie entlanggelaufen war, erreichte mich diese aufrichtige Wahrheit als ohrenbetäubende Drohung in ungestümem Lärm am äußersten Ende. Und jetzt in diesen letzten zaudernden Augenblicken, als ich in meinem Arbeitszimmer in Manchester mit offenen Augen verhängnisvoll träumte, fiel schrecklich wie aus einer dunklen Wolke jene Londoner Drohung mit verdoppelter Stärke über mich her, und eine Stimme, die als Warnung zu spät kam, schien deutlich zu sagen: ›Wenn du dieses Haus einmal verlassen hast, wird sich zwischen dir und jeder Möglichkeit der Rückkehr ein Rubikon auftun. Du kannst nicht sagen, daß das, was du tust, in den geheimen Winkeln deines Herzens volle Billigung findet. Selbst jetzt spricht dein Gewissen düstern flüsternd dagegen; aber am anderen Ende der langen Galerie deines Lebens wird dasselbe Gewissen mit krachendem Donner zu dir sprechen.‹

Ein plötzlicher Schritt auf der Treppe zerriß meinen Traum und rief mich zu mir selbst zurück. Gefährliche Stunden kamen näher, und ich bereitete mich auf einen hastigen Abschied vor.

Ich vergoß Tränen, als ich meine Blicke über den Stuhl, den Kamin, den Schreibtisch und die anderen vertrauten Gegenstände wandern ließ, und ich wußte nur zu genau, daß ich sie zum letzten Mal sah. Da ich dieses schreibe, sind neunzehn[35] Jahre vergangen, und doch sehe ich in diesem Augenblick, als wäre es erst gestern geschehen, die Züge und den Ausdruck des Gegenstandes, auf den ich meinen scheidenden Blick warf. Es war das Bildnis einer lieblichen Dame, das über der Kamineinfassung hing; ihre Augen und ihr Mund waren so schön, und der ganze Gesichtsausdruck strahlte einen solchen göttlichen Frieden aus, daß ich tausendmal meine Feder oder mein Buch niedergelegt hatte, um von ihm Trost zu empfangen wie ein Frommer von seinem Schutzpatron.[36] Während ich noch auf das Bild starrte, verkündeten die tiefen Schläge der alten Kirchenuhr, daß es sechs Uhr war. Ich ging zu dem Bild und küßte es; dann ging ich ruhig hinaus und schloß die Tür für immer.

In diesem Leben sind die Anlässe für das Lachen und für Tränen so sehr miteinander verschmolzen und verflochten, daß ich mich nicht ohne Lächeln an einen Vorfall erinnern kann, der in jenem Augenblick passierte und der beinahe die sofortige Ausführung meines Planes vereitelt hätte. Ich hatte einen Schrankkoffer von immensem Gewicht, denn abgesehen von meinen Kleidungsstücken, enthielt er fast meine gesamte Bibliothek. Die Schwierigkeit bestand darin, ihn zu einem Fuhrmann zu schaffen, denn mein Zimmer lag in luftiger Höhe des Hauses, und (was schlimmer war) die Treppe, die zu diesem Winkel des Gebäudes führte, konnte man nur durch einen Gang erreichen, der an der Zimmertür des Direktors der Schule vorbeiführte. Ich war bei allen Bediensteten beliebt, und da ich wußte, daß jeder von ihnen mich schützen und das Geheimnis bewahren würde, teilte ich einem der Pferdeknechte des Direktors meine Verlegenheit mit. Der Knecht erklärte seine Bereitschaft, alles zu tun, was ich wünschte; und als die Zeit gekommen war, ging er nach oben, den Koffer herunterzuholen. Ich fürchtete, daß das über die Kräfte eines einzelnen Menschen ginge, doch der Knecht war ein Mann mit atlashaften Schultern und hatte einen Rücken, so breit wie Salisbury Plain. Dementsprechend bestand er darauf, den Koffer allein hinunterzubringen, während ich unten am Fuß des letzten Treppenabsatzes stand, in großer Sorge um das bevorstehende Ereignis. Eine Zeitlang hörte ich ihn mit langsamen und stetigen Schritten herunterkommen, doch unglücklicherweise führte seine Angst, als er sich dem gefährlichen Abschnitt näherte, dazu, daß sein Fuß wenige Stufen vor dem Gang rutschte; die mächtige Last fiel von seinen Schultern und nahm beim Herabrutschen von Stufe zu Stufe an Schwung zu, so daß sie, unten angekommen, weitertrudelte und mit dem Lärm von zwanzig Teufeln quer über den Gang ausgerechnet gegen die Schlafzimmertür des Archididaskalos sprang. Mein erster Gedanke bestand in der Annahme, daß jetzt alles verloren wäre und daß es für mich nur noch eine Chance des Rückzugs gab, indem ich mein Gepäck opferte. Darüber nachdenkend, entschloß ich mich jedoch, mich mit der Situation abzufinden. Der Knecht befand sich inzwischen in äußerster Bestürzung, und zwar sowohl seinet- als auch meinetwegen, aber dennoch hatte das Gefühl für das Lächerliche bei diesem unglücklichen *con-*

tretemps seine Phantasie so unwiderstehlich ergriffen, daß er in ein so laut schallendes melodisches Gelächter ausbrach, das die Sieben Schläfer geweckt hätte. Beim Klang dieser volltönenden Fröhlichkeit unmittelbar vor den Ohren der beleidigten Autorität mußte ich einfach einstimmen; ich wurde davon nicht so sehr durch den komischen Eigensinn des Koffers überwältigt, der von Stufe zu Stufe in immer schnellerem Tempo und sich verstärkendem Lärm wie der λᾶας ἀναιδής[37] (der widerspenstige Stein) des Sisyphus trudelte, als vielmehr von der Wirkung, die sie auf den Knecht hatte. Wir rechneten natürlich beide damit, daß Mr. Lawson aus seinem Zimmer herausstürzen würde; denn im allgemeinen sprang er wie eine Bulldogge aus ihrer Hundehütte heraus, wenn sich nur eine Maus rührte. Seltsamerweise war jedoch in diesem Fall kein Geräusch, nicht einmal ein Rascheln im Schlafzimmer zu hören, als der Lärm des Gelächters sich gelegt hatte. Mr. Lawson hatte schmerzhafte Beschwerden, die ihn oft wach hielten; wenn der Schlaf dann *doch* kam, war er besonders tief. Der Knecht schöpfte aus der Stille Mut, lud sich die Last wieder auf und schaffte den Rest des Abstiegs ohne weiteren Unfall. Ich wartete, bis ich den Koffer auf einer Schubkarre aufgeladen und auf dem Wege zu dem Fuhrmann befindlich sah; ›mit der Vorsehung als meinem Wegweiser‹ oder, genauer gesagt, mit meiner eigenen halsstarrigen Torheit in bezug auf Recht und Eingebung machte ich mich zu Fuß auf den Weg; unter dem Arm trug ich ein kleines Paket mit einigen Kleidungsstücken, in der einen Tasche einen geliebten englischen Dichter, in der anderen einen seltsamen Band, der etwa die Hälfte von Canters *Euripides* enthielt.

Als ich Manchester auf einer Straße nach Südwesten in Richtung Chester und Wales verließ, war die erste Stadt, in die ich kam (soweit ich mich erinnern kann), Altrincham – umgangssprachlich *Awtrigem* genannt. Als ich ein Kind von drei Jahren war und an Keuchhusten litt, war ich wegen der Luftveränderung in verschiedene Orte an der Küste von Lancashire gebracht worden, und um von dem breitestmöglichen Spektrum unterschiedlicher Atmosphäre zu profitieren, mußten ich und mein Kindermädchen die erste

Nacht unserer Reise in dieser freundlichen kleinen Stadt Altrincham verbringen. Am nächsten Morgen, der einen strahlend schönen Julitag eröffnete, stand ich früher auf, als es meinem Kindermädchen recht war, doch schon bald hielt sie es für ratsam, meinem Beispiel zu folgen; und nachdem sie mit mir die morgendlichen Übungen des Waschens und des Vaterunsers erledigt hatte, richtete sie meine Röckchen, nahm mich auf den Arm, warf das Fenster auf und ließ mich plötzlich auf die fröhlichste Szene hinunterblicken, die ich je gesehen hatte – nämlich auf den kleinen Markt von Altrincham um acht Uhr morgens. Es war gerade Markttag, und ich, der bis dahin noch niemals bewußt in einer Stadt, wo auch immer, gewesen war, war in gleicher Weise erstaunt und entzückt über die ungewohnte Fröhlichkeit der Szene. Obst, wie man es im Juli bekommen kann, und Blumen gab es im Überfluß verstreut, selbst die Stände der Fleischer sahen in ihrer strahlenden Sauberkeit anziehend aus, und die fröhlichen jungen Frauen von Altrincham spazierten dazwischen umher, ihre Hauben und Schürzen kokett zur Schau stellend. Die allgemeine Heiterkeit der Szene zu dieser frühen Stunde mit dem leisen Gemurmel vergnügter Unterhaltung und Gelächter, das wie ein Springbrunnen bis zu dem offenen Fenster hinauf plätscherte, hinterließ auf mich einen so starken Eindruck, daß ich ihn nie wieder verlor. Wie ich sagte, geschah dies alles gegen acht Uhr an einem prächtigen Julimorgen. Genau zu dieser Morgenstunde an genau einem solchen himmlischen Julitag fand ich mich, da ich Manchester um sechs Uhr verlassen hatte, völlig natürlicherweise mitten auf dem Marktplatz von Altrincham. Nichts hatte sich verändert. Es gab die gleichen Früchte und Blumen, die gleichen fröhlichen jungen Frauen mit den gleichen (nein, *nicht* den gleichen) koketten Hauben trippelten auf und ab, alles schien das gleiche zu sein, vielleicht war sogar das Fenster meines Schlafzimmers noch offen, nur mein Kindermädchen und ich schauten nicht heraus, denn ach! wie ich mir ins Gedächtnis zurückrief, waren seit damals genau vierzehn Jahre vergangen. Die Frühstückszeit jedoch ist immer eine freundliche Tageszeit; wenn ein Mann seine Sorgen jemals vergessen kann, so ist es zu dieser Zeit;

und nach einer Wanderung von sieben Meilen trifft das doppelt zu. Ich empfand es damals, das möchte ich daher ausdrücklich bemerken, als ein einmaliges Zusammentreffen, daß ich mich zweimal auf Grund eines bloßen Zufalls genau zu der Zeit, als alle Uhren an einem Julimorgen acht schlugen, auf dem kleinen Marktplatz von Altrincham befand und mich von dem wunderbaren Anblick und Klang zu angenehmen Gefühlen inspirieren ließ. Dort frühstückte ich; und ich stellte fest, daß die körperliche Anstrengung jener zwei Stunden meine Gesundheit schon halb wiederhergestellt hatte. Nach einer Rast von einer Stunde machte ich mich wieder auf den Weg; meine Schwermut und Verzagtheit lagen bereits hinter mir, und als ich Altrincham verließ, sagte ich mir: ›Anscheinend sind doch nicht alle Orte Flüstergalerien.‹

Die Entfernung von Manchester nach Chester *betrug* etwa vierzig Meilen. Ich weiß nicht, wieviel sie heute auf Grund der Veränderungen, die die Eisenbahn mit sich brachte, *beträgt*. Diese Strecke wollte ich in zwei Tagen zurücklegen; denn obwohl das ganze auch an einem Tag zu schaffen gewesen wäre, sah ich keinen Nutzen darin, mich zu überanstrengen, und meine Kraft zu wandern war durch den langen Nichtgebrauch eingerostet. Ich wollte die Strecke halbieren, und so nahe an dieser Hälfte, wie ich es erhoffen konnte – das heißt, innerhalb von zwei oder drei Meilen –, lag ein sauberes Gasthaus an der Landstraße, wie man es so oft in England findet. Eine freundliche, mütterliche Wirtsfrau, wohlhabend und ohne Anlaß zur Neugier, die ihren Lebensunterhalt weniger aus ihrem Gasthaus als vielmehr aus ihrer Landwirtschaft bezog, garantierte mir eine sichere und tiefe Nachtruhe. Am folgenden Morgen waren nicht ganz achtzehn Meilen zwischen mir und dem ehrwürdigen Chester verblieben. Bevor ich es erreicht hatte, war der Nutzen der Luft und der körperlichen Anstrengung schon so mächtig geworden (wie immer vorher und seitdem), daß ich mich oft trunken und in überschäumender Stimmung närrisch fühlte. Wenn nicht der verwünschte Brief gewesen wäre, der manchmal

›Mir droht
Wie einst der Rabe dem pestverseuchten Haus‹,

hätte ich meinen Ernst bei dieser wiedergeborenen Gesundheit doch zu sehr vergessen. Zwei Stunden, bevor ich Chester erreichte, sah ich von dem zufälligen südwestlichen Verlauf aus, den die Straße nimmt, in der Luft vor mir jenes unvergleichliche Schauspiel,

›Neu und doch so alt
Wie Himmel und Erde, seit sie erschaffen‹,

einen vollendeten und prunkvollen Sonnenuntergang über den Bergen von Nord-Wales. Die Wolken veränderten langsam ihre Anordnung, und aus der letzten von ihnen deutete ich genau die Szene, die ich sechs Monate vorher in einem hervorragenden Gedicht von Wordsworth gelesen hatte, das vollständig in einer Londoner Zeitung (ich glaube, es war die *St. James's Chronicle*) abgedruckt war. Es handelte sich um einen kanadischen See

›Mit Inseln, die beisammenliegen
In heiterem Gewimmel,
So still wie klare Tupfen Himmel,
Um die sich Abendwolken wiegen‹.

Die Szene in dem Gedicht (›Ruth‹), die der Poet ursprünglich dem Himmel nachgeahmt hatte, ahmte jetzt der Himmel dem Poeten nach und machte sie, wie es schien, wieder lebendig. Zitierte ich damals, im Juli 1802, wirklich Wordsworth? Ja, Leser, und ich allein in ganz Europa. Im Jahre 1799 hatte ich ›Wir sind sieben‹ in Bath kennengelernt, im Winter 1801/02 las ich das ganze Gedicht ›Ruth‹; Anfang 1803 schrieb ich an Wordsworth, und im Mai 1803 erhielt ich eine sehr ausführliche Antwort von Wordsworth.

Am Morgen nach meiner Ankunft in Chester richtete sich beim Aufstehen mein erster Gedanke auf den ärgerlichen Brief, den ich in meinem Gewahrsam hatte. Die verhaßte Verantwortung, die mir in Zusammenhang mit diesem Brief auferlegt worden war, wurde mit jeder Stunde lästiger, denn sie erschwerte in von Stunde zu Stunde wachsendem Maße die Freiheit meiner Bewegungen, da zu dieser Zeit sich die Post in die Reihen meiner Verfolger eingereiht haben mußte. Ich war darüber aufgebracht, daß dieser Brief mich zum Komplizen dabei machte, dem armen Emigranten Sorgen oder vielleicht sogar Schwierigkeiten zu bereiten – einem Mann, der in doppelter Weise ungerechtem Verdacht ausgesetzt war: einerseits, weil sein Stand vermutlich arm war, andererseits, weil er Ausländer war. Aufgebracht war ich darüber, daß dieser scheußlichste aller Briefe zugleich die Kraft haben sollte, mich zu allen möglichen unerlaubten und feigen Schritten in den Gasthäusern zu zwingen, denn es erschien mir überaus wichtig, weder verhaftet noch auch nur einen Augenblick als unrechtmäßiger Besitzer eines wichtigen Briefes zur Rede gestellt zu werden, ehe ich durch meine eigene spontane Weitergabe des Briefes bezeugt hätte, daß ich keineswegs mit der Absicht, ihn zu meinem eigenen Nutzen zu verwenden, getrödelt hatte. Irgendwie mußte ich es schaffen, den Brief zurückzugeben. Aber war es nicht das einfachste Ding von der Welt, mir vor dem Frühstück den Hut aufzusetzen, mich auf dem Postamt einzustellen, meine Erklärung abzugeben und dann (wie Christian in Bunyans Allegorie) meine die Seele bedrückende Last vor den Füßen derer niederzulegen, die mir die Absolution bestätigen konnten? War *das* nicht einfach? War *das* nicht leicht? O ja, ohne Zweifel. Und wenn ein begehrtes Rehkalb von einem Löwen fortgeschleppt worden sein sollte, wäre es da nicht sehr einfach und leicht, dem Räuber hinterherzugehen, ihm in seine Höhle zu folgen und mit dem Schuft die Unart seines Verhaltens zu erörtern? Unter meinen besonderen Umständen war das Postamt im Verhältnis zu mir einfach eine Löwenhöhle. Ich war mir sicher, daß zu dieser Zeit zwei voneinander unabhängige Parteien mich verfolgten und die beiden Verfolger auf dem Postamt zusammenkommen würden. Über alle anderen Ziele, die ich berücksichtigen mußte, ragte das eine hinaus: daß ich mich davor schützen mußte, wieder eingefangen zu werden. Ich machte mir um den armen Ausländer Sorgen, aber ich glaubte nicht verpflichtet zu sein, mich wegen dieser Sorge selbst zu opfern. Nun, wenn ich zum Postamt ginge, würde sicher nur dies das Ergebnis sein, und später stellte sich heraus, daß ich mit dieser Vorahnung recht gehabt hatte. Denn es fiel mir auf, daß das Wesen der Beilage des französischen Briefes – nämlich die Tatsache, daß sie ohne Urkundenfälschung nicht kassiert werden konnte – zweifellos niemand sonst außer mir bekannt sein konnte. Zweifel über diesen Punkt mußten die Unruhe aller verstärken, die mit mir oder dieser Angelegenheit zu tun hatten. Infolgedessen würde sich ›Monsieur Monsieur‹ um so eiliger an die Post wenden und die Post infolgedessen an die Priorei, und infolgedessen würden alle Maßnahmen, mich aufzuhalten, einfacher beschlossen und zwischen der Post und der Priorei abgestimmt werden, wenn ich mich in Richtung Chester begäbe – da in diesem Fall die Annahme nahelag, daß ich den Brief den amtlichen Stellen *persönlich* zurückgeben würde. Natürlich war keine dieser Maßnahmen mir als sicher bekannt, doch erachtete ich sie als vernünftigerweise wahrscheinlich, und es war offensichtlich, daß die gut fünfzig Stunden, die seit meiner Flucht aus Manchester vergangen waren, ausreichend Zeit für alle notwendigen Vorbereitungen geboten hatten. Als letzte Zuflucht, wenn sich keine bessere Möglichkeit ergäbe, hätte mich sehr wahrscheinlich meine Furcht dazu verleitet, mein verhaßtes Pfand einfach aufzugeben; ich sah es zu dieser Zeit mit solchen Augen brennenden Grolls an, wie sie Sindbad von Zeit zu Zeit auf den ehrwürdigen Schurken gerichtet haben muß, der auf seinen Schultern ritt. Aber die Dinge hatten sich noch nicht bis zu Sindbads Verzweiflung entwickelt, und unmittelbar nach dem Frühstück nahm ich meinen Hut, entschlossen, im Freien den Fall zu überprüfen und zu einer endgültigen Lösung zu kommen. Denn ich habe es immer als einfacher empfunden, eine komplizierte Angelegenheit bei einem Spaziergang in der freien Natur und unter dem weiten Auge des natürlichen Himmels zu überdenken, als das, in ein Zimmer eingeschlossen, zu tun. Doch schon an der Tür des Gasthauses ließ mich plötzlich die Überlegung innehalten, daß an jedem Vormittag einige Dienstboten der Priorei zweifellos von Zeit zu Zeit auf den Straßen waren. Die Straßen konnte ich jedoch vermeiden, wenn ich meinen Weg außen an der Stadtmauer entlang nehmen würde. Das tat ich dann auch und stieg eine düstere Gasse zum Ufer des Flusses Dee hinunter. Im Anfang seines Laufes in den Bergen von Denbighshire ist dieser Fluß (der aus unserer vornormannischen Geschichte durch die erste Parade[38] der englischen Monarchie bekannt ist) wild und pittoresk, und selbst unterhalb der Priorei meiner Mutter ist er von interessantem Wesen. Doch etwa eine Meile weiter in Richtung auf die Mündung, wenn er von Chester nach Parkgate fließt, wird er erbärmlich zahm, und die verschiedenen Flußstrekken sehen wie wohlangelegte Kanäle aus. Am rechten Ufer[39] des Flusses verläuft ein künstlicher Erdwall, Cop genannt. Er wurde, glaube ich, ursprünglich von den Dänen aufgeschüttet; sicher ist der Name dänisch (das heißt isländisch oder altdänisch) und dasselbe Wort, von dem unser architektonischer Begriff *coping* abgeleitet ist. An diesem Ufer ging ich entlang und ließ meinen Blick über die geordnete Allee gleiten, die der Fluß darstellte. Zuerst mengte sich vielleicht ein wenig Sorge in diesen Blick, ob etwa Philister da wären, denn es war durchaus möglich, daß ich beobachtet wurde. Doch ich habe allgemein festgestellt, wenn man versucht, irgendwelchen Philistern – Polizeibeamten, lästigen Menschen oder wer es auch sonst sein mag – zu entkommen, ist die sicherste Zuflucht zwischen Hecken und Feldern, unter Kühen und Schafen; Kühe gehören tatsächlich zu den freundlichsten aller atmenden Kreaturen; kein Tier zeigt leidenschaftlichere Empfindsamkeit für seine Jungen, wenn es ihrer beraubt wird; kurz gesagt, ich schäme mich nicht, meine tiefe Liebe zu diesen ruhigen Geschöpfen zu bekennen. Jetzt grasten viele Kühe auf den Weideflächen unterhalb des Cop, doch auf dem Cop selbst konnte ich keine Person entdecken, die der Vorstellung von einem Philister entsprochen hätte; es war überhaupt niemand da, abgesehen von einer Frau, offensichtlich in mittleren Jahren (*das* soll heißen, zwischen fünfunddreißig und fünfundvierzig), adrett angezogen, wenn auch vielleicht nach ländlicher Mode gekleidet, und unmöglich zu irgendeiner Klasse meiner Feinde gehörig; ich war schon nahe genug heran, um das erkennen zu können. Diese Frau mochte von mir eine Viertelmeile entfernt sein und kam mir ständig näher – ihr Gesicht meinem Gesicht zugewandt. Bald konnte ich daher ziemlich genau ihre Gesichtszüge erkennen, und ihre Miene bildete auf natürliche Weise einen

Spiegel, der meine eigenen Gefühle wiedergab und zurückstrahlte, infolgedessen auch mein Schrecken (Schrecken war es ohne Übertreibung), als vorne plötzlich ein Aufruhr stürmischer Geräusche tobend losbrach. *Vorne* sage ich in bezug auf mich, doch für *sie* kamen die Geräusche von hinten. Kurz gesagt, unsere Situation war folgende: ungefähr eine halbe Meile hinter der Frau kam die Flußstrecke, an der wir entlanggingen, zu einem plötzlichen Ende, so daß die nächste Flußstrecke, die fast im rechten Winkel abbog, völlig außerhalb unserer Blicke lag. Und von jener Flußstrecke kam jenes zornige Toben, so leidenschaftlich und so geheimnisvoll; was *mich* anbetrifft, so habe ich noch nie einen so wütenden Aufschrei gehört, weder in Büchern noch auf der Bühne, in Prosa oder in Versen, hatte nicht die allerleiseste Erklärung für seine vermutliche Ursache. Ich fühlte nur, daß es die blinde, ungezähmte Natur sein müsse – und es gab keinen menschlichen oder tierischen Zorn, der sich in solcher Anarchie von Meeresgebrüll äußern konnte. Was war es? Wo war es? Wodurch kam es? War es ein Erdbeben? Erschütterung der festen Erde? Oder brachen uralte Ketten aus tiefem Morast wie dem von Solway los? Wahrscheinlicher schien, daß plötzlich das ἄνω ποτάμων (der Rückfluß von Flüssen zu ihren Quellen) des Euripides nach Jahrhunderten der Erwartung endlich Wirklichkeit geworden war. Ich brauchte nicht lange zu grübeln, denn etwa eine halbe Minute, nachdem unsere Aufmerksamkeit das erste Mal ergriffen worden war, zeigte sich unseren Augen die unmittelbare Ursache des Geheimnisses; obwohl die ferne Ursache (die verborgene Ursache dieser sichtbaren Ursache) so dunkel wie zuvor blieb. Um jene rechtwinklige Biegung, von der ich berichtet hatte, daß sie in die anschließende Flußstrecke einmündet, stürmte plötzlich wie mit dem Trampeln der Kavallerie – aber alles genau ausgerichtet – ein ungeheurer, attackierender Wasserschwall, wobei das Wasser an der Außenkante des Winkels soviel schneller strömte als an der Innenkante, als ob die sich vorwärts bewegende Front streng die Schlachtlinie einhalten sollte. Die Massen ergossen sich in unsere ruhige Wasserallee, füllten den ganzen Kanal des Flusses und kamen mit einer

Geschwindigkeit von vierzig Meilen in der Stunde auf uns zu. Günstig war es, daß wir beide, ich selbst und die ehrbare Landfrau, die wir in diesem gefährlichen Augenblick Deukalion und Pyrrha waren, anscheinend die einzigen Überlebenden der Sintflut (da zufälligerweise in diesem Augenblick auf diesem Cop sonst niemand war, der hätte überleben können), durch diesen Cop und durch die Arbeit dänischer Hände (die möglicherweise noch nicht bezahlt war) überleben *konnten*. Wirklich, diese nasse Brustwehr, eine senkrechte Wasserwand, die sich selbst so genau hielt, als sei sie von einem Steinmetz mit dem Lot kontrolliert worden, stürmte mit einer solchen Geschwindigkeit voran, daß offensichtlich das schnellste Pferd oder Dromedar keine Chance gehabt hätte, vor ihr zu fliehen. Sogar manche ordentliche Eisenbahn, obwohl ihnen doch die Eisenbahnen Konkurrenz machen, hätte nicht mehr als den dritten Teil einer Chance gehabt. Natürlich hatte ich zuwenig Zeit, um viel oder genau zu beobachten, und überhaupt bin ich ein schlechter Beobachter; sonst würde ich sagen, daß diese dahinstürmende Masse von kristallklarem Wasser nicht galoppierte, sondern im langen Trab lief, ja, im langen Trab – jenem furchtbarsten Schritt des Tigers, des Büffels oder des Aufruhrs der Wasser. Selbst ein Geist, davon bin ich überzeugt, würde mich mehr erschrecken, wenn er in einem langen, teuflischen Trab erschiene als im Kanter oder im Galopp. Bei uns beiden ergab sich der erste Impuls aus der Feigheit, aus höchst verächtlicher und selbstsüchtiger Feigheit. So ist der Mann, auch wenn er ein auserwählter Deukalion ist; so ist die Frau, auch wenn sie eine würdige Pyrrha ist. Beide rannten wir wie die Hasen, und ich, Deukalion, dachte in den ersten sechzig Sekunden noch nicht einmal an die arme Pyrrha. Doch andererseits, warum *sollte* ich das eigentlich? Es beeindruckte mich sehr, daß der Sankt-Georgs-Kanal (und wenn das der Fall war, dann ohne Zweifel auch der Atlantische Ozean) losgebrochen war und zweifellos dieselben unerträglichen Luftsprünge über allen Flüssen an einer Küste von sechs- bis siebentausend Meilen ausgeführt hatte. In diesem Fall müßte das gesamte weibliche Geschlecht verloren sein; welch romantische Spekulation war es für mich, den einzigen Zeugen der Literatur, besonders an die eine arme, vermutlich sehr ungebildete Pyrrha zu denken, mit der ich nie gesprochen hatte. Der Gedanke ließ mich innehalten. *Nicht mit ihr gesprochen?* Dann *würde* ich mit ihr sprechen, und das um so mehr, als das Geräusch des uns nachjagenden Flusses mir sagte, daß Flucht vergebens wäre. Und außerdem, wenn irgendein Reporter oder Redakteur einer Zeitung aus Chester sein Fernglas in diesem Augenblick über den Cop schweifen ließe und mich unter so unritterlichen Umständen fliehen sähe, könnte er mich bis in alle Ewigkeit bloßstellen. Ich hielt daher an (ich war gar nicht mehr als achtzig oder hundert Schritte gerannt) und wartete auf meine einzige Gefährtin auf dem Cop. Sie war durch das Rennen ein wenig außer Atem und hatte Mühe zu sprechen; abgesehen davon kam gerade in dem Augenblick, als sie mich erreicht hatte, die übernatürliche Wassersäule bis zu uns heran, wobei sie der eigentlichen Flußrichtung genau entgegenlief. Sie bewegte sich mit dem wütenden Aufruhr eines Hurrikans und schickte an den Seiten des Cop Wassergrüße hinauf, scheinheilig vorgebend, sie wolle uns die Füße küssen, was von allen Beteiligten insgeheim als leere Hinterhältigkeit verstanden wurde, um uns in die rasende Sintflut hinabzuziehen. Währenddessen hörte man die mächtige zurückflutende Strömung an beiden Ufern entlanglaufen, Zeichen ihrer siegreichen Kraft sichtbar und hörbar zurücklassend. Doch meine weibliche Gefährtin in diesem entsetzlichen Drama, was sagte sie, als sie mich erreicht hatte? Oder was sagte ich? Denn zufällig war ich es, der zuerst sprach, ungeachtet der offenkundigen und unbestreitbaren Tatsache, daß *ich ihr nie vorgestellt worden war.* Dies war jedoch ein Fall, das sei wohl verstanden, der jetzt feierlich entschieden und endgültig geklärt ist, daß es nämlich bei irgendeiner großen Erschütterung der Natur – zum Beispiel Erdbeben, Wasserhose, Orkan oder Ausbruch des Vesuvs – jederzeit in Zukunft gestattet und rechtlich unbedenklich ist (ungeachtet gegenteiliger Gebräuche und Traditionen), daß zwei Engländer ohne weiteres miteinander sprechen, wenn durch eine beeidigte Erklärung vor zwei Friedensrichtern nachgewiesen wird, daß eine vorherige Vorstellung nicht möglich war; für alle anderen Fälle wird das alte Gesetz des Nicht-Verkehrs für gut befunden. Unterdessen kann der gegenwärtige Fall, da andere Indizienbeweise fehlen, wenn auch nicht als Erdbeben betrachtet, doch unter die Erstlinge oder Knospen eines Erdbebens gerechnet werden. So hatte ich keine Skrupel, zu sprechen. Alle meine eisige englische Zurückhaltung schmolz dahin unter dem heißen Gefühl, gerade um mein Leben gerannt zu sein; und dann, angenommen, die Wassersäule käme zurück – *mit* der Strömung, nicht mehr *gegen* sie verlaufend –, in dem Fall mußten wir und die ganze Pfalzgrafschaft sehr schnell wieder um unser Leben laufen. Angesichts solcher Drohung gemeinsamer Gefahr mußte sich die παῤῥησία, die unbegrenzte Redefreiheit, selbst proklamieren, ohne auf Genehmigung zu warten.

So fragte ich sie nach der Bedeutung des entsetzlichen Tumults im Wasser, wie sie sich das Geheimnis erkläre? Ihre Antwort war die, daß sie noch nie zuvor so etwas gesehen, doch von ihrer Großmutter oft davon gehört hatte; wenn sie davor weggelaufen war, dann geschah *das*, weil *ich* gerannt war, und vielleicht ein wenig deswegen, weil sie von dem Geräusch erschreckt worden war. »Was war es dann?« fragte ich sie. »Es war«, sagte sie, »die *Bore*, eine Bewegung, die nur bei wenigen Flüssen hier und dort vorkommt, und der Dee ist einer davon.« So unwissend war ich, daß ich bis zu diesem Augenblick nie etwas von solch einer aufregenden Bewegung in Flüssen gehört hatte. Später fand ich, daß unter den englischen Flüssen der benachbarte Fluß Severn, ein wesentlich bedeutenderer Strom, bei Springfluten an derselben Hysterie litt und vielleicht auch einige andere Flüsse auf der Britischen Insel; unter den indischen Flüssen jedoch nur der Ganges.

Als wir schließlich die *Bore* im vollen Umfang unserer vereinten Unwissenheit ausdiskutiert hatten, wandte ich mich dem Thema jenes anderen Fluchs zu, das weit betrüblicher war als jede vorstellbare Flutwelle – nämlich dem ausländischen Brief in meiner Tasche. Die *Bore* hatte uns zwar gewiß für neunzig oder hundert Sekunden alarmiert, aber der Brief konnte wie das Flaschenteufelchen meine ganze Existenz vergiften, bis es mir gelang, ihn an eine Person weiterzugeben, die wirklich berechtigt war, ihn entgegenzunehmen. Konnte meine aufrichtige Freundin auf dem Cop nicht vom Schicksal als die ›kommende Frau‹ ausgewählt sein, dazu geboren, mich von dem Fluch in meiner Tasche zu befreien? Es stimmt, sie zeigte eine ländliche Einfachheit, die etwas an Audrey in ›*Wie es euch gefällt*‹ erinnerte. Es hatte den Göttern gefallen, *sie*, keinesfalls mehr als Audrey, ›poetisch‹ zu machen. Doch gerade *das* konnte im Hinblick auf meine besondere Mission zu ihren besten Eigenschaften gehören. Auf jeden Fall war mein Geist unter der Last meiner Verantwortung müde geworden; mich persönlich davon zu befreien, indem ich das Postamt aufsuchte, schien mir nur zu sicher der Ruin meines Unternehmens von Anbeginn zu sein. Irgendein Vermittler *mußte* eingesetzt werden, und wo konnte jemand gefunden werden, der im Aussehen, in Worten und im Gehabe mehr Vertrauenswürdigkeit versprach als dieser Vermittler, den mir der Zufall schickte? Die Angelegenheit erklärte sich fast von selbst. Sie verstand sofort, wie die Ähnlichkeit des Namens den Brief in meinen Besitz gebracht hatte und daß die einfache Lösung bestand – ihn dem richtigen Eigentümer auf dem richtigen Weg zukommen zu lassen, dieser Weg war das niemals hoch genug zu verehrende Hauptpostamt, das damals in der Lombard Street seine Zelte aufgeschlagen hatte, in diesem speziellen Fall aber rechtlich durch das Postamt in Chester vertreten wurde; ein Dienst ohne Risiko für *sie*, für den ihr im Gegenteil alle Beteiligten danken würden. Um damit zu beginnen, erlaubte ich mir, *meinen* Dank in die Form einer halben Krone zu kleiden; doch da ich gewisse natürliche Zweifel hinsichtlich ihrer Stellung hatte (denn sie konnte eine Bauersfrau und keine Dienstbotin sein), hielt ich es für ratsam, die Existenz einer jugendlichen Tochter vorauszusetzen, welcher mythologischen Person ich meine Gabe zu übermitteln bat, wenn sie in die Gestalt einer Puppe verwandelt worden wäre.

Infolgedessen nahm ich, der ich eine kurze Zeit der Panik Deukalion war oder vorübergehend hatte sein können, Abschied von meiner Pyrrha, dem einzigen Teilhaber der

Gefahren und Ängste jener verblüffenden Bore, entließ sie – die thessalische Pyrrha – nicht in das thessalische Tal von Tempe, sondern – o Stärke des moralischen Anachronismus! – zum Postamt von Chester, und ich bat sie dringend, auf keinen Fall ihr Geheimnis vorzeitig auszuplaudern. Diplomatisch gesprochen war ihre Lage besser (wie ich ihr klarmachte) als die des Postamtes: Sie hatte etwas in der Hand – nämlich ein Zahlungsversprechen über vierzig Guineas, während andererseits das edle Postamt nichts in der Hand hatte, weder als sofortige Leistung noch als Anwartschaft auf eine zukünftige. Man könnte sie tatsächlich als Pandora mit einer Büchse betrachten, auf deren Boden etwas Besseres läge als nur Hoffnung, denn Hoffnung trügt oft, aber ein Wechsel auf das niemals trügende Haus Smith, Payne & Smith, der auf eine Summe lautete, die nach Goldsmith einen englischen Geistlichen ein ganzes Jahr lang ›recht reich‹ machen würde, berechtigte sie, auf jede andere Person, die ihr unterwegs begegnete, verächtlich herabzusehen.

Nach etwa zwei Stunden kehrte die Teilhaberin meines einsamen Königreichs auf dem Cop mit der willkommenen Versicherung zurück, daß Chester die Bore überlebt habe, daß alles in Ordnung sei und daß dasjenige, was krumm ausgesehen *hatte*, jetzt wie ein Pfeil geradegerichtet worden wäre. Sie habe ›meinen Gruß‹ (so sagte sie) auf dem Postamt abgegeben; mehr als einer oder zwei der Beamten, die bei der Mannschaft dieser Einrichtung etwas zu sagen hatten, hätten ihr gedankt, und es sei ihr versichert worden, daß sich noch vor Sonnenuntergang ein großes Füllhorn voll Gerechtigkeit und Glück über alle an diesem Drama Beteiligten ergießen würde. Ich selbst, die nicht am wenigsten belastete Person auf dieser Liste, war schon befreit – von der bösen Last der Verantwortung, die mir auferlegt worden war; der arme Emigrant war befreit von seiner Auseinandersetzung mit unsicheren Befürchtungen und nur zu sicheren Gläubigern; das Postamt war befreit von dem Skandal und der Verlegenheit einer großen Unregelmäßigkeit, die ihm möglicherweise den Generalpostmeister auf den Hals gehetzt hätte; und der Haushalt in der Priorei war von allen

Sorgen befreit, von großen und kleinen, berechtigten oder eingebildeten, die im Zusammenhang mit meinem angenommenen Verbrechen standen.

Es gab eine Person, die sich niemals dazu hergegeben hätte, an solchen Ängsten teilzuhaben. Das war meine Schwester Mary – gerade elf Monate älter als ich. Sie gehörte zu den freundlichsten aller Mädchen, und doch hatte sie von Anfang an die ungläubigste Verachtung allen jenen gezeigt, die *ihren* Bruder eines so gemeinen Gedankens für fähig hielten, einem bedürftigen Emigranten Unrecht zu tun. Ich wechselte wenige Worte des Wohlwollens und weitere wichtige Wünsche mit meiner würdigen Vermittlerin[40] und hatte jetzt keine Geschäfte mehr, die mich in Chester aufhielten, als das, was jene Schwester anbetraf. Mein Geschäft bei *ihr* bestand nicht darin, ihr für die resolute Gerechtigkeit zu danken, die sie mir hatte widerfahren lassen, da ich schon jetzt von diesem Dienst nichts wissen konnte, sondern einfach darin, sie zu sehen, die häuslichen Neuigkeiten aus der Priorei zu erfahren und entsprechend den gegebenen Möglichkeiten mit ihr den Plan eines regelmäßigen Briefwechsels zu vereinbaren. Inzwischen war ein Onkel mütterlicherseits, ein Offizier, der in Bengalen diente und zu einem dreijährigen Urlaub nach England gekommen war (das war damals der übliche Brauch), in der Priorei zu Besuch. Das Dienstpersonal meiner Mutter beschränkte sich gewöhnlich auf fünf Personen – bis auf eine alle ältlich und müde. Doch mein Onkel, der einige herrliche arabische und persische Pferde nach England mitgebracht hatte, hielt es für notwendig, sich in seinen Ställen eine zusätzliche Mannschaft von Männern und Jungen zu halten. Sie waren munter und aktiv, so daß ich, als ich im Dämmerlicht die Fenster der Priorei in der Hoffnung rekognoszierte, auf irgendeine Weise die Aufmerksamkeit meiner Schwester zu erregen, dabei nicht nur mein Ziel verfehlte, da ich in keinem der von ihr möglicherweise bewohnten Räume Licht brennen sah, sondern auch feststellen mußte, daß ich immer mehr zum Gegenstand besonderer Aufmerksamkeit von bestimmten mir unbekannten Dienstboten wurde; sie hatten zweifellos Anweisungen bekommen, nach mir Ausschau zu halten, und schlossen mühelos aus meinen ängstlichen Bewegungen, daß ich die ›gesuchte‹ Person sein müßte. Durch all das veränderte Aussehen der Dinge beunruhigt, ging ich fort und kehrte eine Stunde später mit einem Briefchen an meine Schwester bewaffnet zurück, in dem ich sie bat, nach einer günstigen Gelegenheit Ausschau zu halten, für einige Minuten in das Dunkel der kleinen Ruinen im Garten der Priorei[41] zu kommen, wo ich inzwischen warten würde. Dies Briefchen gab ich einem Fremden, seiner Kleidung nach ein Pferdeknecht, mit der Bitte, es der jungen Dame auszuhändigen, deren Adresse es trug. Er antwortete in respektvollem Ton, daß er das tun würde; doch konnte das nicht seine ernsthafte Absicht gewesen sein, weil es (wie ich bald erfuhr) unmöglich war. Ich hatte auch noch nicht eine Minute gewartet, da schlich sich durch die Ruinen – nicht meine schöne Schwester, sondern mein sonnengebräunter bengalesischer Onkel! Ein bengalesischer Tiger hätte mich nicht mehr erschreckt. Mit absoluter Sicherheit, sagte ich mir, ist dies ein verhängnisvolles Hindernis für die weitere Ausführung meines Planes. Doch ich irrte mich. Zwischen meiner Mutter und meinem Onkel bestand die allertiefste Zuneigung, denn sie betrachteten einander als die einzigen Überbleibsel eines Haushalts, der einst in denkwürdiger Harmonie gelebt hatte. Doch konnten kaum zwei Menschen in vielen Charakterzügen einander stärker entgegengesetzt sein. Und das zeigte sich bei der gegenwärtigen Gelegenheit. Meine liebe, vortreffliche Mutter sah von der ewigen Ruhe ihres gesitteten Haushalts aus jede gewaltsame oder regelwidrige Bewegung, und infolgedessen gegenwärtig auch meine Handlung, weitgehend so an, als ob das siebte Siegel der Offenbarung geöffnet würde. Dagegen war mein Onkel durchaus ein Mann dieser Welt und, was in dieser Situation noch mehr für mich sprach, ein Mann von geradezu krankhafter Aktivität. In seinen Augen war es höchst natürlich, daß jeder vernünftige Mensch lieber durch die windumwehten walisischen Berge zog als sich der sklavischen Routine des Studiums zwischen Büchern, die vor Staub abstoßend waren, und wahrscheinlich noch viel staubigeren Paukern zu unterwerfen, so daß er bereit zu sein schien, mein

Verhalten als eine Tat von außergewöhnlicher Tapferkeit zu betrachten. Auf seinen Rat hin kam man zu dem Ergebnis, daß der Kampf gegen meine größten Wünsche hoffnungslos wäre und daß man mich daher mein ursprüngliches Ziel verfolgen lassen sollte, die walisischen Berge zu durchwandern, wenn ich bereit wäre, das bei dem schmalen Reisegeld von einer Guinea pro Woche zu tun. Mein Onkel, dessen indische Großzügigkeit bei allen Gelegenheiten mit ihm durchging, hätte mir gern ein weit höheres Reisegeld bewilligt und wäre bereit gewesen, mir heimlich alles zu geben, worum ich ihn bat. Doch aus allgemeiner Weltfremdheit (auf diesem Gebiet leistete ich Außergewöhnliches) hielt ich die Summe für ausreichend; an diesem Punkt griff meine Mutter, die bis dahin zu den Vorschlägen meines Onkels geschwiegen hatte, mit entschlossener Festigkeit ein, der ich in meinem eigenen Herzen nicht widersprechen konnte. Sehr vernünftig argumentierte sie, daß ein größeres Reisegeld zu nichts anderem dienen würde, als ›meinen zwei jüngeren Brüdern öffentlich zu verkünden, daß Rebellion noch belohnt wird und daß Meuterei der Weg zu Wohlstand und Bequemlichkeit ist‹. Mein Gewissen schlug mir bei diesen Worten, und ich fühlte so etwas wie einen elektrischen Schlag bei dieser plötzlichen und so völlig unerwarteten Erwähnung meiner Brüder, denn, um ehrlich zu sein, ich hatte sie bei meinen Überlegungen, welche Folgen sich möglicherweise aus meinem halsstarrigen Verhalten ergeben können, nie berücksichtigt. Jetzt nun, innerhalb von drei Tagen, erklang wie eine feierliche, warnende Glocke, von dem Resonanzboden meines erwachenden Gewissens widerhallend, einer jener vielen Selbstvorwürfe, durch den geheimen Gedanken unter der Kuppel der St.-Paul's-Kathedrale mit ihrer schrecklichen Flüstergalerie unklar angedeutet, jedoch nicht klar umrissen. Was diesen speziellen Fall angeht, so weiß ich heute, daß mein Beispiel keinerlei böse Folgen hatte. Doch in dem Augenblick, als meine Mutter jene besorgte Vermutung aussprach, ließ mich die Furcht, daß sie eintreten *könnten*, vor Gewissensbissen erschauern. Mein nächstjüngerer Bruder, ein Junge von hochherziger und erhabener Gesinnung, besuchte eine Schule, die von einem brutalen und grausamen Direktor geleitet wurde. Ich weiß wohl, daß dieser Bruder berechtigte Gründe hatte, zehnmal gewichtiger als alle, die ich vorbringen konnte, um meinem Vorbild zu folgen. Es war höchst wahrscheinlich, daß er das auch tun würde, doch viele Jahre später erfuhr ich von ihm, daß er das nicht getan hatte. Die teuflische Bosheit jenes Mannes machte es ihm schließlich unmöglich, ihn noch weiter zu ertragen. Ohne an mein Beispiel zu denken, gewann mein Bruder unter ganz andersartigen Umständen seine Emanzipation auf einem Wege, der von seinen eigenen Auffassungen bestimmt und durch seine eigenen Möglichkeiten begrenzt wurde: Er ging an Bord eines Schiffes, befuhr die weite, weite Welt der Meere, verbrachte sieben Jahre voll maritimer Romantik; ließ seinen Namen in allen Köpfen Englands fast vergessen; wurde zwangsläufig ein Pirat unter Piraten; mußte als Pirat mit der Todesstrafe rechnen, wo immer er ergriffen werden würde; dann plötzlich, nachdem er der Piratenflagge entflohen war, schloß er sich am Morgen des Kampfes der englischen Truppe an, die Montevideo erstürmte; er kämpfte unter den Augen von Sir Home Popham, dem Kommodore, und hatte innerhalb von vierundzwanzig Stunden den Rang eines Leutnants auf der *Diadem* (einem Schiff mit 64 Kanonen) inne, die Sir Homes Flagge führte. Alles dies habe ich an anderer Stelle ausführlicher berichtet. Ich wiederhole es hier zusammengefaßt, um zu zeigen, daß seine Flucht vor einem brutalen Tyrannen nicht das Ergebnis meiner Verführung war. Ich weiß das heute – aber damals konnte ich das nicht wissen. Und wenn ich ein solches mögliches Erlebnis so völlig übersehen hätte, das meinen jugendlichen Brüdern großes Unglück gebracht hätte, warum sollte ich nicht viele hundert andere übersehen haben, gleichermaßen möglich – und gleichermaßen voll Gefahr? Diese Überlegung betrübte mich und vertiefte mehr und mehr jene verhängnisvolle Andeutung – das Orakel voller Not –, die aus jenem Belsazarschen Donnern entlang der Wand der Flüstergalerie sprach. Und wirklich, jeder komplizierte und unerprobte Weg im Leben, an dessen Anfang man sich beliebig entscheiden kann, ob man ihn betritt oder vermeidet, ist in Wirklichkeit ein Weg durch einen riesigen Hercynischen Wald, unerforscht und auf keiner Landkarte eingezeichnet, der dich beim Vorwärtsgehen an jeder Biegung vor neue Vermutungen stellt, was als nächstes zu erwarten sei, und infolgedessen vor veränderte Bewertungen dessen, was du bereits hinter dich gebracht hast. Selbst das Wesen der eigenen absoluten Erfahrungen, die vergangen und vorbei sind, die man (wenn irgend etwas in dieser Welt) als für immer bestätigt und abgeschlossen bezeichnen könnte – selbst das muß man bezweifeln als etwas Bedingtes und Zufälliges, das von dem abhängt, was noch kommen soll – als etwas, dessen vorläufiger Charakter auf Grund von möglichen neuen Verbindungen mit Elementen, die vielleicht noch in den frühesten Stadien der Entwicklung stehen, der Bestätigung oder Veränderung unterliegt.

Durch diese Überlegungen betrübt, wurde ich durch die frostige Haltung meiner Mutter noch betrübter. Wenn ich mir erlauben konnte, bei meiner Mutter einen Fehler wahrzunehmen, dann war es der – daß sie die frostigen Seiten ihres erhabenen Charakters zu ausschließlich denen zuwandte, von denen sie wußte oder annahm, daß sie in irgendeiner Weise Anstifter des Bösen sind. Manchmal konnte diese Strenge sogar ungerecht sein. Doch gegenwärtig schien die ganze Artillerie ihres Mißfallens einem moralischen Fehltritt die Maske abzunehmen, und zwar *gerechterweise*, der für sich keine Entschuldigung vorbringen konnte, die auf den ersten Blick einsichtig, sofort deutlich und in einem Wort auszudrücken war. Meine Mutter war im voraus geneigt, von allen Angelegenheiten schlecht zu denken, die vieler Worte der Erklärung bedurften, während ich mit meiner Vorliebe für Scharfsinnigkeiten aller Art und jeden Umfangs notwendigerweise mit Dingen bekannt geworden war, die sich ihrer Ausstattung nicht bis zu jenem Grad von Einfachheit entblößen konnten. Wenn es auf dieser Welt ein Leid gibt, für das kein Heilmittel existiert, so ist es der Druck des *Nicht-Ausdrückbaren* auf das Herz. Und wenn wieder eine Sphinx erscheinen sollte, um dem Menschen wieder ein Rätsel aufzugeben – wenn sie fragen würde: ›Welche Last ist die einzige, die von der Kraft des Menschen nicht getragen werden kann?‹, wüßte ich sofort zu antworten: *›Es ist die Last des Nicht-Ausdrückbaren.‹* In diesem Augenblick, da ich mit meiner Mutter im selben Zimmer der Priorei saß und wußte, wie verständig sie war – wie geduldig im Anhören von Erklärungen – wie unvoreingenommen – wie bereit zum Mitleid –, sank ich nichtsdestoweniger in eine Hoffnungslosigkeit, die sich jeder Erklärung entzieht. Sie und ich dachten über dieselbe Sache nach, doch sie von einem Mittelpunkt aus, ich von einem anderen. Ich war sicher, wenn sie sich nur eine halbe Minute lang an Hand nur eines einzigen Erlebnisses die Leiden hätte vorstellen können, die ich mehr als drei Monate durchgestanden hatte, das Maß an körperlicher Qual, die Trostlosigkeit allen geistigen Lebens, dann hätte sie eine stürmische Absolution dessen ausgesprochen, was ihr sonst als bloßer Ausbruch bewußter Insubordination erscheinen mußte. ›In diesem kurzen Erlebnis‹, würde sie ausrufen, ›sehe ich die Urkunde deines Freispruchs; in dieser Feuerqual muß ich den kämpferischen Widerstand anerkennen.‹ So würde in dem angenommenen Fall ihr verändertes Urteil gelautet haben. Doch dieser Fall war absolut unmöglich. Nichts, was sich meiner Rhetorik anbot, gab mehr als ein höchst schwaches und kindisches Bild meiner vergangenen Leiden. Ich fühlte mich ebenso hilflos, ebensosehr derselben matten Unfähigkeit ausgeliefert, der Schwierigkeit vor mir zu begegnen (oder ihr zu begegnen zu versuchen), wie es die meisten von uns in ihren Kinderträumen erlebt haben, wenn sie vor einem alles besiegenden Löwen lagen, ohne gegen ihn kämpfen zu können. Ich fühlte, daß die Situation hoffnungslos war; ein einsames Wort, das ich auf meinen Lippen zu formen versuchte, erstarb zu einem Seufzer, und widerstandslos fügte ich mich dem scheinbaren Bekenntnis, das sich dem Anschein nach ausbreitete – daß ich in Wirklichkeit keinerlei Entschuldigung hervorbringen konnte.

Das Angebot, das mir gemacht wurde, enthielt eine Alternative: die Genehmigung, in der Priorei zu bleiben. Die Priorei oder das walisische Bergland, dazwischen konnte ich frei wählen. Jede der beiden Möglichkeiten bot einen verlockenden Aufenthalt. Man hätte vermuten können, das

Leben in der Priorei wäre ständig frischen und wiederkehrenden Vorwürfen ausgesetzt gewesen. Doch das war nicht der Fall. Ich kannte meine Mutter genug, um sicher zu wissen, daß sie nach der besorgten Verurteilung meiner Tat, die mir keine Möglichkeit ließ, ihre Auffassung mißzuverstehen, bereit war, mir ihre gewohnte Gastfreundschaft und (in bezug auf alle praktischen Dinge) ihre gewohnte Freundlichkeit entgegenzubringen; allerdings nicht jene Art Freundlichkeit, die mich hätte vergessen lassen, daß ich im tiefsten Schatten ihres Mißfallens stand, oder die mir auch nur einen Augenblick ermöglicht hätte, mich nach meinem Wohlgefallen über all und jedes Thema frei zu unterhalten. Ein Mensch, der nur auf Grund einfacher Duldung und, wie es der Fall gewesen wäre, unter ständigem Protest spricht, kann sich moralisch nicht wohl fühlen, wenn er nicht in seinen Gefühlen sehr stumpf und grob ist.

Meine Gefühle waren jedoch in jeder Situation, die der gegenwärtigen nahekam, so weit entfernt von Stumpfheit, daß man sie eher krankhaft und übertrieben scharf nennen konnte. Ich hatte geirrt; das wußte ich, und ich verbarg es nicht vor mir. Der Taumel der Angst, mit dem ich unfreiwillig zu meinem Erlebnis in der Flüstergalerie zurückgekehrt war, und die symbolische Bedeutung, die ich diesem Erlebnis beigemessen hatte, bewiesen indirekt mein tiefes Gefühl des Irrtums durch die düstere Ahnung, die sie begleitete – daß sich auf irgendeine geheimnisvolle Weise die Bedeutung und die Folgen dieses Irrtums in jedem Lebensalter in dem Maße vergrößern würden, wie sie zurückschauend aus immer größerem Abstand betrachtet werden. Außerdem war mir durch die zufällige Anspielung auf meine Brüder plötzlich ein weiteres besonderes Versagen in bezug auf meine Kindespflichten peinlich bewußt geworden. Jede verwitwete Mutter hatte besondere Ansprüche auf die Beteiligung ihres ältesten Sohnes an allen Bestrebungen, den Gedanken und Plänen der jüngeren Kinder eine segensreiche Richtung zu geben; und wenn das *jeder* Mutter zustand, dann konnte meine eigene Mutter mit ganz besonderem Recht solche Mitarbeit erbitten, denn sie hatte für *ihren* Teil alle Ansprüche erfüllt, die man an ihren mütterlichen Charakter stellen konnte, und zwar durch verschiedene und stille Selbstaufopferungen, von denen ich wußte, daß sie beispielhaft waren. Sie war noch verhältnismäßig jung, nicht älter als sechsunddreißig, als sie in zumindest zwei verschiedenen Fällen vornehme Heiratsanträge ausschließlich im Hinblick auf das Andenken meines Vaters und auf die Interessen seiner Kinder ausschlug. Mußte ich nicht diese schlichte Veranschaulichung mütterlicher Güte als Aufforderung zu entsprechendem Ernst meinerseits bei dem Bestreben verstehen, ihr die Last ihrer Verantwortung so weit wie möglich zu erleichtern? Doch ach! Hinsichtlich *dieser* Pflicht fühlte ich nur zu sicher mein eigenes Versagen; eine Gelegenheit war merklich versäumt worden. Und doch glaubte ich auch andererseits, daß mehr zu meinen Gunsten hätte gesagt werden können, als für einen neutralen Zuschauer offensichtlich war. Doch damit es wirksam sein könnte, müßte es gesagt werden – nicht von mir, sondern von einem unbeteiligten Anwalt, und solch einen Anwalt gab es nicht. Im blinden Schmerz meiner Seele, von Gewissensbissen gepeinigt und tief im Herzen getroffen, streckte ich die Arme aus und suchte meinen einzigen Helfer; das war meine älteste Schwester Mary, denn meine jüngste Schwester Jane war noch ein Kind. Blind und mechanisch streckte ich die Arme aus, als ob ich damit ihre Aufmerksamkeit einfangen könnte; um meinen mühsamen Gedanken Ausdruck zu verleihen, wollte ich zu sprechen beginnen, als mir plötzlich bewußt wurde, daß Mary gar nicht da war. Ich hatte einen Schritt hinter mir gehört und glaubte, es wäre der ihrige, denn die Bereitwilligkeit des Knechtes, meinen Brief für sie entgegenzunehmen, erfüllte mich mit dem Glauben, daß ich sie wenige Augenblicke später sehen würde. Doch sie war weit fort, in einer Mission besorgter schwesterlicher Liebe. Unmittelbar nach meiner Flucht war ein Eilbote von Manchester zur Priorei geschickt worden; gut beritten, hatte er nicht mehr als vier Stunden auf der Straße gebraucht. Er muß mich während meines Fußmarsches am ersten Tage überholt haben, und innerhalb einer Stunde nach *seiner* Ankunft traf eine Mitteilung des Postamtes ein, die den Inhalt und den Wert des Briefes erklärte, der mir zum Ärgernis anvertraut worden war. Die Priorei war alarmiert, denn es muß zugegeben werden, daß das Zusammentreffen meiner Flucht mit der bestätigten Aushändigung des Briefes an mich nur allzu vernünftigen Grund gab, diese beiden Vorfälle miteinander zu verbinden. Ich war der lieben Mary dankbar, daß sie sich den so stark gegen mich sprechenden Wahrscheinlichkeiten widersetzt hatte; und doch fühlte ich mich nicht berechtigt, mich über diejenigen zu beklagen, die sich *nicht* widersetzt hatten. Es war zu vermuten, daß ich entweder durch Urkundenfälschung oder durch betrügerische Aneignung die Gesetze gebrochen haben mußte. In beiden Fällen wäre meine sofortige Auswanderung der günstigste Weg gewesen. Frankreich (es war das Jahr des Friedens) oder Holland würden das beste Asyl bieten, bis die Sache geregelt wäre, und da es nirgendwo Sorgen in bezug auf den Hauptgegenstand, um den es in dieser Sache ging – nämlich das Geld –, geben konnte, brauchte eine Strafverfolgung nicht befürchtet zu werden, selbst wenn die bösesten Vermutungen über meine Verfehlung zuträfen. Ein älterer Herr, der lange mit der Familie verbunden und oft als Vertreter der Vormünder tätig geworden war, bot in diesem Augenblick seine Dienste als Berater und Beschützer für meine Schwester Mary an. Zwei Stunden nach Ankunft des Eilboten aus Manchester (der dort um elf Uhr vormittags abgegangen und in Chester um drei Uhr nachmittags angekommen war) waren daher alle erforderlichen Schritte zur Erlangung eines Kreditbriefes und so weiter mit einer Bank in Chester abgestimmt, und ein Vierspänner stand vor dem Tor der Priorei, den meine Schwester Mary zusammen mit einer Dienerin und ihrem freundlichen Begleiter bestieg. Und so sah also derselbe Tag, an dem ich Mr. Lawsons Haus verlassen hatte, schon den Beginn der Jagd nach mir. Der Sonnenuntergang sah die Verfolger den Mersey überqueren und nach Liverpool hineintraben. Dann dreizehn Meilen weiter nach Omskirk und von dort noch ungefähr zwanzig bis in das *stolze Preston*. Bis auf eine Kleinigkeit machen diese drei Etappen fünfzig Meilen aus; soviel schafften die nach mir Suchenden noch vor dem Schlafengehen auf ihrer Verfolgungsjagd, als niemand floh. Am nächsten Tag, lange bevor ich als einfacher Fußgänger Chester erreichte, war meine Schwester mit ihrer Begleitung bis Ambleside gekommen – etwa zweiundneunzig Meilen von Liverpool entfernt, also so um die einhundertsieben Meilen von der Priorei. Nicht ohne Grund nahmen meine Verfolger an, sie wären auf meiner Spur, sobald sie das ›stolze Preston‹ erreicht hatten, wo die von Liverpool und Manchester nach Norden führenden Straßen zusammentreffen. Denn ich selbst, der ursprünglich nach dem Englischen Seengebiet reisen wollte, hinterließ absichtlich in dem Plan einige Angaben, in der Hoffnung, jegliche Verfolgungsversuche, die unternommen würden, in die falsche Richtung zu lenken.

Der spätere Fortgang dieser Verfolgungsjagd wurde mir etwa vier Jahre später, als ich volljährig wurde, durch eine ›kleine Rechnung‹ von etwa £ 150 bekannt, die mein kleines väterliches Vermögen reduzierte. Nicht einer von all den Briefen aus der Priorei (die natürlich erst seit dem Tage nach meiner Ankunft möglich waren – das heißt seit dem dritten Tag nach dem Aufbruch meiner Schwester) hatte sie erreicht, was sich unglücklich auswirkte. Denn die Fahrt zum Seengebiet und zurück würde zusammen mit der Rundreise durch das Seengebiet von mehr als hundertfünfzig Meilen auf jeden Fall fast vierhundert Meilen ausgemacht haben. Doch meine Verfolger hatten nicht genug Zeit, die Informationen, die sie bekamen, sorgfältig zu überprüfen, so daß es geschah, daß sie zu einem Exkurs von vollen zweihundert Meilen darüber hinaus verleitet wurden, indem sie mein imaginäres *›Ich‹* zu den Höhlen verfolgten, dann nach Bolton Abbey, dann fast bis nach York. Insgesamt machte die Reise fast sechshundert Meilen aus, alles vierspännig gefahren. Zu der Zeit betrugen die Kosten für vier Pferde pro Meile drei Shilling Sixpence – in der billigsten Heu- und Kornsaison beliefen sie sich auf drei Shilling pro Meile, in teuren Jahreszeiten auf vier –, wozu üblicherweise ein durchschnittlicher Zuschlag von einem Shilling pro Meile für Straßenzoll, Fuhrleute und Stallknechte hinzukam, so daß sich die Gesamtkosten einschließlich der notwendigen Ausgaben für die drei Reisenden in den Gasthäusern auf fünf Shilling pro Meile beliefen. Da fünf Shilling den vierten Teil eines Pfundes darstellen, kosteten also sechshundert Meilen den vierten Teil von £ 600. Der einzige Punkt in der langen Abrechnung, der mir bei all diesem herausgeworfenen Geld ein Lächeln abrang, war eine Position in einer Rechnung aus Patterdale (am Kopf des Ulleswater-Sees) –

Für ein Echo erster Qualität . . . . £ 0 10 0
Für dto. zweiter Qualität . . . . £ 0 5 0

Es scheint, daß der Preis für Echos verständlicherweise völlig unterschiedlich war, je nachdem, wieviel Schießpulver verbraucht wurde. Doch in Low-Wood am Lake Windermere gab es Echos zum Preis einer halben Krone für solche armseligen Großtuer, denen ein miserabler Ersatz aus Talmi an Stelle des ›echten Artikels‹ reichte.

In bezug auf dauerhafte Konsequenzen wäre indessen der zufällige Übergriff auf mein väterliches Erbteil unbedeutend gewesen. Hätte ich die Rückkehr meiner Schwester abgewartet, von der ich sicher sein konnte, daß sie nur durch das unvollkommen abgestimmte System der Korrespondenz verzögert wurde, wäre alles gedeihlich vorangegangen. Sie hätte mir die Herzlichkeit und die allgemeine Sympathie entgegengebracht, die ich brauchte; ich hätte in Ruhe meine Studien weiterführen können, und meine Immatrikulation in Oxford wäre als Selbstverständlichkeit gefolgt. Doch nachdem meine Gesundheit so lange Zeit ernsthaft erschüttert gewesen war, warf mich unglücklicherweise sofort jede Unterbrechung meines ungebundenen Lebens in freier Luft in nervöse Störungen zurück. Inzwischen hatte sich völlig unzweifelhaft ergeben, daß das *al-fresco*-Leben, dem ich mit so großer Hoffnung auf sichere und schnelle Wiederherstellung meiner Gesundheit entgegengesehen hatte, noch stärker war, als ich angenommen hatte. Bei der Wiederherstellung meiner dahinschwindenden Kräfte schien es buchstäblich unwiderstehlich zu sein. Während der Abwesenheit meiner Schwester ungeduldig geworden und von jeder Stunde beunruhigt, da meinem Heim der wichtigste Liebreiz eines familiären Gesichtes fehlte, eines **σύντροφον ὄμμα**, das volle Sympathie ausstrahlt, beschloß ich, mich jener wilden gebirgigen und waldreichen

Attraktionen zu bedienen, die mir im Moment am nächsten lagen. Allerdings waren jene Teile von Flintshire oder auch von Denbighshire, die in der Nähe von Chester gelegen waren, nicht in herausragendem Sinne attraktiv. Das Tal von Gressford zum Beispiel, das innerhalb der Grenzen von Flintshire lag und doch nicht mehr als sieben Meilen entfernt war, bot einen lieblichen kleinen abgeschiedenen Platz, und ihn zu betreten, hatte ich ein besonderes Vorrecht; und zuerst versuchte ich es; aber es war ein geschmückter und geputzter Vergnügungsplatz; und zwei Damen von gewisser Vornehmheit, einander nahe verwandt und alte Freunde meiner Mutter, waren sozusagen die Herrinnen innerhalb des geschlossenen Ringes dieses arkadischen Tales. Das war jedoch nicht das, was ich gesucht hatte. Alles war elegant, geglättet und ruhig auf den Wiesen und in den Gehölzen dieser grünen Abgeschiedenheit; hier war keine Roheit gestattet, selbst den kleinen Bächen war anerzogen worden, ›sich zu benehmen‹, und die beiden Villen der regierenden Damen (Mrs. Warrington und Mrs. Parry) zeigten die Vollendung guten Geschmacks. Denn beide Damen hatten sich einer Vorliebe für die Malerei befleißigt und es darin zu einer gewissen Fertigkeit gebracht. Meine Empfehlungen waren hier fast zu günstig, denn sie zwangen mir den gesellschaftlichen Kontakt auf. Als täglicher Aufenthaltsort stieß mich jedoch der Charakter des Platzes sehr bald von Gressford ab, obwohl mich die Bildung der beiden Besitzerinnen faszinierte. Nur zweiundzwanzig Meilen von Chester entfernt lag ein weit großartigerer Ort, das liebliche Tal von Llangollen im Zentrum von Denbighshire. Hier waren die tonangebenden Bewohner ebenfalls zwei Damen, deren romantische Abkehr von der Welt, als sie noch jünger waren, jahrelang das allgemeine Interesse auf ihre Person, ihre Gewohnheiten und ihre Auffassungen gelenkt hatte. Diese Damen waren Irinnen – Miss Ponsonby und Lady Eleanor Butler, eine Schwester von Lord Ormond. Ich war ihnen zweimal durch Personen von Rang vorgestellt worden, was dieser Einführung eine besondere Bedeutung verlieh. Naturgemäß müssen sie an mir und meinen Auffassungen nur sehr geringes Interesse gehabt haben,[42] obwohl jedoch vornehme Höflichkeit einen solchen offenen Gefühlsausdruck verbarg. Ich muß bekümmert eingestehen, daß meine eigenen Gefühle für *sie* auch nicht viel brennender waren. Nichtsdestoweniger fand ich mich jedesmal in ihrem Häuschen ein, wenn ich durch Llangollen kam, und wurde immer liebenswürdig empfangen, wenn sie zufällig im Lande waren. Da es jedoch nicht Damen waren, weswegen ich nach Wales gekommen war, machte ich mich in Richtung Carnarvonshire davon und mietete für einige Wochen eine winzige Zimmerflucht – nämlich ein Zimmer und eine Kammer – in Bangor.

Meine Wirtin war eine Kammerdienerin oder ein Kindermädchen oder irgend etwas von dieser Art in der Familie des Bischofs von Bangor und hatte erst spät von dieser Familie fortgeheiratet oder (um ihre eigene Ausdrucksweise zu benutzen) ›sich niedergelassen‹. In einer kleinen Stadt wie Bangor führte allein schon die Tatsache, in der Familie des Bischofs gelebt zu haben, zu einer gewissen Achtbarkeit, und meine gute Wirtin besaß erheblich mehr als ihren Anteil des Stolzes, der unter diesem erhabenen Vorzug verborgen ist. Was ›seine Lordschaft‹ sagte, was ›seine Lordschaft‹ tat, wie nützlich er im Parlament war und wie unersetzlich in Oxford, das machte die tägliche Last ihrer Gespräche aus. Ich ertrug das alles sehr gut, denn es kostet keine große Mühe, mit der Geschwätzigkeit eines alten Dienstboten Nachsicht zu üben, und glücklicherweise gab es in unserem alltäglichen Leben nicht viel, was uns zusammengeführt hätte. Manchmal begegneten wir jedoch einander, und bei solchen Gelegenheiten muß sie notwendigerweise den Eindruck gehabt haben, daß ich von der Bedeutung des Bischofs und von der Würde, in einem Palast gelebt zu haben, nur höchst mangelhaft beeindruckt war. Vielleicht wollte sie mich für meine Gleichgültigkeit strafen, vielleicht konnte es auch reiner Zufall sein, daß sie mir eines Tages von einer Unterhaltung erzählte, von der ich indirekt betroffen war. Sie war im Palast gewesen und war nach dem Dinner in das Eßzimmer gebeten worden. Sie hatte einen Bericht über ihre Haushaltungskunst gegeben und dabei auch erwähnt, daß sie jetzt das vermietete, was sie etwas hochtrabend ihre ›Räumlichkeiten‹ nannte. Der gute Bischof (so schien es) hatte diese Gelegenheit benutzt, um sie zur Vorsicht bei der Auswahl ihrer Mieter zu ermahnen; »denn«, sagte er, »du mußt daran denken, Betty, daß Bangor an der Landstraße zum Head liegt« (*der Head* war die übliche umgangssprachliche Bezeichnung für Holyhead) »und daß daher eine Menge irischer Betrüger, die vor ihren Schulden nach England fliehen, und englischer Betrüger, die vor ihren Schulden zur Isle of Man fliehen, wahrscheinlich diesen Ort auf ihrer Reiseroute auswählen werden.« Solcher Ratschlag war sicher nicht ohne jeden vernünftigen Grund, aber mehr für Mrs. Bettys eigene Überlegungen gedacht als dafür, an mich weitergegeben zu werden. Doch was folgte, war schlimmer: »Ach, Eure Lordschaft«, hatte meine Wirtin (nach ihrer eigenen Darstellung der Angelegenheit) gesagt, »ich denke wirklich nicht, daß dieser junge Herr ein Betrüger ist, denn –« – »Sie *denken* nicht, daß ich ein Betrüger bin?« sagte ich zu ihr in empörter Aufregung, »ich werde Ihnen in Zukunft die Mühe ersparen, darüber nachzudenken!« Und unverzüglich bereitete ich meine Abreise vor. Die gute Frau schien bereit, mir gewisse Zugeständnisse zu machen, doch eine grobe, abfällige Bemerkung, die ich, wie ich fürchte, in bezug auf den gelehrten Würdenträger selbst gemacht hatte, erregte andererseits *ihre* Empörung, und eine Versöhnung erschien unmöglich. Ich war auch wirklich höchst ärgerlich darüber, daß der Bischof irgendwelche Verdachtsmomente (wenn auch noch so fernliegend) gegen eine Person äußerte, die er niemals gesehen hatte, und ich dachte daran, ihm meine Meinung auf Griechisch mitzuteilen; das hätte nicht nur meine Respektabilität mutmaßen lassen, sondern gleichzeitig (wie ich hoffte) den Bischof zwingen können, in derselben Sprache zu antworten, und für diesen Fall zweifelte ich nicht daran, als gewandter Beherrscher von Waffen, die sonst kaum geführt werden, meine Überlegenheit über den Schrecken zu beweisen, der von der Amtsperücke seiner Lordschaft ausging.

Ich hatte jedoch Unrecht, wenn ich in meinem Zorn etwas sagte, das die intellektuellen Ansprüche des Bischofs verunglimpfte oder anzweifelte, diese waren nicht nur sehr wohlbegründet, sondern entsprachen auch völlig den Stellungen, die er bekleidete. Denn der Bischof von Bangor (zu jener Zeit Dr. Cleaver) war gleichzeitig das Haupt des Brasenose-College in Oxford, und dieses College war ihm in bezug auf die führende Position,[43] die es in jener Zeit hinsichtlich Gelehrsamkeit und Disziplin einnahm, zu Dank verpflichtet. Ich erfuhr später, daß er in dieser akademischen Funktion geradezu ein Reformer genannt werden konnte, und zwar ein weiser, maßvoller und erfolgreicher Reformer, und als Gelehrter hatte er die lobende Anerkennung von Porson erhalten, wie ich viele Jahre später erfuhr. Doch andererseits war das Verhalten des Bischofs nicht frei von Tadel, wenn er seinen lokalen Einfluß gegen einen wehrlosen Fremden losließ, und sei es auch nur durch einen Hinweis oder eine Anspielung. Denn ein so großer Mann in einer so kleinen Stadt wie Bangor war wirklich so ein Selbstherrscher wie ein Kapitän auf dem Achterdeck seines eigenen Schiffes. Ein ›Querulant‹ unter den Matrosen muß es in solchem Fall fertigbringen, seine Beleidigungen einzustecken, bis er sich mit seinem Kapitän zusammen an Land befindet. Schließlich war mein Plan gar nicht so absurd, und aller Zorn, mit dem er vielleicht beginnen würde, schmolz angesichts des Spaßes dahin, der mit seiner Ausführung verbunden wäre. Es wird dem Leser so vorkommen, daß mein Vergeltungsplan deswegen hätte scheitern müssen, weil er den mit seinem Amt verbundenen Stolz des Bischofs gegen mich aufbringen würde. Jeder Inhaber eines so vornehmen Platzes im öffentlichen Leben – ein Lord mit Sitz im Parlament, der ein großes Los in der Lotterie der Bistümer gezogen hatte (denn Bangor war sechstausend Pfund pro Jahr wert), eine führende Persönlichkeit der Universität Oxford –, kurz, ein hervorragender Pfründenbesitzer, bewaffnet mit bischöflichem Blitz und Donner – würde sich niemals von seiner olympischen Höhe herablassen, um eine Mitteilung von irgendeinem Jungen entgegenzunehmen. Aber es würde eine Welt von Unterschied ausmachen, wenn diese angenommene Mitteilung in Griechisch verfaßt wäre. In einem solchen Fall würde allein die Neugier den Bischof dazu zwingen, sie zu lesen. Und dann würde, so haarsträubend außergewöhnlich, wie der Vorgang wäre, die verhängnisvolle Versuchung erwachen, den riskanten Versuch zu wagen, sie auf Griechisch zu beantworten. Es wäre nicht angebracht, vor der schweigenden Herausforderung zurückzuweichen, die von solch einer exzentrischen Form eines Briefes ausging, wenn seine Formulierung Respekt vor dem Alter und dem geistlichen Amt des Bischofs verriet. Und sicherlich wäre es nur eine wesentlich kleinere Erniedrigung, einem Jungen zu antworten, wenn er mit diesen Fertigkeiten ausgerüstet war. Aber war der Bischof nicht ein gelehrter Mann, zur Antwort wohlbefähigt, der hundertmal belesener war als ich? Ich hatte das gehört; und man sagte mir, allerdings erst sehr viel später, daß er gut und gelehrt *(aber nicht in Griechisch)* über die Marmorstatuen von Arundel geschrieben hatte, ein Unterfangen, das auch heute, da die alles vorwegnehmenden Arbeiten zweier Jahrhunderte das wirklichem Scharfsinn noch offenstehende Feld erheblich eingeengt haben, für eine Belesenheit spricht, die weit über das übliche Maß hinausgeht. Aber ich habe bereits meine Auffassung dargelegt, daß es kein Gleichmaß zwischen der allgemeinen Kenntnis der griechischen Sprache und der besonderen Fähigkeit gibt, Griechisch zu schreiben, das heißt, es als Mittel des gewöhnlichen oder familiären Umgangs zu benutzen. Über diese Fähigkeit, die weder ein notwendiger noch ein üblicher Bestandteil der hervorragendsten griechischen Gelehrsamkeit war, verfügte ich mit einem übernatürlichen Geschick, die Ausdrucksformen zu variieren und die widerspenstigsten Gedanken in das Geschirr der griechischen Ausdrucksweise einzuspannen. Wenn der Bischof der Versuchung nachgab, mir zu antworten, dann konnte ich mir das unvermeidliche Ergebnis ausmalen – das bischöfliche Kriegsschiff unbeweglich wie ein riesiger Dreidecker auf dem Wasser liegend, nicht in der Lage, einen Kanonenschuß zu erwidern, während ich, wie eine leichte und bewegliche Fregatte, immer darum herumsegelte und nach Belieben feuerte, wie sich die Gelegenheit bot. Er hatte keine Gelegenheit, seine Belesenheit (wie etwa bei den Statuen von Arundel) zu zeigen, ohne zu offenkundig an den Kosmogonisten aus dem

›Landprediger von Wakefield‹ mit seinem ἄναρχον ἄρα καὶ ἀτελευταιον τὸ πᾶν zu erinnern. Wenn er einmal in die Falle gegangen war, überhaupt zu antworten, hätte seine Lordschaft weder die Möglichkeit gehabt, die Korrespondenz abrupt abzubrechen, noch hätte er sie ohne Schaden für seinen bischöflichen Glanz fortsetzen können. Indessen war mein Zorn, plötzlich und wütend in dem Gefühl wirklichen Unrechts, nicht gehässig, und er war schon von vornherein durch den bloßen Spaß und die komische Wirkung des Bildes besänftigt, das ich in der Vorstellung zwischen uns entstehen sah. Keinesfalls hätte ich Freude daran haben können, dem Bischof irgendwelche Kränkungen zuzufügen – Kränkungen, wie sie die Methodisten (von denen es zu jener Zeit in Carnarvonshire wimmelte) triumphierend verbreitet hätten. Am Ende hätte ich mich wahrscheinlich auf einen ernsten und maßvollen Protest beschränkt, der einfach auf die betrüblichen Folgen hingewiesen hätte, die mir aus den zu unbedachten Anspielungen seiner Lordschaft erwachsen könnten.

Doch diese Konsequenzen folgten jenen Anspielungen direkt auf dem Fuße. Schon an demselben Tag, an dem meine törichte Wirtin (vielleicht mehr aus Gedankenlosigkeit denn mit irgendeiner bösen Absicht) die Worte des Bischofs in einem Ton, der mir so verletzend erschien, und so völlig ohne jeden Anlaß wiederholte (denn bei unseren geringfügigen wöchentlichen Abrechnungen gab es nie die kleinste Unregelmäßigkeit), bestand eine dieser Folgen darin, daß ich herbergslos wurde. Ich hielt es für unter meiner Würde, den Schutz eines Hauses in Anspruch zu nehmen, dem Wahrheit und Höflichkeit gleichermaßen fremd geworden waren. Und aus dieser einen Konsequenz ergaben sich nur zu natürlich andere; denn da ich mir sowieso eine neue Unterkunft suchen mußte, verließ ich Bangor[44] sofort und zog weiter nach Carnarvon – einen tüchtigen Fußmarsch von ungefähr zweieinhalb Stunden entfernt. In Carnarvon fand ich keine Wohnung, die meinen Zwecken insgesamt entsprochen hätte; Mietwohnungen waren damals in Nord-Wales dünn gesät; und da ich noch eine kleine

Reserve an Guineas hatte, lebte ich eine Zeitlang meist in Gasthäusern.

Dieser Wechsel meines Wohnsitzes lenkte naturgemäß meine Gedanken von dem Bischof ab. Und so verblaßten allmählich alle meine Gedanken an einen Protest. Ich neige dazu, dies als eine unglückliche Lösung der Angelegenheit zu betrachten, die sonst vermutlich den folgenden Verlauf genommen hätte. Wie ich später hörte, als ich in Oxford lebte und mit Leuten von Brasenose bekannt war (diesem College gehörte übrigens später mein jüngster Bruder an), war der Bischof ein verständiger und sogar liebenswürdiger Mann. Wenn er meinen griechischen Protest erhalten hätte, wäre er als Gelehrter sicher an dem Schreiber interessiert gewesen; und er wäre zu gerecht gewesen, um eine griechische oder nichtgriechische Erklärung zu ignorieren, die sein eigenes Verhalten in begründeter Weise als nicht ausreichend überlegt bezeichnete. Beinahe sicher hätte er mir höflich geantwortet und den Vorfall bedauert, der mich herbergslos gemacht hatte; er hätte mich aber auch daran erinnert, daß alle Mitteilungen, die ein Mann hinter seiner eigenen Tür einer abhängigen Person macht und die nicht als Aufforderung gedacht sind, etwas zu tun, sondern einfach als Warnung – allgemein, nicht konkret –, nach Gesetz und Brauch als vertrauliche Mitteilungen betrachtet werden, gleichermaßen schriftlich wie auch mündlich. Die beleidigende Verwendung, die von dieser Warnung gemacht worden war, würde er einfach der Grobheit der Frau zuschreiben, in gewissem Grade vielleicht einem Grund, der mit den schroffen und groben Ausdrücken der ungebildeten Menschen zusammenhängt – nämlich mit ihrer sehr begrenzten Beherrschung der Sprache. Sie verwenden einfach deswegen viel stärkere Ausdrücke, als eigentlich ihren Gedanken und ihrer Absicht entspricht, weil die Begrenztheit ihres Wortschatzes ihnen oft keine Wahl eines weniger beleidigenden Ausdrucks eingibt. Einen solchen Brief hätte ich geziemend beantwortet, und bis das Herbstsemester die bischöfliche Familie wieder nach Oxford gezogen hätte, hätte ich wahrscheinlich meine Unterkunft in Bangor oder seiner Umgebung, was die Verfügungsgewalt über Bücher betrifft, wesentlich verbessert gefunden. Dieser Vorteil wäre nur ein flüchtiger gewesen. Doch andere und entferntere Vorzüge hätten ernsthaftere Bedeutung gehabt. Das College, auf das mich die Grammar School in Manchester als bevorrechtigten *Alumnus* geschickt hätte, war zufällig dasselbe, dem der Bischof vorstand. Ich habe keinen Grund anzunehmen, daß es in der Macht des Bischofs gestanden hätte, irgendeinen Teil der Vorrechte mir zurückzugeben, die ich durch meine Flucht vorsätzlich verscherzt hatte, doch hätte er die unbegrenzte Macht gehabt, mir die normalen Vorteile des Colleges wie Stipendium usw. zugänglich zu machen. Als ich statt dessen später einem verkehrten Rat folgte und auf ein College ging, das zu meiner Heimat und meinen Schulen keinerlei Verbindung hatte, genoß ich niemals jene gewöhnlichen Möglichkeiten der Förderung und der schriftstellerischen Muße, die die englischen Universitäten fast jedem bieten, der die ordnungsgemäßen Voraussetzungen dafür aufweist. Doch all dies verschwand im Reich der Träume und der Fabel als Ergebnis meiner hastigen Abreise nach Carnarvon und in jenes Gebiet, das Pennant zuerst mit dem Namen Snowdonia auszeichnete.

Selbst in jenen Tagen des Jahres 1802 gab es dort schon zahlreiche Gasthäuser, in vernünftiger Entfernung voneinander zur Unterbringung von Touristen eingerichtet, und in Wales wurde das Fußwandern keinesfalls als Schande betrachtet, wie es auf den großen Landstraßen Englands nur allzuoft geschieht. In der Tat waren die meisten Touristen, die ich in den ruhigen kleinen Gesellschaftszimmerchen der walisischen Poststationen antraf, Fußwanderer. Auf dem ganzen Weg von Shrewsbury durch Llangollen, Llanrwst,[45] Conway und Bangor, dann im rechten Winkel nach links durch Carnarvon und weiter nach Dolgelly (der wichtigsten Stadt in Merionethshire), Tan-y-Bwlch, Harlech und Barmouth, dann durch die süße Einsamkeit von Cardiganshire oder wieder scharf zurück auf die englische Grenze durch die großartige Waldlandschaft von Montgomeryshire – überall fand ich in Abständen von 12 bis 15 Meilen die bequemsten Gasthäuser. Ein Element der Ruhe in dieser ganzen Kette einsamer Rasthäuser – nämlich die Tatsache, daß keines von ihnen mehr als zwei Stockwerke hatte – ging auf den geringen Umfang zurück, den das Verkehrssystem des Fürstentums entsprechend dem Bedarf Englands erreicht hatte, das damals (es sei daran erinnert, dieses *damals* war im Jahre 1802, einem Jahr des Friedens) nur einen sehr geringen Teil seiner riesig großen reisenden Bevölkerung jedes Jahr in diesen einsamen Kanal leitete. Auf diesen lieblichen Wegen durch die Wälder ragten keine ungeheuren babylonischen Handelszentren in die Wolken; keine Stürme der Hast, keine von Fieber befallenen Armeen von Pferden und fliegenden Kutschen peinigten die Echos in dieser bergigen Zuflucht. Und es erschien mir oft, daß ein weltmüder Mensch, der nach dem Frieden der Klöster ohne ihre düstere Gefangenschaft suchte – nach klösterlicher Ruhe und Stille, verbunden mit der ausgedehnten Freiheit der Natur –, nichts Besseres tun könnte, als zwischen diesen einfachen Gasthäusern in den fünf nord-walisischen Grafschaften Denbigh, Montgomery, Carnarvon, Merioneth und Cardigan umherzuziehen. Zum Beispiel könnte er in Carnarvon schlafen und frühstücken, dann, nach einer bequemen Wanderung von neun Meilen, in Bangor sein Dinner einnehmen, von dort aus nach Aber – wieder neun Meilen; oder nach Llanberris; und immer so weiter, jede Woche siebzig bis neunzig oder einhundert Meilen zurücklegend. Ich hatte das Woche für Woche selbst ausprobiert und empfand es als das herrlichste Leben. Hier war die unaufhörliche Bewegung der Winde und Flüsse oder des Ewigen Juden, der befreit war von der Verfolgung, die ihn zum Wandern zwang und seine luftige Freiheit zur tödlichen Gefangenschaft machte. Wenn das Wetter nur erträglich war, kann ich mir kein glücklicheres Leben vorstellen als diese Landstreicherei, durch endlose Folgen sich verändernder Schönheit, und gegen Abend ein höfliches Willkommen in einem hübschen ländlichen Quartier – das allen Luxus eines guten Hotels bot (insbesondere manchen Luxus,[46] der fast den alpinen Regionen vorbehalten war) und gleichzeitig von den unvermeidlichen Begleiterscheinungen solcher Hotels in großen Städten oder in großen Reisezentren frei war – nämlich von Tumult und Lärm.

Solch ein Leben war nur zu herrlich, und insbesondere für mich, der sich niemals völlig gesund fühlte, wenn er nicht täglich bis zu fünfzehn Meilen und zumindest acht bis zehn Meilen zu Fuß ging. Wenn er so lebte, verdiente sich der Mensch seine tägliche Freude. Aber was kostete das? Täglich etwa einen halben Guinea, und als Knabe bekam ich ein Zehrgeld, das nicht den dritten Teil davon betrug. Die blühende Gesundheit, die in helle Begeisterung überkochende Gesundheit, die mit diesem Maß körperlicher Übung Hand ind Hand ging, wenn ich vom Morgen bis zum Abend Bergluft atmete, wandelte sich bald zu einer verhaßten Plage. Trinkgelder an Bedienstete und die Übernachtung hätten bald meine gesamte wöchentliche Guinea aufgezehrt. Wenn die Herbstluft warm genug war, pflegte ich daher die Ausgaben für ein Bett und für das Zimmermädchen dadurch einzusparen, daß ich zwischen Farnen und Ginster auf einem Hügel schlief, und hätte ich einen Mantel von ausreichendem *Gewicht* und Umfang um mich herum gehabt, oder den Burnus eines Arabers, dann wäre das kein großes Unglück gewesen. Aber tagsüber, was für eine drückende Last hätte ich dann tragen müssen! So war es vielleicht genauso gut, daß ich gar keinen Mantel hatte. Einige Wochen lang erprobte ich den Plan, ein von mir selbst hergestelltes Zelt aus Segeltuch mitzuführen, das nicht größer als ein gewöhnlicher Regenschirm war; doch ich fand es schwierig, dieses Zelt aufzuschlagen, und in windigen Nächten wurde es zu einem lästigen Gefährten. Als der Winter näher kam, wurde diese Art von Nachtlager zu gefährlich. Bis Ende Oktober kann man so frei von Regen und Wind noch anständig übernachten. Und ich stellte fest, daß ich in zwei Wochen neun Nächte im Freien verbrachte. Wie der Leser vielleicht aus eigener Erfahrung weiß, gibt es in Wales weder Jaguare – noch Pumas – noch Anakondas – noch (allgemein gesagt) irgendwelche Verbrecher. Am meisten fürchtete ich, vielleicht auch nur aus zoologischer Unkenntnis, daß eine oder die andere der vielen kleinen, wie Brahmanen aussehenden Kühe aus den walisischen Hügeln mir ihren Fuß mitten ins Gesicht setzen könnte, während mein schlafendes Gesicht den Sternen zugewandt war. Ich nehme nicht an, daß man walisischen Kühen eine solche fixierte Feindseligkeit gegen englische Gesichter unterstellen kann; doch überall beobachte ich im weiblichen Geist eine Art von schöner Launenhaftigkeit, einen blühenden Überfluß jenes bezaubernden Eigensinns, wie er unsere lieben menschlichen Schwestern, fürchte ich, in der ganzen Welt charakterisiert. Was Verbrecher anbetrifft, so trug ich Juvenals Erlaubnis, sorglos zu sein, in der Leere meiner Taschen *(cantabit vacuus*[47] *coram latrone viator).* Doch ich fürchte, daß Juvenals Erlaubnis nicht immer auf festen Füßen steht. Es gibt Menschen, die entschlossen sind, auch denjenigen zu verprügeln, der auf der Entschuldigung besteht, nichts weiter als einen mageren Shilling in der Tasche zu haben, ohne daß sie aus jener *vacuitas* des Juvenal herauslesen, er habe das Recht oder die Erlaubnis, von dem allgemeinen Schicksal derer ausgenommen zu werden, die in die Einsamkeit der Räuber eindringen.

Nach Aussage seiner Biographen soll Dr. Johnson bei irgendeiner Gelegenheit, an die ich mich nicht mehr erinnern kann, den Erfolg einer unwürdigen Person mit folgenden Worten begründet haben: ›Nun, ich nehme an, *sein* Unsinn paßte zu *ihrem* Unsinn!‹ Kann *das* die peinliche Erklärung für den Erfolg bei der Unterhaltung sein, den ich zu jener Zeit in den Gasthäusern von Carnarvonshire hatte? Nimm so etwas nicht an, liebenswürdigster Leser. Doch es ist gleich: auf welchem Wege auch errungen. Erfolg *ist* Erfolg; und selbst Unsinn, wenn es siegreicher Unsinn sein soll – siegreich über die verhängnisvolle Angewohnheit, die Zuhörer anzugähnen, manchmal auch über die Angewohnheit, sich zu streiten –, muß eine tiefere Kunst oder ein wirksameres Geheimnis der Macht beherrschen, als man mühelos erreichen kann. Unsinn ist tatsächlich eine schwierige Sache. Nicht einmal jeder siebente Sohn eines siebenten Sohnes (um Miltons Worte zu gebrauchen) ist der Aufgabe gewachsen, eine Gesellschaft würdiger Männer zwei Stunden lang mit klassischem Unsinn zu unterhalten. Alle Gespräche, die aus welcher Ursache auch immer dazu führen, daß man den Gesprächspartner wiedersehen möchte, müssen *Pfeffer* enthalten, müssen mit einem geschmacklichen Element gewürzt sein, das scharf genug ist, die natürliche Tendenz aller nicht durchweg feinen und nicht sorgsam gezielten Gespräche unwirksam zu machen, sich in Fadheiten und Platitüden zu verlieren. Wie eine Pest mied ich vor allem Coleridges großen Fehler, den er ein ganzes Leben lang beging, nämlich die Zuhörerschaft im Zustand der Passivität zu halten. Das war ungerecht gegenüber anderen, vor allem aber gegenüber sich selbst. Dieser endlose Redefluß, keinen Augenblick unterbrochen, der den drangsalierten und geschwächten Zuhörern nicht einmal eine kurze Gelegenheit zur Reaktion bot, war der absolute Ruin für die eigenen Interessen des Redenden. Immer nur passiv – immer nur Gegenstand der Aktion, ohne Möglichkeit der Reaktion, in welchen Zustand mußte der arme, geschlagene Zuhörer – der die *Rolle* des Zuhörers spielte – stürzen? Er ging in dem erschöpften Zustand desjenigen nach Hause, der unmittelbar vor dem Tode vom Grunde eines Brunnen gezogen wurde, der mit giftigen Gasen gefüllt war; und schon Stunden, bevor er jenen gefährlichen Punkt der Depression erreichte, hatte er alle Fähigkeiten, zu unterscheiden, zu verstehen oder Verbindungen herzustellen, verloren. Ohne die unfreundliche Arroganz bedenken zu müssen, die in solch einer Gewohnheit steckt, hätte ich für meinen Teil schon aus reinster Selbstsucht vermieden, meinem Hörer so die Möglichkeit zu nehmen, der Rede oder der Beweisführung Gerechtigkeit zukommen zu lassen, die ich an ihn richtete.

Einige große Vorteile hatte ich für die Zwecke der Unterhaltung und dafür, die Aufmerksamkeit der Leute hervorzurufen, die klüger waren als ich. Unwissend war ich über alle Vorstellung hinaus in bezug auf das tägliche Leben – selbst in England. Doch hatte ich andererseits den Vorteil eines erstaunlichen Gedächtnisses und den noch größeren Vorteil eines logischen Instinkts zum schnellen Erkennen verborgener Analogien oder Parallelen, die Dinge miteinander verbanden, die sonst weit auseinanderzuliegen schienen. Und ich verfügte über folgende zwei für die Unterhaltung besonders nützliche Gaben: zum ersten über einen unerschöpflichen Reichtum an Themen und daher an Gaben, jeden zufälligen oder bewußten Gesprächsgegenstand entweder zu erläutern oder zu verändern; zum zweiten einen schon früh erwachten Sinn dafür, die Gesprächsführung als eine *Kunst* zu betreiben. Ich hatte gelernt, wachsam zu sein, um mich mit Anstand schon dem Ansatz einer ermüdenden Diskussion zu entziehen und still und oft unmerklich Gesprächen, die sich quälend dahinschleppten oder nutzlos hin und her pendelten, eine neue Wendung zu geben. Daß es eine Funktion der Kunst war, sich selbst zu verbergen und zu maskieren (artis est artem celare), das wußte ich wohl. Und es wurde auch nicht viel Kunst benötigt. Gebraucht wurden vor allem neue Tatsachen oder neue Ansichten oder neu gefärbte Ansichten, um alte Tatsachen neu erscheinen zu lassen. Es war nützlich, von Zeit zu Zeit ein wenig Geheimnisvolles einzuwerfen, selbst im Gespräch mit denen, die vom Charakter her dem Geheimnisvollen gar nicht aufgeschlossen gegenüberstanden; zugespitzte und treffende Aussprüche und Scherze – wenn auch schon etwas abgegriffen – waren nützlich; ein passendes Zitat in Versform war immer wirksam; und erläuternde Anekdoten verliehen dem gesamten Gesprächsverlauf einen würdigen Glanz. Es wäre eine Geckenhaftigkeit gewesen, ausgefeilte oder auffallende Kunststücke anzuwenden; ich benutzte nur wenige und einfache Kunstgriffe, doch waren sie versteckt und passend und infolgedessen oft wirkungsvoll. Das ganze führte zu dem Ergebnis, daß ich in dem engen Kreis meiner Freunde außerordentlich beliebt wurde. Dieser Kreis hatte notwendigerweise fluktuierenden Charakter, da er sich zum größten Teil aus Touristen zusammensetzte, die gerade ein paar Wochen in oder in der Nähe von Snowdonia verbrachten, wobei sie in Bethgellert oder Carnarvon ihr Hauptquartier aufschlugen oder äußerstenfalls bis zum Fuß von Cader Idris umherstreiften. Unter diesen flüchtigen Mitgliedern unserer Gesellschaft erinnere ich mich besonders gerne an Mr. de Haren, einen befähigten jungen Deutschen, der in unserer britischen Marine den Rang eines Leutnants bekleidete – oder bekleidet *hatte* –, aber jetzt, in der Zwischenetappe des Friedens, bestrebt war, seine Kenntnisse von England und auch auf dem Gebiet der englischen Sprache zu erweitern, obwohl er *darin*, was die vollständige Beherrschung der Umgangssprache betraf, wirklich wenig zu lernen hatte. Von ihm erhielt ich meinen ersten Unterricht im Deutschen, und ich wurde zum ersten Mal mit der deutschen Literatur bekannt. Damals hörte ich erstmals von Paul Richter und von Hippel, einem von Kant bewunderten Humoristen, und von Hamann, der auch als Humorist eingeordnet wird, aber ein schwer klassifizierbarer Schriftsteller von eigentümlicher Undeutlichkeit ist, dessen Werk ich niemals wieder in der Hand eines Engländers gesehen habe, abgesehen von Sir William Hamilton. Mr. de Haren konnte mir die nützliche Bekanntschaft mit all diesen Schriftstellern dadurch verschaffen, daß er eine kleine tragbare Bibliothek mitführte, die einen seiner Koffer füllte. Doch die beständigsten Mitglieder dieses halbliterarischen Kreises waren Waliser; zwei von ihnen Rechtsanwälte, einer Geistlicher. Der Theologe hatte in Oxford – am Jesus-College (dem walisischen College) – ordentlich studiert und war ein Mann von umfassendem Wissen. Die Juristen hatten nicht die gleichen Vorteile genossen, hatten aber fleißig gelesen und waren interessante Gefährten. Wie recht gut bekannt ist, bringt Wales eine etwas streitsüchtige Bevölkerung hervor. Ich denke *deswegen* nicht schlechter von ihnen. Die martialischen Butler und heroischen Talbots des fünfzehnten Jahrhunderts, die im siebzehnten Jahrhundert keine ordentliche Gelegenheit mehr für ihre kriegerische Wildheit fanden, begannen miteinander zu streiten; es gibt keine bittereren Briefe als diejenigen, die von der feindseligen Korrespondenz der Brüder Talbot aus Shakespeares letzten Tagen bis heute erhalten geblieben sind.[48] Da sich ihren kriegerischen Neigungen ein Weg verschlossen hatte, suchten sie naturgemäß andere, so wie es die Umstände ermöglichten. Diese Stimmung war in den unteren Klassen der Waliser weit verbreitet und machte es erforderlich, daß die Rechtsanwälte an Markttagen durch alle größeren Städte in ihrem Bezirk reisten. In diesen Städten traf ich sie immer wieder, und jedes Mal erneuerten wir unsere literarische Freundschaft.

Mittlerweile bewegte ich mich abwechselnd auf dem

teuren und auf dem billigen Weg. In jener Zeit, als Mr. Pitts Kriegsbesteuerung teilweise ausgesetzt wurde, waren Lebensmittel so außerordentlich billig, daß man ohne weiteres zwei von drei Guineas sparen konnte, wenn man drei Wochen mit der Landbevölkerung lebte. Mr. de Haren versicherte mir, daß er nicht etwa in der Hütte eines armen Mannes, sondern in einem Gasthaus (allerdings in einem anspruchslosen ländlichen Wirtshaus, in dem die Hausherrin abwechselnd die Funktionen der unterschiedlichsten Dienstboten – Köchin, Kellnerin, Zimmermädchen, Hausdiener, Stallknecht – selbst übernahm) einen oder zwei Tage verbracht hatte; dort hatte er für ein Dinner, das seiner Meinung nach wirklich gepflegt war, abgesehen allerdings von der Tischausstattung (die roh und grob war), lediglich Sixpence bezahlt. Dasselbe Gasthaus, ungefähr zehn oder zwölf Meilen südlich von Dolgelly, besuchte ich etwas später selbst, und ich fand Mr. de Harens Urteil in jedem Punkt bestätigt; der einzige Nachteil für die Bequemlichkeit des Besuchers bestand darin, daß grünes Holz als Feuerungsmaterial für einen qualmenden Kamin benutzt wurde. Ich litt so sehr unter dieser Art von Rauch, der die Augen mehr als anderer reizt und entzündet, daß ich am folgenden Tag von jener zuvorkommenden Vielpfründnerin, der Gastwirtin, widerstrebend Abschied nahm und mich bei der Bezahlung der Rechnung ehrlich schämte, bis ich mich des grünen Holzes erinnerte, das im ganzen die Rechnung auszugleichen schien. Weder konnte ich mir damals noch kann ich mir heute diese widersinnig niedrigen Preise erklären, dieselben Preise, die (wie Wordsworth und seine Schwester mir oft versicherten) seltsamerweise in einer gleichartigen Landschaft – *nämlich* dem Englischen Seengebiet – in genau derselben Zeit galten. Das, wie Leute oft tun, mit dem Mangel an Absatzmärkten für landwirtschaftliche Produkte zu erklären ist verrückte politische Ökonomie, denn bei fehlenden Märkten und daraus resultierendem Ausfall der Konkurrenz besteht das Heilmittel sicher nicht im Verkauf zu Verlustpreisen, sondern darin, die Produktion zu unterlassen und infolgedessen gar nicht zu verkaufen.[49]

Tatsächlich waren alle Lebensmittel, die man nur im Hause eines arbeitenden Menschen finden konnte, so billig, daß es mir nicht leichtfiel, unter einem solchen Dach täglich Sixpence auszugeben. Tee oder Kaffee gab es hier nicht, und zu jener Zeit machte ich mir auch nicht viel daraus. Milch, Brot (grob, aber wesentlich angenehmer als das schale, *weißlich-graue* Brot der Städte), Kartoffeln auf Wunsch, auch etwas Ziegen- oder Zickelfleisch – aus diesen Dingen setzte sich das Speisenangebot des Häuslers zusammen; nicht luxuriös, aber schmackhaft genug für eine Person mit viel körperlicher Betätigung. Und Flußfisch war auf Wunsch billig genug zu haben, insbesondere Forellen der allerfeinsten Qualität. Unter diesen Umständen hatte ich es schon schwer, nur fünf Shilling (nein, nur drei Shilling, wenn nicht Heidelbeeren oder Fisch gekauft worden waren) in einer Woche auszugeben. Und so war es einfach genug, Mittel zu sammeln, um meine periodische Seelenwanderung zurück in die Haut eines Herren-Touristen zu finanzieren. Ich fand manchmal nicht einmal Gelegenheit, die Hälfte von fünf Shilling auszugeben, denn wenn ich mich in einigen Familien, die schon nicht mehr vom Tagelohn abhängig waren, durch Briefeschreiben nützlich machte, war es manchmal unmöglich, ihnen überhaupt Geld aufzudrängen. So wurde ich einmal in der Nähe des kleinen Sees von Talyllyn (so geschrieben, glaube ich, doch Taltlyn ausgesprochen) in einer abgelegenen Gegend von Marionethshire über drei Tage von einer Familie junger Leute mit einer herzlichen und brüderlichen Freundlichkeit bewirtet, die mich auch heute noch unvermindert beeindruckt. Diese Familie bestand zu jener Zeit aus vier Schwestern und drei Brüdern, alle erwachsen und im Auftreten von bemerkenswerter Vornehmheit und Feinheit. Ich kann mich nicht entsinnen, soviel Schönheit oder soviel angeborenes gutes Benehmen und Kultiviertheit je vorher oder hinterher in irgendeinem anderen Haus, abgesehen von einem oder zwei Mal in Westmoreland und Devonshire, angetroffen zu haben. Sie sprachen Englisch; eine Fertigkeit, die man nicht oft bei so vielen Mitgliedern einer walisischen Familie zugleich antrifft, insbesondere in Dörfern, die weitab von der Landstraße liegen. Hier schrieb ich nach meiner ersten Vorstellung einen Brief, der Prisengelder betraf, für einen der Brüder, der an Bord eines englischen Kriegsschiffes gedient hatte, und, etwas privater, zwei Briefe an die Liebsten von zwei der Schwestern. Sie waren beide von interessanter Erscheinung, eine außerdem von ungewöhnlichem Liebreiz. Zwischen ihrer Verwirrung und ihrem Erröten, während sie die Briefe diktierten oder, genauer gesagt, mir dafür allgemeine Anweisungen gaben, bedurfte es keines großen Scharfsinns, um zu erkennen, daß sie ihre Briefe so freundlich formuliert haben wollten, wie es sich mit der gebotenen mädchenhaften Zurückhaltung nur vereinbaren ließ. Ich richtete es ein, meine Ausdrucksweise so zu temperieren, daß ich die Befriedigung beider Gefühle miteinander abstimmte, und sie waren über die Art und Weise, wie ich ihre Gedanken ausgedrückt hatte, genauso erfreut wie (in ihrer Einfachheit) darüber erstaunt, daß ich sie so schnell erkannt hatte. Die Aufnahme, die man bei den Frauen einer Familie findet, bestimmt ganz allgemein den Tenor der gesamten Bewirtung. In diesem Fall hatte ich meine vertraulichen Pflichten als Sekretär so sehr zur allgemeinen Zufriedenheit erfüllt, und vielleicht hatte ich sie auch mit meiner Unterhaltung erfreut, so daß ich gedrängt wurde, noch zu bleiben; und ich wurde mit einer Herzlichkeit gedrängt, der ich mich nicht widersetzen wollte. Ich schlief unvermeidlicherweise bei den Brüdern, während das einzige freie Bett im Zimmer der jungen Frauen stand; doch in allen anderen Punkten behandelten sie mich mit einem Respekt, wie er gewöhnlich so leichten Geldbeuteln wie dem meinigen nicht gewährt wird, wodurch deutlich wurde, daß meine Bildung und mein höfliches Benehmen als ausreichende Beweise vornehmer Abstammung betrachtet wurden. So lebte ich bei ihnen drei Tage und einen großen Teil des vierten, und aus der unveränderten Freundlichkeit, die sie mir fortlaufend entgegenbrachten, glaube ich schließen zu können, daß ich noch heute bei ihnen sein könnte, wenn ihre Macht ihren Wünschen entsprochen hätte. Als sie am letzten Morgen beim Frühstück saßen, sah ich jedoch an ihren Gesichtern, daß irgendeine unerfreuliche Mitteilung zu erwarten war;

kurz darauf erklärte mir auch einer der Brüder, daß sich ihre Eltern am Tage vor meiner Ankunft zu der Jahresversammlung der Methodisten begeben hätten, die in Carnarvon[50] stattfand, und daß sie im Laufe des Tages zurückerwartet würden; und sollten sie nicht so höflich sein, wie es sich gehört, bat er im Namen all der jungen Leute, dann sollte ich es nicht übelnehmen. Die Eltern kamen mit mürrischen Gesichtern zurück und hatten auf alle meine Versuche, sie anzusprechen, nur die Antwort *›Dym Sassenach‹ (kein Englisch).* Ich sah, wie die Sache stand, verabschiedete mich daher herzlich von meinen freundlichen und interessanten jungen Gastgebern und ging meiner Wege. Trotz der warmen Fürsprache, die sie meinetwegen bei ihren Eltern einlegten, und obwohl sie immer wieder das Verhalten der alten Leute damit entschuldigten, daß es ›nur ihre Art und Weise‹ sei, war mir doch völlig klar, daß mein Talent als Liebesbriefverfasser mich zwei sechzigjährigen walisischen Methodisten genausowenig empfehlen würde wie mein Griechisch von sapphischen und alkäischen Strophen; und was Gastfreundschaft gewesen war, als sie mir mit großzügiger Höflichkeit von meinen jungen Freunden angeboten wurde, wäre im Zusammenhang mit dem schroffen Verhalten ihrer Eltern zu einem Akt der Barmherzigkeit geworden.

Ungefähr zu dieser Zeit – gerade als es täglich schwieriger wurde, die wöchentlichen Mittel für teure Gasthäuser durch Übernachtungen im Freien zu strecken – war es, als ob ein übermächtiger Feind und ein sorgenvoller, aber nicht zu widerstehender Wandertrieb mich forttrieben, wie die unglückliche Io der griechischen Sage zu wandern, als ob irgendein böser Geist verborgener Verfolgung mich zu fliehen aufforderte, obwohl mich niemand verfolgte – nicht in falscher Hoffnung, denn meine Hoffnungen flüsterten mir nur eine zweifelhafte Chance zu – nicht in berechtigter Furcht, denn alles um mich herum lag in lieblicher ländlicher Ruhe und herbstlicher Schönheit; plötzlich faßte ich den wilden Entschluß, mein wöchentliches Reisegeld zu opfern, meinen Anker zu lichten und mich voller Verzweiflung auf London zu stürzen. Um die Angelegenheit nicht schrecklicher zu machen, als sie wirklich war, möge der Leser sich daran erinnern, was ich in meiner derzeitigen Lage als beschwerlich empfand und auf welche Möglichkeiten zur Verbesserung dieser Lage ich baute. Mit einer größeren Lebenserfahrung, als ich sie damals besaß, wäre es für einen Knaben meiner Fähigkeiten keine so hoffnungslose Spekulation gewesen, sich dem grenzenlosen Ozean Londons anzuvertrauen. Ich besaß Fertigkeiten, die ihr Geld wert waren. Beispielsweise hätte ich vielleicht als ›*Korrektor*‹ einer Druckerei auf dem Gebiet griechischer Neuauflagen meinen Lebensunterhalt verdienen können. Doch die Chancen, die ich wirklich hatte, erschienen mir niemals als verwertbare Quellen; oder, um die Wahrheit zu sagen, ich kannte sie nicht; und jene, auf die ich vor allem baute, erwiesen sich kaum als zugänglich. Was aber war es nun, worüber ich mich in dem Leben beschwerte, das ich zur Zeit führte? Es war das Dilemma der Wahl, vor der ich stand.

Wenn ich Gesellschaft haben *wollte* – wirklich *wollte* –, dann mußte ich in Gasthäusern leben. Wenn ich mich andererseits mit einer ruhigen, ständigen Unterkunft in irgendeinem Dorf oder Weiler zufriedengab, dann hätte für *mich*, der ich hinsichtlich der Ernährung so phantastisch sorglos war, meine wöchentliche Guinea alles beschafft, was ich brauchte; in einigen Häusern sogar den Vorteil eines eigenen Wohnzimmers, der für meine Bequemlichkeit so unentbehrlich war. Doch auch in diesem Falle wurden die Ausgaben höchst unnötigerweise durch den aristokratischen Luxus unseres englischen Systems erhöht, das davon ausgeht, daß es für einen Herrn unmöglich ist, in seinem Wohnzimmer zu schlafen. Auf dieser Grundlage hätte ich vielleicht über saubere und bequeme Unterkünfte bei einigen respektablen Familien verfügen können, denen mich meine ruhigen Gewohnheiten und meine ehrerbietige Höflichkeit gegenüber Frauen als einen wünschenswerten Mitbewohner empfohlen hätten. Doch der ungeheure Nachteil dieses Plans war – der absolute Mangel, Zugang zu Büchern zu haben oder (allgemein gesprochen) jeglichen geistigen Verkehr zu pflegen. Ich schmachtete den ganzen Tag über, ja die ganze Woche lang – mit überhaupt nichts, nicht einmal der Provinzzeitung einmal in sieben Tagen, um meine tödliche Langeweile zu erleichtern.

Ich habe dem Leser berichtet, wie unverständlich billig das Leben in den Hütten armer Leute war. Doch das betraf nicht die Preise in erstklassigen Hotels, und nur dort hatte ich irgendeine Chance, Gesellschaft zu finden. Vor allem mit der Begründung, daß die Saison nur so kurz sei, nahmen diese Hotels Londoner Preise. Um diese Preise bezahlen zu können, wäre es mir jetzt kurz vor dem Winter kaum noch möglich gewesen, die eine Hälfte der benötigten Mittel dadurch aufzubringen, daß ich die Hälfte der Zeit auf weniger kostspielige Weise verbrachte. Es gab keinen praktisch durchführbaren Plan mehr, Tage der Mühsal mit Tagen der Bequemlichkeit und des geistigen Luxus abwechseln zu lassen. Während diese Schwierigkeit in einem Ohr widerhallte, erklang in dem anderen ständig das Echo der freundlichen Angebote meiner walisischen Freunde, insbesondere der beiden Rechtsanwälte, mich mit dem Geld auszustatten, das ich für meine Reise nach London zu benötigen glaubte. Zwölf Guineas nannte ich schließlich als die Summe, die wahrscheinlich ausreichen würde. Dieses Geld liehen sie mir sofort. Und nun, ganz plötzlich, war ich – für London bereit.

Ich nahm von dem Fürstentum in derselben anspruchslosen Weise als Wanderer Abschied, in der ich es auch betreten hatte. *Impedimenta* jeglicher Art – das heißt also die Belastung mit Pferd und Gepäck – besaß ich absolut nicht. Ich konnte haltmachen, wo immer es mir gefiel und *wann* immer es mir gefiel. Mein letzter Halt von einer gewissen Dauer war in Oswestry. Reiner Zufall brachte mich dorthin, und es war auch ein Zufall, wie er in solch einer kleinen Stadt natürlich leicht vorkommt, der mich meinem engsten walisischen Freund über den Weg laufen ließ, der, wie es sich herausstellte, dort wohnte. Allein durch die bloße Kraft seiner Freundlichkeit hielt er mich mehrere Tage auf, eine Ablehnung hätte er nicht akzeptiert. Da er noch unverheiratet war, konnte er die Anziehungskraft seines höchst gastfreien Haushalts nicht noch durch die belebende Wirkung weiblicher Gesellschaft verstärken. Doch seine eigene

Gegenwart, die sich durch die Reize jugendlicher Offenheit und eines entbrennenden Geistes empfahl, reichte als Zeitvertreib für den längsten Tag völlig aus. Dieser walisische Freund war einer von den vielen, denen ich im Leben begegnet bin, durch einen frühzeitigen Zufall oder durch häusliche Notwendigkeit an die Anforderungen eines Berufs angeschmiedet, während zur gleichen Zeit seine ganze wilde und aufsässige Natur sich eigensinnig in geistige Kanäle stürzte, die nicht in Übereinstimmung mit seinen fortwährenden Pflichten gebracht werden konnten. Seine Bibliothek war schon groß und so ausgesucht, wie es unter den normalen Bedingungen provinzieller Büchersammlung verständlicherweise erwartet werden konnte. Denn im allgemeinen kann zumindest die Hälfte der Bibliothek eines jungen Mannes in einer Provinzstadt als reiner Niederschlag oder Bodensatz lokaler zufälliger Begebenheiten betrachtet werden, als gelegentlicher Windschlag von Früchten, die von den rauhen Stürmen des Bankrotts abgerissen und umhergestreut wurden. In vielen Fällen wird solch eine provinzielle Bibliothek auch einfach jenen Teil des schweren Gepäcks darstellen, vor dem manch eine Familie beim Umzug in eine entfernte Wohnung wegen der Transportkosten zurückschreckte, denn Bücher gehören zu den schwersten Gegenständen in einem Haushalt. Manchmal, wenn auch seltener, geschieht es auch, daß mit dem Aussterben einer alten Familie den Testamentsvollstreckern die unvermeidliche Aufgabe zufällt, jedes Stück zu verkaufen, das mit ihren alten Lebensgewohnheiten verbunden ist, und plötzlich mit dem Glanz eines Meteors ein literarisches Juwel aus seinem jahrhundertealten Versteck auftaucht, ein erster Shakespeare-Folio aus dem Jahre 1623, ein nicht verstümmeltes *Decamerone* oder ein anderes verblüffendes κειμηλιον. So kommt es, daß eine große provinzielle Bibliothek, obwohl auf natürliche und friedfertige Weise zusammengetragen, manchmal noch ein stummes Zeugnis von Erschütterungen und häuslichen Tragödien ablegt, sie spricht wie mit Berichten von Stürmen und in düsteren Erinnerungen an halbvergessene Schiffskatastrophen. Wirkliche Schiffskatastrophen bieten oft solche zusammenhanglosen Bibliotheken auf dem Grund des hungrigen Meeres dar. Großartig ist die Bücherei, die auf dem Boden des Ozeans, des Indischen oder des Atlantischen, unbelästigt von der Kritik ruht, nur aus den jährlichen Beiträgen und Erinnerungsgaben, den nie endenden *Vergißmeinnichts* mächtiger englischer Ostindienfahrer entstanden. Die ›Halsewell‹ mit ihrem traurigen Abschied des Kapitäns von seinen Töchtern, die ›Grosvenor‹, die ›Winterton‹, die ›Abergavenny‹ und Dutzende von Segelschiffen derselben Größe, mit einer Bevölkerung, die sich durch Geburten, Todesfälle und Eheschließungen veränderte, mit einer Bevölkerung, so groß wie die einer Stadt, so reich wie Goldbergwerke, zu Zwietracht und Rebellion fähig, sie alle haben ohne Ausnahme jene ungeheure Bodleian Library unter dem Wasser durch Schenkungen vieler großformatiger Exemplare freigebig gefördert; jene Bibliothek, die einer weit geringeren Brandgefahr ausgesetzt ist als die überhebliche Bodleian Library der oberen Welt. Diese private Bibliothek in Oswestry hatte etwas von demselben wilden, tumultuarischen Aspekt an sich, phantastisch und unsystematisch, aber war deswegen nicht weniger attraktiv; sie enthielt alles, was man nirgendwo und gewiß nicht nebeneinander zu finden erwartete; zwischen der Bibliothek und der lebhaften Unterhaltung ihres Besitzers, emporgehoben durch die so seltene brüderliche Sympathie, geriet ich in Gefahr, mich so stark angezogen zu fühlen, daß ich die in diesem Fall gebotene Schicklichkeit vergaß und sogar über eingebildete Fälle zu träumen begann. In der Tat hatte ich dafür auch eine gewisse Entschuldigung, da ich den normalen Ablauf des Lebens meines Freundes nur sehr unvollkommen kannte und *sein* edler kastilischer Sinn für die Verpflichtungen, die ihm die große Göttin Gastfreundschaft auferlegt hatte, mich nie hätte ahnen lassen, in welchem Maße ich nun allmählich und unbewußt von Tag zu Tag mehr mit den normalen Anforderungen an seine Zeit in Konflikt kam. Sich unter dem Vorwand von ›Geschäften‹ für eine Woche auf Reisen zu begeben wäre in *seinen* Augen *praktisch* in bezug auf das Ergebnis, niedrig und feige in bezug auf die Art und Weise gewesen, mich aus seinem Haus hinauszuwerfen. Lieber wäre er gestorben. Doch inzwischen alarmierte ein Vorfall, der mir den wirklichen Stand der Dinge offenbarte oder zumindest meinen Verdacht darüber weckte, mit einem Schlage meine Feinfühligkeit gegen jedes weitere Herumtrödeln. Plötzlich und entschieden kündigte ich meine Abreise an – *daß* und wie ich abreisen würde. Eine lange Zeit focht er mit aufrichtigem Eifer gegen meinen Plan, der in keiner Weise für seine Freiheit erforderlich wäre. Doch als er sah, daß es mir ernst war, ließ er von seinem Widerstand gegen meinen Plan ab und gab sich damit zufrieden, seine Details zu leiten und zu verbessern. Mein Plan war es gewesen, zu Fuß über die Grenze nach England bis nach Shrewsbury zu wandern (das, glaube ich, von Oswestry etwa achtzehn Meilen entfernt war) und dort eine von den schweren Postkutschen zu besteigen, die mich billig nach Birmingham bringen würde – dem großen Brennpunkt, in dem sich alle Landstraßen Englands in seinem Zentrum vereinigen. Ein jeder solcher Plan ging von der Annahme aus, daß es beständig und stark regnen würde – eine vernünftige Annahme Ende November. Doch für den möglichen Fall, daß vier oder fünf Tage lang gutes Wetter herrschen sollte – was sollte mich daran hindern, die ganze Strecke zu Fuß zurückzulegen? Es ist wahr, daß der aristokratische Blick des Gastwirts als die übliche Begrüßung am Ende jeder Tagesreise angesehen werden könnte. Doch abgesehen von einsamen Poststationen konnte der kriminelle Tatbestand, daß man auf niedrige Weise als Wanderer angekommen war, was nur den Patriarchen der Vorzeit und heutzutage nur den *›Landstreichern‹* (so werden sie in den Gesetzen des Parlamentes genannt) bekannt ist, einfach dadurch gesühnt und geläutert werden, daß man seinen Staub, sollte man glücklicherweise welchen vorzuweisen haben, in den Straßen der Stadt abschütteln konnte, die man als Fremder betreten hatte. Erfreulicherweise hat der Skandal des Wanderns einen hoffnungsvolleren Aspekt als die Skrofulose oder die Lepra: er steht einem nicht unbedingt im Gesicht geschrieben. Wenn der des Wanderns Schuldige irgendeine Stadt betritt, kann er durch das einfache Kunststück des Untertauchens in der Menge derjeniger, die von dieser Schuld unbefleckt sind, für alle praktischen Zwecke gereinigt und wiedergetauft in Erscheinung treten. Der Wirt eines beliebigen Gasthauses weiß allerdings, daß man *ihn* nicht zu Pferde oder in einer Kutsche erreicht hat, aber es könnte ja sein, daß man schon wochenlang im Hause eines vornehmen Bürgers gewohnt hatte, den zu beleidigen für den Wirt gefährlich gewesen; und es wäre auch möglich, daß man in irgendeinem anderen Gasthaus gut bekannt war. Als allgemeine Meinung galt Wandern im Urteil englischer Gastwirte sonst als unzweifelhaft mit dem entsetzlichen Schatten und dem Signum des Parias belastet. Mein walisischer Freund wußte das und drängte mich, sowohl deswegen als auch aus anderen Gründen, den Vorteil einer Kutsche zu nutzen. Eine Fußwanderung von einhundertachtzig Meilen würde mich neun oder zehn Tage kosten, und allein die Ausgaben in den Gasthäusern unterwegs würden die Fahrtkosten der teuersten Kutsche mehr als wettmachen. Dagegen gab es keinen vernünftigen Einwand, abgesehen davon, daß in diesen neun oder zehn Tagen auf jeden Fall entsprechende Ausgaben anfielen, unabhängig davon, wo ich mich aufhielte – ob in London oder auf der Landstraße. Da es jedoch undankbar erschienen wäre, mich zu beharrlich gegen Vorschläge zu wehren, die ganz aus Überlegungen zugunsten meiner eigenen Bequemlichkeit geboren waren, unterwarf ich mich dem Plan meines Freundes in allen Einzelheiten. Eine davon lautete, daß ich den Eilpostwagen von Holyhead nehmen sollte und keine der schweren Kutschen. Diese Übereinkunft wies auf eine Neuerung im Mechanismus des Reisens hin, die gerade in jener Zeit aufkam. Die leichten Kutschen erhoben fast den Fahrpreis der Eilpostwagen. Doch die schweren Kutschen begannen zu dieser Zeit eine neue und fürchterliche Form anzunehmen. Das Reisen nahm so gewaltig zu, daß zur Befriedigung des gewachsenen Bedarfs die alte Form der Kutsche (mit höchstens sechs Innenplätzen) auf allen großen Landstraßen durch ein langes, bootähnliches Fahrzeug ersetzt wurde, das weitgehend unserem heutigen abscheulichen Pferdeomnibus entspricht, jedoch ohne unsere modernen Verbesserungen. Dieser Wagen wurde eine *›Langkutsche‹*

genannt, und seine zwölf oder vierzehn Passagiere saßen innen an den Längsseiten, und da man sich zu jener Zeit um Ventilation noch wenig kümmerte – die bloße Existenz einer Atmosphäre wurde gewöhnlich ignoriert –, wurden jede Nacht die Schrecken von Gouverneur Holwells Schwarzer Höhle in Kalkutta in kleinerem Maßstab auf jeder großen englischen Landstraße wiederholt. Schließlich einigten wir uns darauf, daß ich Oswestry zu Fuß verlassen sollte, einfach um das beste aus dem herrlichen Wetter zu machen; wenn die Eilpost durch Oswestry käme, würde mir mein Freund einen Platz für die ganze Strecke bis London sichern, um etwaige Konkurrenten auszuschließen.

Der Tag, an dem ich Oswestry verließ (fast fünf Meilen weit von meinem warmherzigen Freund begleitet), war ein Tag goldenen Sonnenscheins unter den zu Ende gehenden Novembertagen. So berechtigt wie von Jessicas Mondlicht (*›Kaufmann von Venedig‹*) kann man von diesem goldenen Sonnenschein sagen, daß er über den Wäldern und Feldern *schlief*, so erhaben war das allumfassende Schweigen, so tief die totenähnliche Stille. Es war ein Tag, der zu einer kurzen und leidenschaftlichen Zeit des zum Abschied noch einmal auferstandenen Sommers gehört, die unter dem einen oder anderen Namen fast überall bekannt ist. In Nordamerika heißt sie ›Indianersommer‹, in Nord- und Mitteldeutschland ›Altweibersommer‹ oder seltener ›Mädchensommer‹. Es ist die letzte kurze Auferstehung des Sommers in seinen glänzendsten Merkmalen, eine Auferstehung, die weder in der Vergangenheit verwurzelt ist, noch einen dauerhaften Halt in der Zukunft hat, ähnlich wie die flackernden und unregelmäßigen Schimmer einer verlöschenden Lampe; das nachahmend, was man das ›letzte Aufflackern des Lebenslichtes‹ bei Kranken nennt, die kurz vor ihrem Ende stehen. Es verschafft den Eindruck eines Konflikts zwischen den verebbenden Kräften des Sommers und den erstarkenden Kräften des Winters, ähnlich dem Streit einander feindlicher Kräfte bei gewissen tödlichen Entzündungen, die durch wilde Kämpfe bis zur endlichen Ruhe des Todes voranstürmen. Eine Zeitlang besteht ein Gleichgewicht zwischen den feindlichen Kräften; doch schließlich wird der

Antagonismus überwunden; den Sieg erringen die Kräfte, die auf der Seite des Todes kämpfen; gleichzeitig mit dem Konflikt sind seine Qualen entschwunden; und der sanfte Prozeß, in dem das Leben zusammenfällt, wird von nun an nicht mehr von Gegenbewegungen ausgehöhlt, gleitet in heiligem Frieden in die stillen Tiefen des Unendlichen. So lieblich, so geisterhaft in seinem weichen, goldenen Lächeln, schweigend wie ein Traum und still wie die ersterbende Ekstase eines Heiligen schwand dieser Abreisetag durch alle seine Stunden, und während seiner ganzen Länge nahm ich für viele Jahre Abschied von Wales und zugleich Abschied vom Sommer. In der bloßen Bedeutung und der Totenstille des bewegungslosen Tages, der sich schweigend durch Morgen, Mittag und Nachmittag dahinschleppte, bis er in die Dunkelheit einging, die seine Schönheit zu verschlingen eilte, hatte ich ein wunderliches Gefühl, als ob ich die Stimme des Verzichts hörte, wenn man sich einer unwiderstehlichen Kraft beugt. Und von Zeit zu Zeit vernahm ich – in welch unterschiedlicher Tonart! – den tobenden, immerwährenden Aufruhr jener fürchterlichen Metropole, die mir mit jedem Schritt näher kam und mir (wie es schien) mit so unklaren Zielen, mit so unberechenbarem Ausgang zuwinkte, wie es der Weg von wahllos und im Dunkeln abgefeuerten Kanonenschüssen ist.

Es war nicht spät, aber es war wenigstens zwei Stunden nach Einbruch der Dunkelheit, als ich Shrewsbury erreichte. Stand ich nicht im Verdacht des Wanderns? Sicher tat ich das, doch selbst wenn mein Verbrechen einstimmiger bewiesen worden wäre, als das unter den gegebenen Umständen möglich war, gibt es doch noch einen *locus poenitentiae* in solch einem Fall. Sicher kann ein Mensch *jedes* Verbrechen bereuen, infolgedessen auch das Verbrechen des Wanderns. Ich konnte gefehlt haben, und ein Gerichtshof des *pié poudré* (staubigen Fußes) konnte den Beweis meines Verbrechens auf meinen Schuhen gefunden haben. Doch insgeheim konnte ich mich entschlossen haben, so etwas nicht wieder zu tun. Sicher sah es so aus, als ich mich als Passagier vorstellte, der für die Post jener Nacht ›gebucht‹ war. Diese Eigenschaft machte mich sofort zu einem rechtmäßigen

Gast des Wirtshauses, was für ein liederliches Leben ich vorher als Wanderer auch gelebt haben mochte. Dementsprechend wurde ich mit besonderer Höflichkeit empfangen, und die Dinge gestalteten sich so, daß ich geradezu mit Pomp aufgenommen wurde. Vier Wachslichter wurden von ergebenen Dienern schweigend vor mir her getragen; das waren nur gewöhnliche Ehren, die (wie ich aus alter Erfahrung wußte) nur als erster technischer Schritt dienten, um einen Angriff auf die Börse des Fremden einzuleiten. Die Wachslichter werden nämlich von Gastwirten sowohl im Inland als auch im Ausland benutzt, ›um die Schußweite ihrer Kanonen auszuprobieren‹. Wenn der Fremde sich ruhig unterwirft, wie es ein guter Anti-Wanderer sicher tun sollte, und keinen protestierenden Gegenschuß abgibt, dann wird er sofort als wehrlos innerhalb der Schußweite liegend und als der Befehlsgewalt unterworfen betrachtet. Ich habe diese Strafe von fünf oder sieben Shilling (für Wachs, das man absolut nicht braucht) immer mehr als eine Art von einleitender *Gratifikation*, als Eintrittsgeld betrachtet, was man im Gefängnis als *Schmerzensgeld* bezeichnen würde, um einen als Mann *comme il faut* auszuweisen; und es gibt in dieser Welt der Zölle keinen Zoll, den ich lieber zahlen würde. Das war nun, wie ich gesagt habe, eine nur zu übliche Form, um große Ehre zu erweisen. Die Wachslichter bewegten sich, um den großartigen griechischen Ausdruck ἐπομπευε zu benutzen, pompös vor mir her wie das heilig-heilige Feuer, die unauslöschliche Flamme und ihre goldene Feuerstelle, vor Caesar *semper* Augustus, bei seinen offiziellen oder zeremoniellen *avatars*. Doch all dies bewegte sich noch in den üblichen Kanälen der Ehrerbietung und blieb in alten Gleisen. Ich hätte wirklich wie einer der zwölf Caesaren im Sterben sagen können: *›Ut puto, Deus fio‹* (es ist meine private Überzeugung, daß ich mich in diesem Augenblick in einen Gott verwandelte), doch war die Metamorphose noch nicht vollendet. *Das* geschah erst, als ich den prächtigen Raum betrat, den man mir zugeteilt hatte. Es war ein Tanzsaal[51] von vornehmer Größe – wenn ich nur Befehl dazu geben würde, beleuchtet durch drei prachtvolle Lüster, nicht billig in Papier gehüllt, sondern durch das ganze

Dickicht ihrer Kristallzweige hindurch funkelnd und die sanften Strahlen meiner hohen Kerzen zurückwerfend. Außerdem gab es zwei Orchesternischen, die sich mit Geld innerhalb von dreißig Minuten hätten füllen lassen. Alles in allem genommen fehlte nur ein einziger Gegenstand – nämlich ein Thron – zur Vervollständigung meiner *apotheosis*.

Es mag sieben Uhr abends gewesen sein, als ich mein Reich zum ersten Mal betrat. Ungefähr drei Stunden später erhob ich mich von meinem Sessel und sah mit beträchtlichem Interesse in die Nacht hinaus. Fast zwei Stunden lang hatte ich gehört, wie sich wilde Winde erhoben; und die ganze Atmosphäre war inzwischen eine riesige Stätte feindlicher Bewegungen in alle Richtungen geworden. Solch ein Chaos, solch ein beunruhigendes Gewirr düsterer Massen und solcher entsetzlicher ›Laute, die in der Dunkelheit leben‹ (Wordsworths *Excursion*) hatte ich noch nie bewußt wahrgenommen. Zu Recht und mit richtigem Instinkt hatte ich mich vom Sommer endgültig verabschiedet. Während des ganzen Tages hatten sich Wales und seine großartigen Berglandschaften – Penmaenmawr, Snowdon, Cader, Idris – meine Gedanken mit London teilen müssen. Aber jetzt erhob sich London – einsam, dunkel, unendlich –, über allen Fasern meines Herzens brütend. Einen anderen Gegenstand – einen anderen Gedanken – konnte ich nicht zulassen. Lange vor Mitternacht hatte sich der ganze Haushalt (bis auf einen einsamen Kellner) zur Ruhe begeben. Nachdem es zwölf geschlagen hatte, verblieben mir höchstens noch zwei Stunden für herzerschütternde Erwägungen. Mehr als je zuvor stand ich am Rand eines Abgrundes; und die örtlichen Gegebenheiten vertieften und verstärkten diese Überlegungen, verliehen ihnen Feierlichkeit und Macht, manchmal sogar Schrecken. Nur für Menschen von starrsinnigem und verhärtetem Gefühl ist es unfaßbar, wie tief die Träume anderer durch den äußeren Charakter der sie umgebenden Landschaft verändert und ihm unterworfen werden. Mancher Selbstmord, der als ungewiß in der Schwebe hing, wurde durch die verzweifelte, die Seele erschütternde Umgebung eines baufälligen, verwahrlosten Hauses zum Entschluß und schließlich zur Tatsache. Ohne

Überspanntheit kann man sagen, daß oft der ganze Unterschied zwischen einer Seele, die das Leben von sich stößt, und derselben Seele, die sich in Harmonie mit dem Leben befindet, in den äußeren Bedingungen der betreffenden häuslichen Szene liegt, die von Stunde zu Stunde die Augen bedrängt. In diesem Hotel in Shrewsbury dachte ich natürlich über einige Dinge nach, die zu wesentlich anderen Ergebnissen tendierten. Und doch stimmten sie in mancher Hinsicht damit überein.

Die ungewöhnlichen Abmessungen der Räume, insbesondere ihre gewaltige Höhe, brachte durch die natürlichen Assoziationen von Gefühlen und Bildern beständig und beharrlich die mächtige Vision des in der Ferne auf mich wartenden London hervor. Eine Höhe von neunzehn oder zwanzig Fuß zeigte sich unvermeidlich als übertriebenes Maß in einigen der kleineren Nebenräume – vermutlich vorgesehen für Kartenspiele oder zur Verabreichung von Erfrischungen. Diese einmalige Eigenschaft der Räume – ihre ungewöhnliche Höhe und ihre widerhallende Leere, die diese Höhe demonstrierte –, diese schreckliche Eigenschaft (denn schrecklich war sie letzten Endes), zusammen mit gedrängten und dahinschwindenden Bildern von schnellen Füßen, die so oft in diesen Sälen, beschwingt von Jugend und Hoffnung, jeder Raum von Musik erfüllt, Fröhlichkeit verbreitet hatten – all dieses erstand in einer stürmischen Vision, während sich die toten Stunden der Nacht davonstahlen, alles um mich herum – Haus und Stadt – schlief und der Sturm draußen immer mehr gegen die Fenster tobte und allem Anschein nach ohne Ende anwuchs. Es warf mich in den grausamsten Zustand nervlicher Erregung unter einander widersprechenden Kräften, deren überragendste der Schrecken war, der mich von dem unermeßlichen Abgrund in London zurückstieß, in den ich mich jetzt so bereitwillig hineinstürzen wollte. Oft schaute ich hinaus und besah prüfend die Nacht. Sie war über alle Beschreibung wild und ›dunkel wie der Schlund eines Wolfs‹. Doch zwischendurch, wenn sich der ständig umspringende Wind in eine solche Richtung drehte, daß der ungeheure Wolkenvorhang weggeschoben wurde, leuchteten die Sterne hervor, mit einem Licht jedoch, das ungewöhnlich schwach und fern war. Wenn ich mich den widerhallenden Kammern innen oder der wilden, wilden Nacht draußen zuwandte, dann sah ich London seine visionären Tore wie den furchtbaren Schlund des Acheron *(Acherontis avari)* zu meinem Empfang öffnen. Auch du, Flüstergalerie, brachtest dich in diesen Augenblicken bewußter und gewollter Einsamkeit wieder einmal mit mahnendem Seufzen in Erinnerung. Denn wieder einmal war ich dabei, ein nicht widerrufbares Wort auszusprechen, mich auf einen jener unheilvoll verschlungenen Wege zu begeben, deren Windungen niemals zu entwirren sind.

Solche Gedanken und eine Unzahl ihnen entsprechender Visionen bewegten sich durch die *camera obscura* meiner erregten Phantasie, als ich plötzlich ein Geräusch von Rädern hörte, das jedoch bald wieder an einer entfernten Stelle erstarb. Ich vermutete richtig – es war die Holyhead Mail,[52] die ihren Lauf unterbrochen hatte, um ihrer ursprünglichen Pflicht nachzukommen, die Postsäcke auf dem Postamt abzuliefern. Wenige Minuten später wurde angekündigt, daß die Pferde gewechselt seien, und fort war ich auf dem Wege nach London.

Abgesehen von einer einzigen Ausnahme (der aus Liverpool) waren damals alle Eilposten im Königreich so eingerichtet, daß sie am frühen Morgen in London ankamen. Zwischen vier und sechs Uhr trafen die Eilposten aus dem N (Norden) – E (Osten) – W (Westen) – S (Süden) – woraus einige merkwürdige Etymologen das magische englische Wort NEWS, Nachrichten, ableiten – nach ihrem Platz auf der Liste eine nach der anderen am Postamt ein und gaben ihre herzerschütternden Bündel ab; keine vor vier Uhr, keine nach sechs Uhr. Ich spreche dabei von solchen Tagen, an denen alles gemächlich seinen Weg nahm. Die Landstraßen waren damals in einem solchen Zustand, daß eine entsprechende, übertrieben massive Konstruktion der Kutschen notwendig wurde: prinzipiell wurden die Eilposten so kräftig gebaut, daß sie die schwersten aller Kutschen wurden, die Menschen je ersonnen oder kennengelernt hatten. Aus diesen miteinander verbundenen Übeln von schwergewichtigen Kutschen und Landstraßen, die aus Morastboden bestanden, ergab sich, daß selbst die auserlesene Zucht englischer Kutschpferde, ganz Kraft und Temperament, nicht in der Lage waren, die ungeheure Last mit einer höheren Geschwindigkeit als sechseinhalb Meilen pro Stunde fortzubewegen. Infolgedessen kostete es uns achtundzwanzig harte Stunden, nachdem wir Shrewsbury um zwei Uhr in tiefer Nacht verlassen hatten, bis wir das Hauptpostamt erreichten und auf der Tenne der Lombard Street die ganze Last von Liebe und Haß getreulich niederlegten, die Irland in vierundzwanzig Stunden in dem großen Depot von Dublin zusammenbringen konnte, um sie England zu stiften.

Wenn ich darüber nachdenke, muß ich sagen, daß ich mir selbst in gewissem Umfang Unrecht getan habe. Ich war von Anfang an nicht ganz ohne Plan, und im Laufe der Zeit hatte ich ihn reifen lassen. Der Erfolg dieses Planes würde von der Möglichkeit abhängen, ob ich Geld gegen persönliche Sicherheit geliehen bekam. Wenn man die Zinsen unberücksichtigt ließe, konnte man den Betrag von 200 £ in vier Teilsummen von je 50 £ aufteilen. Welcher Zeitraum trennte mich aber von meiner Volljährigkeit? Einfach ein Zeitraum von vier Jahren. London war, wie ich wußte oder glaubte, die teuerste Stadt in bezug auf drei Ausgabenpositionen: erstens Löhne für Dienstboten, zweitens Unterkunft,[53] drittens Molkereiprodukte. Was andere Dinge angeht, so war London oft billiger als die meisten anderen Städte. Wenn man keine weiteren Ansprüche als anständige Respektabilität stellt, war es in den letzten fünfzig Jahren immer möglich gewesen, in einer Londoner Straße zwei möblierte Zimmer zu einem Preis von einer halben Guinea pro Woche zu bekommen. Wenn man diesen Betrag (oder in anderen Worten 25 £) abzöge, würde mir jährlich ungefähr dieselbe Summe für meine übrigen Ausgaben verbleiben. Ich wußte nur zu sicher, daß das ausreichen würde. Wenn ich also diese 200 £ erhalten konnte, wollte ich alle Verbindungen zu meiner Verwandtschaft abbrechen, bis ich nach dem Gesetz eine Person *mei juris* geworden wäre. In solch einem Fall hätte ich natürlich auf alle Vorteile aus dem Besuch einer Universität, ob eingebildet oder wirklich, ob klein oder groß, verzichten müssen. Doch da ich niemals die geringsten Vorteile oder Einkünfte von irgendeiner Universität bezogen habe, hätte mein Plan, auch wenn er Wirklichkeit geworden wäre, mich genau an denselben Punkt gebracht, den ich schließlich durch sein Scheitern erreichte. Der Plan war einfach genug, ging jedoch von der Annahme aus, daß ich die Verstocktheit der Geldverleiher rühren könnte. In dieser Frage erfüllten mich sowohl Hoffnungen als auch Befürchtungen. Doch viel irritierender als diese beiden Aspekte war die Frage der Frist, die ich schließlich als ein wesentliches Element der Politik aller Geldverleiher erkannte; nur auf diese Weise können sie für ihre Rechtsvertreter Forderungen erheben, die geeignet sind, deren Eifer wachzuhalten.

Ich verlor keine Zeit, die Angelegenheit in Angriff zu nehmen, die mich nach London geführt hatte. Gegen zehn Uhr vormittags, zu einer Stunde, da man annehmen kann, daß alle Geschäftsleute ihren Platz eingenommen haben, entweder selbst oder durch einen Stellvertreter, stellte ich mich im Büro des Geldverleihers ein. Mein Name war dort schon bekannt, denn ich hatte in Briefen aus Wales, die sehr einfache und sehr genaue Erklärungen zu meiner Stellung im Leben und zu meinen finanziellen Erwartungen enthielten, versucht, seine geneigte Aufmerksamkeit zu erregen. (Später stellte sich heraus, daß er einige dieser Erklärungen selbst untersucht und auf ihre Richtigkeit überprüft hatte.) Wie sich herausstellte, hielt der Geldverleiher ein bestimmtes Verfahren ein. Er gewährte niemals einem Menschen ein persönliches Gespräch, nein, nicht einmal dem beliebtesten seiner Kunden. Jeden einzigen – also auch mich in dieser Menge – verwies er hinsichtlich Informationen und zur Aufnahme jeglicher Art von Verhandlungen an einen Bevollmächtigten, der sich an den meisten Tagen der Woche Brunell nannte, jedoch gelegentlich (vielleicht an Festtagen?) den üblicheren Namen Brown trug. Mr. Brunell-Brown oder Brown-Brunell hatte seinen häuslichen Herd (sollte er jemals einen besessen haben) und seine Penaten (wenn sie sich nicht im Gewahrsam der Polizei befanden) in der Greek Street in Soho. Wenn man annimmt, daß die Fassade hin und wieder gereinigt wurde, war das Haus an sich gar nicht unansehnlich. Doch es hatte einen unglücklichen Ausdruck von Düsternis und Verdrießlichkeit an sich, der in Wirklichkeit darauf zurückzuführen war, daß der Anstrich, die Reinigung und teilweise auch die Reparatur lange vernachlässigt worden waren. Andererseits gab es keine zerbrochenen Glasscheiben in den Fenstern, und die tiefe Stille, die das Haus infolge des völligen Fehlens nicht nur von Besuchern, sondern auch von allen dem Haushalt dienenden Gewerben wie Bäckern, Fleischern und Bierkutschern erfüllte, erklärte die Einsamkeit ausreichend durch eine Vermutung, die nicht ganz richtig war – daß das Haus nämlich unbewohnt wäre. Das Haus hatte tagsüber schon Bewohner, wenn auch nicht von geräuschvoller Art, und sollte ihre Zahl bald vergrößern. Mr. Brown-Brunell musterte mich durch ein enges Seitenfenster (wie es an den Eingangstüren in London oft zu finden ist), ließ mich freudig ein und geleitete mich als geachteten Gast in seine private *officina diplomatum* im hinteren Teil des Hauses. Aus seinem Gesichtsausdruck, viel mehr aber noch aus seinem widersprüchlichen und sich selbst widerstreitenden Mienenspiel gewann man sofort den Eindruck, daß er ein Mensch war, der viel zu verbergen hatte, der vielleicht auch vieles gern vergessen würde. Seine Augen verrieten Vorsicht vor Überraschungen und wurden von einem Augenblick zum anderen zu unbezähmbaren Blicken des Verdachtes und des Alarms. Sein Gesicht nahm nie ein natürliches Lächeln an, dem wurde schnell von irgendeiner eisigen Gegenwirkung Einhalt geboten, oder es folgte kurz darauf ein Ausdruck der Traurigkeit. Einen Zug von mitleidiger Güte und Vornehmheit gab es jedoch in Mr. Brunells Charakter, dem ich hinterher für ein Asyl, das mir das Leben rettete, sehr zu Dank verpflichtet war. Er hatte die tiefste, weitherzigste und echteste Liebe zur Wissenschaft, vor allem zu jener speziellen Wissenschaft, die wir Literatur nennen. Seinen stürmischen (und zweifellos oft schimpflichen) Lebensweg, der ihn in ständige Fehden mit seinen Mitmenschen verwickelt hatte, schrieb er mit bitteren Verwünschungen der Tatsache zu, daß er seine Studien nach seines Vaters gewaltsamem Tod abbrechen mußte, und der Notwendigkeit, die ihn in jugendlichem Alter in ein Berufsleben auf der unteren Ebene des Rechtswesens hineinwarf – ihn täglich in Versuchungen brachte, indem sie ihn, ehe er überhaupt feste Prinzipien erworben hatte, mit Möglichkeiten umgab, Vorteile zu nutzen, die nicht ganz ehrbar waren. Von Anfang stürzte sich Mr. Brunell mit Eifer in eine Unterhaltung mit mir, die ihm sowohl Gelegenheit gab, seine eigenen erfreulichen Erinnerungen an die klassischen Autoren wieder aufleben zu lassen, als auch manchmal Zweifel an gegebenen Lösungen sowie Verwirrungen und komplizierte Konstruktionen zur Erläuterung und Erklärung zur Sprache zu bringen. Obwohl das Haus und der Geist des Haushalts von Hunger geplagt schienen, so daß die Inschrift *›Hungersnot‹* auf jedem Kaminsims oder an jedem ›günstigen Punkt‹ zu lesen war und sie energisch gegen jede Aufnahme weiterer Münder mit allem Widerhall protestieren mußten, gab es (ich nehme an, notwendigerweise) einen Schreiber, der den Namen Pyment oder Pyemont trug, was mir zuerst und zuletzt als ein möglicher Nachname bekannt war. Mr. Pyment hatte – jedenfalls meines Wissens – keine *alias*, abgesehen allerdings von dem schmähenden Wortschatz des Mr. Brunell, in dessen höchst abwechslungsreicher Nomenklatur es Dutzende von Schimpfnamen gab, die keinerlei Beziehung zu den wirklichen Gewohnheiten, den guten wie den bösen, dieses Mannes trugen. Aus der Entfernung von zwei Zimmern beanspruchte Mr. Brunell immer eine eingehende und umfassende Kenntnis dessen, was Mr. Pyment gerade tat und was Mr. Pyment als nächstes tun würde. Mr. Pyment gab sich wenig Mühe, darauf zu antworten, wenn er das nicht mit spaßigem Effekt tun konnte (was hin und wieder vorkam). Was die Notwendigkeit Pyments ausmachte, war die ständige Aufforderung, vor einem der untergeordneten Gerichtshöfe in Westminster – Courts of Conscience, Sheriff Courts usw. – zu ›erscheinen‹. Doch es kommt oft vor, daß derjenige, der zu einer Zeit höchst unentbehrlich ist und die meiste Arbeit schafft, zu einer anderen Zeit eine nutzlose Bürde wird, wie der Schwerstarbeit verrichtende Schnitter in den Augen eines Ignoranten an einem nassen, winterlichen Tag wie ein verschwenderischer Nichtstuer erscheint. Mr. Brunell benutzte dieses Auf und Nieder in Pyments Arbeitsleben in höchst zynischer Weise, da sich herausstellte, daß Pyment nicht nur nichts tat, sondern dem geplagten Brunell noch viel zusätzliche Arbeit bereitete. Jedoch geschah es, daß sich gelegentlich die Wahrheit selbst rechtfertigte, wenn auf Pyments Gestalt Anspruch erhoben wurde – aggressiv oder defensiv –, der sofortige Aufmerksamkeit erforderte. Pyment, he! Hierher, Pyment! – Sie werden gebraucht, Pyment! Beide Männer waren von großer, ungeschlachter Statur und mußten auch so sein; denn ob sie Grund dazu hatten oder nicht, manchmal wurden Klienten aufsässig, wenn sie den Prozeß verloren oder ihn zwar nominell gewannen, aber unerwartet mit hohen Kosten belastet wurden, zeigten sich kampfbereit und gaben Pyment Grund zu sagen, daß er zumindest an diesem Tag sein Gehalt verdient hatte, indem er einen Klienten hinausgeworfen hatte, mit dem es sonst schwierig gewesen wäre, zu einer Regelung zu kommen.

Doch ich greife den Dingen voraus. Ich kehre infolgedessen mit einigen erläuternden Worten zum Tag meiner Ankunft in London zurück. Wie segensreich wäre es in jener frühen Zeit für mich gewesen, wenn man mir ein bißchen Aufrichtigkeit entgegengebracht hätte. Wenn man mir (und das war einfache Wahrheit und allen Beteiligten außer mir selber bekannt) erzählt hätte, daß vor Ablauf von sechs Monaten nichts zu Ende gebracht würde, selbst wenn man schließlich alle meine Vorschläge annähme, hätte ich von Anfang an alle Hoffnung dieser Art als ungeeignet für die praktischen Bedürfnisse meiner Situation aufgegeben. Später wird sichtbar werden, daß es eine reale und ernsthafte Absicht gab, mir das benötigte Geld zu leihen. Aber da war es zu spät. Und allgemein glaube ich, zu sagen berechtigt zu sein, daß in einem Fall solcher Art auch ehrbare Rechtsanwälte kein schnelleres Tempo vorlegen würden. Sie würden sich alle gleich mit verschiedenen Behauptungen sechs Monate lang aufhalten, und zwar aus folgendem Grund –

sie befürchten, daß in den Augen ihrer Klienten eine kürzere Zeit jene Summe nicht rechtfertigen würde, die sie für ihre Mühe und ihren vorangegangenen Schriftwechsel fordern zu können glauben. Wieviel besser für beide Seiten, wieviel ehrenhafter, weil offener und ohne jede Maskierung, wäre es, wenn der Klient sagen würde: Bringen Sie diese Summe (angenommen £ 400) in drei Wochen auf, was erledigt werden kann, wenn es in drei Jahren zu erledigen ist, und hier ist ein *Bonus* von £ 100. Ein Verzug von zwei Monaten, und ich ziehe den ganzen Auftrag zurück. Wenn mir mit solcher Offenheit begegnet worden wäre, wieviel körperlichem Leid größten Ausmaßes und wieviel Schmerz getäuschter Hoffnung wäre ich entgangen! Die (mit mir wie mit allen Klienten praktizierte) Methode, meine Hoffnungen ständig durch neue Täuschungen aufzufrischen, mich mit vorgetäuschten Vorbereitungen von Taten hinzuhalten und aus mir von jedem kleinen Betrag, den ich von alten Familienfreunden erhielt, die ich zufällig in London traf, soviel wie möglich für den Kauf imaginärer Stempelmarken herauszuholen, führte statt dessen dazu, mich infolge von Entkräftung an den Rand des Zusammenbruchs zu bringen, während andererseits diejenigen, die diese Täuschungen begingen, dadurch nichts gewannen, was sie nicht auch ehrbar und rechtmäßig bekommen hätten, wenn sie offen gehandelt hätten. Diesen ewigen Täuschungen unterworfen, setzte ich, wie die Dinge lagen, mein Leben äußerst ärmlich in Unterkünften sieben oder acht Wochen lang fort. Obwohl sie in meinen Augen lediglich bescheiden waren, gingen dafür doch zumindest zwei Drittel meiner restlichen Guineas drauf. Als es zuletzt nur noch möglich war, eine letzte halbe Guinea für den dringlicheren Zweck zu reservieren, meine tägliche Nahrung zu finden, gab ich meine Bleiben auf. Ich legte Mr. Brunell die Umstände genau dar, in denen ich mich befand, und erbat seine Genehmigung, sein großes Haus als nächtlichen Zufluchtsort vor der Übernachtung im Freien benutzen zu dürfen. Zu jener Zeit hatte das Parlament es noch nicht zu einem Verbrechen, nahezu zu einem Schwerverbrechen gemacht, wenn ein Mensch auf der Straße schlief (wie es etwa zwanzig Jahre später unsere gütigen Gesetzgeber taten); *das* war also noch kein Verbrechen. Durch das Gesetz wurden mir erst meine Sünden bewußt; wenn ich auf die walisischen Hügel längst vergangener Jahre zurückblickte, entdeckte ich zu meiner Überraschung, welch ein Schuft ich früher in den Augen des Parlaments gewesen war, als ich auf den Hügeln unter freiem Himmel zwischen Kühen schlief. Legal war das noch, aber doch nicht minder voll von Trübsal. Natürlich war ich daher erfreut, als Mr. Brunell meiner Bitte nicht nur höchst bereitwillig entsprach, sondern mich bat, schon an demselben Abend zu kommen und mir das Haus soweit nutzbar zu machen, wie es mir nur möglich wäre. Die Freundlichkeit eines solchen Zugeständnisses hatte jedoch auch eine Kehrseite. Es tat mir jetzt leid, daß ich nicht schon wesentlich früher um diese Erlaubnis gebeten hatte, denn ich hätte sonst eine beträchtliche Menge an Guineas eingespart, die für alle dringenden Notwendigkeiten hätte eingesetzt werden können, im Augenblick insbesondere für eine von schreiender Dringlichkeit – nämlich für den Kauf von Decken. O ihr alten Frauen, Töchter der Mühe und des Leidens, unter all den Lasten und dem bitteren Erbe des Fleisches, denen ihr euch stellen müßt, gibt es absolut nichts, was in meinen Augen mit nächtlicher Kälte verglichen werden kann – nicht einmal Hunger. Schutz vor der Kälte in einem Bett zu suchen und dann unter dem dünnen, gazeartigen Gewebe der schäbigen, abgenutzten Decken ›nicht einmal ein Auge zuzutun‹, wie Wordsworth von armen, alten Frauen in Dorsetshire berichtet, wo Kohlen aus örtlichen Gründen besonders teuer waren – welch furchtbarer Feind war *das*, mit dem die armen alten Großmütter kämpfen mußten! Wie fühlbar spürte ich in dieser Zeit, was ich auch seinerzeit in der wilden walisischen Hügellandschaft erfahren hatte, was für ein unaussprechlicher Segen die Wärme ist! Es gibt keine tödlichere Verdammung für Mann oder Frau als jenen bitteren Kampf zwischen der Müdigkeit, die einen einschlafen läßt, und der scharfen durchdringenden Kälte, die einen dazu zwingt, beim ersten Einnicken entsetzt hochzufahren und mit erneuten körperlichen Anstrengungen vergeblich nach Wärme zu suchen, obwohl man vor Ermüdung immer schwächer wird. Doch auch ohne Decken war es eine feine Sache, einen Zufluchtsort vor der Übernachtung im Freien zu haben und dieses Schutzes so lange versichert zu sein, wie ich es gern haben wollte.

Als die Nacht hereinzubrechen begann, ging ich zur Greek Street hinunter und stellte fest, als ich mein neues Quartier in Besitz nahm, daß das Haus schon einen einzelnen Bewohner hatte, ein armes, freundloses Mädchen, anscheinend zehn Jahre alt; doch schien sie von Hunger geplagt zu sein, und solche Leiden lassen Kinder oft älter aussehen, als sie sind. Von diesem einsamen Kind erfuhr ich, daß es dort schon eine ganze Zeit lang allein geschlafen und gelebt hatte, bevor ich kam; und große Freude drückte das arme Geschöpf aus, als es hörte, daß ich in Zukunft sein Gefährte in den Stunden der Dunkelheit sein würde. Das Haus konnte kaum groß genannt werden – das heißt, es war in jedem einzelnen Stockwerk nicht geräumig, aber da es insgesamt vier Stockwerke hatte, war es groß genug, um nachdrücklich das Gefühl für seine widerhallende Einsamkeit zu erwecken. Da ihm die Möbel fehlten, machte der Lärm der Ratten auf den Treppen und in der Diele einen gewaltigen Tumult, so daß das verlassene Kind zusätzlich zu den körperlichen Qualen von Kälte und Hunger Muße hatte, noch mehr unter der selbstgeschaffenen Qual von Geistern zu leiden. Gegen diese Feinde konnte ich ihr Schutz versprechen; menschliche Gesellschaft war schon für sich ein Schutz, doch andere nötigere Hilfe konnte ich ihr, leider!, kaum bieten. Wir lagen auf dem Fußboden, mit einem Bündel Gesetzblätter als Kopfkissen, mit nicht mehr als einem großen Reitermantel zugedeckt; später entdeckten wir in einer Mansarde einen alten Sofabezug, ein kleines Stück Teppich und einige Bruchstücke anderer Gegenstände, die unsere Bequemlichkeit etwas erhöhten. Das arme Kind kroch dicht an mich, um warm zu werden und sicheren Schutz vor ihren geisterhaften Feinden zu finden. Wenn ich nicht kranker als gewöhnlich war, nahm ich sie in die Arme, so daß sie im allgemeinen erträglich warm wurde und oft schlief, wenn ich nicht schlafen konnte, denn während der letzten zwei

Monate meiner Leiden schlief ich tagsüber viel und konnte zu allen Stunden in ein vorübergehendes Schläfchen fallen. Doch mein Schlaf quälte mich mehr als mein Wachen; abgesehen von der Turbulenz meiner Träume (die allerdings nicht so entsetzlich waren wie meine Opiumträume, die ich nachher beschreiben werde) war mein Schlaf nie mehr als das, was man einen *Hundeschlaf* nennt, ich hörte oft mein eigenes Stöhnen, und sehr oft weckte mich plötzlich meine eigene Stimme. Ungefähr zu dieser Zeit begann mich ein scheußliches Gefühl zu verfolgen, sobald ich in Schlaf fiel, und dieses Gefühl ist in verschiedenen Abschnitten meines Lebens wiedergekehrt – nämlich eine Art Stechen (ich weiß nicht wo, doch anscheinend um die Magengegend herum), das mich dazu zwang, die Füße heftig auszustrecken, um den Schmerz zu lindern. Dieses Gefühl trat auf, sobald ich zu schlafen begann, und da die Anstrengungen zur Schmerzlinderung mich regelmäßig weckten, schlief ich zuletzt nur vor Erschöpfung; und durch zunehmende Schwäche (wie ich schon erklärt habe) schlief ich ständig ein und wurde ständig wieder wach. Es schien nur zu üblich, daß das wahre Erreichen tiefen Schlafes wie mechanisch mit der unvermeidlichen Notwendigkeit der Selbstunterbrechung verbunden war. Es war, als ob eine Schale von einer schläfrig überfließenden natürlichen Quelle allmählich gefüllt wird, wobei die volle Schale symbolisch die vollkommene Ruhe ausdrückt; aber dann auf der nächsten Stufe des Ablaufes schien es, als ob das niederstürzende und stromartige Sprudeln des überreichlichen Wassers, wenn es von jedem Teil der Schale überläuft, den Schlummer unterbricht, den es auf der früheren Stufe des stillen Sammelns so natürlich geschaffen hatte. Von dieser Art und so regelmäßig in seinem Anschwellen und seinem Niedergehen – seinem langsamen Anwachsen und seiner gewaltsamen Zerstreuung – bewegte sich dieser ewige Wechsel von verstohlenem Schlaf und stürmischem Erwachen durch Stadien, die so natürlich sind wie die Zunahme der Abenddämmerung oder das Aufflammen der Morgenröte; keine Ruhe, die nicht zugleich ein Vorspiel des Aufruhrs war; keine süßen, ängstlichen Pulsschläge der Erholung, die nicht plötzlich in rollendem Getöse wilder Zerrissenheit explodierten. Manchmal kam der Herr des Hauses ganz plötzlich und sehr früh zu uns herein, manchmal nicht vor zehn Uhr und manchmal gar nicht. Er hatte ständig Angst davor, verhaftet zu werden. Indem er Cromwells Verfahren verbesserte, schlief er jede Nacht in einem anderen Londoner Stadtviertel; und ich beobachtete, daß er es nie versäumte, sich durch ein verborgenes Fenster jene anzusehen, die an die Tür klopften, bevor er gestattete, ihnen zu öffnen. Er frühstückte allein; sein Teegedeck hätte auch kaum zugelassen, eine Einladung an eine zweite Person zu riskieren, genausowenig wie die Menge des eßbaren *Materials*, das meistens aus wenig mehr als einem Brötchen oder einigen Keksen bestand, die er auf dem Weg von seinem Schlafplatz her gekauft hatte. Oder wenn er einmal eine Gesellschaft eingeladen *hätte*, müßten, wie ich einmal gelehrterweise ihm gegenüber bemerkte, deren verschiedene Glieder nach ihrer Rangordnung *gestanden* (anstatt nach Rangordnung *gesessen*) haben, und zwar nicht gleichzeitig; es hätte eine Rangordnung der Zeiten, nicht der Plätze sein müssen. Während seines Frühstücks fand ich im allgemeinen einen Grund, hineinzuschlendern, und mit so gleichgültiger Miene, wie ich konnte, nahm ich mir jene Bruchstücke, die zufälligerweise übriggeblieben waren; manchmal blieb allerdings überhaupt nichts übrig. Wenn ich das tat, beging ich keinerlei Raub, höchstens an Mr. Brunell selbst, der auf diese Weise dann und wann gezwungen war, zum Mittag nach einem zusätzlichen Keks zu schicken; doch wurde er auf Wegen, die im folgenden erklärt werden, tausendfach entschädigt. Was das arme Kind angeht, so wurde es niemals in sein Arbeitszimmer (wenn ich diesen Namen seinem Hauptlager an Pergamenten, Urteilen usw. geben darf) eingelassen. Für sie war das Zimmer das Blaubart-Zimmer des Hauses, das regelmäßig bei seinem Gang zum Abendessen gegen sechs Uhr, was gewöhnlich sein letzter Weg für diesen Tag war, abgeschlossen wurde. Ich konnte nicht ermitteln, ob das Kind eine illegitime Tochter von Mr. Brunell oder nur eine Dienstperson war; sie wußte es selbst nicht; aber sicherlich wurde sie wie eine niedrige Dienstbotin behandelt. Sobald Mr. Brunell auftauchte, ging sie nach unten, putzte seine Schuhe, bürstete seinen Mantel ab usw., und nur wenn sie auf irgendeinen Botengang geschickt wurde, kam sie aus dem trostlosen Tartarus der Küche an das Licht, bis mein willkommenes Klopfen bei Einbruch der Nacht ihre zitternden Schritte an die Vordertür rief. Von ihrem Leben während des Tages wußte ich jedoch außer dem, was ich mir aus ihren Berichten während der Nacht zusammenreimte, wenig; denn sobald die Geschäftsstunden begannen, erkannte ich, daß meine Abwesenheit willkommen sein würde, und im allgemeinen ging ich deshalb fort und saß in den Parks oder anderswo, bis sich die Abenddämmerung näherte.

Doch wer und was nun war der Herr des Hauses selbst? Geneigter Leser, er war einer jener regelwidrigen Praktiker in den unteren Ebenen des Rechtswesens, die aus Gründen praktischer Überlegung oder aus Notwendigkeit sich jegliche Hingabe an den Luxus eines zu feinen Gewissens versagten. Auf vielen Strecken des Lebens ist ein Gewissen eine teurere Last als eine Ehefrau oder eine Kutsche; und so wie die Leute davon sprechen, ihre Kutschen ›stillzulegen‹, so nehme ich an, hatte mein Freund Mr. Brunell sein Gewissen eine Zeitlang ›stillgelegt‹, was zweifellos hieß, daß er es wieder in Betrieb nehmen würde, sowie er es sich leisten konnte. Er war ein Anzeigen-Anwalt, der in den Morgenzeitungen ständig der Öffentlichkeit mitteilte, daß er für Personen mit gutem Ruf in Fällen, die gemeinhin als verzweifelt betrachtet werden – nämlich in solchen, in denen außer *persönlicher* Sicherheit nichts als Pfand angeboten werden konnte –, Darlehen beschaffe. Doch da er sich sorgfältig versicherte, daß man mit einer Anwartschaft auf reichliche Mittel rechnen konnte oder mit naher Verwandtschaft, die es nicht ertragen könnte, daß der Name der Familie entehrt würde, und da er das Leben des Entleihers eine ausreichende Zeit lang versicherte, war das Risiko nicht groß; außerdem lag es völlig bei dem wirklichen Geldverleiher, der im Hintergrund blieb und sich den Klienten niemals mit seiner wirklichen Person offenbarte und alle Transaktionen durch seine gelehrten Rechtsvertreter durchführen ließ – durch Mr. Brunell oder andere. Das innere System des täglichen

Lebens eines solchen Mannes würde ein ungeheuerliches Bild abgeben. Selbst mit meinen begrenzten Möglichkeiten, die Vorgänge zu beobachten, sah ich manchmal Szenen der Intrige und verwickelte Rechtskniffe, über die ich teilweise bis heute lächeln muß und über die ich damals trotz meines Elends lächelte. Meine damalige Situation ließ mich selbst jedoch nur wenige Erfahrungen in bezug auf Mr. Brunells Charaktereigenschaften gewinnen, bis auf solche, die ihm zur Ehre gereichten, und aus dieser ganzen seltsamen Mischung sollte ich alles vergessen bis auf die Tatsache, daß er sich mir gegenüber zuvorkommend und im Rahmen seiner Möglichkeiten großzügig verhielt.

Diese Möglichkeiten gingen allerdings nicht weit. Jedoch wohnte ich gemeinsam mit den Ratten mietfrei. Dr. Johnson berichtete, daß er nur ein einziges Mal in seinem Leben soviel Spalierobst gehabt hat, wie er wollte; genauso dankbar möchte ich sein, daß ich bei dieser einmaligen Gelegenheit über eine solche Auswahl an Zimmern, ja an Wohnungen in einem Londoner Wohnhaus – nämlich, wie ich jetzt hinzufügen kann, an der nordwestlichen Ecke der Greek Street auf der Seite der nächsten Straße zum Soho Square – verfügte, wie ich es mir nur wünschen konnte. Abgesehen von dem Blaubart-Zimmer, von dem das arme Kind glaubte, daß es darin ständig spukte, und das noch dazu abgeschlossen war, standen alle anderen Räume von den Mansarden bis zu den Kellern zu unserer Verfügung. ›Die ganze Welt lag vor uns‹, und wir schlugen unser Zelt an jeder beliebigen Stelle auf, die uns gefallen konnte. Dieses Haus habe ich als geräumig und ansehnlich beschrieben. Es steht an einer auffallenden Stelle in einem bekannten Teil Londons. Viele meiner Leser werden, daran zweifle ich nicht, in den letzten Stunden, bevor sie dieses lesen, daran vorbeigegangen sein. Ich selbst versäume nie, es zu besuchen, wenn mich der Zufall nach London bringt. Heute abend gegen zehn Uhr (es ist der 15. August 1821, mein Geburtstag) schwenkte ich von meinem abendlichen Spaziergang durch die Oxford Street ab, um einen Blick darauf zu werfen. Es wird jetzt von einer offenbar ehrenwerten Familie bewohnt. Die Fenster sind nicht mehr von einer Schicht überzogen, die sich aus altem

Ruß und überaltertem Regen zusammensetzt, und das ganze Äußere hat nicht mehr den Charakter des Düsteren. In den erleuchteten Fenstern des vorderen Salons sah ich eine häusliche Gesellschaft, vielleicht beim Tee und offensichtlich heiter und fröhlich – welch ein wunderbarer Gegensatz, so schien es mir, zu der Dunkelheit, Kälte, Stille und Einsamkeit desselben Hauses vor neunzehn Jahren, als seine nächtlichen Bewohner ein ausgehungerter Scholar und ein armes, vernachlässigtes Kind waren. Übrigens versuchte ich in späteren Jahren vergeblich, es ausfindig zu machen. Abgesehen von ihrer Situation war sie nicht das, was man interessantes Kind nennt. Sie war nicht hübsch und hatte weder eine schnelle Auffassungsgabe noch bemerkenswert erfreuliche Manieren, doch Gott sei Dank bedurfte es gerade in jenen Jahren nicht des Schmuckes eines eleganten Beiwerks, um meine Zuneigung zu gewinnen. Die einfache menschliche Natur, in ihrem anspruchslosesten und schlichtesten Gewand, genügte mir; und ich liebte das Kind, weil es mein Gefährte im Unglück war. Wenn sie noch lebt, ist sie jetzt vermutlich eine Mutter mit eigenen Kindern; doch, wie ich gesagt habe, ich konnte ihre Spuren nicht finden.

Ich bedauere das; doch es gab noch eine andere Person zu jener Zeit, die ich seitdem mit viel größerem Ernst und mit viel größerem Schmerz über meinen Mißerfolg wiederzufinden versucht habe. Diese Person war eine junge Frau, die zu jener unglücklichen Schicht gehört, die die Ausgestoßenen und Parias unserer weiblichen Bevölkerung ausmachen. Ich schäme mich nicht und hätte auch keinen Grund dafür, hier zuzugeben, daß ich damals mit vielen Frauen, die unter solchen unglücklichen Bedingungen lebten, auf vertrautem und freundschaftlichem Fuße stand. Lächele nicht, geneigter Leser, zu unbekümmert und schnell! Runzele nicht die Stirn, geneigter Leser, zu unangemessen und zu streng! Hier besteht kaum ein Grund zum Lächeln oder zum Stirnrunzeln. Es war nicht zu vermuten, daß ein mittelloser Schuljunge überhaupt solchen Versuchungen ausgesetzt sein konnte, dazu noch, nach dem alten lateinischen Sprichwort *›sine Cerere et Baccho‹* usw. Diese unglücklichen Frauen waren für mich einfach Schwestern in der Not, und zwar Schwestern, unter denen sich in genauso großem Maß wie unter jeder anderen gleichgroßen Zahl von Personen, die über mehr Achtung in der Welt verfügen, Menschlichkeit, uneigennützige Großzügigkeit, Mut, der nicht zögert, die Hilflosen zu verteidigen, und Treue fand, die es verachtet hätte, Bestechungsgelder für Betrug anzunehmen. Doch die Wahrheit ist, daß ich niemals in meinem Leben ein Mensch war, der sich durch die Berührung oder Annäherung irgendeines Geschöpfs mit einem menschlichen Antlitz befleckt fühlte. Ich kann nicht annehmen, ich will nicht glauben, daß Geschöpfe mit dem Antlitz eines Mannes oder einer Frau so absolut verworfene und verkommene Ausgestoßene sind, daß schon das Gespräch mit ihnen zur Befleckung führt. Im Gegenteil war es seit meiner frühesten Jugend mein Stolz, mich wie Sokrates mit allen menschlichen Wesen – Mann, Frau und Kind – vertraut zu unterhalten, die mir der Zufall über den Weg schickte; denn ein Philosoph sollte nichts mit den Augen des armen, beschränkten Geschöpfes sehen, das sich selbst einen Mann von Welt nennt und voll von engen und eigennützigen Vorurteilen der Geburt und der Erziehung ist, sondern sollte sich als ein tolerantes Geschöpf verstehen, in gleicher Beziehung stehend zu hoch und niedrig, zu gebildet und ungebildet, zu dem Schuldigen und dem Unschuldigen. Da ich zu jener Zeit notwendigerweise selbst ein Umherziehender, ein Wanderer auf den Straßen war, schloß ich mich natürlich immer häufiger jenen Umherziehenden an, die man technisch die Straßenmädchen nennt. Manche dieser Frauen hatte gelegentlich gegenüber Wächtern, die mich von den Stufen der Häuser, vor denen ich saß, vertreiben wollten, meine Partei ergriffen; andere hatten mich gegen schwerwiegende Angriffe geschützt. Doch unter ihnen gab es eine – die eine, um derentwillen ich dieses Thema überhaupt angeschnitten habe – doch nein, ich will dich, edel gesonnene Ann, nicht zu jener Gruppe von Frauen rechnen; ich will, wenn es möglich ist, eine freundlichere Bezeichnung für die Lage derjenigen finden, deren Freigebigkeit und Mitleid – mit denen sie für meine Bedürfnisse sorgte, als die ganze Welt sich von mir fernhielt – ich es verdanke, daß ich heute noch lebe. Viele Wochen lang war ich abends mit diesem armen, einsamen Mädchen die Oxford Street auf und ab gegangen oder hatte mich mit ihr auf Stufen oder im Schutz von Säulengängen ausgeruht. Sie konnte noch nicht so alt sein wie ich, und sie erzählte mir tatsächlich, daß sie ihr sechzehntes Lebensjahr noch nicht vollendet hatte. Durch Fragen, zu denen mich mein Interesse an ihr bewegte, hatte ich ihre einfache Geschichte allmählich herausgelockt. Ihr Fall war einer, wie er immer wieder vorkam (wie ich inzwischen anzunehmen Grund bekam) und in dem die Kraft des Gesetzes im Interesse von Schutz und Ahndung hätte öfter intervenieren müssen, wenn die Londoner Wohltätigkeit ihre Vorkehrungen dem besser angepaßt hätte. Doch der Strom der Londoner Mildtätigkeit fließt in einem Kanal, der zwar tief und mächtig ist, jedoch geräuschlos unter der Oberfläche bleibt – er ist für arme, obdachlose Wanderer nicht sichtbar oder leicht zugänglich; und es läßt sich nicht leugnen, daß die äußere Atmosphäre und die Struktur der Gesellschaft in London wie in allen großen Hauptstädten unvermeidlich rauh, grausam und abstoßend sind. Auf jeden Fall sah ich jedoch, daß ein Teil des ihr zugefügten Unrechts wiedergutgemacht werden konnte, und ich drängte sie oft und ernsthaft, ihre Angelegenheit einem Friedensrichter vorzulegen. Freundlos wie sie war, versicherte ich ihr, würde sie sofort Aufmerksamkeit finden, und die englische Justiz, die ohne Ansehen der Person handelte, würde sie schnell und umfassend an dem brutalen Schurken rächen, der ihr kleines Vermögen geplündert hatte. Sie versprach mir oft, es zu tun, doch sie schob die Schritte, die zu ergreifen ich ihr vorgeschlagen hatte, immer weiter auf, denn sie war in einem Maße ängstlich und deprimiert, das zeigte, wie tief die Sorge ihr junges Herz ergriffen hatte; und vielleicht war ihr Gedanke richtig, daß der rechtschaffenste Richter und der gerechteste Gerichtshof nichts tun konnten, um ihre schwersten Kränkungen wiedergutzumachen. Einiges hätte vielleicht doch getan werden können, denn schließlich waren wir übereingekommen (unglücklicherweise erst beim vorletzten Mal, das ich sie je treffen sollte), daß ich am nächsten oder übernächsten Tag in ihrer Begleitung einem Friedensrichter ihren Fall vortragen sollte. Diesen kleinen Dienst (so war vorherbestimmt) sollte ich jedoch nie ausführen. Statt dessen leistete sie mir einen Dienst, der größer war, als ich ihr je zurückzahlen konnte. Eines Abends, als wir langsam die Oxford Street hinunterschritten, nach einem Tag, an dem ich mich ungewöhnlich krank und matt gefühlt hatte, bat ich sie, mit mir zum Soho Square abzubiegen. Dorthin gingen wir, und wir setzten uns auf die Stufen eines Hauses, an dem ich bis heute nie ohne einen plötzlich stechenden Schmerz vorbeigehe, ohne eine innere Reverenz gegenüber dem Geist des unglücklichen Mädchens, in Erinnerung an die edle Tat, die sie dort vollbrachte. Als wir dort saßen, wurde mir plötzlich viel schlechter. Ich hatte meinen Kopf an ihren Busen gelegt, sank mit einem Mal aus ihren Armen und fiel rückwärts auf die Stufen. Auf Grund der Empfindungen, die ich dabei hatte, spürte ich die höchst lebhafte innere Überzeugung, daß ich ohne einen starken, wiederbelebenden Reiz entweder auf der Stelle gestorben oder zumindest zu einem Punkt der Erschöpfung abgesunken wäre, von dem aus jeder Wiederaufstieg bei meinen freudlosen Lebensumständen bald hoffnungslos geworden wäre. An diesem kritischen Punkt meines Schicksals geschah es, daß meine arme verwaiste Gefährtin, der selbst wenig anderes als Unrecht in dieser Welt begegnet war, mir eine rettende Hand entgegenstreckte. Sie stieß einen Schreckensschrei aus, rannte aber, ohne einen Augenblick zu zögern, fort in die Oxford Street und kehrte schneller, als man sich vorstellen kann, mit einem Glas Portwein mit Gewürzen zurück, das auf meinen leeren Magen (der zu dieser Zeit alle feste Nahrung abgewiesen hätte) augenblicklich heilend wirkte; dieses Glas hatte das großzügige Mädchen ohne Murren aus ihrer eigenen bescheidenen Börse bezahlt, und das zu einer Zeit, daran sei erinnert, da sie kaum Mittel besaß, um den reinen lebensnotwendigen Bedarf zu kaufen, und da sie keinerlei Grund zu der Annahme hatte, daß ich jemals fähig sein würde, ihr das Geld zurückzuzahlen. O jugendliche Wohltäterin! Wie oft habe ich in den letzten Jahren, wenn ich an einsamen Orten stand und mit schmerzendem Herzen und voll Liebe an dich gedacht – wie oft habe ich mir dann gewünscht, daß, ähnlich wie in alten Zeiten, als man glaubte, daß der Fluch eines Vaters übernatürliche Kraft habe und sein Opfer mit unvermeidlicher Notwendigkeit der Selbstverwirklichung verfolge, auch der Segenswunsch eines von Dankbarkeit erfüllten Herzens ein ähnliches Privileg besäße, daß ich die von Gott gegebene Kraft hätte, dir zu folgen, dich zu jagen, dir aufzulauern und dich bis mitten in die Dunkelheit eines Londoner Bordells oder sogar (wenn das möglich wäre) bis in die Dunkelheit des Grabes zu verfolgen, um dich dort mit der rechtskräftigen Botschaft von Frieden, Vergebung und endlicher Versöhnung zu erwecken! Manche Gefühle sind zwar nicht tiefer oder leidenschaftlicher, doch zarter als andere; und wenn ich jetzt durch die Oxford Street im verträumten Lampenlicht gehe und eine Drehorgel jene Melodien spielen höre, die vor Jahren mich und meine liebe junge Gefährtin trösteten, dann vergieße ich Tränen, denke über die geheimnisvolle Fügung nach, die uns so plötzlich und so entscheidend für immer getrennt hat. Wie es geschah, wird der Leser aus dem Rest dieser einführenden Erzählung entnehmen.

Bald nach dem letzten Ereignis, von dem ich berichtet habe, traf ich in der Albemarle Street einen Herrn aus der Hofhaltung des damaligen Königs. Diesem Herrn war von meiner Familie bei verschiedenen Gelegenheiten Gastfreundschaft erwiesen worden, und er sprach mich auf der Straße auf meine Familienähnlichkeit an. Ich versuchte nicht, mich zu verstellen, sondern beantwortete geschickt seine Fragen; nachdem er mir sein Ehrenwort gegeben hatte, daß er mich nicht meinen Vormündern verraten würde, gab ich ihm meine richtige Anschrift in der Greek Street. Am nächsten Tag erhielt ich von ihm eine Zehn-Pfund-Banknote. Der Brief, der sie enthielt, wurde zusammen mit anderen Geschäftsbriefen dem Anwalt ausgehändigt; obwohl mir sein Blick und sein Auftreten sagten, daß er seinen Inhalt argwöhnte, übergab er mir den Brief in allen Ehren und ohne Einwände.

Der besondere Zweck, für den ein großer Teil dieses Geschenks verwendet wurde, bringt mich natürlich dazu, abermals von dem ursprünglichen Ziel zu sprechen, das mich nach London gelockt und das ich ohne Unterbrechung durch

Mr. Brunell vom ersten Tag meiner Ankunft in London an verfolgt hatte.

Es wird meine Leser verwundern, daß ich in einer so riesigen Welt wie London nicht irgendeine Möglichkeit gefunden haben sollte, die äußerste Not abzuwenden, und es wird ihnen einfallen, daß mir zumindest zwei Quellen zugänglich gewesen sein müssen: nämlich entweder bei den Freunden meiner Familie Unterstützung zu suchen oder meine jugendlichen Fähigkeiten so, wie sie waren, in eine gewisse Bahn pekuniärer Bezüge zu lenken. Was die erste Möglichkeit anbetrifft, so möchte ich generell bemerken, daß ich vor allen anderen Übeln nichts so wie die Möglichkeit befürchtete, von meinen Vormündern zurückgefordert werden zu können, zweifellos hätten sie die Macht, die ihnen das Gesetz gab, gegen mich bis zum äußersten eingesetzt, das heißt, bis zu dem Extrem, mich zwangsweise in die Schule zurückzubringen, die ich verlassen hatte; wenn eine solche Rückführung, die in meinen Augen selbst dann eine Entehrung hätte sein müssen, wenn ich mich ihr freiwillig unterworfen hätte, unter Geringschätzung und Mißachtung meiner eigenen Wünsche und meines ernsten Widerstandes von mir erzwungen worden wäre, hätte sie sich für mich als Erniedrigung erweisen müssen, die schlimmer als der Tod gewesen wäre und auch wirklich zu meinem Tod geführt hätte. Ich scheute also davor zurück, selbst in solchen Kreisen um Unterstützung zu bitten, in denen ich sie zu erhalten sicher sein konnte, wenn damit irgendeine Gefahr verbunden war, meinen Vormündern einen Anhaltspunkt für ihre Suche zu geben. Zweifellos gab es viele ehemalige Freunde meines Vaters, und sie waren über das ganze Königreich verteilt; doch was London insbesondere anbetrifft, war zwar ein großer Teil dieser Freunde sicherlich dort zu finden, doch kannte ich (da zehn volle Jahre seit seinem Tod vergangen waren) nur sehr wenige von ihnen dem Namen nach, und da ich London nie zuvor gesehen hatte – abgesehen von ein paar Stunden in meinem fünfzehnten Lebensjahr –, wußte ich nicht einmal die Adressen dieser wenigen. Teils diese Schwierigkeit, doch noch mehr die Gefahr, die ich erwähnte, machten es mir daher ständig unmöglich, diesen Weg zur Gewinnung von Hilfe zu nutzen. Hinsichtlich des anderen Weges – die Fähigkeiten oder Kenntnisse, die ich möglicherweise besaß, nutzbringend anzuwenden – bin ich zur Hälfte bereit, in das Erstaunen des geneigten Lesers einzustimmen, daß ich ihn übersehen haben sollte. Als Korrektor von griechischen Druckfahnen (wenn nicht auf andere Weise) hätte ich für meine bescheidenen Bedürfnisse sicherlich genug verdient. Solch ein Amt hätte ich mit beispielhafter und pünktlicher Genauigkeit versehen können, so daß ich mir bald das Vertrauen meiner Auftraggeber erworben hätte. Es bestand der große, vorausgehende Vorteil, meinen Bemühungen eine solche Wendung zu geben, daß die intellektuelle Würde und Vornehmheit, die mit allen Dienstleistungen auf dem Gebiet des Drucks verbunden ist, meinen Stolz und meine Selbstachtung vor Kränkung bewahrt hätten. In einem extremen Fall, wie es der meine inzwischen geworden war, hätte ich die bescheidene Position eines ›Laufburschen‹ nicht auf jeden Fall als unter meiner Würde betrachtet. Eine untergeordnete Stellung in einem ehrenwerten Dienst ist besser als eine höhere Stellung in einem Dienst, der auf Ziele orientiert ist, die niedrig oder unwürdig sind. Ich bin mir allerdings nicht sicher, daß ich die Aufgaben dieses Amtes ordnungsgemäß erfüllt hätte. Für einen perfekten Laufburschen, fürchte ich, ist Geduld eine unerläßliche Tugend, mehr Geduld, als ich vielleicht für den Tanz nach der Pfeife schrulliger Autoren, die in Fragen der Zeichensetzung abergläubisch anspruchsvoll sind, aufgebracht hätte. Doch warum über meine Eignung sprechen? Geeignet oder nicht geeignet, wo konnte ich solch ein Amt finden? Denn es darf nicht vergessen werden, daß selbst die Anstellung als Laufbursche Einfluß erfordert. *Dafür* hätte ich zunächst eine Empfehlung an einen geachteten Verleger gebraucht, und ich besaß keine Möglichkeiten, so etwas zu bekommen. Um jedoch die Wahrheit zu sagen, wäre ich niemals auf den Gedanken gekommen, literarische Arbeit als Profitquelle zu betrachten. Keine Methode, schnell genug Geld zu bekommen, hatte sich je so angeboten wie die Aufnahme eines Kredits auf der Grundlage meiner künftigen Forderungen und Erwartungen. Dieser Methode versuchte ich, auf jedem Weg näherzukommen, und neben anderen Personen wandte ich mich auch an einen Juden mit dem Namen D ...[54]

Bei diesem Juden und anderen Reklame machenden Geldverleihern hatte ich mich mit einer Aufstellung dessen eingeführt, was ich zu erwarten hatte, und ohne große Schwierigkeiten überzeugten sie sich, daß diese Aufstellung richtig war. Die dort als zweiter Sohn des ... genannte Person hatte, wie sich ergab, alle die von mir erwähnten Ansprüche (oder noch mehr); doch eine Frage blieb noch offen, wie man den Gesichtern der Juden recht deutlich entnehmen konnte – war ich jene Person? Ich hätte einen solchen Zweifel nie für möglich gehalten; wenn meine jüdischen Freunde mich scharf ansahen, hatte ich eher gefürchtet, ich wäre ihnen als diese Person nur zu gut bekannt und durch ihre Köpfe ginge irgendein Plan, mich einzufangen und an meine Vormünder zu verkaufen. Es war mir merkwürdig, mich selbst, *materialiter* betrachtet (so drückte ich es aus, denn ich war vernarrt in die logische Genauigkeit von Definitionen), im Verdacht zu sehen, mich selbst, *formaliter* betrachtet, fälschend nachzuahmen. Um jedoch ihre Bedenken auszuräumen, traf ich die einzige Maßnahme, die in meinen Kräften stand. Während ich in Wales war, hatte ich verschiedene Briefe von jungen Freunden bekommen, und diese legte ich jetzt vor, denn ich trug sie ständig bei mir. Die meisten dieser Briefe waren von dem Grafen von Altamont, der zu dieser Zeit und auch schon einige Jahre vorher zu meinen vertrautesten Freunden gehört hatte. Die Briefe waren aus Eton datiert. Ich hatte auch einige von dem Marquis von Sligo, seinem Vater, der, obwohl er mit landwirtschaftlichen Unternehmungen voll zu tun hatte, doch ein ehemaliger Etonian und so gebildet war, wie ein Adliger sein muß; er behielt eine Vorliebe für klassische Studien und junge Scholaren. Dementsprechend hatte er, seitdem ich fünfzehn Jahre alt war, mit mir korrespondiert – manchmal über die großen Verbesserungen, die er in den Grafschaften Mayo und Sligo eingeführt hatte oder einzuführen erwog, seitdem ich dort gewesen war; manchmal über die Verdienste eines lateinischen Dichters; ein andermal wieder über Themen, von denen er glaubte, daß ich entweder selbst Verse darüber schreiben oder meinen einstigen vertrauten Gefährten, seinen Sohn, damit poetisch inspirieren konnte.

Als er diese Briefe gelesen hatte, erklärte sich einer meiner jüdischen Freunde unter der Voraussetzung bereit, mir zwei- oder dreihundert £ auf persönliche Sicherheit zu borgen, daß es mir gelänge, den jungen Grafen – der übrigens nicht älter war als ich – dazu zu bewegen, die Rückzahlung zu garantieren, wenn wir beide volljährig würden; ich nehme heute an, daß es dem Juden nicht um das bißchen Gewinn ging, den er an mir zu erzielen hoffen konnte, sondern um die Aussicht, eine Beziehung zu meinem erlauchten Freund anknüpfen zu können, dessen große Erwartungen ihm gut bekannt waren. Ich folgte diesem Vorschlag des Juden, und etwa acht oder neun Tage, nachdem ich die £ 10 bekommen hatte, bereitete ich mich darauf vor, Eton zu besuchen. Ungefähr drei Guineas von diesem Geld hatte ich meinem geldverleihenden Freund im Hintergrund übergeben; oder genauer gesagt, ich hatte diese Summe Mr. Brunell, *alias* Brown, als Beauftragten von Mr. Dell, dem Juden gegeben, und eine kleinere Summe erhielt er direkt auf seine eigene Rechnung. Was er als Rechtfertigung dafür anführte, meine Börse in solch einem kritischen Augenblick so zu berauben, war die Behauptung, es müßten Stempelmarken gekauft werden, damit die Schriftstücke während meiner Abwesenheit von London vorbereitet werden könnten. Im stillen dachte ich mir, daß er log, doch ich wollte ihm keine Entschuldigung dafür geben, mir seine eigenen Verzögerungen zur Last zu legen. Etwa fünfzehn Shilling hatte ich dafür ausgegeben, meine Kleidung (wenn auch in sehr schlichter Weise) wieder zu vervollständigen. Von dem Rest gab ich Ann ein Viertel (etwas mehr als eine Guinea), wobei ich plante, nach meiner Rückkehr mit ihr zu teilen, was noch übrigbleiben würde. Nachdem ich diese Vorbereitungen getroffen hatte, machte ich mich an einem dunklen Winterabend kurz nach sechs in Anns Begleitung in Richtung Piccadilly auf den Weg, denn ich hatte die Absicht, bis zur Abzweigung nach Salt Hill und Slough mit der Bath- oder Bristol-Post zu reisen. Unser Weg führte durch einen Teil der Stadt, der heute vollständig verschwunden ist, so daß ich seine alten Grenzen nicht wiederfinden kann – er wurde durch die Regent Street und ihre Nebenstraßen ersetzt. *Swallow Street* ist der einzige der durch diesen revolutionären Eingriff abgeschafften Namen, an den ich mich erinnere. Da uns noch genug Zeit zur Verfügung stand, hielten wir uns links, bis wir zum Golden Square kamen. Dort, in der Nähe der Ecke der Sherrard Street, setzten wir uns hin, denn wir wollten nicht an dem Lärm und dem Feuer von Piccadilly teilhaben. Ich hatte Ann schon vorher von meinen Plänen erzählt, und ich versicherte ihr jetzt wieder, daß sie an meinem Glück teilhaben sollte, wenn ich ihm nur begegnete, und daß ich sie nie im Stich lassen würde, sobald ich die Kraft hätte, sie zu beschützen. Das war meine feste Absicht, sowohl aus Zuneigung als auch aus Pflichtgefühl, denn abgesehen von meiner Dankbarkeit (die mich auf jeden Fall ein Leben lang zu ihrem Schuldner machen mußte), liebte ich sie so zärtlich, als ob sie meine Schwester gewesen wäre, und in diesem Augenblick mit siebenfacher Empfindsamkeit, aus Mitleid, Zeuge ihrer äußersten Niedergeschlagenheit zu sein. Offensichtlich hatte ich selbst den meisten Grund zur Niedergeschlagenheit, weil ich meinen Lebensretter verließ; doch unter Berücksichtigung der Erschütterung, der meine Gesundheit ausgesetzt war, war ich fröhlich und voller Hoffnung. Im Gegensatz dazu war sie, die von einem Menschen schied, der wenig Möglichkeiten hatte, ihr zu helfen, abgesehen von Freundlichkeit und brüderlichem Verhalten, von Sorge übermannt; als ich sie bei unserem Abschied küßte, legte sie mir die Arme um den Hals und weinte, ohne ein Wort zu sagen. Ich hoffte, spätestens in einer Woche zurückzukehren, und ich vereinbarte mit ihr, daß sie am fünften Abend nach meiner Abreise und von da an jeden Abend um sechs Uhr am unteren Ende der Great Titchfield Street auf mich warten sollte, wo unser üblicher Treffpunkt war, um zu vermeiden, daß wir uns in dem weiten Meer der Oxford Street verfehlten. Diese und andere Vorsichtsmaßnahmen ergriff ich, nur eine vergaß ich. Entweder hatte sie mir nie ihren Nachnamen genannt, oder ich hatte ihn (als eine wenig interessierende Sache) vergessen.

Bei Mädchen niedrigen Ranges in ihrer unglücklichen Situation ist es in der Tat nicht (wie bei romanlesenden Frauen mit höheren Ansprüchen) üblich, sich selbst *Miss Douglas, Miss Montague* und so weiter zu nennen, sondern einfach bei ihren Vornamen *Mary, Jane, Frances* und so weiter. Ihren Nachnamen als das sicherste Mittel, sie zu finden, hätte ich jetzt erfragen müssen, doch die Wahrheit ist, da ich keinen Grund hatte anzunehmen, daß unsere erneute Begegnung als Folge einer kurzen Unterbrechung schwieriger oder ungewisser sein würde als in den vielen vergangenen Wochen, hatte ich es kaum einen Moment lang als notwendig erachtet oder es mir als Bemerkung für unser Abschiedsgespräch vorgenommen; und da meine letzte Sorge dem galt, sie mit Hoffnungen zu trösten und sie zu drängen, sich Medizin für den starken Husten zu besorgen, der sie quälte, vergaß ich jene Vorsichtsmaßnahme, bis es zu spät war, sie zurückzurufen.

Als ich das Gloucester-Café am Piccadilly erreichte, wo damals alle westlichen Eilposten für ein paar Minuten anhielten, bevor sie London verließen, war es bereits Viertel nach acht; die Bristol Mail wollte abfahren, und ich stieg außen auf. Die vorzügliche glatte Fahrt[55] dieser Eilpost ließ mich bald einschlafen. Es ist etwas bemerkenswert, daß ich den ersten schmerzfreien und erfrischenden Schlaf seit Monaten auf dem Außensitz einer Postkutsche fand – in einer Schlafstelle, die ich heute ziemlich unbequem finde. In Verbindung mit diesem Schlaf gab es einen Vorfall, der wie Hunderte andere in dieser Zeit dazu beitrug, mich davon zu überzeugen, wie leicht ein Mensch, der nie in großer Not war, durch das Leben gehen kann, ohne selbst zu wissen und erlebt zu haben, wie gut oder, wie ich ungern hinzufüge, wie grob das menschliche Herz sein kann. Ein so dicker Vorhang von *Umgangsformen* ist über die Eigenschaften und Ausdrucksweisen der menschlichen Natur gezogen, daß für den normalen Betrachter die beiden Extrema und das unendliche Feld von Varianten, das zwischen ihnen liegt, unter einer neutralen Verkleidung vermengt werden. Der Fall lag so. Während der ersten vier oder fünf Meilen auf dem Weg aus London heraus belästigte ich meinen Mitreisenden auf dem

Kutschendach dadurch, daß ich von Zeit zu Zeit gegen ihn fiel, wenn die Kutsche einen Ruck machte, und, in der Tat, wenn die Straße weniger glatt und eben gewesen wäre, hätte ich vor Schwäche hinunterfallen können. Er beschwerte sich über diese Belästigung, wie es in einer solchen Situation vielleicht die meisten Leute getan hätten. Er drückte seine Beschwerde jedoch mürrischer aus, als es die Situation zu rechtfertigen schien, und wenn ich mich in diesem Augenblick von ihm getrennt hätte, wäre er mir als grober, ja fast brutaler Geselle in Erinnerung geblieben. Doch war mir bewußt, daß ich ihm auch Grund zur Beschwerde gegeben hatte; infolgedessen entschuldigte ich mich, versicherte ihm, daß ich alles in meinen Kräften Stehende tun würde, um künftig das Einschlafen zu verhindern, und erklärte ihm gleichzeitig mit möglichst wenigen Worten, daß ich krank und vom langen Leiden schwach war und mir einen Innenplatz nicht leisten konnte. Das Benehmen des Mannes änderte sich schlagartig, als er diese Erklärung hörte; und als ich das nächste Mal durch den Lärm und die Lichter von Hounslow einen Augenblick aufwachte (denn trotz meiner Mühe war ich innerhalb von zwei Minuten wieder eingeschlafen), stellte ich fest, daß er den Arm um mich gelegt hatte, um mich vor dem Herunterfallen zu schützen, und für den Rest der Reise verhielt er sich mir gegenüber mit der Güte einer Frau. Und das war um so freundlicher, als er nicht wissen konnte, daß ich nicht ganz bis nach Bath oder Bristol mitfahren würde. Unglücklicherweise fuhr ich aber *tatsächlich* weiter, als ich beabsichtigt hatte, denn mein Schlaf im Freien war so belebend und erfrischend, daß ich beim plötzlichen Halten der Kutsche (vermutlich an einem Postamt) feststellte, daß wir einen Ort erreicht hatten, der etwa sechs oder sieben Meilen westlich von Salt Hill lag. Hier stieg ich ab, und während der halben Minute, die die Eilpost anhielt, wurde ich von meinem freundlichen Gefährten (der mir nach dem kurzen Blick, den ich im strahlenden Licht von Piccadilly auf ihn geworfen hatte, ein solider höherer Dienstbote zu sein schien) dringend gebeten, unverzüglich ins Bett zu gehen. Im Gefühl, daß ein Mensch, der mir einen solchen Dienst im richtigen Augenblick geleistet hatte, gewisse

Rücksichtnahme verdient hatte, versprach ich es ihm, jedoch ohne die Absicht, das Versprechen einzuhalten; und tatsächlich ging ich sofort zu Fuß weiter. Es mußte jetzt fast elf Uhr gewesen sein, doch ich kroch so langsam vorwärts, daß ich es in einer Hütte vier Uhr schlagen hörte, als ich gerade die Straße von Slough nach Eton hinuntergehen wollte. Sowohl die Luft als auch der Schlaf hatten mich erfrischt, doch ich war trotzdem müde. Ich erinnere mich an einen Gedanken (klar genug und von einem römischen Dichter zugespitzt ausgedrückt), der mir in diesem Augenblick in meiner Armut etwas Trost gab. Einige Wochen vorher war in der Heide von Hounslow, die zu dieser Zeit noch eine echte Heide ohne Einfriedung war und sich wie ein See in alle Richtungen bis auf eine ausdehnte, ein Mord begangen worden. Ich kann nicht fehlgehen, wenn ich sage, daß die ermordete Person *Steele* hieß und Besitzer einer Lavendel-Plantage in der Nachbarschaft war.[56] Jeder Schritt meines Weges zurück (denn ich ging jetzt in Richtung auf London zu) brachte mich der Heide ein Stück näher, und es fiel mir natürlich ein, daß ich und der gottlose Mörder, sollte er in dieser Nacht draußen sein, uns einander mit jedem Augenblick unbewußt näherten; in dem Fall, sagte ich mir, wenn ich mir vorstelle – nur wenig besser als ein Ausgestoßener,

›Lord meiner Bildung nach, doch ohne Land‹ –,

ein Erbe zu sein wie mein Freund Altamont, der, so sagt man, über dreißigtausend Pfund jährlich verfügt, welch panische Angst hätte ich in diesem Augenblick in meiner Kehle gespürt! Andererseits war es unwahrscheinlich, daß Lord Altamont je in meiner Situation sein würde, doch trotzdem stimmt der Sinn der Bemerkung, daß große Macht und Besitztümer einem Menschen schändliche Angst vor dem Tode einflößen; und ich bin überzeugt, daß viele der unerschrockensten Abenteurer, die arm und im vollen Besitz ihrer natürlichen Kräfte sind, ihre Abneigung gegen Pistolenkugeln ungemein verstärkt fühlten,[57] würde ihnen in dem Augenblick, da sie losziehen wollen, Mitteilung gemacht, sie hätten in England unerwartet einen Besitz im Werte von £ 50000 pro Jahr geerbt. Ihre Bemühungen um Selbstbeherrschung wären entsprechend schwierig gewesen. So wahr ist es, in der Sprache eines weisen Mannes, dessen eigene Lebenserfahrungen ihn in gleicher Weise mit gutem wie mit bösem Schicksal bekannt gemacht hatte, daß die Reichen besser geeignet sind,

›Tugend zu hindern, ihre Kraft zu stumpfen,
als sie zu spornen zu preislicher Tat‹.

Das wiedergewonnene Paradies

Ich vergeude die Zeit mit meiner Person, weil für mich die Erinnerung an jene Zeiten hochinteressant ist. Doch der Leser soll keinen weiteren Grund haben, sich zu beschweren, denn ich beeile mich jetzt, zum Schluß zu kommen. An der Straße von Slough nach Eton schlief ich ein, und gerade als der Morgen zu dämmern begann, weckte mich die Stimme eines Mannes, der über mir stand und offensichtlich meine *Gestalt* musterte, während mir – bei einer so plötzlichen Begegnung unter so verdächtigen Umständen – seine *Moral* ein interessanter Gegenstand der Untersuchung zu sein schien. Ich weiß nicht, was er war. Er war ein übel aussehender Geselle, damit aber noch nicht notwendigerweise ein übel gesonnener Geselle; wenn er das aber war, nehme ich an, daß er glaubte, daß es eine im Winter im Freien schlafende Person nicht wert war, beraubt zu werden. Hinsichtlich dieser Schlußfolgerung, soweit sie mich selbst betraf, habe ich jedoch die Ehre, ihm, falls er sich je unter meinen Lesern befinden sollte, mitzuteilen, daß er völlig im Irrtum war. Ich war über diese Störung nicht traurig, weil sie mich dazu ermunterte, Eton zu passieren, bevor die Leute allgemein aufgestanden waren. Die Nacht war tief und neblig, doch gegen Morgen kam leichter Frost auf, und die Bäume waren jetzt mit Reif überzogen. Ich schlich unbeobachtet durch Eton, wusch mich in einer kleinen Wirtschaft in Windsor und brachte dort meine Kleidung soweit wie möglich in Ordnung; und gegen acht Uhr ging ich zum Gelände des Colleges hinunter, in dessen Nähe sich die Häuser der ›Dames‹ scharten. Auf meinem Weg traf ich einige Knaben der unteren Klassen, die ich befragte. Ein Etonian ist immer ein Herr, und trotz meiner schäbigen Aufmachung antworteten sie mir höflich. Mein Freund Lord

Altamont war auf das Jesus-College nach Cambridge gegangen. ›Ibi omnis effusus labor!‹ Ich hatte jedoch noch andere Freunde in Eton. Doch nicht allen, die diese Bezeichnung im Wohlstand tragen, möchte sich ein Mensch im Elend zeigen. Ich faßte mich jedoch und fragte nach dem Grafen von Desert,[58] dem gegenüberzutreten ich mich unter keinen Umständen gescheut hätte (obwohl meine Bekanntschaft mit ihm nicht so eng war wie mit einigen anderen). Er war noch in Eton, obwohl, glaube ich, im Aufbruch nach Cambridge. Ich sprach vor, fand freundliche Aufnahme und wurde zum Frühstück eingeladen.

Lord Desert setzte mir ein großartiges Frühstück vor. Das war es wirklich, doch in meinen Augen erschien es dreimal so großartig, weil es die erste ordentliche Mahlzeit, die erste ›Tafel eines guten Mannes‹ war, an die ich mich seit Monaten setzte. Es ist seltsam zu sagen, aber ich konnte kaum etwas essen. An dem Tag, an dem ich meine Zehn-Pfund-Banknote erhalten hatte, war ich in einen Bäckerladen gegangen und hatte mir ein paar Brötchen gekauft; vor demselben Laden hatte ich einige Wochen vorher mit so begehrlichen Blicken gestanden, daß es erniedrigend ist, sich das zu vergegenwärtigen. Ich entsann mich der Geschichte, die von Otway berichtet wird (die ich nun allerdings für falsch hielt), und fürchtete, daß zu schnelles Essen gefährlich wäre. Doch gab es keinen Grund zur Aufregung; mein Appetit war völlig verschwunden, und ich empfand Brechreiz vor jeder Art Nahrung. Diese Wirkung spürte ich wochenlang beim Essen von allem, was einer Mahlzeit nahekam. In der gegenwärtigen Situation an Lord Deserts Tafel ging es mir nicht besser als gewöhnlich, und inmitten der Delikatessen hatte ich keinerlei Appetit. Unglücklicherweise verspürte ich jedoch immer eine Begierde nach Wein; ich erklärte daher Lord Desert meine Lage und gab ihm einen kurzen Bericht meiner vergangenen Leiden; er drückte dafür tiefe Sympathie aus und ließ Wein kommen. Dadurch gewann ich sofortige Erleichterung und höchstes Vergnügen, und ich nutzte alle Gelegenheiten, die sich mir boten, um Wein zu trinken. Es ist jedoch offensichtlich, daß dieses Schwelgen in Wein meine Krankheit weiter verstärken mußte, denn die

Stimmung meines Magens war anscheinend dem Nullpunkt nahe, doch durch eine bessere Behandlung hätte sie schneller und vielleicht endgültig wiederhergestellt werden können. Ich hoffe, daß nicht diese Liebe zum Wein die Ursache dafür war, daß ich in der Nähe meiner Freunde in Eton verweilte; ich redete mir *damals* ein, daß es mir widerstrebte, Lord Desert um den speziellen Dienst zu bitten, dessentwegen ich nach Eton gekommen war; mir war bewußt, darauf keinen hinreichenden Anspruch erheben zu können. Ich wollte jedoch meine Reise nicht umsonst unternommen haben, und so – bat ich ihn darum. Lord Desert, dessen Gutmütigkeit grenzenlos war und in bezug auf mich eher durch sein Mitleid vielleicht mit meiner Lage und durch sein Wissen um meine Bekanntschaft mit verschiedenen seiner Verwandten bestimmt war als durch übergenaue Erkundigungen über den Umfang meiner eigenen direkten Forderungen, schwankte dennoch bei dieser Bitte. Er gab zu, daß er nicht gerne mit Geldverleihern zu tun hätte, und fürchtete, daß solch ein Geschäft schließlich seinen Verwandten zu Ohren kommen könnte. Darüber hinaus bezweifelte er, daß *seine* Unterschrift, deren Erwartungen soviel begrenzter waren als die seines Cousins, bei meinen nichtchristlichen Freunden nützen würde. Andererseits wollte er mich offensichtlich nicht durch eine endgültige und absolute Ablehnung kränken, denn nach kurzer Überlegung versprach er mir, unter gewissen Bedingungen, dic er darlegte, seine Bürgschaft zu leisten. Lord Desert war zu dieser Zeit nicht älter als achtzehn Jahre, aber wenn ich mir seither den gesunden Menschenverstand und die Klugheit vergegenwärtigte, die er in dieser Situation mit so viel Gewandtheit der Umgangsformen verband (sie trugen bei ihm den Reiz der jugendlichen Aufrichtigkeit), zweifelte ich daran, ob sich irgendein Staatsmann – sei es der älteste und in der Diplomatie befähigtste – unter den gegebenen Umständen besser hätte verhalten können.

Getröstet durch dieses Versprechen, das zwar nicht das beste Ergebnis war, aber weit über dem schlechtesten stand, das ich befürchtet hatte, fuhr ich in einer Windsor-Kutsche nach London zurück, drei Tage, nachdem ich die Stadt verlassen hatte. Und nun komme ich zum Ende meiner Geschichte. Die Juden waren mit Lord Deserts Bedingungen nicht einverstanden, oder zumindest sagten sie das; ob sie ihnen schließlich zugestimmt hätten und nur Zeit zu gewinnen suchten, um weitere Rückfragen anstellen zu können, weiß ich nicht, doch viele Verzögerungen traten ein – die Zeit verging – der kleine Rest meiner Banknote war schon weggeschmolzen, und bevor das Geschäft abgeschlossen werden konnte, muß ich wieder in meinen früheren Zustand des Elends zurückgefallen sein. Plötzlich ergab sich fast durch Zufall in dieser Krisis eine Gelegenheit, mich mit meinen Vormündern zu versöhnen. Hastig verließ ich London und kehrte in die Priorei zurück; etwas später begab ich mich nach Oxford; und erst nach Ablauf vieler Monate war ich in der Lage, den Ort wieder zu besuchen, der mir als der wichtigste Schauplatz meiner jugendlichen Leiden so bedeutsam geworden war und es bis heute geblieben ist.

Was war inzwischen aus Ann geworden? Wo war sie? Wohin war sie gegangen? Wie zwischen uns vereinbart, suchte ich sie jeden Tag und wartete jeden Abend, solange ich in London blieb, an der Ecke Titchfield Street auf sie; und während der letzten Tage meines Londoner Aufenthaltes setzte ich alle Mittel ein, die mir meine Kenntnis von London nahelegten und die das begrenzte Ausmaß meiner Kräfte ermöglichte, um sie zu finden. Ich kannte die Straße, in der sie gewohnt hatte, aber nicht das Haus; schließlich fiel mir ein, daß sie mir von schlechter Behandlung durch ihren Vermieter berichtet hatte, was es wahrscheinlich machte, daß sie jene Wohnung verlassen hatte, bevor wir uns trennten. Sie hatte wenig Bekanntschaft; außerdem nahmen die meisten Leute an, daß der Ernst meiner Nachfragen Motiven entsprang, die sie zum Lachen oder zu leichtem Bedauern anregten; und andere dachten, daß ich auf der Jagd nach einem Mädchen war, das mir irgendwelche Kleinigkeiten gestohlen hatte, und waren daher naturgemäß und entschuldbar nicht bereit, mir irgendeinen Hinweis auf sie zu geben, selbst wenn sie dazu in der Lage gewesen wären. Schließlich hinterlegte ich als verzweifelte Zuflucht am Tage meiner Abreise aus London bei der einzigen Person, die (dessen war ich sicher) Ann vom Sehen her kennen mußte, da sie ein- oder zweimal mit uns zusammen gewesen war, die Adresse der Priorei. Alles war vergeblich. Bis heute habe ich nie wieder auch nur eine Silbe über sie gehört. Unter dem Mißgeschick, dem die meisten Menschen in diesem Leben begegnen, war dies mein größter Kummer. Wenn sie lebte, müssen wir beide zweifellos manchmal gleichzeitig auf der Suche nach einander in den mächtigen Labyrinthen Londons gewesen sein, vielleicht nur ein paar Fuß voneinander entfernt – in einer Londoner Straße brauchte das Hindernis am Ende oft nicht größer zu sein, um zu einer Trennung für die Ewigkeit zu führen! Einige Jahre lang hoffte ich, daß sie tatsächlich lebte, und ich nehme an, daß ich im wörtlichen und unrhetorischen Sinne des Wortes *Myriade* bei meinen verschiedenen Besuchen in London in Myriaden weiblicher Gesichter geblickt habe, immer auf ein Wiedersehen mit Ann hoffend. Ich würde sie unter tausend Frauen herauskennen, und wenn ich sie nur einen Augenblick gesehen hätte. Hübsch war sie nicht, doch hatte sie einen lieblichen Gesichtsausdruck und eine besonders anmutige Kopfhaltung. Wie ich sagte, ich suchte sie voller Hoffnung. So war es jahrelang, doch jetzt würde ich fürchten, sie zu treffen, und ihr Husten, der mich betrübte, als wir uns verabschiedeten, ist jetzt mein Trost. Jetzt möchte ich sie nicht mehr sehen, sondern lieber an sie denken als an jemanden, der schon lange im Grabe liegt – wie ich hoffen würde, im Grabe einer Magdalena, dahingegangen, ehe Unrecht und Grausamkeit ihr kluges Wesen ausgelöscht und verklärt oder die Brutalität von Rohlingen den von ihnen begonnenen Ruin vollendet hätten.

Nun dann, Oxford Street, steinherzige Stiefmutter, die du den Seufzern der Waisen lauschst und die Tränen der Kinder trinkst, schließlich wurde ich von dir verabschiedet! Die Zeit war gekommen, daß ich dein endloses Pflaster nicht mehr in Schmerzen treten und nicht mehr in der Gefangenschaft der Hungerqualen wachen und träumen sollte. Zweifellos haben ich und Ann nur zu viele Nachfolger, die in unsere Fußstapfen getreten sind, Erben unseres Unglücks. Andere Waisen als Ann haben geseufzt; Tränen wurden von anderen Kindern vergossen; und du, Oxford Street, hast seit jenen Tagen vom Stöhnen ungezählter Herzen widergehallt. Für mich selbst schien jedoch der Sturm, den ich durchlebt hatte, das Unterpfand langandauernden schönen Wetters gewesen zu sein; die früheren Leiden, denen ich unterworfen war, schienen als Lösegeld für viele Jahre, die noch kommen sollten, als Preis für lange Freiheit von Sorgen angenommen worden zu sein; und wenn ich als einsamer und nachdenklicher Mann wieder durch London ging (wie ich es oft zu tun pflegte), dann ging ich meist in heiterer Ruhe und Seelenfrieden. Und obwohl es zutrifft, daß das Unglück meines Noviziats in London in meiner körperlichen Konstitution so tief Wurzeln geschlagen hatte, daß es später wieder aufschoß, von neuem blühte und zu einem lästigen Ärgernis wurde, das meine späteren Jahre überschattete und verdunkelte, so begegnete ich doch diesem zweiten Angriff der Leiden mit mehr gefestigter Standhaftigkeit, mit Hilfe eines reiferen Intellekts, und mit ach so tiefer Linderung aus mitleidiger Zuneigung.

So wurden trotz aller Linderungen Jahre, die so weit voneinander entfernt waren, durch Leiden, die derselben Wurzel entsprangen, kaum spürbar miteinander verbunden. Und daran erkenne ich die Kurzsichtigkeit der menschlichen Wünsche – daß ich oft in mondhellen Nächten während meines ersten traurigen Aufenthaltes in London dadurch Trost (wenn man an so etwas überhaupt denken konnte) fand, daß ich von der Oxford Street aus jeder Straße, die durch das Herz von Marylebone nordwärts in die Wälder und Felder führte, nachsah; denn *das*, sagte ich mir, mit meinen Augen den langen Aussichten folgend, die teils im Licht und teils im Schatten lagen, ›*das* ist die Straße nach Norden und daher nach Grasmere‹ (wohin mich ein Vorgefühl zog, es als meinen Wohnsitz zu nehmen, obwohl ich es noch gar nicht kannte), ›und wenn ich die Flügel einer Taube hätte, *dorthin* würde ich fliegen und Ruhe finden‹. So sagte ich es, und so wünschte ich es in meiner Blindheit; doch gerade in jenem nördlichen Gebiet war es, gerade in jenem

Tal, in das meine irrigen Wünsche zielten, daß meine Leiden wiedergeboren wurden und wieder die Festung des Lebens und der Hoffnung zu belagern drohten. Dort geschah es, daß ich jahrelang von so häßlichen Visionen und so gespenstischen Phantomen verfolgt wurde, wie sie je das Lager des Orestes umjagt hatten, und dann, unglücklicher als er, näherte sich mir jener Schlaf, der zu allen als Ruhepause und Stärkung und besonders zu ihm als segensreicher Balsam für sein wundes Herz und sein umjagtes Gehirn kommt, als meine bitterste Plage. So blind war ich in meinen Wünschen. Und doch, wenn ein Schleier zwischen der undeutlichen Sicht des Menschen und seinem künftigen Unglück liegt, dann verhüllt ihm derselbe Schleier auch die Hilfe, und eine nicht befürchtete Qual findet nicht erhofften Trost. Die Nöte des Orestes (abgesehen nur von seinem aufgeregten Gewissen) teilend, hatte auch ich nicht weniger Anteil an seinen Helfern: Meine Eumeniden saßen wie die seinen zu Füßen meines Bettes und starrten mich durch die Vorhänge an; doch neben meinem Kissen wachend oder sich selbst den Schlaf entziehend, um mir in schweren Nachtwachen Beistand zu leisten, saß meine Elektra; denn du, meine geliebte M..., teure Gefährtin meiner späten Jahre, warst meine Elektra! Du würdest nicht zulassen, daß eine griechische Schwester eine englische Ehefrau an edler Gesinnung und an langmütiger Zuneigung übertrifft. Denn du hieltest es nicht für unwürdig, niedrige Dienste der Freundlichkeit zu leisten, und nicht für servil, mir zarteste Zuneigung zu erweisen, mir jahrelang die ungesunde Feuchtigkeit von der Stirn zu wischen oder meine Lippen zu erfrischen, wenn sie von Fieber ausgedörrt und hart geworden waren; nicht einmal dann, als dein eigener friedlicher Schlummer durch das lange Mitgefühl von dem Schauspiel meines schrecklichen Kampfes mit Phantomen und schattenhaften Feinden angesteckt war, die mir oft geboten: ›Schlaf nicht mehr!‹ – nicht einmal dann äußertest du irgendeine Beschwerde oder murrtest, noch schwand dein engelhaftes Lächeln, noch schrecktest du vor irgendeinem Liebesdienst zurück, mehr als Elektra im Altertum tat. Denn auch sie, obwohl sie eine griechische Frau und die Tochter des Königs der Menschen[59] war, weinte manchmal und verhüllte ihr Gesicht mit ihrem Gewand[60].

Doch diese Sorgen sind vorüber, und du wirst diesen Bericht von einer Zeit, die für uns beide so schmerzlich war, wie eine Sage von einem schrecklichen Traum lesen, der nie wiederkehren kann. Inzwischen bin ich wieder in London, und wieder trete ich abends das Pflaster der Oxford Street, und oft – wenn ich von Ängsten bedrückt werde, die meine ganze Lebensweisheit und die Tröstung deiner Gegenwart zur Hilfe brauchten, und wenn ich mich dann daran erinnere, daß ich durch dreihundert Meilen und die Länge von drei trostlosen Monaten von dir getrennt bin – blicke ich in mondhellen Nächten jene Straßen entlang, die von der Oxford Street nach Norden führen, und vergegenwärtige mir meinen jugendlichen Stoßseufzer des Schmerzes; doch wenn ich dann daran denke, daß du allein in demselben Tal sitzt als Herrin desselben Hauses, nach dem sich mein Herz in seiner Blindheit vor neunzehn Jahren sehnte, dann denke ich, daß bei all ihrer Blindheit und Zerstreuung in den Stürmen des Gestern die Stimme meines Herzens doch einen Bezug auf spätere Zeiten gehabt hat und gerechtfertigt werden könnte, wenn man sie in anderem Sinne verstünde; und wenn es mir möglich wäre, wieder zu den hilflosen Wünschen meiner Kindheit zurückzukehren, würde ich beim Blick nach Norden mir von neuem sagen: ›O wenn ich doch die Flügel einer Taube hätte!‹, und mit welchem berechtigten Vertrauen in dein gutes und großzügiges Wesen würde ich die andere Hälfte meines jugendlichen Stoßseufzers hinzufügen: ›Dorthin würde ich fliegen, um Trost zu suchen!‹

Die Freuden des Opiums

Es ist sehr lange her, daß ich zum ersten Mal Opium nahm; *so* lange, daß ich den Tag vergessen haben könnte, wenn es ein belangloser Zufall in meinem Leben gewesen wäre, doch grundlegende Ereignisse vergißt man nicht. Durch Begleitumstände, die damit verbunden waren, weiß ich, daß meine Einführung in den Genuß von Opium dem Frühjahr oder dem Herbst 1804 zugeschrieben werden muß, zu welcher Zeit ich in London war, zum ersten Mal nach meiner Immatrikulation in Oxford. Und zu diesem Ereignis kam es in der folgenden Weise. Seit früher Jugend war ich gewohnt, mir mindestens einmal am Tag den Kopf in kaltem Wasser zu waschen, und als ich plötzlich von Zahnschmerzen ergriffen wurde, schrieb ich sie einer gewissen Erschlaffung zu, die auf die gelegentliche Unterbrechung dieser Praxis zurückzuführen war, sprang aus dem Bett, tauchte meinen Kopf in ein Becken mit kaltem Wasser und legte mich mit den nassen Haaren schlafen. Am nächsten Morgen wachte ich, wie ich kaum erst zu sagen brauche, mit qualvollen rheumatischen Kopf- und Gesichtsschmerzen auf, von denen ich etwa zwanzig Tage keine Erleichterung fand. Ich glaube, es war am einundzwanzigsten Tag und an einem Sonntag, daß ich auf die Straße hinausging; eher, um vor meinen Martern wegzulaufen, als irgendeine bestimmte Erleichterung zu finden. Zufällig traf ich einen Bekannten aus dem College, der mir Opium empfahl. Opium! Furchtbares Mittel unvorstellbarer Freuden und Leiden! Ich hatte davon gehört, wie ich von Manna oder Ambrosia gehört hatte, jedoch nichts Näheres. Welch bedeutungslosen Klang hatte das Wort Opium zu jener Zeit! Welche ernsten Akkorde schlägt es jetzt in meinem Herzen an! Welche herzbewegenden Schwingungen trauriger und glücklicher Erinnerungen! Wenn ich mich diesem einen Augenblick zuwende, empfinde ich eine geheimnisvolle Bedeutung, die den kleinsten Umständen zukommt, die mit dem Ort, der Zeit und dem Menschen (wenn ein Mensch es war) verbunden sind, die mir zum ersten Mal das Paradies der Opiumesser aufschlossen. Es war an einem nassen und freudlosen Sonntagnachmittag, und einen traurigeren Anblick hat diese unsere Erde nicht zu bieten als einen regnerischen Sonntag in London. Mein Weg nach Hause führte durch die Oxford Street, und in der Nähe des ›*stattlichen* Pantheons‹ (wie Mr. Wordsworth es entgegenkommenderweise nannte[61]) sah ich den Laden eines Apothekers. Wie aus Sympathie mit dem regnerischen Sonntag sah der Apotheker (unbewußter

Priester himmlischer Freuden!) so trübe und dumm aus, wie man es von einem sterblichen Apotheker an einem regnerischen Londoner Sonntag nicht anders erwarten kann; als ich ihn um die Opiumtinktur bat, gab er sie mir genauso, wie es jeder andere Mann hätte tun können, und auf meinen Shilling gab er mir als Wechselgeld etwas zurück, was wie ein wirkliches Halbpennystück aus Kupfer aussah und das er aus einer wirklichen Holzschublade nahm. Dennoch und trotz all solcher Hinweise auf die menschliche Realität erschien er mir in meiner Vorstellung immer als eine glückliche Vision eines unsterblichen Apothekers, der mit einer besonderen Sendung für mich auf die Erde geschickt worden war. In dieser Vorstellung von ihm werde ich dadurch bestätigt, daß ich ihn nicht wiederfand, als ich ihn das nächste Mal, als ich nach London kam, in der Nähe des stattlichen Pantheons suchte; und mir, der ich seinen Namen nicht kannte (wenn er überhaupt einen hatte), erschien es eher, daß er von der Oxford Street spurlos verschwunden wäre, als daß er sich nur andere Geschäftsräume gesucht oder (was ein abscheulicher Mensch annahm) sich vor der Mietzahlung geflüchtet hätte. Der geneigte Leser kann ihn möglicherweise für nichts weiter als einen irdischen Apotheker halten; das mag so sein, doch weiß ich es besser. Ich glaube daran, daß er aus der Welt verschwunden[62] ist. So ungern möchte ich irgendeine sterbliche Erinnerung mit jener Stunde, jenem Ort und jenem Wesen verbinden, die mich mit der himmlischen Droge zuerst bekannt gemacht hatten.

Man kann annehmen, daß ich, zu Hause angekommen, nicht einen Augenblick säumte, die vorgeschriebene Menge zu nehmen. Natürlich waren mir die ganze Kunst und das Geheimnis des Opiumessens noch unbekannt; und was ich nahm, das nahm ich mit jedem Nachteil. Doch ich nahm es; und nach einer Stunde, o Himmel, welch ein Umschwung! Welch Wiedererwachen verborgener Geisteskraft aus tiefsten Tiefen! Welche Apokalypse der Welt in mir! Daß meine Schmerzen verschwunden waren, wurde in meinen Augen zu einer Kleinigkeit; der negative Effekt wurde von der ungeheuren Größe jener positiven Auswirkungen verschlungen, die sich vor mir in der Unendlichkeit des göttlichen Vergnügens auftaten, das sich mir plötzlich offenbart hatte. Hier gab es ein Allheilmittel, ein φάρμακον νηπενθές für alles menschliche Weh; hier war das Geheimnis des Glücks auf einmal entdeckt, über das die Philosophen so viele Jahrhunderte diskutiert hatten; das Glück konnte jetzt für einen Penny gekauft und in der Westentasche mitgenommen werden, tragbare Ekstasen konnte man auf Halbliterflaschen abgezogen bekommen, und Seelenfrieden ließ sich mit der Post versenden.

Zunächst ein Wort hinsichtlich seiner körperlichen Wirkungen; denn für alles, was bisher zum Thema Opium geschrieben wurde, sei es von Reisenden durch die Türkei (die das Privileg des Lügens als ein uraltes Recht geltend machen konnten) oder von Medizinprofessoren, die *ex cathedra* schreiben, habe ich nur eine emphatische Kritik übrig – Unsinn! Ich erinnere mich, daß ich einmal an einem Buchstand im Vorübergehen folgenden Ausspruch auf einer Seite irgendeines satirischen Autors entdeckte: ›Zu dieser Zeit gewann ich die Überzeugung, daß die Londoner Zeitungen zumindest zweimal in der Woche – nämlich am Dienstag und am Samstag[63] – die Wahrheit sagten und man sich sicher verlassen konnte auf – die Liste der Bankrotte.‹ In ähnlicher Weise leugne ich keineswegs, daß der Welt einige Wahrheiten über das Opium mitgeteilt worden sind; so ist von den Gelehrten wiederholt versichert worden, Opium sei von gelbbrauner Farbe – das gebe ich zu, was man beachten möge; zum zweiten, Opium sei ziemlich teuer, was ich ebenfalls einräume – denn zu meiner Zeit kostete ostindisches Opium drei Guineas pro Pfund, und türkisches acht; und zum dritten, daß man nach dem Genuß einer großen Menge davon etwas tun muß, was jedem Menschen in gesunder Verfassung unangenehm ist – nämlich sterben.[64] Diese gewichtigen Behauptungen treffen insgesamt und jede für sich zu, ich kann sie nicht bestreiten, und die Wahrheit war und ist zu loben. Doch ich fürchte, mit jenen drei Sätzen haben wir bereits den gesamten Schatz des Wissens über das Thema Opium ausgeschöpft, der bis jetzt vom Menschen zusammengetragen worden ist. Und da also noch Platz für weitere Entdeckungen zu sein scheint, ehrwürdige Doktoren, so wollen Sie bitte zur Seite treten und mich hervorkommen und über dieses Thema einen Vortrag halten lassen.

Zunächst wird es von niemandem, der Opium offiziell oder zufällig erwähnt, als gesichert angesehen, daß es zur Vergiftung führen muß oder kann. Nun, Leser, überzeuge dich *meo periculo* selbst, daß keine Opiummenge vergiften muß oder kann. Was die Opiumtinktur (gewöhnlich Laudanum genannt) anbetrifft, so kann *sie* sicherlich vergiften, wenn ein Mensch es schafft, genug davon zu nehmen; doch woran liegt das? Weil sie soviel Normalweingeist enthält, und nicht, weil sie soviel Opium enthält. Doch unverarbeitetes Opium, das versichere ich entschieden, ist absolut nicht in der Lage, einen körperlichen Zustand hervorzurufen, der dem Zustand entspricht, der durch Alkohol verursacht wird; und nicht nur dem *Maß*, sondern auch der *Art* nach nicht in der Lage; nicht allein die Quantität, sondern auch die Qualität seiner Wirkung ist eine völlig andere. Das Vergnügen, das der Wein bewirkt, steigt immer schnell an, führt zur Krisis und nimmt dann genauso schnell wieder ab, während das vom Opium bewirkte Vergnügen, wenn es einmal erzeugt ist, acht oder zehn Stunden lang stetig bleibt; um eine in der Medizin übliche Unterscheidung zu verwenden, ist das erste Vergnügen akuter, das zweite chronischer Natur; ist das eine eine flackernde Flamme, das andere ein beständiges und gleichmäßiges Glühen. Doch der Hauptunterschied liegt im folgenden: Während Wein die geistigen Fähigkeiten in Unordnung bringt, stellt Opium (wenn es in richtiger Weise genommen wird) dagegen die hervorragendste Ordnung, Gesetzgebung und Harmonie unter ihnen her. Wein beraubt den Menschen seiner Selbstbeherrschung; Opium erhält und verstärkt sie. Wein vermindert die Urteilsfähigkeit und verleiht der Verachtung und der Bewunderung, der Liebe und dem Haß des Trinkers einen übernatürlichen Glanz und eine lebhafte Begeisterung; Opium vermittelt dagegen allen Fähigkeiten, seien sie aktiv oder passiv, Gelassenheit und Gleichgewicht; und was das Temperament und die moralischen Gefühle allgemein anbetrifft, so bewirkt es einfach jene lebendige Wärme, die durch den Verstand bestätigt wird und die wahrscheinlich immer eine körperliche Konstitution von urzeitlicher oder vorsintflutlicher Gesundheit begleitet hätte. So erweitert zum Beispiel das Opium wie der Wein das Herz und die wohlwollende Gemütsbewegung, doch mit dem bemerkenswerten Unterschied, daß es sich bei der plötzlichen Entwicklung der Herzensgüte, die die Trunkenheit begleitet, immer um ein Gefühl von mehr oder weniger sentimentalem und flüchtigem Charakter handelt, das sich der Verachtung des Zuschauers aussetzt. Männer schütteln sich die Hände, schwören sich ewige Freundschaft und vergießen Tränen – kein Sterblicher weiß, weswegen, und die animalische Natur ist eindeutig zuoberst. Doch die Ausbreitung gütigerer Gefühle, die durch Opium bewirkt wird, ist kein fieberhafter Ausbruch, kein flüchtiger Anfall; sie ist die gesunde Wiederherstellung jenes Zustandes, den der Geist normalerweise annähme, wenn irgendein tiefsitzender Reiz des Schmerzes weggenommen ist, der die ursprünglich gerechtfertigten und guten Impulse eines Herzens gestört und bekämpft hatte. Es ist wahr, daß auch Wein bis zu einem gewissen Punkt und bei gewissen Menschen eher dazu führt, den Intellekt zu verstärken und zu festigen. Ich selbst, der ich nie ein großer Weintrinker war, pflegte festzustellen, daß ein halbes Dutzend Gläser Wein die Fähigkeiten vorteilhaft beeinflußten, das Bewußtsein aufhellten, es verstärkten und dem Geist das Gefühl gaben, *›ponderibus librata suis‹* zu sein; und offensichtlich wird in der Umgangssprache ganz unsinnig gesagt, daß irgendein Mensch sich im Alkohol *verstecke*, denn im Gegenteil maskieren sich die meisten Menschen in der Nüchternheit, und zwar aufs äußerste, und beim Trinken zeigen sie erst ihr wahres charakterliches Wesen, verstecken sich also keineswegs. Allerdings bringt der Wein den Menschen ständig an den Rand der Albernheit und der Zügellosigkeit; jenseits eines bestimmten Punktes verflüchtigt und zerstreut er die geistigen Energien; während Opium immer das zu besänftigen scheint, was beunruhigt war, und das zu konzentrieren, was zerstreut war. Um es kurz zu sagen und in einem Wort zusammenzufassen: Ein Mensch, der trunken oder auf dem Wege zur Trunkenheit ist, befindet sich und fühlt sich in einer Lage, die den allein menschlichen, allzu oft den brutalen Teil seines Wesens zur Vorherrschaft kommen läßt; dagegen fühlt der Opiumesser (ich spreche von ihm einfach *als solchem*, davon ausgehend, daß er sich in normalem Gesundheitszustand befindet), daß der göttliche Teil seines Wesens überwiegt – das heißt, die moralischen Empfindungen befinden sich in einem Zustand wolkenloser Gelassenheit, und hoch über allem scheint das große Licht des majestätischen Intellekts.

Dies ist die Lehre der wahren Kirche über das Thema Opium; ich betrachte mich selbst als Papst dieser Kirche (infolgedessen bin ich unfehlbar) und als selbsternannten *légate à latere* für alle Breiten- und Längengrade. Es sei aber daran erinnert, daß ich von der Plattform weiter und gründlicher persönlicher Erfahrungen aus spreche, während die meisten der unwissenschaftlichen[65] Autoren, die überhaupt Opium behandelt haben, und auch von denjenigen, die beruflich über die *materia medica* geschrieben haben, es durch den von ihnen zum Ausdruck gebrachten Schrecken deutlich werden lassen, daß ihre praktische Erfahrung auf dem Gebiet seiner Wirkungsweise absolut gleich null ist. Ich will jedoch offen einräumen, daß ich eine Person getroffen habe, die für seine berauschende Kraft Zeugnis ablegte und damit meine eigene Ungläubigkeit ins Wanken brachte, denn er war Wundarzt und hatte selbst Opium vor allem wegen eines höchst jämmerlichen Leidens (jenseits aller Hoffnung auf Heilung) genommen, das in einem bestimmten Organ saß. Dieses Leiden war eine schleichende Entzündung, nicht akut, sondern chronisch, und dagegen kämpfte er (glaube ich) mehr als zwanzig Jahre; er kämpfte siegreich, wenn es ein Sieg war, das Leben für ihn erträglich zu machen und während der ganzen Zeit eine Ehefrau und eine Schar von Kindern, die alle völlig von ihm abhingen, in Ehrbarkeit zu unterhalten.[66] Ich sagte einmal zu ihm, daß ihm seine Feinde (wie ich gehört hatte) vorwarfen, er redete Unsinn auf politischem Gebiet, und daß seine Freunde ihn mit der Vermutung entschuldigten, er befände sich ständig im Zustand eines Opiumrausches. Nun, sagte ich ihm, der Vorwurf ist nicht *prima facie* absurd, doch die Verteidigung *ist es.* Zu meiner Überraschung bestand er jedoch darauf, daß sowohl seine Feinde als auch seine Freunde recht hätten. »Ich möchte behaupten«, sagte er, »daß ich *tatsächlich* Unsinn rede, und zum zweiten möchte ich sagen, daß ich nicht aus Prinzip oder im Hinblick auf irgendeinen Vorteil Unsinn rede, sondern einzig und allein«, sagte er, »einzig und allein – einzig und allein« (dreimal wiederholte er es), »weil ich vom Opium betrunken bin, und das alle Tage.« Ich antwortete, was den Vorwurf seiner Freunde anginge, der sich auf solch ein achtbares Zeugnis aufzubauen schien, komme es mir in Anbetracht der Tatsache, daß darin alle drei beteiligten Seiten übereinstimmten, nicht zu, ihn in Frage zu stellen; gegen die dafür gegebene Rechtfertigung müsse ich jedoch Bedenken äußern. Er fuhr fort, die Angelegenheit zu diskutieren und seine Gründe darzulegen; doch erschien es mir so unhöflich, ein Argument zu verfolgen, das von der Annahme ausging, daß ein Mann in Fragen seines eigenen Faches unrecht hatte, daß ich ihn nicht drängte, selbst wenn seine Argumentation für Widerspruch Raum ließ; abgesehen davon, daß ein Mensch, der Unsinn redet, selbst ›ohne Hinblick auf seinen Vorteil‹, nicht der in jeder Weise angenehmste Partner in einem Disput ist. Ich bekenne jedoch, daß die Autorität eines Wundarztes, der noch dazu als ein guter bekannt war, gegenüber meinem Vorurteil gewichtig erscheinen mag, aber dennoch muß ich auf meine Erfahrung verweisen, die um siebentausend Tropfen pro Tag über seinem Maximum lag; und wenn man auch unmöglich annehmen konnte, daß einem Mediziner die charakteristischen Symptome des Alkoholrausches unbekannt sind, fiel es mir doch auf, daß er möglicherweise den logischen Fehler machte, das Wort Trunkenheit mit zu sorgloser Breite zu verwenden und es als Oberbegriff auf alle Arten nervöser Erregung auszudehnen, anstatt es auf eine besondere Erscheinungsform angenehmer Erhebung einzuschränken, die durch wohlbekannte Symptome charakterisiert und mit Tendenzen verbunden ist, denen man sich nicht entziehen kann. Zwei dieser Tendenzen will ich als diagnostische oder charakteristische und untrennbare Merkmale des gewöhnlichen Alkoholrausches erwähnen, die kein Übermaß an

Opiumgenuß hervorrufen kann. Eine ist der Verlust an Selbstbeherrschung in bezug auf alle Handlungen und Zielstellungen, der (allerdings mit unterschiedlicher Geschwindigkeit) *alle* Personen nach und nach unterschiedslos überkommt, wenn sie sich dem Wein oder gebrannten Getränken über eine bestimmte Grenze hinaus hingeben. Die Zunge und andere Organe werden unlenksam, der trunkene Mensch spricht unartikuliert, und bei bestimmten Worten gibt er sich lächerlich ernsthafte Mühe, sie auszusprechen, doch oft vergeblich. Die Augen sind verwirrt und sehen doppelt, zugleich zu wenig und zu viel erfassend. Die Hand greift verkehrt. Die Beine stolpern und verlieren die Fähigkeit zur *gleichzeitigen* Aktion. Diesem Ergebnis streben *alle* Leute zu, wenn auch mit unterschiedlicher Beschleunigung. Zum zweiten kann es als weiteres Charakteristikum des Alkoholrausches betrachtet werden, daß die Bewegung immer wie bogenförmig abläuft; der Trinker steigt über kontinuierliche Etappen des Aufstiegs bis zu einem Gipfel oder *apex*, von wo aus er über entsprechende Stufen des Niedergangs wieder hinabsteigt. Es gibt einen krönenden Punkt in der Aufwärtsbewegung, der, einmal erreicht, nie wiederholt werden kann; und das blinde, unbewußte, doch immer vergebliche Bemühen des hartnäckigen Trinkers, diese höchste Freude erneut zu gewinnen, verleitet ihn zu Exzessen, die gefährlich werden. Wenn der *acme* angeregten Vergnügens erreicht ist, ist es einfach notwendig, durch entsprechende Stufen des Verfalls wieder abzusinken. Manche Leute haben in meiner Gegenwart behauptet, daß sie von grünem Tee trunken wurden, und ein Medizinstudent in London, vor dessen fachlicher Kenntnis ich Respekt zu empfinden Ursache habe, versicherte mir vor einiger Zeit, daß ein von einem Leiden genesender Patient von einem Beefsteak betrunken wurde. Alles dreht sich also um eine genaue Definition der Trunkenheit.

Nachdem ich mich so eingehend mit dem ersten und wichtigen Irrtum in bezug auf das Opium beschäftigt habe, möchte ich kurz einen zweiten und einen dritten erwähnen; sie bestehen darin, daß der vom Opium bewirkten Erhebung des Geistes notwendigerweise eine entsprechende Depression folge und daß die natürliche und sogar sofortige Folge des Opiums körperliche und geistige Erschlaffung und Stagnation sei. Hinsichtlich des ersten Irrtums will ich mich damit begnügen, ihn einfach zu bestreiten; mein Leser kann versichert sein, daß während der zehn Jahre, in denen ich Opium nicht regelmäßig, doch mit Unterbrechungen nahm, der folgende Tag, nachdem ich mir diesen Genuß geleistet hatte, immer ein Tag ungewöhnlicher geistiger Frische war.

Was die Erschlaffung angeht, die dem Opiumessen angeblich folgen oder es sogar begleiten soll (wenn wir den vielen Bildern türkischer Opiumesser glauben würden), so bestreite ich sie ebenfalls. Sicherlich gehört Opium zu den Narkotika, und es kann derartige Wirkungen schließlich hervorrufen, doch die anfänglichen Wirkungen des Opiums bestehen immer und in höchstem Maße darin, das Nervensystem anzuregen und zu stimulieren. Diese erste Etappe seiner Wirkung dauerte bei mir während meines Noviziates bis zu acht Stunden; es muß daher die Schuld des Opiumessers selbst sein, wenn er die Wirksamkeit seiner Dosis zeitlich nicht so einrichtet, daß das ganze Gewicht ihrer narkotischen Wirkung während seines Schlafes eintritt. Türkische Opiumesser, so scheint es, sind töricht genug, sich wie so viele Reiterstandbilder auf Holzklötze zu setzen, die so stumpfsinnig sind wie sie selbst. Doch damit der Leser das Maß beurteilen kann, mit dem Opium die Fähigkeiten eines Engländers abstumpft, will ich (indem ich die Frage veranschaulichend, nicht polemisch darlege) beschreiben, wie ich selbst oft einen Opiumabend in London in der Zeit zwischen 1804 und 1812 verbrachte. Daran wird deutlich werden, daß das Opium mich zumindest nicht dazu brachte, die Einsamkeit zu suchen, noch weniger die Trägheit oder den erschlafften Zustand der Selbstbetrachtung, der den Türken nachgesagt wird. Ich berichte das auf das Risiko hin, als wahnsinniger Enthusiast oder als Phantast bezeichnet zu werden, doch stört mich das wenig. Ich bitte meinen Leser, zu berücksichtigen, daß ich ein angestrengt lernender Student war und mich auch in späterer Zeit stets mit ernsthaften Studien beschäftigt habe; zweifellos hatte ich genau wie andere Leute ein Recht auf gelegentliche Entspannung.

Der verstorbene Herzog von Norfolk[67] pflegte zu sagen: »Nächsten Montag werde ich, wenn Wind und Wetter es zulassen, betrunken sein«, und in derselben Weise pflegte ich vorher festzulegen, wie oft innerhalb einer gegebenen Zeit, wann und mit welchen Begleitumständen festlicher Freude ich eine Opium-Ausschweifung begehen würde. Das war selten öfter als einmal in drei Wochen, denn damals konnte ich es mir nicht erlauben, jeden Tag *›ein Glas Laudanum-Glühwein, heiß und ohne Zucker‹* zu bestellen (wie ich es später tat). Nein, einmal in drei Wochen genügte, und der dafür ausgewählte Zeitpunkt war entweder ein Dienstag- oder ein Samstagabend; dafür hatte ich folgenden Grund: An den Abenden des Dienstags und des Samstags fanden viele Jahre lang die Aufführungen im Königlichen Theater (oder Opernhaus) statt, und dort sang damals die Grassini; ihre Stimme (ein reicher, tiefer *Alt*) war für mich herrlicher als alles, was ich je gehört hatte. Ja, oder was ich seitdem gehört habe oder was ich je hören werde. Ich weiß nicht, in welchem Zustand das Opernhaus heute ist, denn ich bin sieben oder acht Jahre nicht in seinen Mauern gewesen, doch damals war es bei weitem der angenehmste Treffpunkt in London, um einen Abend zu verbringen.[68] Eine halbe Guinea eröffnete einem den Zutritt zum Parkett, allerdings unter der lästigen Bedingung, *en grande tenue* zu sein. Zum Rang erhielt man für fünf Shilling Zutritt, und dieser Rang war weniger Belästigungen ausgesetzt als das Parkett der meisten Theater. Das Orchester zeichnete sich unter allen englischen Orchestern durch seine sanfte und melodische Vornehmheit aus; ich bekenne, daß seine Zusammensetzung meinen Ohren nicht angenehm ist, und zwar wegen des Übergewichts der schmetternden Instrumente, manchmal auch wegen der Tyrannei der Violine. Hinreißend war das Vergnügen, mit dem ich fast immer jene engelsgleiche Grassini hörte. Vor Erwartung zitternd, saß ich da, wenn die Zeit ihrer goldenen Erscheinung herankam, zitternd erhob ich mich von meinem Sitz, ohne ruhig bleiben zu können, wenn diese himmlische, harfenähnliche Stimme mit ihrem präludicrenden *threttànelo – threttànelo*[69] (Θρεττάνελω – Θρεττάνελω) ihr eigenes siegreiches Willkommen darbrachte. Die Chöre waren göttlich zu hören, und wenn die Grassini[70] in einem Zwischenspiel auftrat, wie es oft geschah, und ihre leidenschaftliche Seele als Andromache an Hektors Grab usw. ausgoß, dann frage ich mich, ob einer der Türken, die je das Paradies der Opiumesser betreten haben, auch nur die Hälfte des Vergnügens gehabt haben kann, das ich hatte. Doch tue ich den Barbaren wirklich zuviel Ehre an, wenn ich ihnen die Möglichkeit unterstelle, Vergnügen zu empfinden, die den intellektuellen Freuden eines Engländers entsprechen. Denn Musik ist je nach dem Temperament dessen, der sie hört, ein Vergnügen des Intellekts oder der Sinne. Abgesehen von der feinen Dichtung über dieses Thema in ›Was ihr wollt‹ erinnere ich mich übrigens nur an eine Stelle in der ganzen Literatur, die sich in angemessener Weise mit dem Thema der Musik beschäftigt. Es ist eine Passage in der *Religio Medici*[71] von Sir T. Browne, zwar vor allem bemerkenswert durch ihre Erhabenheit, doch auch von philosophischem Wert, insofern als sie auf die richtige Theorie der musikalischen Wirkungen hindeutet. Der Fehler der meisten Leute besteht in der Annahme, daß allein das Ohr die Verbindung zur Musik herstelle und sie daher in bezug auf deren Wirkungen völlig passiv wären. Doch das ist nicht so; erst die Reaktion des Geistes auf die Wahrnehmung des Ohres (die *Sache* kommt von den Sinnen, die *Form* vom Geist) bewirkt das Vergnügen, und daher kommt es, daß sich an diesem Punkt Menschen gleich guten Gehörs so sehr voneinander unterscheiden. Dadurch, daß es die Aktivität des Geistes stark erhöht, steigert Opium notwendigerweise auch generell jene besondere Form der geistigen Aktivität, durch die wir in die Lage versetzt werden, aus dem Rohmaterial des organischen Klangs ein kunstvolles intellektuelles Vergnügen zu erzeugen. ›Aber‹, sagt ein Freund, ›eine Folge musikalischer Klänge ist für mich wie eine Ansammlung arabischer Buchstaben: ich kann damit keine Gedanken verbinden.‹ Gedanken, lieber Freund! Sie haben hier keinen Platz; alle die Gedanken, die in einem solchen Fall möglich sind, werden durch die Sprache symbolischer Gefühle ausgedrückt. Doch das ist ein Thema, das meinen jetzigen Absichten fernliegt; es genügt hier zu sagen, daß ein Chor usw. von kunstvoller Harmonie vor mir wie auf einem Gobelin mein ganzes bisheriges Leben ausbreitete – nicht wie in einer Erinnerung an Vergangenes, sondern als etwas Gegenwärtiges, das die Musik verkörpert; nicht als etwas, mit dem sich zu beschäftigen schmerzlich ist, sondern dessen Einzelheiten hinweggenommen oder in verschwommener Abstraktion miteinander vermischt, dessen Leidenschaften erhöht, vergeistigt und geläutert sind. All dies war für fünf Shilling zu haben – das war der Eintrittspreis für den Rang; oder wenn man die vornehme Gesellschaft des Parketts vorzog, war auch das für eine halbe Guinea zu bekommen; oder sogar noch für eine halbe Krone weniger, wenn man sich die Eintrittskarte schon vorher in einem der Musikgeschäfte kaufte. Und zusätzlich zu der Musik der Bühne und des Orchesters hatte ich in den Pausen der Vorstellung um mich herum die Musik der italienischen Sprache, die von italienischen Frauen gesprochen wurde – denn der Rang war gewöhnlich voll von Italienern –, und ich lauschte ihr mit demselben Vergnügen, mit dem Weld, der Reisende, sich in Kanada hingelegt hatte, um dem sanften Lachen von Indianerfrauen zu lauschen, denn je weniger man von einer Sprache versteht, desto empfänglicher ist man für die Melodie oder die Härte ihres Klanges. Für diesen Zweck war es für mich günstig, daß ich damals im Italienischen ein schwacher Schüler war, es nur wenig lesen, jedoch gar nicht sprechen konnte und nicht den zehnten Teil von dem verstand, was ich gesprochen hörte.

Das waren meine Freuden in der Oper; doch ich hatte noch ein weiteres Vergnügen, das, da ich es nur am Samstagabend haben konnte, oft gegen meine Liebe zur Oper ankämpfte, denn in jenen Jahren fanden am Dienstag und am Samstag die üblichen Opernabende statt. Ich fürchte, in dieser Sache ziemlich seltsam zu wirken, doch kann ich dem Leser versichern, keineswegs mehr als Marinus in seinem *Leben des Proclos* oder viele andere Biographen oder Autobiographen von gutem Ruf. Wie ich sagte, war dieses

Vergnügen nur am Samstagabend zu haben. Was machte denn nun den Samstagabend für mich zu etwas Besonderem gegenüber anderen Abenden? Ich hatte keine Arbeit, von der ich mich ausruhen mußte, und keinen Lohn zu erhalten; was hatte ich mich um den Samstagabend über die Tatsache hinaus zu kümmern, daß er eine Aufforderung war, die Grassini zu hören? Es ist wahr, höchst logisch denkender Leser, was du sagst ist und bleibt nicht zu beantworten. Und doch war es so, daß ich, während verschiedene Menschen ihre Interessen verschiedene Wege gehen lassen und die meisten von ihnen ihr Interesse an den Angelegenheiten der Armen vor allem durch ihr Mitgefühl mit deren Nöten und Sorgen zu zeigen neigen, damals bereit war, mein Interesse durch die Teilnahme an ihren Vergnügen auszudrücken. Von den Nöten der Armut hatte ich zuletzt zuviel gesehen – mehr, als ich mich zu erinnern wünschte; doch der Gedanke an die Freuden der Armen, ihre Hoffnungen, die Tröstungen ihres Gemüts und ihre Ruhe nach der mühseligen Arbeit kann nie bedrückend werden. Nun ist der Samstagabend die Zeit, da bei den Armen und bei allen, die von körperlicher Arbeit leben, die Ruhe regelmäßig wiederkehrend einzieht; in diesem Punkt sind sich selbst die feindlichsten Sekten einig und erkennen ein gemeinsames Band der Brüderlichkeit an, fast die ganze Christenheit erholt sich von ihren Mühen. Es ist eine Ruhe, die gleichzeitig eine andere Ruhe ankündigt, von dem Wiederbeginn der Mühsal durch einen ganzen Tag und zwei Nächte getrennt. Demzufolge fühle ich mich an einem Samstagabend immer, als ob ich von einem Joch der Knechtschaft befreit wäre, Lohn zu erhalten und Genüsse der Entspannung zu erwarten hätte. Um daher ein Ereignis, mit dem ich so voll sympathisierte, soweit wie möglich beobachten zu können, pflegte ich oft an Samstagabenden, nachdem ich Opium genommen hatte, ohne mich viel um Richtung oder Entfernung zu kümmern, zu den Märkten und den anderen Teilen Londons zu gehen, wohin sich die Armen an einem Samstagabend begeben, um ihren Lohn auszugeben. Ich habe vielen Familien, die aus Mann, Frau und manchmal einem oder zwei ihrer Kinder bestanden, zugehört, wenn sie über ihre Verhältnisse und Mittel, über die Stärke ihrer Kasse oder über den Preis von Haushaltsartikeln beratschlagten. Schrittweise lernte ich ihre Wünsche, ihre Schwierigkeiten und ihre Ansichten kennen. Manchmal konnte man ein Murren der Unzufriedenheit hören; doch viel häufiger sprachen ihre Gesichtszüge und ihre Worte von Geduld, von Hoffnung und von der Aussöhnung mit ihrem Los. Allgemein gesprochen hatte ich den Eindruck, daß die Armen philosophischer sind als die Reichen, daß sie sich bereitwilliger und freudiger dem unterwerfen, was sie als unabänderliches Übel oder unersetzlichen Verlust betrachten. Sooft ich dafür eine Gelegenheit sah oder es tun konnte, ohne aufdringlich zu erscheinen, schloß ich mich ihrer Gemeinschaft an und nahm Stellung zu der Frage, über die diskutiert wurde; auch wenn meine Meinung nicht vernünftig war, wurde sie doch mit Nachsicht aufgenommen. Wenn die Löhne etwas höher waren oder man damit rechnete, daß sie es werden könnten – wenn das Vierpfundbrot etwas billiger war oder berichtet wurde, daß der Preis für Zwiebeln und Butter fiel –, dann war ich froh; doch war das Gegenteil wahr, fand ich im Opium einen gewissen Trost. Kann doch das Opium (wie die Biene, die ihre Nahrung ohne Unterschied aus Rosen und aus dem Ruß[72] der Kamine gewinnt) alle Gefühle für einen Hauptschlüssel passend machen. Einige dieser Ausflüge führten mich in große Entfernungen, denn ein Opiumesser ist zu glücklich, um das Voranschreiten der Zeit zu bemerken. Und wenn ich nach nautischen Prinzipien heimwärts zu steuern versuchte, indem ich meine Augen fest auf den Polarstern richtete und eifrig nach einer Nordwestpassage suchte, anstatt erst alle Vorgebirge und Landzungen zu umsegeln, die ich auf meiner Hinreise umfahren hatte, stieß ich manchmal auf solche verzwickten Probleme von Gassen, Gassen einer nicht auslotbaren Tiefe, auf dunkle Eingänge, auf sphinxartige Rätsel von Straßen ohne erkennbaren Ausgang oder Durchfahrt, so, daß die Verwegenheit von Lastträgern durchkreuzt und die Intelligenz von Droschkenkutschern verwirrt werden. Ich hätte manchmal fast glauben können, daß ich der erste Entdecker dieser *terrae incognitae* gewesen sein muß, und ich hatte Zweifel, ob sie überhaupt schon in den modernen Landkarten von London verzeichnet waren. Bei einer Verbindungslinie in den Süden von Holborn ging der Weg für Fußgänger tatsächlich (ich zweifle nicht, daß das den meisten meiner Londoner Leser bekannt ist) durch die Küche eines Mannes; und da es eine kleine Küche war, mußte man vorsichtig steuern, um nicht an die Bratpfannen anzustoßen. Für dies alles mußte ich in späteren Jahren einen hohen Preis bezahlen, als das menschliche Gesicht meine Träume tyrannisierte, als die Verworrenheit meiner Londoner Schritte zurückkehrte und mit dem Gefühl einer moralischen oder intellektuellen Verwirrung meinen Schlaf heimsuchte, das den Geist in Unordnung sowie Qual und Reue über das Gewissen brachte.

So habe ich gezeigt oder zu zeigen versucht, daß Opium nicht notwendigerweise Inaktivität oder Erschlaffung erzeugt, sondern daß es mich im Gegenteil oft auf Märkte und in Theater führte. Doch will ich offen zugeben, daß Märkte und Theater kein geeigneter Lieblingsplatz für den Opiumesser sind, wenn sie in seinem göttlichsten Stadium mit seinem Vergnügen zusammentreffen. In diesem Stadium werden ihm Menschenmengen zur Bedrückung ebenso wie zu sinnliche und schwülstige Musik. Er sucht natürlicherweise Einsamkeit und Stille als unerläßliche Bedingungen seiner Ekstasen oder tiefsten Traumzustände, die die Krönung und Vollendung dessen sind, was Opium für die menschliche Natur tun kann. Meine Krankheit war es, zuviel zu denken und zuwenig zu beobachten, und bei meiner Aufnahme in das College wäre ich fast in tiefe Melancholie verfallen, weil ich zu sehr über die Leiden brütete, deren Zeuge ich in London war, doch war mir diese Tendenz meiner eigenen Gedanken ausreichend bekannt, um alles zu tun, was ich nur konnte, um ihr zu begegnen. Ich glich wirklich einem Menschen, der nach der alten heidnischen Sage die Höhle von Trophonios betreten hatte; und die Heilmittel, die ich suchte, sollten mich mit Gewalt in Gesellschaft bringen und meinen Verstand den Feinheiten philosophischer Spekulation ständig zugewandt erhalten. Doch bei diesen Heilmitteln wäre ich andererseits mit Sicherheit schwermütig und melancholisch geworden. Als in späteren Jahren mein

Frohsinn vollständiger wiederhergestellt war, gab ich mich jedoch meiner natürlichen Neigung zur Einsamkeit hin. Zu jener Zeit verfiel ich oft in solche Traumzustände, nachdem ich Opium genommen hatte; und oftmals geschah es an Sommerabenden – wenn ich mich an ein offenes Fenster setzte, von dem aus ich das Meer eine Meile unter mir überschauen konnte, während ich gleichzeitig den Blick auf eine große Stadt hatte, die unter einem anderen Winkel meiner kreisförmigen Perspektive lag, jedoch ungefähr genausoweit entfernt war –, daß ich vom Sonnenuntergang bis zum Sonnenaufgang die Stunden der Nacht hindurch bewegungslos wie angefroren sitzen blieb, ohne Bewußtsein meiner selbst als eines Objekts, das sich in irgendeiner Weise von der Szene unterschied, die ich von oben betrachtete. Solch eine Szene mit all ihren Elementen zeigte sich mir nicht selten von der freundlichen Anhöhe von Everton. Schräg links lag die vielsprachige Stadt Liverpool, schräg rechts das vielgestaltige Meer. Die Szene selbst war gleichsam typisch für das, was in solch einer Träumerei stattfand. Die Stadt Liverpool stellte die Erde dar, die ihre Sorgen und Gräber hinter sich gelassen hatte, wenn sie auch nicht unsichtbar geworden oder vollständig in Vergessenheit geraten waren. Der Ozean in seiner immerwährenden und doch sanften Bewegung, von taubenhafter Ruhe überlagert, war nicht ungeeignet, den Geist und die Stimmung darzustellen, die mich damals bewegten. Denn es schien mir, als ob ich da zum ersten Mal ein Stück über dem Aufruhr des Lebens stand; als ob der Tumult, das Fieber und der Hader zeitweilig aufgehoben waren; als ob vor den geheimen Lasten des Herzens ein Aufschub eingeräumt worden wäre – ein Sabbat der Ruhe, eine Pause von den menschlichen Mühen. Hier waren die Hoffnungen, die am Lebensweg blühen, mit dem Frieden des Grabes versöhnt; die Bewegungen des Intellekts so unermüdlich wie die Wolken, und doch für alle Ängste eine friedliche Ruhe; eine Stille, die kein Ergebnis der Untätigkeit zu sein, sondern aus mächtigen und gleichwertigen Widersprüchen zu fließen schien; unendliche Aktivitäten, unendliche Ruhe.

O gerechtes, feines und alles besiegendes Opium, das du

den Herzen der Reichen wie auch der Armen für die Wunden, die nie heilen werden, und für die Qual der Schmerzen, die ›den Geist rebellieren lassen‹, einen lindernden Balsam bringst – beredtes Opium, das du mit deiner mächtigen Rhetorik die Vorsätze des Zorns hinwegnimmst, wirkungsvoll für barmherziges Mitleid plädierst und dem schuldigen Menschen in einer Nacht himmlischen Schlafes die Erinnerung an seine Kindheit zurückbringst und Hände von Blut säuberst – o gerechtes und rechtschaffenes Opium, das du zum Triumph der verzweifelten Unschuld die falschen Zeugen vor das Gericht des Traumes forderst, den Meineid vereitelst und die Urteile ungerechter Richter aufhebst – du baust auf dem Busen der Dunkelheit, aus der phantastischen Einbildung des Gehirns Städte und Tempel, die die Kunst des Phidias und des Praxiteles übertreffen – die die Pracht von Babylon und Hekatómpylos[73] hinter sich lassen, und ›aus der Anarchie des träumenden Schlafs‹ rufst du Gesichter lang beerdigter Schönheiten und gesegnete Antlitze der Familie in das Licht der Sonne, gereinigt von der ›Schmach des Grabes‹. Nur du gibst dem Menschen diese Gaben, und du besitzt den Schlüssel zum Paradies, o gerechtes, feinsinniges und mächtiges Opium!

Liebenswürdiger und, wie ich hoffe, nachsichtiger Leser, der mich bis jetzt begleitet hat, sei gebeten, jetzt acht Jahre vorauszueilen, das heißt von 1804 (als, wie ich sagte, meine Bekanntschaft mit dem Opium begann) bis zum Jahre 1812. Die Jahre des akademischen Lebens sind nun vorüber und vorbei – fast vergessen; die Studentenmütze drückt meine Schläfen nicht mehr, und wenn meine Mütze überhaupt noch existiert, dann wird sie irgendeinen jugendlichen Studiosus drücken, der, dessen bin ich mir sicher, genau so glücklich sein wird, wie ich es damals war, und genau solch ein leidenschaftlicher Freund der Wissenschaft. Mein Talar ist inzwischen, das darf ich wohl sagen, in demselben Zustand wie viele Tausende hervorragender Bücher in der Bodleian Library – nämlich von gewissen fleißigen Motten und Würmern emsig durchgearbeitet, oder er ist vielmehr abhanden gekommen (das ist alles, was ich von seinem Schicksal weiß) in dem großen Reservoir des *Irgendwo,* in das alle die

Teetassen, Teebüchsen, Teekannen, Teekessel usw. eingegangen sind, an deren einstigen Besitz ich durch die zufällige Ähnlichkeit der heutigen Generation von Teetassen usw. erinnert werde, aber von derem Abhandenkommen und schließlichem Schicksal ich wie die meisten Robenträger aller Universitäten nur eine unklare und mutmaßliche Geschichte berichten kann. Die Glocke der Kapelle hat aufgehört, mich zu verfolgen, ihre unwillkommene Aufforderung zur Morgenandacht unterbricht meinen Schlummer nicht mehr; der Pförtner, der sie läutete, ist tot und stört niemanden mehr, und mit vielen anderen, die sehr unter seinem Hang zum Bimmeln gelitten haben, habe ich mich jetzt entschlossen, seine Fehler zu übersehen und ihm zu vergeben. Selbst der Glocke gegenüber empfinde ich jetzt christliche Nächstenliebe; sie läutet, wie ich annehme, heute wie früher dreimal am Tage, belästigt in brutaler Weise, daran ist kein Zweifel, viele würdige Herren und stört deren Seelenfrieden, doch was mich in diesem Jahr 1812 anbetrifft, so beachte ich diese trügerische Stimme nicht mehr (trügerisch nenne ich sie, weil sie zur Verfeinerung ihrer Böswilligkeit in so lieblichen und silberhellen Tönen sprach, als wenn sie einen zu einer Gesellschaft einlüde); ihre Töne haben wirklich nicht mehr die Gewalt, mich zu erreichen, selbst wenn der Wind so günstig steht, wie es sich die Böswilligkeit der Glocke nur wünschen kann, denn ich bin zweihundertfünfzig Meilen von ihr entfernt, begraben in der Tiefe der Berge.

Und was tue ich in den Bergen? Ich nehme Opium. Ja, aber was noch? Nun, Leser, im Jahre 1812, in dem wir jetzt angekommen sind, wie auch schon einige Jahre vorher, studierte ich vorwiegend die deutsche Metaphysik in den Schriften von Kant, Fichte, Schelling usw. Und wie und auf welche Weise lebe ich? Kurz gesagt, welcher Klasse oder Art der Menschen gehöre ich an? Ich lebe in dieser Zeit – nämlich 1812 – in einer Hütte mit einer einzigen weiblichen Bediensteten *(honi soit qui mal y pense)*, die unter meinen Nachbarn als meine ›Haushälterin‹ gilt. Und als Gelehrter und gebildeter Mann möchte ich mich als ein unwürdiges Glied jener unbestimmten Körperschaft, die *›Herren‹* genannt wird, einordnen. Zum Teil aus dem Grund, den ich angegeben habe – zum Teil, weil ich keinen sichtbaren Beruf ausübe und keinem Geschäft nachgehe, woraus der richtige Schluß gezogen wird, daß ich von meinem privaten Vermögen leben müsse –, werde ich von meinen Nachbarn so eingeordnet; und im Ergebnis der Höflichkeit des modernen Englands werde ich auf Briefen und dergleichen mit Hochwohlgeboren angeredet, obwohl ich fürchte, nach der strengen Konstruktion eines antiken oder altmodischen Herolds, gekleidet wie ein Pik- oder Karobube, nur einen geringen Anspruch auf jene hervorragende Ehre gehabt zu haben – ja, in der öffentlichen Meinung werde ich als X.Y.Z., Hochwohlgeboren, geachtet, wenn auch nicht als Friedensrichter oder als Custos Rotulorum. Bin ich verheiratet? Noch nicht. Und nehme ich noch Opium? Am Samstagabend. Und vielleicht habe ich es hemmungslos seit dem ›regnerischen Sonntag‹, dem ›stattlichen Pantheon‹ und dem ›glückseligen Apotheker‹ des Jahres 1804 genommen? Auch das. Und wie finde ich meinen Gesundheitszustand nach all dem Opiumessen? Kurz gesagt, wie geht es mir? Nun, vielen Dank, geneigter Leser, recht gut. Wenn ich die volle und einfache Wahrheit sagen dürfte, ging es mir (obwohl ich krank sein müßte, um den Theorien einiger Mediziner zu entsprechen) nie in meinem Leben besser als im Frühjahr 1812; und ich hoffe sehr, daß die Menge von Bordeaux, Portwein oder ›Londoner Spezial-Madeira‹, die du, guter Leser, aller Wahrscheinlichkeit nach, jeweils in acht Jahren deines Erdenlebens zu dir genommen hast und nehmen wirst, deine Gesundheit so wenig beeinträchtigt hat wie all das Opium, das ich von 1804 bis 1812 zu mir genommen habe (obwohl die Menge so groß war, daß ich darin hätte baden und schwimmen können), die meine beeinträchtigt hat. Daraus wird abermals die Gefahr ersichtlich, sich bei Anastasius[74] medizinischen Rat zu holen; in der Theologie mag er ein guter Ratgeber sein, nicht jedoch in der Medizin. Nein, es ist weit besser, sich bei Dr. Buchan Rat zu holen, wie ich es getan hatte, denn ich vergaß niemals die hervorragende Empfehlung dieses würdigen Mannes und war ›insbesondere vorsichtig, nicht mehr als fünfundzwanzig Unzen Laudanum zu nehmen‹. Dieser Mäßigung und dem zurückhaltenden Gebrauch, den ich von dem Mittel machte, kann ich es sicher zuschreiben, daß ich zumindest bis jetzt (das heißt bis zum Jahre 1812) die Schrecken der Rache weder kenne noch befürchte, die das Opium jenen bietet, die seine Langmut mißbrauchen. Zu jener Zeit war ich noch nichts anderes als ein *laienhafter* Opiumesser; selbst eine Praxis von acht Jahren mit der einzigen Vorsichtsmaßnahme, zwischen jedem Schwelgen genügend lange Pausen vorzusehen, hat noch nicht ausgereicht, Opium für mich als Bestandteil meiner täglichen Kost notwendig zu machen. Doch jetzt beginnt ein anderer Zeitabschnitt. Wenn es dir recht ist, Leser, wollen wir in das Jahr 1813 gehen. Im Sommer des Jahres, das wir gerade hinter uns gelassen haben, hatte meine körperliche Gesundheit durch geistige Erschöpfung im Zusammenhang mit einem traurigen Ereignis sehr gelitten. Dieses Ereignis, das mit dem jetzt vor mir liegenden Thema in keinerlei Zusammenhang steht, abgesehen von der körperlichen Erkrankung, die es hervorrief, brauche ich nicht eingehender festzuhalten. Ob diese Krankheit des Jahres 1812 einen Anteil an der des Jahres 1813 hatte, weiß ich nicht; auf jeden Fall befiel mich in diesem Jahr eine ganz schreckliche Reizung des Magens, in jeder Weise dieselbe, die mich in meiner Jugend so hatte leiden lassen, und die begleitet wurde von der Wiederkehr all der alten Träume. Zu diesem Zeitpunkt – nämlich im Jahre 1813 – geschah es, daß ich zu einem regelmäßigen und chronischen (nicht mehr nur gelegentlichen) Opiumesser wurde. Und hier befinde ich mich in einem verwirrenden Dilemma. Entweder muß ich die Geduld des Lesers dadurch erschöpfen, daß ich so eingehend von meiner Krankheit und von meinem Kampf gegen sie berichte, daß meine Unfähigkeit begründet wird, noch länger mit Reizung und beständigem Leiden zu ringen; oder ich übergehe schnell diesen schwierigen Teil meiner Erzählung und muß darauf verzichten, einen tieferen Eindruck in dem Leser zu hinterlassen, und mich der Mißdeutung aussetzen, über den leichten und allmählichen Schritt von zügellosen Personen von der ersten bis zur letzten Etappe des Opiumessens gelangt zu sein (eine Mißdeutung, für die bei den meisten Lesern auf Grund meiner bisherigen Eingeständnisse eine versteckte Empfänglichkeit vorhanden sein wird). Das ist die schwierige Zwickmühle, an die nicht zu denken war. Schließlich bleibt mir nichts anderes übrig, als soviel *vorauszusetzen*, wie für meinen Zweck notwendig ist. Billige mir dafür soviel Glaubwürdigkeit zu, guter Leser, als wenn ich es zu Lasten deiner und meiner Geduld vorgeführt hätte. Sei nicht so kleinlich, mir wegen meines eigenen Verzichtes und meiner Rücksicht auf deine Bequemlichkeit deine gute Meinung zu entziehen. Nein, glaube all das, worum ich dich bitte – nämlich, daß ich nicht länger widerstehen konnte –, glaube es in großzügiger Weise als Gnadenakt oder vielmehr aus reiner Klugheit, denn anderenfalls werde ich dich in der nächsten Auflage überzeugen und erzittern lassen; und *à force d'ennuyer*, allein kraft der Pandikulation, volkstümlich auch Gähnen genannt, werde ich alle meine Leser davon abschrecken, je wieder eine Voraussetzung in Frage zu stellen, die ich zu machen bereit bin.

Dieses darf ich also wiederholen: ich setze voraus, daß zu der Zeit, als ich das Opium täglich zu nehmen begann, ich nichts anderes hätte tun können. Ob ich nicht später diese Gewohnheit doch hätte erfolgreich abbrechen können, selbst als ich glaubte, daß alle Anstrengungen vergeblich waren, ob nicht manche der Bemühungen, die ich *tatsächlich* unternahm, hätten wesentlich weitergeführt werden können und ob nicht meine allmähliche Rückeroberung verlorenen Terrains viel energischer hätte betrieben werden können – das sind Fragen, die ich ablehnen muß. Vielleicht könnte ich die Sache beschönigen – doch (soll ich aufrichtig sprechen?) ich bekenne, daß ich zu sehr Eudämonist bin; ich sehne mich zu sehr nach dem Glücksgefühl, sowohl für mich als auch für andere; ich kann Unglück nicht mit ausreichend festem Blick gegenübertreten, sei es eigenem oder fremdem, und ich bin wenig fähig, gegenwärtiges Leid zugunsten einer Anwartschaft auf späteren Nutzen hinzunehmen. In anderer Beziehung stimme ich den Herren in The Porch[75] in Manchester bei der Anwendung der stoischen Philosophie zu, doch nicht in dieser. Hier nehme ich mir die Freiheit, wie ein eklektischer Philosoph zu denken, und ich halte nach einer höflichen und rücksichtsvollen Sekte Ausschau, die gegenüber dem schwachen Zustand eines Opiumessers leutseliger ist; das sind angenehme und höfliche Menschen, wie sie Chaucer beschreibt, um die Beichte abzunehmen und die Absolution zu erteilen, und sie werden bei der Buße, die sie auferlegen, und hinsichtlich der Anstrengungen von armen Sündern wie mir, zur Enthaltsamkeit zu kommen, ein gewisses Mitgefühl zeigen. In meinem nervlichen Zustand kann ich einen inhumanen Moralisten ebensowenig ertragen wie Opium, das nicht gekocht worden ist. Auf jeden Fall muß derjenige, der mich auffordert, eine große Fracht an Selbstverleugnung und Kasteiung auf jede Kreuzfahrt moralischer Vervollkommnung zu schicken, meinem Verstand klarmachen, daß die Angelegenheit hoffnungsvoll ist. In meinem Lebensalter (ich bin sechsunddreißig Jahre alt[76]) ist nicht anzunehmen, daß ich viel Kraft zu erübrigen habe; ich finde vielmehr alles in Anbetracht der intellektuellen Mühen, die ich mir mache, wenig genug, und daher möge niemand erwarten, er könne mich mit ein paar harten Worten schrecken, irgendeinen Teil davon für verzweifelte Abenteuer der Moralität zu investieren.

Verzweifelt oder nicht, das Ergebnis des Kampfes im Jahr 1813 war so, wie ich es berichtet habe; von diesem Zeitpunkt an muß mich der Leser als regelmäßigen und chronischen Opiumesser betrachten, den an irgendeinem Tag zu fragen, ob er Opium genommen habe oder nicht, auf dasselbe hinausliefe zu fragen, ob seine Lungen arbeiteten oder ob sein Herz seine Funktionen erfüllte. Du verstehst jetzt, Leser, wer ich bin, und dir ist jetzt bewußt, daß kein alter Herr ›mit einem schneeweißen Bart‹ irgendeine Chance hat, mich (wie Anastasius) zu überreden, ihm ›das kleine goldene Gefäß mit der gefährlichen Droge‹ zu überlassen. Nein, ich sage allen, seien sie Moralisten oder Ärzte, was auch immer ihre Ansprüche und Fähigkeiten auf ihrem jeweiligen Gebiet sein mögen, daß sie keine Unterstützung von mir erwarten dürfen, wenn sie mit irgendeinem grausamen Vorschlag beginnen wollen, eine Fastenzeit oder einen Ramadan der Abstinenz vom Opium einzurichten. Wenn das zwischen uns völlig klar ist, werden wir in Zukunft vor dem Wind segeln. Nun dann, Leser, erhebe dich, wenn es dir recht ist, von dem Jahr 1813, in dem wir die ganze Zeit gesessen und herumgetrödelt haben, schreite drei Jahre weiter, ziehe den Vorhang auf, und du wirst mich in einer neuen Rolle erblicken.

Wenn irgendein Mann, er sei arm oder reich, sagen sollte, er würde uns berichten, welches der glücklichste Tag seines Lebens gewesen wäre, würden wir sicherlich alle ausrufen: Hört! Hört! Den glücklichsten Tag zu bestimmen, das muß selbst für einen weisen Mann sehr schwierig sein; denn jedes Ereignis, das einen so ausgezeichneten Platz in der Rückschau eines Menschen über sein Leben einnimmt oder Anspruch darauf erheben kann, ein besonderes, eigenständiges und hohes Glücksgefühl auf irgendeinen Tag geworfen zu haben, müßte einen so bleibenden Charakter haben, daß es (abgesehen von Zufällen) dasselbe oder zumindest kein erkennbar geringeres Glücksgefühl auf sehr viele Jahre insgesamt hätte werfen können. Auf das glücklichste *lustrum* oder auch auf das glücklichste *Jahr* kann ein Mann dagegen vielleicht berechtigt verweisen, ohne daß es die Weisheit mißbilligt. Solch ein Jahr, Leser, war in meinem Fall dasjenige, das wir jetzt erreicht haben, obwohl es, wie ich bekenne, als ein Einschub zwischen Jahren düsteren Charakters stand. Es war ein Jahr von reinstem Wasser (um in der Sprache der Juweliere zu reden), eingefaßt, wie es war, und isoliert in dem düsteren Schatten des Opiums. So seltsam, wie es klingen mag, kurz vorher war ich plötzlich und ohne große Mühe von täglich dreihundertzwanzig Grain Opium (das heißt achttausend[77] Tropfen Laudanum) auf vierzig Grain oder auf den achten Teil abgesunken. Sofort und wie durch Zauberei zog die Wolke tiefster Melancholie, die sich auf meinem Geist niedergelassen hatte, wie die schwarzen Dämpfe, die ich von einem Berggipfel hatte fortrollen sehen, innerhalb einer Woche davon; sie entschwand mit ihren düsteren Fahnen so schnell wie ein gestrandetes Schiff, das von einer Springflut hinweggetragen wird, ›die alles bewegt, wenn sie sich nur bewegt‹.

Nun war ich also wieder glücklich. Ich nahm jetzt nur eintausend Tropfen Laudanum pro Tag – und was war das? Ein später Frühling war gekommen, um meine Jugend abzuschließen. Mein Geist führte seine Funktionen so gesund wie je zuvor aus. Ich las wieder Kant; und ich verstand ihn wieder oder bildete mir ein, es zu tun. Wieder umfaßten meine Gefühle der Freude alles um mich herum, und wenn mir irgendein Mann aus Oxford oder aus Cambridge oder von sonstwoher in meiner anspruchslosen Hütte angekündigt würde, dann bereitete ich ihm zu seinem Willkommen einen so üppigen Empfang, wie ihn ein solch armer Mann nur bieten konnte. Was sonst auch immer zum Glück eines weisen Mannes fehlen mochte, Laudanum würde er von mir bekommen, soviel er wollte, und in einem Becher aus vergoldetem Silber, wenn nicht gar aus reinem Gold. Übrigens erinnere ich mich jetzt, wenn ich davon spreche, Laudanum wegzugeben, an einen kleinen Vorfall, den ich erwähne, weil, wenn er auch belanglos ist, der Leser ihm bald in meinen Träumen, die er über alle Vorstellungen schrecklich beeinflußte, wiederbegegnen wird. Eines Tages klopfte ein Malaie an meine Tür. Was für Geschäfte ein Malaie in der Abgeschiedenheit englischer Berge haben konnte, ist nicht mein Geschäft zu mutmaßen; möglicherweise war er auf dem Weg zu einem Hafen an der Küste – nämlich Whitehaven, Workington usw. –, ungefähr vierzig Meilen entfernt.[78]

Die Bedienstete, die ihm die Tür öffnete, war ein junges Mädchen, in den Bergen geboren und aufgewachsen, das niemals eine asiatische Kleidung gesehen hatte; sein Turban verwirrte sie daher nicht wenig, und da es sich herausstellte, daß *seine* Kenntnis des Englischen genau *ihrer* Kenntnis des Malaiischen entsprach, schien zwischen allen Gedanken, die miteinander ausgetauscht werden konnten, wenn beide Seiten überhaupt welche besaßen, eine unüberwindliche Kluft zu liegen. In diesem Dilemma entsann sich das Mädchen der bekannten Bildung ihres Dienstherren (wobei sie mir zweifellos die Kenntnis aller Sprachen der Erde zutraute, vielleicht sogar außerdem einiger des Mondes), kam zu mir und gab mir zu verstehen, daß dort unten eine Art Dämon sei, von dem sie eindeutig annahm, daß meine Kunst ihn von dem Haus bannen könne. Die Gruppe, die sich hier darbot, wie sie vom Zufall, wenn auch nicht in sehr kunstvoller Weise, angeordnet war, nahm von meiner Phantasie und meinem Auge in stärkerer Weise Besitz als die statuenhaften Posen und Gruppen, die in den Balletts des Opernhauses dargestellt werden, obwohl sie so prächtig zu einem Ganzen vereinigt sind. In der Küche einer Hütte, die allerdings nicht so sehr *danach*, sondern mehr nach einer rustikalen Diele aussah, an der Wand mit dunklem Holz getäfelt, das durch Alter und Abrieb Eiche ähnelte, stand der Malaie, sein Turban und seine losen Hosen in schmutzigem Weiß von der dunklen Verkleidung abgehoben; er hatte sich näher zu dem Mädchen gestellt, als sie Gefallen daran zu finden schien, obwohl der ihr angeborene Geist der Unerschrockenheit der Bergbewohner mit dem Gefühl einfacher Scheu rang, die ihre Gesichtszüge ausdrückten, als sie auf die Tigerkatze vor ihr starrte.

Man kann sich kein eindrucksvolleres Bild vorstellen als das schöne englische Gesicht des Mädchens[79] in seiner herrlichen Blüte, das zusammen mit ihrer aufrechten und unabhängigen Haltung den Kontrast bildete zu der fahlen, gallegelben Haut des Malaien, von Klima und Meeresluft mit mahagonifarbigen Tönen überzogen, zu seinen kleinen, wilden, ruhelosen Augen, zu seinen dünnen Lippen und der sklavischen Gestik und Verehrung, die er zeigte. Halb versteckt hinter dem grimmig aussehenden Malaien stand ein kleines Kind aus einer benachbarten Hütte, das nach ihm hereingekrochen war, jetzt seinen Kopf zurückwandte und nach oben auf den Turban und auf die wilden Augen darunter starrte, während es sich mit einer Hand an dem Kleid des jungen Mädchens schutzsuchend festhielt.

Meine Kenntnis der orientalischen Sprachen ist nicht bemerkenswert groß, sondern vielmehr auf zwei Worte beschränkt – das arabische Wort für Gerste und das türkische Wort für Opium *(madjoon)*, wie ich aus dem *Anastasius* gelernt habe. Und da ich weder ein malaiisches Wörterbuch noch Adelungs *Mithridates* besaß, der mir mit ein paar Worten hätte helfen können, sprach ich ihn mit einigen Zeilen aus der *Ilias* an; ich berücksichtigte dabei, daß von den Sprachen, die ich beherrschte, das Griechische in bezug auf die Längengrade einer orientalischen Sprache geographisch am nächsten kam. Er huldigte mir in devoter Weise und antwortete in einer Sprache, von der ich annehme, daß es Malaiisch war. Auf diese Weise wahrte ich vor meinen Nachbarn meinen Ruf als Sprachkundiger, denn der Malaie hatte keine Möglichkeit, das Geheimnis zu verraten. Er lag etwa eine Stunde lang auf dem Fußboden und setzte dann seine Reise fort. Bei seiner Abreise schenkte ich ihm *inter alia* ein Stück Opium. Ich hatte keinen Zweifel, daß ihm als einem Eingeborenen des Ostens Opium genau so bekannt war wie sein tägliches Brot, und der Ausdruck seines Gesichtes überzeugte mich, daß ich recht hatte. Nichtsdestoweniger war ich etwas konsterniert, als ich sah, wie er plötzlich die Hand zum Mund führte und das Ganze, in drei Teile geteilt, auf einmal in den Mund stopfte. Diese Menge hätte ausgereicht, um etwa ein halbes Dutzend Dragoner samt ihren Pferden zu töten, unter der Voraussetzung, daß weder Zweifüßler noch Vierfüßler regelmäßig geübte Opiumesser sind. Ich hatte etwas Angst um die arme Kreatur; doch was ließ sich tun? Ich hatte ihm das Opium aus reinem Mitleid mit seinem einsamen Leben gegeben, denn wenn er zu Fuß von London gekommen war, muß es fast drei Wochen her gewesen sein, daß er zuletzt einen Gedanken mit einem menschlichen Wesen austauschen konnte. Hätte ich die Gesetze der Gastfreundschaft verletzen sollen, indem ich ihn ergriffen und ihm ein Brechmittel eingeflößt hätte, ihn mit der Vorstellung erschreckend, wir wollten ihn irgendeinem englischen Götzen opfern? Nein, es gab eindeutig keine Hilfe. Wenn es ein Unheil geben würde, dann war es schon angerichtet. Er verabschiedete sich, und einige Tage lang war ich beunruhigt; doch da ich niemals etwas von einem Malaien oder einem Mann mit Turban hörte, der an der sehr dünn bevölkerten Strecke zwischen Grasmere und Whitehaven tot aufgefunden worden sei, wurde ich davon überzeugt, daß er mit Opium vertraut war[80] und ich ihm zweifellos den beabsichtigten Dienst erwiesen hatte, nämlich ihm eine Nacht lang eine Atempause von den Qualen des Wanderns zu gewähren.

Ich habe mir die Abschweifung erlaubt, diesen Vorfall zu erwähnen, weil dieser Malaie (teils durch das malerische

Bild, zu dessen Aufbau er beigetragen hatte, teils durch die Unruhe, die ich einige Tage lang mit der Erinnerung an ihn verband) später meine Phantasie und *dadurch* meine Träume erfüllte, in denen er zusammen mit anderen Malaien, schlimmer als er, erschien, die gegen mich ›Amok‹[81] liefen und mich in eine Welt nächtlicher Plagen führten. Doch ich will diese Episode verlassen und zu meinem Schaltjahr des Glücks zurückkehren. Ich habe bereits gesagt, daß wir bei einem für uns alle so wichtigen Thema wie dem Glück mit Vergnügen der Erfahrung oder den Versuchen jedes anderen Menschen lauschen sollten, selbst wenn er nur ein Pflügejunge wäre, von dem nicht anzunehmen ist, daß er den widerspenstigen Boden menschlicher Schmerzen und Freuden sehr tief durchpflügt oder seine Forschungen von sehr erleuchteten Grundsätzen aus durchgeführt hätte. Doch ich, der ich das Glück sowohl in fester als auch in flüssiger Form zu mir genommen habe, sowohl gekocht als auch ungekocht, sowohl ostindisch als auch türkisch – der ich meine Versuche auf diesem interessanten Gebiet mit einer Art galvanischen Batterie durchgeführt habe, der ich mich zum allgemeinen Nutzen der Welt mit dem Gift von achttausend Tropfen Laudanum pro Tag selbst infiziert habe (aus demselben Grund, aus dem sich ein französischer Wundarzt vor einiger Zeit mit Krebs infizierte, ein englischer vor zwanzig Jahren mit der Pest und ein dritter,[82] ebenfalls ein Engländer, mit Tollwut), ich also muß jetzt sicherlich, wie man mir zubilligen wird, wissen, was Glück ist, wenn es überhaupt jemand weiß. Und deswegen will ich hier eine Analyse des Glücks geben; und als interessanteste Methode, sie mitzuteilen, wähle ich nicht die didaktische Darstellung, sondern verpacke sie und schließe sie ein in das Bild eines Abends, den ich wie jeden Abend dieses Schaltjahres verbrachte, als Laudanum für mich, obwohl ich es täglich nahm, nicht mehr als ein Elixier der Freude war.

Man stelle sich eine Hütte vor, die in einem Tal[83] achtzehn Meilen von jeder Stadt entfernt ist; kein weites Tal, ungefähr zwei Meilen lang und im Durchschnitt eine Dreiviertelmeile breit – der Vorteil dieser Einrichtung liegt darin, daß alle Familien, die in diesem Umkreis wohnen, zusammen einen größeren Haushalt bilden, daß sie deinem Auge persönlich bekannt sind und deine Gefühle mehr oder weniger stark ansprechen. Die Berge sollen richtige Berge sein, zwischen dreitausend und viertausend Fuß hoch, und die Hütte eine richtige Hütte und nicht (wie es ein witziger Autor formulierte) ›eine Hütte mit zwei Wagenschuppen‹; es soll wirklich (denn ich muß an der tatsächlichen Szene festhalten) eine weiße Hütte sein, mit blühenden Sträuchern umpflanzt, die so ausgewählt wurden, daß sich auf den Wänden und um die Fenster eine ständige Folge von Blüten durch alle Monate des Frühlings, des Sommers und des Herbstes entfaltet, von Mairosen bis zum Jasmin. Es soll jedoch *nicht* Frühling, Sommer oder Herbst sein, sondern Winter in seiner strengsten Form. Das ist ein höchst wichtiger Punkt in der Wissenschaft vom Glück. Mit Erstaunen sehe ich, daß die Menschen das übersehen, als müsse man sich wirklich beglückwünschen, wenn der Winter geht oder wenn der kommende Winter nicht streng zu werden verspricht. Im Gegenteil reiche ich jedes Jahr eine Bittschrift ein, daß es so viel Schnee, Hagel, Frost und jede Art von Sturm geben möge, wie der Himmel uns nur ermöglichen kann. Sicherlich ist sich jedermann der göttlichen Freuden bewußt, die mit dem Platz am winterlichen Kamin verbunden sind – Kerzen um vier Uhr, warme Kaminvorleger, Tee, eine ordentliche Teeköchin, die Läden geschlossen, die Vorhänge in weitem Faltenwurf bis auf den Boden fließend, während der Sturm und der Regen draußen hörbar toben.

›An Tür und Fenstern scheinen sie zu wüten,
wie wenn sich Erd und Himmel mischen wollten,
doch soll sich nicht die kleinste Öffnung bieten,
in sichrer Obhut wird die Halle uns behüten.‹

Schloß Trägheit

Alle diese Punkte in der Beschreibung eines Winterabends sind sicher jedem bekannt, der in nördlichen Breiten geboren ist. Und es ist offenkundig, daß die meisten dieser Genüsse ohne stürmisches oder in der einen oder anderen Weise rauhes Wetter nicht reifen können. Ich nehme es nicht so genau, ob es nun Schnee ist oder grimmiger Frost oder Sturm von einer Stärke, daß (wie Mr. Anti-Sklaverei Clarkson sagt)

›man sich mit dem Rücken dagegen lehnen kann wie gegen einen Pfahl‹. Ich bin auch mit Regen zufrieden, wenn es nur Bindfäden regnet oder ›Kanonen und Marlspicker‹, wie die Matrosen sagen, doch irgend etwas von dieser Sorte muß ich haben; und habe ich es nicht, denke ich mir in schlechtbehandelter Weise: warum muß ich im Winter sonst so schwer für Kohle, Kerzen usw. bezahlen, wenn ich nicht auch jenes Gute haben kann? Nein, einen kanadischen Winter für mein Geld oder einen russischen, wo jedermann in bezug auf den Besitz seiner eigenen Ohren nur ein Miteigentümer zusammen mit dem Nordwind ist. Ich bin in dieser Sache ein solcher Feinschmecker, daß ich eine Winternacht wirklich nicht vollständig genießen kann, wenn der St.-Thomas-Tag lange vorbei und das Wetter in die abscheulichen Bestrebungen des herannahenden Frühlings entartet ist; sie muß vielmehr durch eine dicke Wand dunkler Nächte von aller Wiederkehr des Lichtes und des Sonnenscheins getrennt sein. Wenn du also in der ersten Novemberwoche beginnst und bis Ende Januar gehst, wobei Heiligabend der Meridian ist, kannst du die Periode berechnen, in der das Glück gereift ist und nach meiner Meinung das Zimmer mit dem Teetablett betritt. Denn obwohl ihn diejenigen, die von Natur aus oder durch Weingenuß in ihren nervlichen Empfindungen roh und daher dem Einfluß eines so kultivierten Anregungsmittels nicht zugänglich sind, lächerlich zu machen versuchen, wird Tee immer das bevorzugte Getränk des Intellektuellen bleiben, und ich für meinen Teil hätte mich Dr. Johnson in einem *bellum internecinum* gegen Jonas Hanway oder jede andere ruchlose Person angeschlossen, die sich erlauben sollte, ihn verächtlich zu machen. Doch um mir die Mühe zu ausführlicher verbaler Beschreibung zu ersparen, will ich hier einen Maler einführen und ihm Anweisung für den Rest des Bildes geben. Maler lieben keine weißen Hütten, es sei denn, sie sind ein gutes Teil wettergetönt, da es jetzt aber, wie der Leser weiß, ein Winterabend ist, werden seine Dienste nur im *Inneren* des Hauses benötigt.

Male mir also ein Zimmer, siebzehn mal zwölf Fuß groß, und nicht höher als siebeneinhalb Fuß. Dieses Zimmer wird in meiner Familie etwas anspruchsvoll der Salon genannt, doch um es fertigzubekommen, ›einen doppelten Tribut zu entrichten‹, nennen wir es außerdem und gerechtfertigter die Bibliothek, denn Bücher sind der einzige Besitz, an dem ich reicher bin als meine Nachbarn. Ich habe ungefähr fünftausend davon, seit meinem achtzehnten Lebensjahr allmählich gesammelt. Maler, stelle infolgedessen in dieses Zimmer so viele Bücher, wie du nur kannst. Bevölkere es mit Büchern und male mir einen guten Kamin; die Möbel einfach und bescheiden, zu der anspruchslosen Hütte eines Gelehrten passend. In die Nähe des Kamins male mir einen Teetisch und stelle (da es klar ist, daß einen an solch einem stürmischen Abend kein Geschöpf besuchen kann) nur zwei Tassen und Untertassen auf das Tablett; und wenn du weißt, wie man so etwas symbolisch oder sonstwie malt, dann male mir eine ewige Teekanne – ewig *a parte ante* und *a parte post,* denn ich trinke Tee von acht Uhr abends bis vier Uhr früh. Und da es sehr unangenehm ist, Tee zu bereiten oder sich selbst einzugießen, male mir eine liebliche junge Frau, die an dem Tisch sitzt. Male sie mit Armen wie Aurora und einem Lächeln wie Hebe; doch nein, lieber M . . ., ich will nicht einmal im Scherz andeuten, daß deine Fähigkeit, meine Hütte hell darzustellen, sich auf so vergängliche Güter wie auf persönliche Schönheit stützt, oder daß die Zauberkraft eines himmlischen Lächelns im Reich irgendeines irdischen Pinsels liegt. Gehe also weiter, mein guter Maler, zu Dingen, die in deinem Machtbereich liegen; und der nächste Gegenstand, den du hervorbringst, sollte ich natürlich selbst sein – ein Bild des Opiumessers mit dem ›kleinen goldenen Gefäß mit der schädlichen Droge‹ auf dem Tisch neben ihm. Was das Opium angeht, so habe ich keine Bedenken, ein Bild *davon* zu sehen; du kannst es malen, wenn du möchtest; doch weise ich dich darauf hin, daß selbst im Jahre 1816 kein ›kleines‹ Gefäß *meinem* Zweck entsprochen hätte, der ich von dem ›stattlichen Pantheon‹ und allen Apothekern (seien sie sterblich oder nicht) ein Stück entfernt war. Nein, du kannst genausogut mein wirkliches Gefäß malen, das nicht aus Gold, sondern aus Glas war und einer irdischen Weinkaraffe aufs äußerste glich. Und wirklich, im Ergebnis einer

Reihe von glücklich erdachten Versuchen entdeckte ich, daß es eine Weinkaraffe *war.* In sie kann man ein Quart rubinrotes Laudanum füllen; diese Karaffe und daneben ein Buch deutscher Metaphysiker zeigen deutlich genug an, daß ich mich in der Nähe befinde; doch gegen die Darstellung meiner Person habe ich Bedenken. Ich gebe zu, daß ich an sich den Vordergrund des Bildes einnehmen sollte; da ich der Held des Stückes oder (je nach Belieben) der Verbrecher auf der Anklagebank bin, müßte ich auch körperlich vor Gericht erscheinen. Das erscheint vernünftig, aber warum sollte ich in diesem Punkt vor dem Maler ein Bekenntnis ablegen? Warum überhaupt ein Bekenntnis ablegen? Wenn es die Öffentlichkeit (in deren privates Ohr ich meine Bekenntnisse flüstere, nicht in das Ohr irgendeines Malers) zufällig unternommen haben sollte, sich ein angenehmes Bild von der äußeren Erscheinung des Opiumessers zu machen – wenn sie ihm in romantischer Weise eine elegante Erscheinung und ein hübsches Gesicht zugeschrieben hat – warum sollte ich ihr in barbarischer Weise eine so angenehme Selbsttäuschung entreißen? –, erfreut sie doch sowohl die Öffentlichkeit als auch mich. Nein, male mich nach deiner eigenen Phantasie, wenn du mich überhaupt malen willst; und da die Phantasie eines Malers übervoll von schönen Schöpfungen sein sollte, kann ich, in dieser Hinsicht, nicht fehlgehen in der Annahme, der Gewinner zu sein. Und nun haben wir alle zehn Kategorien meiner Lebensumstände durchlaufen, wie sie sich um die Jahre 1816 und 1817 darstellten, als ich mich bis zur Mitte des letztgenannten Jahres als glücklichen Menschen betrachtete; und ich war bestrebt, die Elemente dieses Glücks vor dir auszubreiten, indem ich das Innere der Bibliothek eines Gelehrten in einer Hütte in den Bergen an einem stürmischen Winterabend skizzierte, als der Regen rachsüchtig und vorsätzlich gegen die Fenster schlug und eine Dunkelheit herrschte, daß man nicht seine eigene Hand erkennen konnte, wenn man sie gegen den Himmel hielt.

Doch jetzt muß ich dem Glück, dem Winter oder dem Sommer Lebewohl sagen, ein langes Lebewohl! Ein Lebewohl dem Lächeln und dem Lachen! Ein Lebewohl dem Geistesfrieden, den ruhigen Träumen und der gesegneten

Tröstung des Schlafs! Mehr als dreieinhalb Jahre bin ich jetzt von ihnen weggerufen. Hier eröffnet sich mir eine Iliade der Nöte, denn ich komme jetzt zu dem Abschnitt

Die Leiden des Opiums

›Als ob ein großer Maler tauchte
den Pinsel in die Düsternis von Nacht und Beben.‹

SHELLEY, Die Empörung des Islam

Leser, der du mich bis hierher begleitet hast, ich muß dich, bevor wir weiterschreiten, um Aufmerksamkeit für einige erklärende Bemerkungen bitten.

1. Ich hoffe, daß dir bereits bewußt ist – sonst müßtest du eine geringe Meinung von meiner Logik haben –, daß das Elend des Opiums, das sich jetzt in dieser Erzählung nach vorn drängen wird, durch natürliche Verwandtschaftsbeziehungen mit meiner früheren Mühsal in London (und im entfernteren Sinne mit der in Wales) verbunden ist – das heißt, die frühere Reihe der Leiden zeugte die spätere. Anderenfalls würden diese Bekenntnisse in zwei voneinander unabhängige Abschnitte zerfallen – erstens in einen Bericht über Unglück in der Knabenzeit, zweitens in einen (davon völlig unabhängigen) Bericht über Leiden, die vom übermäßigen Opiumgenuß herrühren. Und zwischen diesen beiden Abschnitten gäbe es keinerlei Bindeglied, abgesehen von der geringfügigen Tatsache, daß sie derselben Person passiert sind. Doch mit ein wenig Aufmerksamkeit wird die Festigkeit der gegenseitigen Verbindung sichtbar. Die Leiden in der Knabenzeit, sei es in Wales oder in London, die besonders ein Organ erfaßten, das in meiner körperlichen Konstitution besonders schwach war – nämlich den Magen –, erzeugten jene Qual und Reizbarkeit meines Magens, die mich zum Opium als dem einzigen Heilmittel greifen ließen, das stark genug war, sie zu steuern. Schon daraus ergibt sich ein hinreichend *innerer* Zusammenhang zwischen den beiden unterschiedlichen Teilen meiner Erlebnisse. Das Opium wäre wahrscheinlich nie zu der Würde eines täglichen und lebenslangen Heilmittels aufgestiegen, hätte es sich

nicht als einziges Mittel erwiesen, das Elend zu beruhigen, das von den jugendlichen Entbehrungen zurückgeblieben war. Soweit ist also ein *nexus* zwischen dem einen Erlebnis und dem anderen – zwischen den Berichten aus der Knabenzeit und denen aus dem reifen Leben – als Beziehung von Ursache und Wirkung ausreichend dargestellt. Es bedürfte keines weiteren *nexus*, um die Einheit der gesamten Bekenntnisse zu beweisen. Obwohl nicht erwünscht, *gibt* es jedoch noch eine weitere und besondere Verbindung zwischen den beiden getrennten Berichten. Die Haupterscheinung, durch die sich Opium ständig ausdrückte, die einzige mitteilbare Erscheinung, lag in den Träumen (und in der besonderen Traumlandschaft), die dem Opium-Exzeß folgten. Doch naturgemäß holten diese Träume und diese Traumlandschaft ihre Umrisse und Bestandteile – ihre großen Lichter und Schatten – aus jenen tiefen Offenbarungen, die so tief in das Herz eingepflügt worden waren, aus jenen *enkaustischen* Berichten, die in den mächtigen Öfen des Londoner Lebens der unsterblichen Erinnerung durch die grimmige Wirkung des Unglücks eingebrannt worden waren. So führten in Wirklichkeit die frühen Erlebnisse einer irrenden Kindheit nicht nur zu der nachfolgenden Erfahrung des Opiums, sondern bestimmten auch die besondere Form und das Gewicht der Haupterscheinungsformen in jener nachfolgenden Erfahrung. Hier ist die kürzestmögliche Zusammenfassung des gesamten Falls: – Das letzte Ziel des ganzen Berichtes lag in den Träumen. Ihretwillen entstand die ganze Erzählung. Doch was verursachte die Träume? Opium, das in beispiellosem Übermaß genommen wurde. Doch was verursachte das Übermaß des Opiumgenusses? Einfach die frühen Leiden; sie und nur sie durch die Unordnung, die sie im animalischen System hinterließen. Wenn man die Sache so sieht, sich rückwärts vom Ende zum Anfang bewegt, wird man feststellen, daß es ein ununterbrochenes Band der Einheit gibt, das sich durch die gesamte Folge der Erlebnisse zieht – vom ersten bis zum letzten: die Träume waren ein Erbe des Opiums, das Opium war ein Erbe der kindlichen Torheiten.

2. Vielleicht erwecke ich den Eindruck, zu vertrauensselig

und zu gesprächig über meine eigene private Vergangenheit zu berichten. Das kann sein. Doch meine Art zu schreiben ist eher, laut zu denken und meinen eigenen Stimmungen zu folgen, als lange zu fragen, wer mir zuhört; denn wenn ich mich einmal unterbreche, um zu überlegen, was zu sagen sinnvoll ist, werde ich bald zu zweifeln beginnen, ob überhaupt irgendein Teil sinnvoll ist. In Wirklichkeit stelle ich mir vor, zwanzig – dreißig – fünfzig Jahre später zu schreiben, entweder zur Genugtuung derer, die dann vielleicht noch Interesse an mir haben, oder der vielen (ich bin sicher, daß ihre Zahl ständig wächst), die ein unauslöschliches Interesse an der geheimnisvollen Kraft des Opiums haben. Denn das Opium *ist* geheimnisvoll; manchmal bis zum offensichtlichen Widerspruch in sich geheimnisvoll; und so geheimnisvoll, daß auch meine lange Erfahrung in seinem Gebrauch – manchmal sogar in seinem Mißbrauch – mich nur zu Schlußfolgerungen brachte, die sich immer weiter von dem entfernten, was ich heute als Wahrheit betrachte. Auf zweiundfünfzig Jahre Erfahrung mit Opium als geheimnisvolles Heilmittel gegen *alle* Arten körperlichen Leides kann ich jetzt Anspruch erheben – abgesehen nur von einigen Abschnitten von vier und sechs Monaten Dauer, während derer ich es durch beispiellose Mühen der Selbstüberwindung fertiggebracht hatte, vom Opium völlig abstinent zu bleiben.[84] Wenn man diese Zwischenräume abzieht und zum zweiten auch einige Ja-und-Nein-Launen versuchsweiser und unterbrochener Spielerei mit dem Opium zu Beginn meiner Laufbahn – wenn ich alles das abziehe, kann ich sagen, daß ich mit Opium mehr als ein halbes Jahrhundert lang praktisch vertraut bin. Was ist nun der Schlußbericht über seine guten und schlechten Ergebnisse? Insbesondere in bezug auf jene zwei Haupttendenzen des gewohnheitsmäßigen Opiumgenusses nach der verbreiteten falschen Auffassung, nämlich die der unterstellten Notwendigkeit ständigen Verlangens nach größeren Mengen sowie zweitens seinem unterstellten damit zusammenhängenden Rückgang an Kraft und Wirksamkeit. Was ist meine wohlüberlegte Antwort auf diese häßlichen Verleumdungen? Wie dem Leser bekannt sein wird, ist nach einem

Sprichwort unserer Vorfahren ein Mann von vierzig Jahren entweder ein ›fool‹ oder ein ›physician‹, entweder ein Narr oder ein Arzt. Unsere großartigen Vorfahren zielten dabei offensichtlich auf einen Stabreim und schrieben *physician* mit einem *f*. Und warum nicht? Die Physis eines Mannes mag ausgezeichnet sein, die Schreibung des Wortes könnte dennoch geringfügig verbessert werden. Doch ich nehme an, das Sprichwort fordert von jedem Menschen nur so viel medizinische Fähigkeiten, daß er in der Lage ist, die Verantwortung für seine individuelle Gesundheit zu übernehmen. Es scheint mir daher meine Pflicht zu sein, soweit die Rolle des Arztes zu übernehmen – meine eigene körperliche Gesundheit zu garantieren, soweit menschliche Voraussicht sie garantieren *kann*. Und das habe ich erreicht, wenn man die Angelegenheit mit gewöhnlichen praktischen Versuchen überprüft. Und ich füge feierlich hinzu, daß ich ohne Opium dieses Ziel ganz sicherlich nicht erreicht hätte. Vor fünfunddreißig Jahren hätte ich ganz zweifellos schon in meinem Grabe gelegen. Und was jene beiden verbreiteten Wechselschlüsse angeht – daß man entweder das Opium aufgeben oder die tägliche Ration unbegrenzt erhöhen muß, und zweitens, daß man sich selbst dann, wenn man sich dieser Forderung unterwirft, bei einer jeden Dosis mit dem kontinuierlichen Verfall abfinden muß, ja, daß man bis zu der verzweifelten Situation des Martyriums eines Gewohnheitstrinkers hinabsinkt –, an diesem Punkt nehme ich eine resolute Stellung ein und bestreite eindeutig die ganze Theorie. Als ich meine Laufbahn als Opiumesser begann, tat ich das ursprünglich mit großer Sorge; und vor meinen Augen schwammen ewig – düster oder *nicht* düster, je nach meinem augenblicklichen Zustand – die Analogien zu dem armen, zugrunde gehenden Branntweintrinker, oft am Rande des *delirium tremens*! Ich folgte dem Opium auf Grund harter Notwendigkeit als einer unbekannten, düsteren Macht, die auf dieser unbekannten Straße plötzlich ihr Gesicht ändern konnte. Ständig lebte ich unter solchem Eindruck von Angst, wie wir sie alle schon in Geschichten von Rehen oder scheinbaren Rehen gefühlt haben, die vor einem berittenen Jäger viele Meilen fortgelaufen sind, bis sie ihn weit genug in das Labyrinth eines grenzenlosen Waldes gelockt haben, und dort, wo jeder Rückweg verloren und unmöglich, entweder plötzlich verschwanden und den Mann völlig verwirrt zurückließen oder irgendeine furchtbare Gestalt annahmen. Ein Teil des Unheils, das ich fürchtete, entfaltete sich auch; doch alles lag an meiner eigenen Unwissenheit, an der Vernachlässigung von Vorsichtsmaßnahmen oder an der gründlichen Mißwirtschaft, die ich mit meiner Gesundheit an Stellen trieb, an denen ich die Gefahren zwar kannte, ihre Dringlichkeit und ihren Druck jedoch ernsthaft unterschätzte. Ich war maßvoll, diesen einzigen Vorteil hatte ich; doch sank ich unter den beschwichtigenden Verführungen des Opiums völlig zur sitzenden Lebensweise herab, und *das*, obwohl ich der festen Überzeugung war, daß kräftige körperliche Bewegung ein allmächtiges Heilmittel gegen alle Arten von Schwäche oder unklarer Reizung der Nerven sei. Der Bericht von meiner Depression, ja fast von meiner Hilflosigkeit, der sich in der nächsten Notiz (Nr. 3) findet, ist als Beschreibung des wirklichen Falls durchaus zuverlässig. Doch wenn ich diesen Fall dem Opium als einem transzendenten und übermächtigen Mittel zuschrieb, war ich völlig im Unrecht. Zwanzig Tage körperlicher Bewegung, zwanzig Mal zwanzig Meilen Fußwanderung mit der gewöhnlichen Geschwindigkeit von dreieinhalb Meilen pro Stunde oder vielleicht auch nur halb soviel hätten mich so schwungvoll wie einen Ballon in die Regionen natürlicher und gesunder Begeisterung emporgetragen, in denen Niedergeschlagenheit eine unmögliche Erscheinung ist. Mein Gott, wie mißbraucht oder vernachlässigt der Mensch seine natürlichen Gaben! Ja, wird der nachdenkliche Leser wohl sagen, aber er wird sicherlich zwischen solch *natürlichen* Gaben und dem Opium als einer Gabe unterscheiden, die *nicht* natürlich, sondern in höchstem Maße künstlich ist, wenn nicht sogar absolut unnatürlich. Ich denke darüber anders; auf der Basis meiner ungeheuren, vielleicht beispiellosen Erfahrung (ich möchte hinzufügen, meiner *erprobten* Erfahrung, die ihre Versuche auf jede nur vorstellbare Weise durchführte, um die zur Diskussion stehende Frage unter jedem Blickwinkel behandeln zu können), lege ich die folgenden drei Sätze vor, die alle von der gängigen Meinung nicht erwartet werden und deren letzter (wie bald entdeckt werden muß) einen nationalen Wert erhält – ich meine, indem er auf unsere althergebrachte englische Klage eingeht.

I. Was das krankhafte Anwachsen der merkwürdigen Gewohnheit des Opiumessers angeht, wenn sie einmal in ihm Wurzel geschlagen hat und *tentacula* wie ein Krebs auswirft, so bin ich nicht in der Lage, solch ein orakelhaftes Urteil über den Fall abzugeben – das heißt, über die offensichtliche Gefahr eines solchen Verlaufs und über die Etappen, mit denen er sich bis zum endgültigen Ziel abspielt –, wie gern ich es auch wollte. Da ich ein Orakel bin, ist es mein Wunsch, mich wie ein Orakel aufzuführen und nicht den Fragen eines würdigen Mannes auszuweichen, wie es Apollo allzuoft in Delphi tat. Doch in dem besonderen Fall, der hier vor mir liegt, prallte der Zufall meiner individuellen Seefahrt in diesem Sturm auf die natürliche Entwicklung des Problems in ihrer äußersten Form von Gefahr. Ich war im Bewußtsein jener höchst unnatürlichen Situation, in die ich durch beispiellose Menge von Opium unmerklich geraten war, allzu beunruhigt geworden; die Schatten der Finsternis waren zu dunkel und zu unheimlich, um mich nicht zu wecken und in ein krampfhaftes Bemühen zu stürzen, das verlorene Terrain zurückzugewinnen. Solch ein Bemühen begann ich: jeden Schritt, den ich vom Wege abgekommen war, versuchte ich geduldig zu entwirren. Und so wehrte ich die natürliche und spontane Katastrophe ab, was *das* auch immer sein mochte, die die mächtige Natur sonst losgelassen hätte, um die Missetaten wiedergutzumachen, die ihr zugefügt worden waren. Doch was geschah dann? Sechs oder acht Monate später glitt ich nach neuen Bewegungen, die sich aus unerträglicher nervöser Reizung ergeben hatten, wieder in die Flaute des Opiums zurück. Hin und her, auf und nieder schwang ich in dieser berghohen See, Jahr für Jahr. ›Hin und her wie Margery Daw, verkauft' ihr Bett und schlief auf Stroh.‹[85] Genauso bewegte ich mich, vielleicht von dem klassischen Beispiel der Miss Daw verleitet, Jahr für Jahr, hin und her, hinaus und hinein in höchst komplizierten Manövern und kunstvollen Tänzen, mich von meiner großen zentralen Sonne des Opiums entfernend oder sich ihr wieder nähernd. Manchmal lief ich gefährlich nahe in mein Perihelium, manchmal bekam ich Angst und floh in ein kometengleich fernes Aphelium, wo sechs Monate lang ›Opium‹ ein unbekanntes Wort war. Wie die Natur all dieses Hin und Her aushielt, ist mir ein vollständiges Geheimnis; ich muß ihr in jenen Tagen ein trauriges Leben zugemutet haben. Die Reizung der Nerven zwang mich manchmal zu furchtbaren Exzessen; doch der Schrecken anormaler Symptome zwang mich früher oder später zurück. Dieser Schrecken wurde durch die vagen Hypothesen über Selbstentzündung verstärkt, die es in jener Zeit gab. Sollte ich nicht selbst auf diese Weise Abschied nehmen von der literarischen Welt? In der allgemeinen Vorstellung gab es zwei Möglichkeiten solcher Selbstentzündung, zwischen denen wirklich nur wenig zu wählen war. In der einen Variante solcher Explosion flog ein Mensch ins Dunkle empor, ohne daß ein Zündholz oder eine Kerze in seiner Nähe gewesen wäre; er hinterließ nichts als ein paar Knochen, die für niemanden zu brauchen waren und die nur deshalb als *seine* betrachtet wurden, weil niemand sonst sie beanspruchte. Es wurde angenommen, daß sich irgendein vulkanischer Stoff – ein unbekannter Niederschlag – aus einem ungeheuren Übermaß an Alkohol ansammelte und die Selbstexplosion bewirkte. Doch da diese Vorstellung den meisten Leuten unwahrscheinlich erschien, drängte sich eine plausiblere Erklärung auf, die in Zusammenhang mit einem teuflischen Zündholz stand. Ohne Zündmittel konnte ein Mensch nicht Feuer fangen. Wir sehen manchmal, daß die Hände eingefleischter Gewohnheitstrinker eine Atmosphäre berauschender Dämpfe abgeben, die stark genug sind, Fliegen in den Zustand des Schlafes oder des *Komas* zu versetzen; und nach demselben Prinzip wurde angenommen, daß der Atem so sehr mit alkoholischen Partikeln beladen wäre, daß er durch ein Streichholz Feuer fangen könnte, mit dem die zwischen den Lippen gehaltene Pfeife angezündet werden sollte. Wenn das der Fall war, was sollte dann das ›verzehrende Element‹ (wie die Zeitungen das Feuer nennen) daran hindern, durch die Kehle bis in die Brusthöhle zu gelangen?

In diesem Fall würde der Mensch, wenn er nicht versichert ist, zum Totalverlust werden. Dem Leser wird jedoch einfallen, daß Opium kein Alkohol ist. Das ist richtig. Doch nach allem, was aus Versuchen bekannt ist, kann es letzten Endes schlimmer sein. Coleridge als einzige der Öffentlichkeit bekannte Person, die systematisch und viele Jahre lang mit Opium gespielt hat, kann nicht als Beispiel für einen objektiven Bericht über seinen Verlauf und seine Entwicklung herangezogen werden; außerdem stand Coleridge unter der beständigen Wahnidee, seine eigene Befreiung vom Opium fast geschafft zu haben, und fand so einen *zusätzlichen* Grund zur Selbsttäuschung. Da ich, wie ich feststellen mußte, mich auf einem einsamen Weg schlechten Rufes befand, von dem mir die Erfahrung keines anderen Menschen sagen konnte, *wohin* er führen würde, wurde ich verhältnismäßig vorsichtig; und wenn die Natur etwa vorhatte, an mir irgendein Exempel zu statuieren, so war ich entschlossen, sie daran zu hindern. Daher folgte ich den Verführungen des Opiums niemals ganz bis zu deren Ende. Doch in dem Bestreben, dieses Extrem zu vermeiden, stieß ich zufällig auf eine so große Entdeckung, als hätte ich es *nicht* vermieden. Nach dem ersten oder zweiten Sieg über mich selbst in diesem Konflikt bemerkte ich – obwohl ich es unmöglich fand, die Abstinenz vom Opium länger als ein paar Monate durchzuhalten –, daß schließlich die gebieterische Tyrannei seiner übermäßigen Forderungen ständig zurückging. Bemerkenswert geringe Mengen reichten inzwischen aus; und nach dem vierten dieser Siege, die ich mit ständig geringer werdender Mühe errungen hatte, stellte ich fest, daß nicht nur die tägliche Dosis (bei Wiederaufnahme des Opiumessens) einer enormen Selbstbeschränkung unterworfen war, sondern daß auch bei jedem Versuch, die alte Dosis halsstarrig wieder einzuführen, ein neues Symptom auftrat – nämlich eine Reizung der Hautoberfläche, die schnell unerträglich wurde und bis zum Wahnsinn zu führen drohte. In ungefähr vier Jahren ging meine tägliche Ration ohne besondere Anstrengung *spontan* von einer unterschiedlichen Menge von acht-, zehn- oder zwölftausend Tropfen Laudanum auf etwa dreihundert zurück. Ich beschreibe die Droge als *Laudanum*, weil sich mit jener grundsätzlichen Veränderung der Menge zugleich noch ein weiterer Wechsel vollzog – daß nämlich das feste Opium eine immer längere Zeit brauchte, bis seine Wirkung spürbar wurde, oft nicht weniger als vier Stunden; dagegen zeigte die Tinktur ihre Gegenwart sofort an.

So hatte ich also eine Stellung erreicht, von der aus im Ergebnis langer, banger und aufmerksamer Versuche mit Recht gesagt werden kann, daß auch bei Annahme ernster (wenn auch wiederholter) Versuche des Opiumessers, zur Abstinenz zu gelangen, die äußerste und völlige Hingabe an dieses Narkotikum zu einer natürlichen (fast unvermeidlichen) Sterbehilfe werden würde. Als ich vor vielen Jahren dieses Thema kurz berührte, kündigte ich es (als eine Tatsache, die mir schon *damals* bekannt war) an, daß kein Fall von Abstinenz, wenn er auch nur drei Tage anhält, je verloren ist. Zehn Grain, abgezogen von einer täglichen Ration von fünfhundert, werden sich im Laufe von vielen Wochen bemerkbar machen und auch das Endergebnis beeinflussen, wenn die Jahresrechnung abgeschlossen wird. Nach einem halben Jahrhundert hin- und herschwankender Erfahrungen ohne alle Bemühungen oder Versuche der Selbstverleugnung über jene schwierigen Unternehmungen (fünf oder sechs an der Zahl) hinaus, meine Freiheit aus der Knechtschaft des Opiums zurückzugewinnen, finde ich mich heute jener Stelle wieder recht nahe, an der ich mich vor jener ungeheuer langen Zeit befand. Von Lord Nelson wird berichtet, daß er selbst nach dem Nil und nach Kopenhagen an den ersten Tagen, wenn er sich wieder auf See begeben hatte, noch denselben Tribut zahlen mußte, der von der Natur auch von dem jüngsten kleinen Leutnant und von dem grünsten Neuling erhoben wird – nämlich die Seekrankheit. Das geschieht einer beträchtlichen Anzahl von Seeleuten; sie werden erst wieder seefest, wenn sie ein paar Tage an Bord sind. Genau dasselbe widerfährt alten Opiumessern, wenn sie nach langen Pausen ihre alte Vertrautheit mit dem Opium das erste Mal wiederaufnehmen. Es ist eine Tatsache, die ich erwähne, weil sie die ungeheure Größe der durchlaufenden Revolutionen deutlich macht, daß ich innerhalb dieser fünf Jahre blaß wurde und Warnungen empfand, die auf solches Unbehagen hindeuteten, nachdem ich nicht mehr als zwanzig Grain Opium genommen hatte. Schon seit einigen Jahren bin ich heute mit fünf oder sechs Grain täglich anstelle von dreihundertzwanzig bis vierhundert Grain gewohnheitsmäßig zufrieden. Ich möchte diesen Rückblick mit der Feststellung abschließen, daß die Kräfte des Opiums als schmerzstillendes Mittel, aber mehr noch als Beruhigungsmittel für nervliche und anormale Empfindungen nicht im geringsten nachgelassen haben, und wenn es auch gelegentlich seine schnelle Fähigkeit gezeigt hat, gewisse Tribute von jeder geringfügigen Unaufmerksamkeit in bezug auf genaue Dosierung zu fordern, daß es mehr als angemessen seinen alten Vorzug erneuert hat, Reizungen zu beruhigen und Forderungen nach übernatürlichen Anstrengungen zu unterstützen.

Mein erster Satz läuft also darauf hinaus – daß der Prozeß, sich selbst der tiefen Unterwerfung unter das Opium zu entwöhnen, den viele Menschen mit verzweifelten Augen ansehen, nicht nur eine mögliche Leistung ist, und zwar eine, die mit jedem weiteren Schritt nicht nur leichter, sondern auch von der Natur unterstützt und gefördert wird, in einer geheimen Weise, die ohne eine gewisse Erfahrung nicht vermutet werden kann. Diese Feststellung ist zwar nur ein fragwürdiges Lob eines jeden Hilfsmittels, das große Ansprüche stellt, daß es nämlich im Ergebnis eines Prozesses, der zugestandenermaßen die menschliche Festigkeit auf die Probe stellt, schließlich beiseite geworfen werden kann. Sicherlich wäre wenig durch den negativen Dienst gewonnen, den mit irgendeinem Mittel verbundenen Nachteil aufzuheben, ehe nicht klar ist, daß dieser Nachteil großen positiven Segen zerstört und neutralisiert hat, der zu den Gaben dieses Mittels gehört. Doch welches sind die mit Opium verbundenen Vorteile, die eine solche Bezeichnung wie Segen verdienen können?

II. Als zweiten Satz möchte ich sagen, wenn der Leser in irgendeinem südamerikanischen Urwald irgendein großes Fiebermittel (wie den Chinarindenbaum) hätte üppig wachsen sehen, hätte er ihm wahrscheinlich wenig Beachtung geschenkt. Um seinen Wert beurteilen zu können, muß er erst unter wiederkehrendem Fieber gelitten haben. Die Chinarinde mag ihm wie ein unnatürliches Anregungsmittel vorkommen; doch wenn er gespürt hat, daß Tertian- oder Quartanfieber ebenfalls eine unnatürliche Belastung für die menschlichen Kräfte darstellt, würde er anzunehmen beginnen, daß zwei einander entgegengesetzte unnatürliche Faktoren schließlich zu einem höchst natürlichen und heilsamen Ergebnis führen können. Nervenreizung ist die geheime Verwüstung menschlichen Lebens; und dafür gibt es sonst keine kontrollierende Macht außer Opium, täglich und unter ständiger Kontrolle genommen.

III. Doch noch bedeutsamer ist das Gewicht meines dritten Satzes. Ist dir bewußt, Leser, was (medizinisch gesprochen) die Geißel Großbritanniens und Irlands ist? Alle Leser, die auch nur einen Teil ihrer Aufmerksamkeit medizinischen Dingen zuwenden, müssen wissen, daß es die Lungenschwindsucht ist. Wenn man in bestimmten Zeiten durch einen Wald geht, sieht man, was eine *Blesse* von weißer Farbe an einer gewissen *élite* von Bäumen genannt wird, die vom Förster als reif für die Axt gekennzeichnet wurden. Solch eine Blesse wäre, wenn die düstere Welt ihr zukünftiges Leben enthüllen könnte, überall dabei anzutreffen, ihre geheimen Erkennungszeichen unter unseren jungen Männern und Frauen auszuteilen. Von denen, die nach den Worten des Perikles den Frühling unserer Nation ausmachen, würde eine ungeheure Menge auf ihrer Stirn dieselbe traurige grausige Blesse oder ein ähnliches Symbol der Bestimmung für ein frühes Grab tragen. Wie entsetzlich ist unter denen, die die eingeborenen Kinder der Hoffnung sein sollten, diese Zahl der jährlichen Schlachtopfer, gleichmäßig von *jedem* Stand der Gesellschaft erhoben! Werden die Einkommensteuer oder die Armensteuer, ihren Zeittafeln getreu, von *irgendeiner* Klasse mit solch einer Pünktlichkeit bezahlt wie dieses zu frühe *florilegium*, diese Sammlung und Aufgabe schon in der Knospe vernichteter Blüten von *allen* Klassen? Dann kommt die bestürzende Frage – die in die brechenden Herzen von so viel Tausenden von betroffenen Angehörigen schneidet –: Gibt es keine Rettung? Gibt es keine Linderung des Übels? Verschwende keinen Gedanken auf die müßige Frage, ob derjenige, der so spricht, über diese oder jene Form der Befugnis oder Erlaubnis verfügt! Denke statt dessen darüber nach, wie grenzenlos die Verachtung jeder armen, gramgebeugten Mutter wäre, wenn sie – über den Sarg ihrer Tochter gebeugt – glauben oder annehmen könnte, daß irgendein Überrest ritueller Vorbehalte oder aus Dummheit geborener Aberglaube oder der Schrecken vor einem Wort oder altes traditionelles Vorurteil es bewirkt hätte, daß die einzige Chance unter tausenden für ihre Tochter aufgehoben worden wäre – daß sie möglicherweise (doch, wie ich ihr hätte sagen können, manchmal mit Sicherheit) zwischen die Patienten und die Errettung vor dem Grab getreten ist, unfehlbar und genau! Was macht es aus, würde sie empört ausrufen, wer es ist, der es sagt, solange die Sache stimmt! Es ist das starke und zuverlässige *Wort*, das gebraucht wird, wobei es völlig gleichgültig ist, welche Stimme es ausspricht. Ich möchte die bekannte Tatsache vorausschicken, daß jede Art Schwindsucht, auch dann, wenn sie in der Konstitution bereits latent angelegt ist und sich dem Auge schon in körperlicher Erscheinung zeigt, sich noch nicht als Krankheit zeigt, ehe nicht irgendeine Form von ›Erkältung‹, Bronchitis oder üblicher Brust- oder Lungenkrankheit auftritt und den Ausgangspunkt der morbiden Entwicklung bildet.[86] Dabei liegt der einzige verhängnisvolle Fehler darin, zuzulassen, daß diese Entwicklung eintritt, und das einzige entgegenwirkende Geheimnis, mit dem dieses Übel rechtzeitig zum Stillstand gebracht werden kann, liegt darin, ständig und mit welchen Mitteln auch immer die nicht spürbare Schweißabsonderung aufrechtzuerhalten und zu fördern. In dieser einen einfachen Kunst, eine gleichbleibende Funktion des animalischen Systems zu steuern, liegt der Talisman eines Zauberers, mit dem die Kräfte besiegt werden können, die sich gegen die großen Organe der Atmung verbündet haben. Lungenerkrankungen, denen es nicht *vorher* ermöglicht wurde, sich zu entwickeln, können unter der ständigen Gegenwirkung dieser magischen Kraft nicht leben. Infolgedessen bleibt lediglich die eine Frage zu klären übrig, welche Droge es ist, die diese Kraft besitzt, eine Kraft wie die von ›Amrams Sohn‹, heilsame Ströme hervorzurufen, die aus einem Körper hervorquellen, der sonst ausgedörrt und trocken war wie Felsen in der Wüste? Außer Opium kenne ich keine andere, die diese Forderung erfüllt. Ich lernte die Kräfte dieses großen Mittels zuerst aus einer Bemerkung dunkel zu ahnen, die eine Dame in London mir gegenüber machte; damals, und auch schon früher, hatte sie Coleridge gastfrei aufgenommen und kümmerte sich wirklich mit der Fürsorge einer Tochter um ihn. Infolgedessen war sie mit seiner Gewohnheit des Opiumessens vertraut; und als ich sie in Beantwortung ihrer Bemerkungen fragte, woher sie mit solcher Sicherheit sagen könne, daß Coleridge gerade in jenen Tagen wahrscheinlich nicht in der Lage war zu schreiben (oder überhaupt irgendeine literarische *Anstrengung* auf sich zu nehmen), sagte sie: ›Oh, ich sehe das genau am Glänzen seiner Wangen!‹ Coleridges Gesicht hatte, wie seine Bekannten wohl wissen, auffallend große Wangen; zu groß für den intellektuellen Ausdruck seiner Züge im allgemeinen, wenn nicht die endgültige Wirkung durch das ausgeglichen worden wäre, was Wordsworth seine ›göttergleiche Stirn‹ nannte. Das Ergebnis war, daß kein anderes Gesicht alle denkbaren Wirkungen so großzügig verriet und bekanntmachte, insbesondere die strahlenden Wirkungen von Opiumausschweifungen. Einige Jahre lang versäumte ich es, diese strahlende Fläche der Wangen nachdenklich zu betrachten, oder wenn ich darüber nachdachte, konnte ich sie nicht entschlüsseln. Doch zuletzt begann ich, entweder *proprio marte* oder auf Grund eines ärztlichen Hinweises, zu verstehen, daß das glänzende Gesicht, von weitem prächtig anzusehen wie das alte heidnische Gesicht des Halbgottes Aeskulap, einfach die Ansammlung nicht spürbarer Schweißabsonderung anzeigte. In derselben Stunde, in der erinnernswerten Stunde, da ich diese Entdeckung machte, kam ich noch zu einer weiteren. Medizinisch gesprochen, schloß meine eigene Geschichte ein Rätsel ein. Zu Beginn meiner Laufbahn als Opiumesser hatte ich mich selbst wiederholt als künftigen Märtyrer der Lungenschwindsucht bezeichnet. Und obwohl diese Meinung über meine Aussichten nach den allgemeinen Anstandsformen der Menschheit immer mit einer gewissen Ermutigung verbunden war – zum Beispiel, daß sich die Konstitutionen letzten Endes in unendlicher Vielfalt voneinander unterschieden, daß niemand die Grenzen der Medizin oder im Falle des Versagens der Medizin die Grenzen der heilsamen Quellen der Natur bestimmen könnte –, wurde ich doch angehalten, falls nicht zu meinen Gunsten so etwas wie ein Wunder geschähe, mich als zum Unheil verdammt zu betrachten. Das war der Schlußeffekt aller dieser liebenswürdigen Mitteilungen, alarmierend genug; und sie wurden noch schwerwiegender durch die drei folgenden Tatsachen: Erstens, daß diese Meinungen von den höchsten Autoritäten in der Christenheit ausgesprochen waren – nämlich von den Ärzten von Clifton und den Bristol Hotwells, die von der Lungenkrankheit in zwölf Monaten mehr sahen als der Rest der Wissenschaft in ganz Europa in einem Jahrhundert; denn diese Krankheit, daran sei erinnert, hatte geradezu ein Privileg als eine besondere nationale Geißel Britanniens, verbunden mit den örtlichen Besonderheiten des Klimas und seinem ruhelosen Wechsel, so daß sie nur in England studiert werden konnte, und auch dort vollendet nur in jener Umgebung von Bristol – der Grund dafür lag in der Tatsache, daß sich alle wohlhabenden Patienten in die Badeorte von Devonshire zurückzogen, wo die milde Lufttemperatur und die vorherrschenden Winde es gestatteten, die Myrthe und andere Gewächshaus-Büsche während des ganzen Winters im Freien zu lassen, und auf dem Weg nach Devonshire machten natürlich alle Patienten halt in Clifton. Ich verweilte dort auch immer wieder. Daher gab es viele und höchst autoritative Propheten des Bösen, die mir mein Verhängnis verkündeten. Zum zweiten wurden sie durch die häßliche Tatsache unterstützt, daß ich von acht Kindern dasjenige war, das am meisten von der körperlichen Konstitution meines Vaters geerbt hatte, der im frühen Alter von neununddreißig Jahren an Schwindsucht gestorben war. Zum dritten bot ich einem Mediziner auf den ersten Blick jedes Symptom einer weit und auffallend entwickelten *phthisis*. Die hektischen Farben im Gesicht, der Nachtschweiß, die wachsende Erschwerung der Atmung und andere Ausdrucksformen zunehmender Schwäche bei jedem Versuch körperlicher Anstrengung – alle diese Symptome wuchsen ständig im Alter von zweiundzwanzig bis vierundzwanzig Jahren. Was war es, was sie zum ersten Mal zum Stillstand brachte? Einfach der Opiumgenuß, der immer regelmäßiger wurde. Niemand hatte mir diese Droge empfohlen; im Gegenteil sah ich in Anbetracht des unwissenden Schreckens, der das Opium überall umgab, nur zu klar die Gefahr, daß der offen ausgesprochene Opiumgenuß mich wütender Verfolgung ausgesetzt hätte.[87] In der ernsten und aufrichtigen Hoffnung, mich vor dem Verderb zu bewahren, hätte man mich innerhalb von sechs Monaten ins Grab gejagt. Ich handelte nach eigenem Ermessen, sagte nichts, erweckte keinen Verdacht, hielt immer beständiger am Opiumgenuß fest und errang schließlich einen so absoluten Sieg über alle Symptome der Lungenschwindsucht, daß sich das Erstaunen von Clifton notwendigerweise auf mich konzentriert hätte, wäre nicht das Gefühl des Wunders durch die schleppend vergangene Zeit, die die einzelnen Etappen meiner Krankheit brauchten, und noch wirksamer durch meinen persönlichen Rückzug von Clifton und seiner Umgebung vergangen.

Schließlich ergab sich etwas, was sich notwendigerweise als ein entscheidendes Kapitel in einem solchen Bericht erweisen wird. Ich hatte meine Hoffnungen und Erwartungen immer auf eine Revolution in der sozialen Geschichte des Opiums gesetzt, die (dessen war ich mir sicher) weder durch Zufall noch künstlich wesentlich hinausgeschoben werden konnte. Wie würde das große soziale System der Lebensversicherung, wenn sonst keine andere Institution ins Spiel käme, wie würde *es* die großen medizinischen Interessen am Opium beeinflussen? Ich wußte, daß die Versicherungsgesellschaften und die fähigsten Beamten solcher Einrichtungen in bezug auf die wahren Verdienste des Opiums nicht weniger unwissend und (was schlimmer war) von keinem weniger gründlichen *Vorurteil* erfüllt oder in ihrem Vorurteil nicht weniger fanatisch waren als der Rest der Gesellschaft. Doch andererseits gab es ständig wachsende Interessen, die sie sehr bald zwingen würden, diese Vorurteile zu reduzieren. Es wurde zunächst unterstellt, der Opiumgenuß erhöhe das Risiko einer Lebensversicherung. Wenn man die Frage zurückstellt, ob er das Risiko *wirklich* erhöht, könnte man auf jeden Fall dieses erhöhte Risiko wie andere Risiken berechnen, und man *müßte* es berechnen. Neue Gewohnheiten entwickelten sich in der Gesellschaft, das wußte ich gut. Und die alten Maschinerien zur Versicherung des lebenslänglichen Nießbrauches wären unter diesen oder anderen wechselnden Bedingungen verpflichtet, sich veränderten Umständen anzupassen. Wenn die alten Versicherungsgesellschaften schwach genug waren, an ihrem irregeleiteten Eigensinn festzuhalten, dann würden neue entstehen. Inzwischen hat die Geschichte dieser Frage die folgenden Aspekte durchlaufen: Vor sechzehn oder siebzehn Jahren begegneten alle Versicherungsgesellschaften den Opiumessern mit Schrecken. Insoweit mußten alle Menschen die Prinzipien ihrer Politik ablehnen. Gewohnheitsmäßige Branntweintrinker stießen nicht auf Ablehnung. Und doch führt der Alkohol täglich zu Gefahren – zum Beispiel der des *delirium tremens.* Doch niemand hat je davon gehört, daß Opium zum *delirium tremens* führt. In dem einen Fall gibt es ausreichend ermittelte und wohlbekannte Gefahren, die ständig auf dem Wege drohen, doch wenn man annimmt, daß es auch in dem anderen Fall entsprechende Gefahren gibt, dann müssen sie erst noch entdeckt werden. Die Versicherungsgesellschaften sähen uns, die wir offen bekennen würden, Opiumesser zu sein, jedoch gar nicht erst an. Mich betrachteten sie insbesondere, glaube ich, als den Schandfleck des Elends. Innerhalb von wenigen Monaten wiesen mich vierzehn Versicherungsgesellschaften der Reihe nach als Kandidaten für eine Versicherung aus dem einzigen Grunde ab, weil ich offen bekannt hatte, Opiumesser zu sein. Die Frage der Versicherung hatte für mich nur sehr wenig Bedeutung, obwohl sie bestimmte Interessen anderer berührte. Ich gab mich damit zufrieden, daß ich mir sagte: In zehn Jahren, meine Herren, werden Sie Ihre eigenen Interessen besser zu verstehen gelernt haben! Weniger als *sieben* Jahre später erhielt ich einen Brief von Mr. Tait,

Polizeiwundarzt in Edinburgh, in dem er von einer direkten Untersuchung berichtete, die er nach vertraulichen Instruktionen von zwei oder mehr Versicherungsgesellschaften offiziell durchgeführt hatte. Am Anfang dieser Jahre wußte ich oder hatte berechtigte Gründe daran zu glauben, daß sich die Gewohnheiten des Opiumessens auch in weit voneinander entfernten Klassen auffallend verbreitete. Als eine ihrer ersten Folgerungen würde diese Ausbreitung zweifellos die Versicherungsgesellschaften zur strikten Revision ihrer alten blinden Politik zwingen. Offensichtlich war das schon geschehen; und die ersten Früchte dieser Revolution lagen jetzt in den Korrekturbögen vor mir, die mir Mr. Tait so liebenswürdigerweise übersandt hatte. Er hatte mir diese Bögen, so verstand ich ihn, zu dem Zweck geschickt, einfach solche zusätzlichen Bemerkungen, Vorschläge oder skeptischen Fragen zu sammeln, wie sie vernünftigerweise von einer so nachdenklichen Erfahrung im Opiumgenuß zu bekommen waren, wie ich sie mitbrachte. Höchst unglücklicherweise wurde dieser Herr während unserer kurzen Korrespondenz von Fleckfieber befallen; und nach kurzem Krankenlager starb er zu meinem großen Bedauern. In jeder Beziehung hatte ich Ursache, darüber bekümmert zu sein. Obwohl ich ihn nur durch seinen hochinteressanten Briefwechsel mit mir kannte, hatte ich doch gelernt, große Erwartungen in Mr. Taits philosophischen Geist und seine entschlossene Feindschaft gegenüber traditionellen Redensarten zu setzen. In den Mitteilungen, die er mir gemacht hatte, schilderte er, sehr eingehend und um äußerste Genauigkeit bemüht, die Fälle von mehr als neunzig Patienten. Und er hatte sich als unerbittlich taub erwiesen gegenüber allen Versuchen, die Übel, die im speziellen Zusammenhang mit Opium als Anregungsmittel, als Narkotikum oder als ein Gift standen, mit jenen zu vermengen, die mit Opium nur im Zusammenhang mit einer Verstopfung oder anderen gewöhnlichen Unregelmäßigkeiten des animalischen Systems standen. Die meisten Leute mit sitzender Lebensweise, darunter vor allem solche Leute, die viel denken, benötigen gewisse leichte Stimulierungsmittel, um den Kontrollmechanismus ihres animalischen Systems in Aktion zu setzen. Die Vernachlässigung dieser Mittel zerrüttet natürlich die Gesundheit. Doch diese Zerrüttung ist kein besonderer Vorwurf gegen das Opium; viele tausend Stoffe führen zu denselben oder noch hartnäckigeren Zerrüttungen, wenn ihnen nicht wachsam entgegengewirkt wird. Mr. Taits überragende Mission entsprechend dem Auftrag der Versicherungsgesellschaften war es nach meiner Interpretation dieses Auftrags, ein festes und entschiedenes Gutachten über die Auswirkungen des Opiums hinsichtlich der Verlängerung oder Verkürzung des menschlichen Lebens zu geben. An jenem Punkt, an dem die tödliche Attacke des Fleckfiebers seine Korrekturbögen unterbrochen hatte, war er mit seinem Bericht über die untersuchten Fälle noch nicht ganz fertig, und infolgedessen hatte seine abschließende Beurteilung oder Zusammenfassung noch nicht begonnen. Es war mir jedoch klar, in welche Richtung sich diese abschließende Beurteilung bewegt hätte. Mit Sicherheit würde er seine Klienten (die Versicherungsgesellschaften) autorisiert haben, alle Bedenken hinsichtlich einer lebensverkürzenden Tendenz des Opiums aufzugeben. Doch hätte er ihren Eifer in eine andere Richtung gelenkt – nämlich in diese, daß bei einem Teil der Fälle immer ein vernünftiger Grund dafür vorliegen kann, nicht das Opium an sich als Ursache irgendeines Unheils anzusehen, sondern es als mutmaßliches Anzeichen für irgendein geheimes Leiden oder Reizung zu betrachten, die sich im Organismus festgesetzt und mit Hilfe des Opiums Erleichterung gesucht hatte; kurz gesagt, waren das also Fälle, die nicht etwa der Opiumgenuß verursacht hatte, sondern die im Gegenteil zu dem Opiumgenuß geführt hatten – in ihnen war das Opium zu Hilfe gerufen worden, die Erkrankung zu beheben oder zu lindern. In allen solchen Fällen ist die Versicherungsgesellschaft berechtigt, eine ehrliche Angabe des Leidens zu fordern, doch nicht wie bisher berechtigt, den Opiumgenuß selbst als Leiden zu betrachten. Es hätte sehr leicht geschehen können, daß einfach die durch das Opium gewonnene belebende Wiederherstellung und seine Kraft, einen Menschen dazu zu befähigen, zwölf Stunden ungewöhnlicher Anstrengung zu begegnen (das heißt, bei Ankündigung eine Stunde zuvor), ihn dazu sowohl hinsichtlich seines Geistes als auch seiner Kraft zu befähigen, oder andererseits einfach der allgemeine Zweck, Befreiung von Langeweile oder *taedium vitae* zu finden – jedes dieser Motive wäre ein ausreichender Grund dafür, daß der Antragsteller seine Zuflucht zu dem Opium nahm. Er könnte mit Professor Wilsons Wort[88] der Versicherungsgesellschaft erwidern: Meine Herren, ich bin ein *Hedonist*; und wenn Sie unbedingt wissen *müssen*, warum ich Opium nehme: das ist der Grund! Dennoch wäre es immer, wenn ein Versicherungskandidat einräumt, daß er Opium nimmt, eine kluge und vom Standpunkt der Versicherung aus eine gerechtfertigte Forderung, nach dem *›Warum‹* und nach den Begleitumständen zu fragen, aus denen die Gewohnheit hervorging. Wenn das bei irgendwelchem lokalen Unbehagen der Fall wäre, hätte die Versicherung ein natürliches Recht, auf eine Untersuchung durch einen Wundarzt zu drängen. Doch, abgesehen von solchen besonderen Fällen, war es klar, daß dieser genaue und erfahrene Arzt in der einfachen Gewohnheit des Opiumgenusses überhaupt keinen Grund sah, einem Antrag auf Lebensversicherung gegenüber Vorbehalte zu haben oder eine höhere Prämie zu verlangen.

Hier halte ich inne. Der Leser wird aus dem, was ich jetzt gesagt habe, schließen, daß alle Passagen, die ich zu einem früheren Zeitpunkt, von unklaren und unrichtigen Auffassungen über die üblen Stoffe im Opium ausgehend, geschrieben habe, zurückgenommen sind; doch scheue ich vor der Mühe zurück, einen Fehler zu berichtigen, der sich unter meinen früheren falschen Auffassungen von der Wahrheit so sehr verbreitet hat, und ich gestatte daher jenen Passagen, so zu bleiben, wie sie waren. Alle meine allgemeinen Ansichten über die Kräfte und die natürlichen Tendenzen des Opiums wurden durch diesen glücklichen Vorteil einer fachlichen Korrespondenz unterstützt und verstärkt. Ich möchte an dieser Stelle meine besondere Theorie als Abschiedsgruß und in einer Form wiederholen, die in der Erinnerung bleiben mag. Lord Bacon sagte einmal zu kühn und zu gewagt, daß derjenige, der das Geheimnis entdeckt, wie man Myrrhe im menschlichen Blut lösen kann, über das Geheimnis der

Unsterblichkeit verfügt. Ich schlage einen gemäßigteren Zauber vor – daß derjenige, der das Geheimnis entdeckt, die nicht spürbare Schweißabsonderung anzuregen und ununterbrochen aufrechtzuerhalten, über das Geheimnis verfügt, der Lungenschwindsucht ein Ende zu bereiten. Damit verabschiede ich mich in meiner medizinischen Eigenschaft von dem Leser und kehre wieder zu dem normalen Gang meiner Erzählung zurück.

3. Meine Studien sind jetzt lange unterbrochen. Ich kann mich nicht mehr mit Freude ans Lesen setzen, kaum noch mit einem Augenblick Ausdauer. Doch manchmal lese ich anderen zu ihrem Vergnügen laut vor; denn Lesen gehört zu meinen Talenten, und im volkstümlichen Sinn des Wortes *Talent* als äußerliche und dekorative Fertigkeit ist es vielleicht sogar mein einziges; und wenn ich früher auf irgendeine meiner Begabungen oder Fertigkeiten überhaupt eitel gewesen war, dann war es diese, denn ich hatte beobachtet, daß kein Talent seltener ist. Schauspieler sind die schlechtesten Leser überhaupt. John Kemble ist als Leser nicht erfolgreich, obwohl er über den großen Vorteil einer reifen Bildung verfügt; und seine Schwester, die unsterbliche Siddons, die ihm an Stimme weit überlegen ist, liest noch weniger erfolgreich. Sie liest lediglich dramatische Werke gut. Ich hörte, wie sie *›Das verlorene Paradies‹* in Barley Wood zu lesen versuchte, und ihr Versagen war peinlich, fast so peinlich wie der speichelleckerische Applaus der sie umgebenden Gesellschaft – alle natürlich in fast sprachloser Bewunderung versunken. Doch ist mir bewußt, daß dieses verächtliche Gefühl für den Kreis ihrer Bewunderer kaum gerechtfertigt ist. Was *sollten* die armen Geschöpfe denn sonst tun? Schon in dem bloßen Versuch, ihre Stimmen zu gewinnen, sich ihnen zur Probe zu stellen, lag auf seiten von Mrs. Siddons eine gönnerhafte Herablassung, der gegenüber ein unbefangenes Urteil nicht mehr erwartet werden konnte. Ich fühlte den Wunsch, Mrs. Siddons so anzureden: Sie, die Sie vor der königlichen Familie in Windsor gelesen haben, ja, und in Windsor sogar aufgefordert wurden, sich beim Lesen *hinzusetzen*, werden seitdem immer eine privilegierte

Person sein, in keiner Weise dem Zwang zur Aufrichtigkeit unterworfen. Unsere Gefühle sind nicht frei, ihren natürlichen Ausdruck zu finden, und können daher nicht von Wert sein. Gestatten Sie uns zu schweigen, und sei es auch nur um der Würde der menschlichen Natur willen. Und schweigen auch Sie, und sei es auch nur um der Würde der einmal unübertroffenen Stimme willen. Weder Coleridge noch Southey sind gute Leser von Lyrik. Southey ist in fast allen Dingen zu bewundern, jedoch nicht auf diesem Gebiet. Sowohl er als auch Coleridge lesen, als ob sie weinten oder zumindest kläglich wimmerten. Im allgemeinen lesen die Leute Gedichte entweder ohne jede Leidenschaft, oder sie überschreiten das rechte Maß der Natur. Wenn ich in letzter Zeit durch irgend etwas ergriffen wurde, das in Büchern steht, dann waren es die großen Klagen von *›Simson dem Kämpfer‹* oder die tiefen Harmonien der satanischen Reden in dem *›Wiedergewonnenen Paradies‹*, wenn ich sie laut für mich las. Wir leben weit von Städten entfernt, doch manchmal kommt eine junge Dame, um mit uns Tee zu trinken; wenn sie und M ... mich bitten, lese ich ihnen manchmal Gedichte von Wordsworth vor. (Übrigens ist Wordsworth der einzige unter allen Dichtern, die ich je getroffen habe, der seine eigenen Verse lesen konnte, und oft liest er wirklich bewundernswert.)

Ich glaube, ich habe fast zwei Jahre lang nichts gelesen und nichts studiert. Analytische Studien sind kontinuierliche Studien; sie können nicht ruckweise oder bruchstückartig verfolgt werden. Sie waren mir alle unerträglich geworden; ich schreckte vor ihnen in dem Gefühl kraftloser und kindlicher Schwäche zurück, das meinen Schmerz noch erhöhte, wenn ich an die Zeit zurückdachte, als ich ihnen zu meiner ständigen Freude zu Leibe gegangen war, und auch weil ich die Arbeit meines ganzen Lebens, meinen ganzen Intellekt, Blüten und Früchte nur einer Sache gewidmet hatte, nämlich der langsamen und sorgfältigen Ausarbeitung eines einzigen Werkes, dem ich den Titel einer unvollendeten Arbeit von Spinoza geben wollte – nämlich *De emendatione humani intellectûs.* Dieses Vorhaben lag jetzt wie vom Eis eingeschlossen, wie eine spanische Brücke oder ein

Aquädukt, die in einem Maßstab begonnen wurden, der die späteren Möglichkeiten des Architekten überstieg; anstatt mich wenigstens als Denkmal meiner Wünsche, Absichten und Anstrengungen zu überleben, die der Erhebung der menschlichen Natur geweiht waren, so gut Gott mich mit der Fähigkeit ausgestattet hatte, ein so großes Thema voranzubringen, würde es wahrscheinlich meinen Kindern als ein Denkmal zerstörter Hoffnungen, vereitelter Mühen, nutzlos angesammelter Materialien, umsonst gelegter Fundamente, die nie ein Gebäude zu tragen hatten, vom Gram und vom Untergang des Architekten dienen. In diesem Stadium der Geistesschwäche hatte ich zu meinem Vergnügen meine Aufmerksamkeit der Volkswirtschaft zugewandt; mein Verstand, der früher so aktiv und ruhelos wie ein Panther gewesen war, konnte meiner Meinung nach (solange ich überhaupt lebte) nicht in völlige Lethargie verfallen; und obwohl die Volkswirtschaft eine organische Wissenschaft ist (das heißt, es gibt kein Teil, das nicht auf das Ganze einwirkte, wie auch das Ganze auf und durch jedes Teil zurückwirkte), bietet sie einer Person in meinem Zustand den Vorteil, daß jedes Teil einzeln herausgelöst und betrachtet werden kann. So groß auch die Erschöpfung meiner Kräfte zu jener Zeit war, konnte ich mein Wissen doch nicht vergessen, und mein Verstand war schon zu viele Jahre mit ernsthaften Denkern, mit der Logik und mit den großen Meistern des Wissens vertraut, als daß ich den lauten Ruf nach einem neuen Gesetz und einem übersinnlichen Gesetzgeber hätte überhören können, den die Volkswirtschaft in dieser Krisis erhob. Im Jahre 1818 schickte mir plötzlich ein Freund aus Edinburgh Mr. Ricardos Buch; auf meine prophetische Voraussage eines zu erwartenden Gesetzgebers zurückkommend, sagte ich sofort, noch ehe ich das erste Kapitel beendet hatte: ›Du bist dieser Mann!‹ Verwunderung und Neugierde waren Gefühle, die in mir schon lange gestorben waren. Doch jetzt wunderte ich mich wieder – wunderte mich über mich selbst, daß ich wieder zur Anstrengung des Lesens verlockt worden war, und wunderte mich noch mehr über das Buch. War dieses gründliche Buch wirklich in der unruhigen Eile des neunzehnten

Jahrhunderts geschrieben worden? Konnte es sein, daß ein Engländer, der nicht in akademischen Gemächern lebte, sondern von Geschäfts- und Senatsaufgaben gedrängt wurde, das fertiggebracht hatte, was alle Universitäten Europas und ein Jahrhundert des Nachdenkens um Haaresbreite verfehlt hatten? Frühere Schriftsteller waren von dem enormen Gewicht von Tatsachen, Details und Ausnahmen zerbrochen und verschüttet worden; Mr. Ricardo hatte dagegen *a priori* aus dem Verstand selbst Gesetze abgeleitet, die zum ersten Mal wie ein Pfeil Licht in das dunkle Chaos des Materials schossen und damit aus dem, was bislang nur eine Sammlung erprobender Diskussionen war, eine Wissenschaft mit regelmäßigen Proportionen gebaut, die jetzt zum ersten Mal auf einer ewigen Basis stand.

So gelang es also einem einfachen Werk eines gründlichen Verstandes, mir die Freude und die Aktivität wiederzugeben, die ich jahrelang nicht mehr gekannt hatte; es brachte mich sogar zum Schreiben oder zumindest zum Diktieren dessen, was M... für mich schrieb. Ich hatte den Eindruck, daß einige wichtige Wahrheiten sogar Mr. Ricardos ›unvermeidlichem Auge‹ entgangen waren; und da sie größtenteils von solchem Charakter waren, daß ich sie durch mathematische Symbole kurz und elegant ausdrücken oder erläutern konnte, würde das Ganze kaum den Umfang einer Streitschrift erreicht haben. Mit M... als meiner Schreibhilfe, da ich auch zu dieser Zeit zu keiner allgemeinen Anstrengung in der Lage war, entwarf ich also meine Vorbemerkungen zu allen künftigen Systemen der Volkswirtschaft.

Diese Anstrengung war jedoch nur ein momentaner Blitz, wie die Folge zeigte. Mit einer örtlichen Druckerei, etwa achtzehn Meilen entfernt, wurden Vereinbarungen über den Druck getroffen. Ein zusätzlicher Setzer wurde dafür einige Tage lang in Dienst genommen. Das Werk wurde sogar zweimal angezeigt, und ich war in gewisser Weise verpflichtet, meine Absicht durchzuführen. Doch ich mußte ein Vorwort schreiben sowie eine Widmung für Mr. Ricardo, die ich eindrucksvoll machen wollte. Ich mußte jedoch feststellen, daß ich keineswegs in der Lage war, das alles zu bewältigen. Die Vereinbarungen wurden widerrufen, der Setzer wieder entlassen, und meine Vorbemerkungen ruhten friedlich an der Seite ihres älteren und würdigeren Bruders.

Wenn ich so meine intellektuelle Apathie beschreibe und erläutere, benutze ich Worte, die mehr oder weniger auf jeden Teil all der Jahre zutreffen, die ich unter dem circeschen Zauber des Opiums verbrachte. Doch was das Elend und das Leiden betraf, konnte man von mir wirklich sagen, daß ich mich in einem Schlafzustand befand. Ich konnte mich nur selten dazu überwinden, einen Brief zu schreiben; eine Antwort von wenigen Worten auf einen Brief, den ich bekommen hatte, war das äußerste, was ich fertigbrachte, und *das* oft auch erst, nachdem der Brief wochen- oder monatelang auf meinem Schreibtisch gelegen hatte. Ohne die Hilfe von M ... wäre meine gesamte Hauswirtschaft, was auch immer aus der Volkswirtschaft geworden wäre, in ein unrettbares Durcheinander geraten. Ich will auf diesen Teil des Falls nicht weiter anspielen; es ist eine Sache, die der Opiumesser am Ende als höchst bedrückend und quälend empfinden wird wegen des Gefühls der Unfähigkeit und Schwäche, wegen der unmittelbaren Schwierigkeiten, die mit der Vernachlässigung oder Verschleppung der täglichen Pflichten einhergingen, und wegen der Gewissensbisse, die oft die Stachel dieser Übel für einen gewissenhaften Geist noch verstärken. Der Opiumesser verliert nichts von seinen moralischen Gefühlen und Bestrebungen; er wünscht und versucht so ernsthaft wie je zuvor, alles zu realisieren, was er für möglich hält, und fühlt sich durch die Pflicht gefordert; doch seine geistigen Vorstellungen, was möglich sei, übersteigen grenzenlos seine Kraft nicht nur der Ausführung, sondern auch des Planens oder Wollens. Er liegt unter einer erdschweren Last von Alpdruck und bösem Traum; er sieht alles, was er gerne tun möchte, genau wie ein Mensch, der gewaltsam durch die tödliche Schwäche der Lähmung an sein Bett gefesselt ist und mit ansehen muß, wie einem Gegenstand seiner zartesten Liebe Unrecht oder Schande angetan wird; – er würde sein Leben hingeben, wenn er nur aufstehen und gehen könnte, doch er ist kraftlos wie ein Säugling und kann nicht einmal versuchen, sich zu bewegen.

Doch von nun an will ich mich dem zuwenden, was das Hauptthema dieses späteren Teils meiner Bekenntnisse ist – der Geschichte und dem Bericht dessen, was in meinen Träumen stattfand, denn diese Träume waren der unmittelbare und nächste Grund des düsteren Schreckens, der sich in meinem gesamten Leben festsetzte und über ihm brütete.

Der erste Hinweis auf eine wichtige Veränderung, die sich in meinem Organismus vollzog, kam von dem Wiedererwachen eines Gesichtes, das mir in meiner Kindheit oft begegnet war. Ich weiß nicht, ob meinem Leser bewußt ist, daß viele Kinder die Fähigkeit haben, die Dunkelheit mit allen möglichen Phantomen zu erfüllen; bei manchen ist diese Fähigkeit einfach eine mechanische Äußerung des Auges; andere haben die freiwillige oder halbfreiwillige Kraft, solche Phantome wegzuschicken oder herbeizurufen; als ich es darüber befragte, sagte mir ein Kind einmal: ›Ich kann ihnen sagen, daß sie gehen sollen, und dann gehen sie, doch manchmal kommen sie, wenn ich ihnen gar nicht gesagt habe, daß sie kommen sollen!‹ Es hatte über diese Erscheinungen eine halb so unbeschränkte Befehlsgewalt wie ein römischer Hauptmann über seine Soldaten. In der Mitte des Jahres 1817 wurde diese Fähigkeit für mich immer qualvoller: wenn ich nachts wach im Bett lag, zogen endlose Prozessionen in trauervollem Pomp an meinem Auge vorbei; ein Fries nie endenwollender Geschichten, die für mein Gefühl so traurig und so ernst waren wie Geschichten aus den Zeiten vor Ödipus und Priamos, vor Tyrus, vor Memphis. Gleichzeitig damit vollzog sich eine entsprechende Veränderung in meinen Träumen: ein Theater schien plötzlich in meinem Gehirn eröffnet und beleuchtet zu werden, das nächtliche Schauspiele von mehr als überirdischem Glanz bot. Die folgenden vier Tatsachen sollen genannt werden, die zu dieser Zeit bemerkenswert waren:

1. Als die schöpferische Fähigkeit meines Auges wuchs, entstand in einer Hinsicht ein Gleichklang zwischen dem träumenden und dem wachenden Zustand des Gehirns –

alles, was ich in einem freiwilligen Akt aus der Dunkelheit hervorrief und aufspürte, übertrug sich sehr wahrscheinlich auf meine Träume; schließlich fürchtete ich, diese Fähigkeit zu benutzen, denn wie Midas alles in Gold verwandelte, was dann doch seine Hoffnungen durchkreuzte und seine menschlichen Wünsche betrog, so wurden alle visuell vorstellbaren Dinge, an die ich in der Dunkelheit nur dachte, sofort zu Phantomen für mein Auge; und in einem offensichtlich nicht weniger zwangsläufigen Prozeß wurden sie, wenn sie einmal in undeutlichen und visionären Farben aufgespürt waren, wie etwas mit sympathetischer Tinte Geschriebenes durch die wilde chemische Kraft meiner Träume in einem unerträglichen Glanz, der mein Herz zerfraß, ans Tageslicht gebracht.

2. Diese und alle anderen Veränderungen in meinen Träumen wurden von einer tiefsitzenden Angst und düsteren Melancholie begleitet, in Worten völlig unbeschreibbar. Ich schien jede Nacht hinabzusteigen – nicht metaphorisch, sondern buchstäblich hinabzusteigen – in Klüfte und sonnenlose Abgründe, in Tiefen unter den Tiefen, aus denen je wieder aufzusteigen hoffnungslos erschien. Und wenn ich aufwachte, hatte ich auch nicht das Gefühl, daß ich wieder aufgestiegen *wäre.* Warum sollte ich davon eigentlich weiter berichten? Denn die Düsternis, die diese ungeheuren Schauspiele begleitete und schließlich bis zur vollständigen Dunkelheit geradezu selbstmörderischer Verzweiflung anwuchs, läßt sich doch nicht in Worte fassen.

3. Das Raumgefühl und schließlich auch das Zeitgefühl wurden stark in Mitleidenschaft gezogen. Gebäude, Landschaften und so weiter wurden in so riesigen Proportionen dargestellt, wie sie das Auge des menschlichen Körpers gar nicht erfassen kann. Der Raum schwoll an und wurde zu unaussprechlicher, sich immer wiederholender Unendlichkeit ausgedehnt. Diese Tatsache beunruhigte mich sehr viel weniger als die ungeheure Ausdehnung der Zeit. Manchmal schien ich in einer einzigen Nacht siebzig oder hundert Jahre lang gelebt zu haben, ja manchmal hatte ich das Gefühl, das einer Zeitdauer entspricht, die die Möglichkeit menschlicher Erfahrung weit übersteigt.

4. Kleinste Vorfälle aus der Kindheit oder vergessene Szenen späterer Jahre wurden oft wieder lebendig. Man kann nicht sagen, daß ich mich ihrer erinnerte, denn wenn man mir in wachem Zustand davon erzählt hätte, wäre ich nicht in der Lage gewesen, sie als einen Teil meiner vergangenen Erlebnisse zu erkennen. Doch so, wie sie vor mir standen, in Träumen wie Intuitionen, und mit all ihren flüchtigen Begleitumständen und den dazugehörigen Gefühlen ausgestattet, *erkannte* ich sie sofort. Mir wurde einmal von einer nahen Verwandten erzählt, daß sie in ihrer Kindheit in einen Fluß gefallen war; als sie sich unmittelbar am Rande des Todes befand, wenn Hilfe sie nicht im letzten kritischen Augenblick erreicht hätte, sah sie in einem Augenblick ihr ganzes bisheriges Leben, ausgestattet mit seinen vergangenen Einzelheiten, wie in einem Spiegel vor ihr aufgebaut, nicht nacheinander, sondern nebeneinander; und sie hatte genausoschnell die Fähigkeit entwickelt, das Ganze und jeden Teil zu erfassen.[89]

Auf Grund gewisser Erfahrungen mit Opium kann ich das glauben; ich habe dasselbe zweimal in modernen Büchern in Verbindung mit einer Bemerkung bestätigt gefunden, die wahrscheinlich richtig ist – daß nämlich das düstere Buch des Gerichts, von dem die Heilige Schrift spricht, in Wirklichkeit der Geist jedes einzelnen Menschen ist. In ihm gibt es, dessen bin ich mir sicher, kein endgültiges *Vergessen*; Spuren, die einmal dem Gedächtnis eingeprägt wurden, sind unzerstörbar; tausend Zufälle können lediglich einen Schleier zwischen unser gegenwärtiges Bewußtsein und die geheimen Inschriften in unserem Geist legen, und sie tun das auch. Zufälle derselben Art reißen diesen Schleier auch wieder hinweg. Doch auf jeden Fall, ob verhüllt oder unverhüllt, bleibt die Inschrift immerdar; so wie Sterne sich vor dem Tageslicht nur scheinbar zurückziehen, während wir alle genau wissen, daß es nur das Licht ist, das wie ein Schleier über sie gezogen wird, und daß sie nur darauf warten, wieder zum Vorschein zu kommen, sobald sich das sie verbergende Tageslicht zurückgezogen hat.

Nachdem ich diese vier Tatsachen festgehalten habe, in denen sich meine Träume von denen der gesunden Tage denkwürdig unterschieden, will ich jetzt einige Fälle zur Erläuterung zitieren; danach werde ich von einigen anderen Fällen berichten, an die ich mich erinnere, in solcher Reihenfolge, daß sie dem Leser das eindrucksvollste Bild vermitteln.

In meiner Jugend und in all den Jahren danach war ich immer wieder zu meiner Unterhaltung ein begeisterter Leser des Livius, den ich, so muß ich bekennen, sowohl wegen seines Stils als auch wegen seines Inhalts allen anderen römischen Historikern vorziehe; und oft hatte ich die Feierlichkeit und den erschreckenden Klang jener zwei Worte gespürt, die nachdrücklich römische Majestät repräsentieren und so oft bei Livius vorkommen: *Consul Romanus*, insbesondere wenn der Konsul in seiner militärischen Funktion eingeführt wird. Ich möchte damit sagen, daß die Worte König, Sultan, Regent und so weiter oder alle Titel jener, die in ihrer Person die kollektive Majestät eines großen Volkes verkörpern, mein Gefühl für Verehrung weniger stark beeindruckten. Obwohl ich sonst kein großer Leser historischer Werke war, hatte ich mich mit einer Periode der englischen Geschichte – nämlich dem Bürgerkrieg – kritisch vertraut gemacht, wobei mich die moralische Größe derjenigen anzog, die damals eine Rolle spielten, wie auch die interessanten Memoiren, die jene unruhigen Zeiten überlebt hatten. Diese beiden Teile meiner leichteren Lektüre, die mir oft Stoff zum Nachdenken geboten hatten, erfüllten mit ihrem Stoff jetzt meine Träume. Nachdem ich, noch wach, in der schwarzen Dunkelheit gleichsam eine Art Probe gemalt hatte, pflegte ich eine Gruppe von Damen zu sehen, vielleicht ein Fest oder einen Ball. Und ich hörte es sagen oder sagte zu mir selbst: ›Dies sind englische Damen aus der unglücklichen Zeit Karls I. Sie sind die Frauen und Töchter derer, die sich friedlich trafen, gemeinsam an einem Tisch saßen, durch Blut oder Heirat miteinander verbunden waren, doch nach einem gewissen Tag im August 1642[90] sich nie wieder anlächelten und nie wieder trafen, es sei denn auf dem Schlachtfeld, und in Marston Moor, in Newbury oder Naseby alle Bande der Liebe mit grausamem Säbel zerschnitten und alle Erinnerungen an alte Freundschaft im

Blut hinwegspülten.‹ Die Damen tanzten und sahen so lieblich aus wie der Hofstaat George IV. Doch selbst in meinen Träumen wußte ich, daß sie schon fast zwei Jahrhunderte im Grab lagen. Plötzlich würde dieser Festzug verschwinden und nach einem Händeklatschen der herzerschütternde Klang des *Consul Romanus* zu vernehmen sein, und sofort kämen in großartigen Kriegsmänteln Paullus oder Marius ›herangeschwebt‹, umgeben von einer Schar Hauptleute, mit der karmesinroten Tunika[91] an einem Speer, gefolgt von den Alalagmos[92] der römischen Legionen.

Als ich mir vor vielen Jahren Piranesis ›*Römische Antike*‹ ansah, stand Coleridge dabei und beschrieb mir eine Reihe von Stichen dieses Künstlers, die seine *Träume* genannt wurden und die die Szenerie seiner Visionen während eines Fieberwahns wiedergaben. Einige von ihnen (ich beschreibe sie lediglich aus der Erinnerung an Coleridges Bericht) zeigten riesige gotische Hallen, auf deren Boden mächtige Maschinen und Geräte, Räder, Seile, Schleudern und so weiter standen, eine ungeheure Kraft ausdrückend, die sie freigesetzt, oder einen riesigen Widerstand, den sie überwunden haben. An der Seite der Mauern sah man eine Treppe sich hinaufwinden, und diese Treppe schritt Piranesi persönlich empor. Folge der Treppe ein Stück weiter, und du bemerkst, daß sie ein plötzliches Ende erreicht, ohne irgendein Geländer, und keinen Schritt dem erlaubt, der das äußerste Ende erreichen sollte, es sei denn hinunter in die Tiefe. Was auch immer mit dem armen Piranesi werden sollte, zumindest war zu vermuten, daß seine Mühen in irgendeiner Weise zu Ende gehen würden. Doch erhebe deinen Blick und erblicke weiter oben noch eine Treppe, auf der wieder Piranesi zu sehen ist, der diesmal unmittelbar am Rande des Abgrundes steht. Erhebe abermals deinen Blick und entdecke eine noch luftigere Treppe, und wieder befindet sich dort der phantasierende Piranesi, mit seiner hochstrebenden Arbeit beschäftigt; und so geht es immer weiter, bis sich sowohl die unendlichen Treppen als auch der hoffnungslose Piranesi in der oberen Düsternis der Halle verlieren. Mit derselben Kraft endlosen Wachstums und ständiger Selbstreproduktion schritt meine Architektur der

Träume voran. In dem frühen Stadium der Krankheit lag der Glanz meiner Träume vorwiegend auf architektonischem Gebiet; ich erblickte solchen Glanz von Städten und Palästen, wie er von dem wachen Auge noch nie geschaut wurde, es sei denn in den Wolken. Von einem großen modernen Dichter[93] will ich den Teil einer Passage zitieren, die als Erscheinung in den Wolken das beschreibt, was ich in vielen ihrer Einzelheiten häufig im Schlaf sah:

Im Augenblick enthüllte sich
Das Abbild einer großen Stadt – gewagte
Vielfalt von Gebäuden, die in der Ferne
Voll wundersamer Unergründlichkeit
In ungeheurem Glanz versanken.
Sie schien aus Diamant und Gold gebaut,
Mit Alabasterkuppeln, Silbertürmen,
Mit schimmernden Terrassen, hoch geschichtet.
Und während hier sich helle Häuschen
Zu heiteren Alleen fügten,
Umgürten sich Türme dort
Mit Zinnen, die an ruhelosen Fronten
Sterne trugen – Juwelenlicht!
Natur erschuf dies Bild aus Sturmes Aufruhr,
Aus ihm, der nun besänftigt, und aus Höhlen,
Aus Bergeshängen und aus Gipfeln,
Wohin die Nebel jetzt gewichen,
Um unter blauem Himmel auszuruhen.

Der erhabene Begleitumstand – ›die an ruhelosen Fronten Sterne trugen‹ – hätte von meinen eigenen architektonischen Träumen übernommen worden sein können, so oft trat er dort auf. Es wird uns von Dryden und später von Fuseli berichtet, daß sie rohes Fleisch aßen, um herrliche Träume zu bekommen; wieviel besser wäre es für diesen Zweck gewesen, wenn sie Opium gegessen hätten; ich entsinne mich jedoch nicht, daß das von irgendeinem Dichter gesagt wird, abgesehen von dem Dramatiker Shadwell; und im Altertum war Homer, wie ich glaube, zu Recht dafür bekannt, daß er die Wirksamkeit des Opiums als ein φάρμακον νηπενθές – das heißt als schmerzstillendes Mittel – kannte.

Meiner Architektur folgten Träume von Seen und silbrigen weiten Wasserflächen; sie verfolgten mich so sehr, daß ich einen wassersuchtartigen Geisteszustand oder die Tendenz dazu befürchtete, der sich selbst (um ein metaphysisches Wort zu gebrauchen) hatte *objektiv*[94] werden lassen und den das empfindende Organ als sein eigenes Objekt projizieren konnte. Zwei Monate litt ich sehr in meinem Kopf – in jenem Körperteil, der bisher (im physischen Sinne, meine ich) so frei war von jedem Anflug oder Berührung von Schwäche, daß ich von ihm zu sagen pflegte, was der letzte Lord Orford von seinem Magen sagte, daß er wahrscheinlich den Rest meiner Person überleben würde. Bis jetzt hatte ich nicht einmal Kopfschmerzen gehabt und überhaupt die leichtesten Beschwerden, abgesehen von den durch meine eigene Unvernunft herbeigeführten rheumatischen Schmerzen.

Das Wasser änderte schrittweise seinen Charakter – aus durchsichtigen Seen, blank wie Spiegel, wurden Meere und Ozeane. Und jetzt trat eine ungeheure Veränderung ein, die sich langsam wie eine Schriftrolle viele Monate lang entfaltete und eine fortdauernde Qual zu werden versprach; und sie verließ mich auch nie ganz, sondern kehrte in längeren oder kürzeren Zwischenräumen wieder. Bis jetzt hatte sich das menschliche Antlitz oft in meine Träume gemischt, doch weder tyrannisch noch mit quälender Kraft. Doch jetzt begann sich das Leiden, das ich die Tyrannei des menschlichen Antlitzes genannt habe, zu entfalten. Vielleicht war ein Teil meines Londoner Lebens (die Suche nach Ann in wechselnden Menschenmengen) dafür verantwortlich. Sei es, wie es wolle; jetzt geschah es, daß sich auf dem wogenden Wasser des Ozeans das menschliche Antlitz zeigte; das Meer schien mit unzähligen Gesichtern bedeckt, den Blick zum Himmel erhoben; flehende, grimmige, verzweifelte Gesichter; Gesichter, die zu Tausenden, zu Myriaden, zu Generationen auftauchten; meine Erschütterung war grenzenlos; mein Geist schien über den wogenden Ozean hin- und hergeschleudert und über die rollenden Wellen hinweggerollt.

Mai 1818. Monatelang war der Malaie ein furchtbarer Feind. Mit seiner Hilfe wurde ich jede Nacht in eine asiatische Landschaft versetzt. Ich weiß nicht, ob in diesem Punkt andere meine Gefühle teilen; ich habe oft gedacht, wenn ich England aufgeben und in China nach chinesischen Sitten, in chinesischer Lebensweise und inmitten chinesischer Landschaft leben müßte, würde ich verrückt werden. Die Ursachen für meinen Schrecken liegen tief, und einige davon müssen auch anderen vertraut sein. Südasien ist im allgemeinen der Sitz ehrfurchterregender Bilder und Gedanken-Verbindungen. Wenn aus keinem anderen Grund, so würde man ihm doch als der Wiege der Menschheit mit einem undeutlichen Gefühl der Verehrung begegnen. Doch gibt es noch andere Ursachen. Niemand kann behaupten, daß ihn der wilde, barbarische und launische Aberglaube Afrikas oder primitiver Stämme in anderen Erdteilen in der Weise berührte, in der er durch die alten, monumentalen, grausamen und sorgfältig ausgeführten Religionen Hindustans bewegt wird. Allein das Alter der asiatischen Dinge, ihrer Institutionen, Geschichten, vor allem ihrer Mythologien und so weiter ist so beeindruckend, daß für mich das ungeheure Alter der Rasse und des Namens das Gefühl der Jugend im Einzelwesen bezwingt. Ein junger Chinese scheint für mich die erneuerte Wiederkehr eines vorsintflutlichen Menschen zu sein. Selbst Engländer, die ohne jede Kenntnis solcher Institutionen aufgewachsen sind, können vor der geheimnisvollen Erhabenheit der *Kasten* nur erschauern, die seit solch undenklicher Zeit nebeneinander dahinfließen und sich zu mischen ablehnen, und jedermann muß vor der Heiligkeit des Ganges oder vor dem bloßen Namen des Euphrat Ehrfurcht empfinden. Zu diesen Gefühlen trägt viel bei, daß Südasien seit Jahrtausenden der Teil der Erde ist, in dem es am stärksten von menschlichem Leben wimmelt, die große *officina gentium.* In jenen Gebieten ist der Mensch ein Unkraut. Auch die großen Reiche, in die die ungeheure Bevölkerung Asiens schon immer eingeordnet wurde, verleihen den Gefühlen, die sich mit allen orientalischen Namen und Bildern verbinden, weitere Erhabenheit. In China schrecken mich über das hinaus, was es mit dem Rest Südasiens gemein hat, der Lebensstil, die Sitten, die Schranke äußersten Abscheus zwischen mir und *ihnen*, die

Antipathien, die tiefer sind, als ich sie analysieren kann. Ich könnte eher mit Wahnsinnigen, mit Ungeziefer, mit Krokodilen oder Schlangen leben. In alles dieses und vieles mehr, als ich sagen kann, muß sich der Leser hineinversetzen, ehe er den unvorstellbaren Schrecken erfassen kann, den jene Träume von orientalischer Symbolik und mythologischen Martern auf mich ausübten. In dem Gefühl von tropischer Hitze und senkrechtem Sonnenlicht brachte ich alle Geschöpfe, Vögel, Raubtiere und Reptilien, alle Bäume und Pflanzen, alle Gebräuche und Erscheinungen, die sich überhaupt in tropischen Regionen finden, zusammen und versammelte sie in China oder Hindustan. Auf Grund verwandter Gefühle stellte ich bald Ägypten und seine Götter unter dasselbe Gesetz. Von Affen, von Sittichen und von Kakadus wurde ich angestarrt, verhöhnt und angeschnattert. Ich lief in Pagoden und wurde jahrhundertelang an deren Spitze gefesselt oder in geheimen Räumen versteckt; ich war der Götze; ich war der Priester; ich wurde verehrt; ich wurde geopfert. Ich floh vor Brahmas Zorn durch alle Wälder Asiens; Wischnu haßte mich; Schiwa lauerte mir auf. Plötzlich traf ich Isis und Osiris; sie sagten, ich hätte eine Tat begangen, bei der der Ibis und das Krokodil zittern. Ich lebte Jahrtausende und wurde dann in steinernen Särgen begraben, zusammen mit Mumien und Sphinxen, in engen Kammern im Herzen ewiger Pyramiden. Ich wurde von Krokodilen geküßt, mit krebsartigen Küssen, und wurde zusammen mit allen unaussprechlichen Mißgeburten zwischen Schilf und Nilschlamm gelegt.

Ich versuche so, zu einer leichten Abstraktion meiner orientalischen Träume zu kommen, die mich immer mit solcher Verwunderung über ihre monströse Szenerie erfüllten, daß der Schrecken für eine Weile von nichts als Erstaunen absorbiert wurde. Früher oder später floß ein Gefühl zurück, das das Erstaunen verschlang und mich nicht so sehr in Schrecken als vielmehr in Haß und Abscheu gegenüber dem, was ich sah, zurückließ. Über jeder Form, jeder Drohung, jeder Bestrafung und jeder Einkerkerung in düstere, fensterlose Verliese brütete eine tödliche Ahnung von Ewigkeit und Grenzenlosigkeit. Von ein oder zwei

Ausnahmen abgesehen, waren es allein diese Träume, in die Begleitumstände physischen Schreckens eindrangen. Vorher hatte es nur moralischen und geistigen Schrecken gegeben. Aber jetzt waren die Hauptakteure häßliche Vögel, Schlangen oder vor allem Krokodile. Das verfluchte Krokodil wurde für mich mehr als alles andere zum Gegenstand größeren Schreckens. Ich war gezwungen, mit ihm zu leben, und zwar (wie es in meinen Träumen immer der Fall war) jahrhundertelang. Manchmal entfloh ich ihm und fand mich in chinesischen Häusern wieder. Alle die Füße von Tischen, Sofas und so weiter wurden bald von Leben erfüllt; der widerwärtige Kopf des Krokodils, seine schielenden Augen schauten nach mir aus, in zehntausendfacher Wiederholung multipliziert, und ich stand da, voll Abscheu und gebannt. So oft verfolgte dieses scheußliche Reptil meine Träume, daß oft derselbe Traum auf dieselbe Weise unterbrochen wurde: ich hörte freundliche Stimmen zu mir sprechen (ich höre alles, wenn ich schlafe), und sofort erwachte ich; es war heller Mittag, und meine Kinder standen Hand in Hand neben meinem Bett, um mir ihre bunten Schuhe oder ihre neuen Kittel zu zeigen, oder um mich sehen zu lassen, wie sie zum Ausgang angezogen waren. Kein Erlebnis war für mich so schrecklich und gleichzeitig so ergreifend wie dieser abrupte Übergang von der Dunkelheit des Unendlichen zu der farbenprächtigen Sommeratmosphäre am hohen Mittag und von der unaussprechlichen Scheußlichkeit mißgestalteten gigantischen Ungeziefers zum Anblick von kindlichen, unschuldigen *menschlichen* Naturen.

Juni 1819. – Ich habe zu verschiedenen Zeiten meines Lebens Gelegenheit gehabt festzustellen, daß uns der Tod derer, die wir lieben, und die Betrachtung des Todes überhaupt *(caeteris paribus)* im Sommer mehr angreift als zu anderen Jahreszeiten. Dafür gibt es meiner Meinung nach drei Ursachen: Erstens erscheint im Sommer der sichtbare Himmel viel höher, viel entfernter und (wenn solch Sprachsünde gestattet ist) viel unbegrenzter; die Wolken, an Hand derer das Auge die Entfernung des über unsere Köpfe gespannten blauen Zeltes ermißt, sind im Sommer voluminöser, massiger und in weit größeren und höher hinaufreichenden Stapeln aufgetürmt; zweitens sind das Licht und die Erscheinung der sich senkenden und untergehenden Sonne weit eher geeignet, das Unendliche darzustellen und zu repräsentieren; drittens (das ist die Hauptursache) läßt die verschwenderische und wilde Fülle des Lebens natürlich den Verstand den Gegensatz zu dem Gedanken des Todes und der eisigen Sterilität des Grabes viel stärker spüren. Denn wie generell zu beobachten ist, werden zwei einander antagonistisch gegenüberstehende Gedanken, die sich gegenseitig abstoßen, immer dazu neigen, sich gegenseitig aufzudrängen. Daher finde ich es unmöglich, den Gedanken an den Tod zu verbannen, wenn ich allein die endlosen Sommertage durchwandere, und jeder einzelne Todesfall verfolgt meinen Geist in dieser Jahreszeit zumindest hartnäckiger und bedrängender, wenn er mich nicht sogar noch mehr angreift. Vielleicht waren diese Angelegenheit und ein kleiner Vorfall, den ich hier weglasse, der unmittelbare Anlaß für den folgenden Traum, für den es auf jeden Fall immer eine Anlage in meinem Geist gegeben haben muß; nachdem er einmal geweckt worden war, verließ er mich nie mehr und teilte sich in tausend phantastische Variationen auf, die sich oft plötzlich wieder miteinander vereinten, eine überraschende Einheit bildeten und den ursprünglichen Traum wiederherstellten.

Ich glaubte, es wäre ein Sonntagvormittag im Mai, Ostersonntag, und noch früh am Morgen. Ich stand, so schien es mir, an der Tür meiner eigenen Hütte. Unmittelbar vor mir lag genau der Ausblick, über den man von dieser Stelle aus verfügt, doch wie üblich durch die Kraft der Träume erhöht und feierlicher geworden. Dort waren dieselben Berge und dasselbe liebliche Tal zu ihren Füßen, doch die Berge waren zu mehr als alpiner Höhe emporgehoben, und der Raum zwischen ihnen war weit größer als der von Savannen und Waldwiesen. Die Hecken waren mit weißen Rosen übersät, und man sah kein lebendes Geschöpf, abgesehen davon, daß sich auf dem grünen Kirchhof Kühe still auf den begrünten Gräbern ausruhten, insbesondere rund um das Grab eines Kindes, das ich einst zärtlich liebte. So hatte ich sie kurz vor Sonnenaufgang in dem Sommer erlebt, als das Kind gestorben war. Ich starrte auf die mir wohlbekannte Szenerie und sagte zu mir: ›Es fehlt noch viel bis zum Sonnenaufgang, und es ist Ostersonntag; das ist der Tag, an dem man das Erstlingswerk der Auferstehung feiert. Ich will nach draußen gehen; alter Kummer soll heute vergessen sein, denn die Luft ist kühl und ruhig, die Hügel sind hoch und erstrecken sich bis zum Himmel; der Kirchhof ist so grün wie die Waldwiesen, und die Waldwiesen sind so still wie der Kirchhof; mit dem Tau kann ich das Fieber von meiner Stirn waschen, und dann werde ich nicht länger unglücklich sein.‹ Ich wandte mich zur Seite, wie um mein Gartentor zu öffnen, und plötzlich sah ich zu meiner Linken eine völlig andere Szenerie, doch durch die Kraft des Traumes mit der ersten harmonisch ausgesöhnt. Die Landschaft hatte orientalischen Charakter, es war dort ebenfalls Ostersonntag und sehr früh am Morgen. In großer Entfernung waren wie Punkte am Horizont die Dome und Kuppeln einer großen Stadt zu sehen – ein Bild oder eine undeutliche Abstraktion, die ich in der Kindheit vielleicht von irgendeiner Abbildung von Jerusalem gewonnen hatte. Und keine Bogenschußweite von mir entfernt, saß auf einem Stein im Schatten judäischer Palmen eine Frau; ich sah sie an, es war – Ann! Sie richtete ihre Augen mit Ernst auf mich, und schließlich sagte ich zu ihr: ›So habe ich dich am Ende doch gefunden!‹ Ich wartete, aber sie erwiderte kein Wort. Ihr Gesicht war genau dasselbe wie damals, als ich sie das letzte Mal gesehen hatte; dasselbe, und doch wie verschieden! Vor siebzehn Jahren, als das Lampenlicht des mächtigen London auf ihr Gesicht fiel, als ich das letzte Mal ihre Lippen küßte (Lippen, Ann, die für mich nicht befleckt waren!), strömten Tränen aus ihren Augen. Die Tränen sah man nicht mehr. Manchmal erschien sie verändert, manchmal jedoch *nicht* verändert und kaum älter geworden. Ihre Blicke waren ruhig, aber mit einem Ausdruck ungewöhnlicher Feierlichkeit, und ich starrte sie jetzt mit einer gewissen Ehrfurcht an. Plötzlich wurde ihr Antlitz düster; als ich mich zu den Bergen wandte, sah ich, daß sich Dunst zwischen uns drängte; einen Augenblick später war alles verschwunden; dichte Dunkelheit zog auf; im Handumdrehen war ich weit weg von Bergen im Lampenlicht Londons und ging mit Ann durch die Straßen – genauso, wie wir achtzehn Jahre früher, als wir beide noch Kinder waren, an den endlosen Häuserreihen der Oxford Street entlang gegangen waren.

Dann würde plötzlich ein Traum von ganz anderem Charakter kommen – ein stürmischer Traum –, mit einer Musik beginnend, wie ich sie jetzt oft im Schlaf hörte – Musik der Vorbereitung einer Dissonanz und der erwachenden Spannung. Die Wogen sich schnell verstärkender Unruhe klangen wie die Einleitung der Krönungshymne; und genau wie *jene* riefen sie das Gefühl einer vielfältigen Bewegung, von unendlichen Kavalkaden, die hintereinanderher reiten, und vom Marschtritt unzählbarer Armeen hervor. Der Morgen eines mächtigen Tages sollte heraufziehen – ein Tag der Krisis und der letzten Hoffnung für die menschliche Natur, die unter einer geheimnisvollen Düsternis litt und sich in einem furchtbaren Übermaß abmühte. Irgendwo, doch ich weiß nicht wo – irgendwie, doch ich weiß nicht wie – von irgendjemandem, aber ich weiß nicht von wem – ging ein Kampf, ein Streit, eine Qual durch alle Phasen hindurch – entwickelte sich wie die Katastrophe eines mächtigen Dramas, dem gegenüber ich wegen des sich vertiefenden Durcheinanders in bezug auf seine örtliche Szenerie, seine Ursache, sein Wesen und sein unverständliches Ziel immer weniger Sympathie fühlte. Ich hatte (wie es gewöhnlich in Träumen der Fall ist, in denen wir uns notwendigerweise zum Zentrum aller Bewegung machen) die Kraft, die Entscheidung zu fällen, und doch hatte ich sie nicht. Ich hatte die Kraft, wenn ich mich dann aufraffte, es zu wollen, und doch hatte ich die Kraft wieder nicht, weil das zwanzigfache Atlasgewicht auf meinen Schultern lag, der Druck unsühnbarer Schuld. ›Tiefer, als ein Lot je forschte‹ lag ich in meiner Untätigkeit. Wie ein Chor vertiefte sich dann die Leidenschaft. Es drehte sich um ein tieferes Interesse, um eine mächtigere Sache, als je zuvor das Schwert verteidigt oder die Trompete verkündet hatte. Dann spürte man plötzlich Alarm, Hinundhereilen, die Angst unzähliger Flüchtlinge, ich weiß nicht, ob vor dem

Guten oder vor dem Bösen; Dunkelheit und Licht, Sturm und menschliche Gesichter, und zum Schluß, mit dem Gefühl, daß alles verloren war, weibliche Formen und die Züge, die mir die ganze Welt bedeuteten; doch nur einen Augenblick lang – dann ein Händedruck, herzzerreißende Trennung, und dann – Abschied für immer! Mit einem Seufzer, wie ihn die Höhlen der Hölle seufzten, als die blutschänderische Mutter den verabscheuten Namen des Todes aussprach, hallte der Klang wider – Abschied für immer! Und wieder und immer wieder klang es zurück – Abschied für immer!

Und ich wachte in Krämpfen auf und rief laut: ›Ich will nicht mehr schlafen!‹

Jetzt wurde ich schließlich von Schreck ergriffen, wenn sich der Schlaf näherte, der so quälende und so lebensechte Visionen mit sich brachte wie jene, die mein von Phantomen gejagtes Gehirn bedrängten. Mehr und mehr fühle ich auch heftiges Klopfen in meinem Inneren, das üblicherweise doch fälschlich als Herzklopfen bezeichnet wird – das jedoch, wie ich annehme, ausschließlich von Störungen des Magens herrührt. Offensichtlich nahm es sehr schnell an Häufigkeit und Stärke zu. Im Gedanken daran, wie wichtig mein Leben auch für andere neben mir war, wurde ich natürlich alarmiert; vorübergehend unterbrach ich den Opiumgenuß, allerdings mit Schwierigkeiten, die jede Beschreibung übersteigen. Auf jeden Fall hatte es den Anschein, daß sich mir der Tod, um es militärisch auszudrücken, ›quer in den Weg gelegt‹ hatte. Im physischen Sinne schien es nichts als Todesangst zu sein, mich des Opiums zu entwöhnen; doch andererseits schien der Tod durch überwältigende nervliche Schrecken – Tod durch Gehirnentzündung oder infolge von Wahnsinn – nur zu sicher der Alternativmöglichkeit zu drohen. Glücklicherweise war mir noch so viel Entschlossenheit verblieben, die Wahl zu treffen, die mir bei den größten im Augenblick zu erduldenden Leiden in ferner Zukunft die Möglichkeit zu endgültiger Befreiung bot.

Diese Möglichkeit wurde verwirklicht: *tatsächlich* erreichte ich meine Befreiung. Und der Inhalt jener besonderen Phase meiner Erfahrungen mit dem Opium (denn das war es – einfach eine vorübergehende Phase, die den Weg für viele daran anschließende mildere Phasen bereitete, an die sich mein Organismus nach und nach anpaßte) war ungefähr mit den folgenden Worten ausgedrückt, die ich meinen Lesern in der frühesten Ausgabe meiner Bekenntnisse mitgeteilt hatte:

Ich triumphierte. Doch, Leser, schließe nicht aus dem Wort *›triumphierte‹* auf Freude oder Jubel. Denke an mich als an jemanden, der selbst nach vier Monaten noch beunruhigt war, sich krümmte, von pochenden und klopfenden Schmerzen geplagt wurde und nervlich zerrüttet war, der sich in der Situation eines Gefolterten befand, dessen Qualen ich aus dem bewegenden Bericht eines höchst unschuldigen Opfers[95] (in der Zeit Jakobs I.) entnehme. Inzwischen hatte ich keinerlei Nutzen von irgendwelcher Medizin, abgesehen von ammonisierter Baldriantinktur. Die Moral meiner Erzählung ist für den Opiumesser gedacht und daher notwendigerweise in ihrer Anwendbarkeit begrenzt. Wenn ihn das Fürchten und Zittern gelehrt wird, ist genug erreicht worden. Doch mag er sagen, das Ergebnis meines Falles ist zumindest ein Beweis dafür, daß man Opium nach achtzehn Jahren Genuß und acht Jahren Mißbrauch seiner Kräfte immer noch aufgeben kann; daß er möglicherweise größere Energie für dieses Ziel aufbringt als ich oder daß er, wenn er von stärkerer Konstitution ist, mit geringerer Energie zu demselben Ziel gelangen kann. Das mag wahr sein, und ich will nicht meine Anstrengungen zum Maßstab der Anstrengungen anderer machen. Von Herzen wünsche ich ihm mehr Entschlossenheit, von Herzen wünsche ich ihm den gleichen Erfolg. Nichtsdestoweniger gab es für mich Antriebe, die außerhalb meiner selbst lagen und die ihm vielleicht unglücklicherweise fehlen; sie waren eine Unterstützung für mein Gewissen, wie es selbstsüchtige Interessen für einen Geist, der vom Opium geschwächt ist, nicht sein können.

Lord Bacon vermutet, daß es gleich schmerzlich sein kann, geboren zu werden oder zu sterben.[96] Das scheint glaubhaft zu sein, und während der ganzen Zeit, da ich die Opiumdosis verminderte, war ich den Qualen eines Menschen ausgesetzt, der von einem Existenzzustand in den anderen übergeht und den vereinten oder sich abwechselnden Schmerzen der Geburt und des Todes unterworfen ist. Das Ergebnis war nicht Tod, sondern eine Art physischer Erneuerung; und seitdem, das darf ich hinzufügen, spüre ich von Zeit zu Zeit immer wieder, wie in mir mehr als jugendliche Gefühle wach werden.

Eine Erinnerung an meinen früheren Zustand ist dennoch geblieben: meine Träume sind nicht ruhig; das fürchterliche Anschwellen des Sturmes und seine heftigen Bewegungen haben nicht völlig nachgelassen; die Legionen, die die Träume bevölkerten, ziehen fort, sind aber noch nicht verschwunden; mein Schlaf ist immer noch turbulent; und wie die Tore des Paradieses unseren Voreltern erschienen, als sie von weitem zurückschauten, ist er immer noch (um mit Miltons großartiger Zeile zu sprechen)

›umdrängt von böser Augen, wilder Waffen Hauf‹.

Die Tochter des Libanon

DAMASCUS, erstgeborene aller Städte, *Om el Denia*,[97] Mutter von Generationen, die du vor Abraham und vor den Pyramiden warst! Was sind das für Klänge, die von einem hinteren Tor aus, das nach Osten über geheime Wege hinwegblickt, die sich in die weit entfernte Wüste winden, die feierliche Stille einer orientalischen Nacht unterbrechen? Wessen Stimme ist es, die von den Speerträgern, die für immer in dem Turm über dem Tor Wache halten, Einlaß und Wiederaufnahme in die syrische Heimat fordern? Du kennst ihn, Damaskus, du hast ihn in den Zeiten der Plage als einen Mann kennengelernt, der in den Kümmernissen des Menschen erfahren ist, gleich weise als Ratgeber für den leidenden Geist und den leidenden Körper. Die Stimme, die die Nacht zerreißt, ist die Stimme eines großen Evangelisten – eines der vier; und er ist auch ein großer Arzt. Die Wächter am Tor erkennen das dankbar an, und freudig gewähren sie ihm Einlaß. Seine Sandalen sind weiß vor Staub, denn er ist wochenlang jenseits der Wüste umhergestreift, geleitet von Arabern, in Missionen hoffnungsvoller Freundlichkeit nach Palmyra,[98] und sein Geist ist aller Dinge müde, außer seiner unveränderten Treue gegen Gott und seiner brennenden Liebe zum Menschen.

Östliche Städte gehen schon früh schlafen; und wenige oder gar keine Geräusche durchbrachen die Ruhe um ihn herum, als der Evangelist auf den Marktplatz zuschritt, doch dort erwartete ihn eine andere Szenerie. Auf der rechten Seite saß in einem Zimmer des Obergeschosses, dessen Gitter weit aufgesperrt waren, eine festliche Gruppe junger Männer, feiernd, in taghellem Lichterglanz von Fackeln und Dreifüßen mit brennendem, wohlriechenden Holz – sie sangen gemeinsam, alle gekrönt mit duftenden Kränzen aus Daphne und von den Ufern des Orontes. Ihnen schenkte der Evangelist keine Beachtung, doch weit entfernt zur Linken, dicht an einem geschützten Winkel, der nur von einer einsamen Vase aus eisernem Gitterwerk mit brennenden Zedernästen beleuchtet war, die hoch auf einem Speer stand, siehe, dort saß eine Frau von so überirdischer Lieblichkeit, daß sie, wenn sie wie jetzt plötzlich aus tiefster Dunkelheit auftauchte, Menschen wie eine Schattenfigur oder wie ein Geschöpf der Luft erschreckte. War sie überhaupt von einer Frau geboren? War sie vielleicht der Engel – so überlegte der Evangelist bei sich –, dem er in der Wüste nach Sonnenuntergang begegnet war und der ihn mit geheimer Zwiesprache gestärkt hatte? Der Evangelist ging auf sie zu und berührte ihre Stirn; als er fühlte, daß sie ein menschliches Wesen war, und aus der Stellung, die sie eingenommen hatte, schloß, daß sie auf jemanden aus jener ausschweifenden Schar als ihren Gefährten wartete, stöhnte er in seinem Inneren und sagte halb zu sich und halb zu ihr: ›Wurdest du, arme gebrochene Blume, bei deiner Geburt so göttlich geschmückt – in solchem Übermaß bedacht, daß sich nicht einmal Salomon und alle seine Herrlichkeit – nein, nicht einmal die Lilien auf dem Feld – mit deinen Gaben vergleichen können –, nur damit du Gottes heiligen Geist betrübst?‹ Die Frau zitterte aufs äußerste und sagte dann: ›Rabbi, was sollte ich sonst tun? Denn siehe, alle Männer lassen mich im Stich!‹ Der Evangelist sann ein wenig nach, dann sagte er insgeheim zu sich: ›Jetzt will ich das Herz dieser Frau prüfen – ob es sich in wahrer Aufrichtigkeit Gott zuneigt und nur unter hartem Zwang vom rechten Weg abgekommen ist.‹ Sich daher der Frau zuwendend, sagte der Prophet:[99] ›Höre: Ich bin der Bote des Herrn, den du nicht kennst, des Herrn, der den Libanon und die Zedern des Libanon gemacht hat, der das Meer, den Himmel und die Gestirne schuf, der das Licht und die Dunkelheit gemacht und den Geist des Lebens dem Menschen eingehaucht hat. Ich bin Sein Bote, und Er gab mir alle Kraft, zu binden und zu lösen, aufzubauen und niederzureißen. Erbitte also, was immer du willst – groß oder klein –, und durch mich sollst du es von Gott erhalten. Doch, mein Kind, bitte nicht um etwas Unrechtes. Denn Gott kann aus deiner schlechten

Bitte Fallstricke für deine Tritte knüpfen. Und den Lämmern, die Er liebt, gibt Er oft, indem Er zu verweigern scheint, Er gibt ihnen in einer besseren Weise oder‹ (seine Stimme schwoll zu hymnischer Kraft an) ›in einer weit glücklicheren Welt. Nun, meine Tochter, sei daher um deiner selbst willen klug und sage, was ich für dich von Gott erbitten soll.‹ Doch die Tochter des Libanon brauchte seine Warnung nicht; sie fiel vor Gottes Boten sogleich auf die Knie, und während der volle Strahl der Zedernholz-Fackel auf die Herrlichkeit ihres bußfertigen Gesichts fiel, hob sie als Antwort auf die zweite Frage des Evangelisten, welche Gabe er ihr vom Himmel herbeirufen solle, die gefalteten Hände in der demütigen Bitte: ›Herr, bringe mich zurück in meines Vaters Haus!‹ Und der Evangelist verlor eine Träne, weil er ein menschliches Wesen war, neigte sich herab, um ihre Stirn zu küssen, und sagte: ›Tochter, dein Gebet hat der Himmel erhört; ich sage dir, das Tageslicht soll nicht dreißig Mal kommen und gehen, die Sonne soll nicht zum dreißigsten Mal hinter dem Libanon versinken, bevor ich dich zurückgebracht habe in deines Vaters Haus!‹

So gelangte das liebliche Mädchen in die Obhut des Evangelisten. Sie versuchte nicht, ihre Vergangenheit zu beschönigen oder ihre Missetaten zu bemänteln. Soweit sie überhaupt gefehlt hatte, war ihr Fall der von Millionen in jeder Generation. Ihr Vater war ein Fürst im Libanon, stolz, unversöhnlich und streng. Weil das Unrecht, das seiner Tochter von ihrem unehrenhaften Liebhaber angetan worden war, unter Umständen geschehen war, die sie ihm im Vertrauen auf seine Integrität eingeräumt hatte, betrachtete ihr Vater es grollend als ein Unrecht, das seine entehrte Tochter selbst begangen hatte; er verweigerte ihr allen Schutz und trieb sie, die noch unschuldig zu sein bekannte, durch die plötzliche Notwendigkeit, sich ihr tägliches Brot in Unwissenheit selbst verdienen zu müssen, zu ungesetzlicher Willfährigkeit. Groß war das Unrecht, das ihr sowohl von ihrem Vater als auch von ihrem Liebhaber zugefügt worden war, und groß war auch der Ausgleich dafür. Sie verlor einen kleinlichen Vater und einen verderbten Liebhaber, dafür gewann sie einen apostolischen

Hüter. Sie verlor eine fürstliche Stellung im Libanon, dafür gewann sie ein frühes Erbe im Himmel. Denn dieses Erbe gehört ihr innerhalb von dreißig Tagen, wenn sie es nicht selbst zunichte macht. Und siehe, während sich der Gang der Zeit auf diesen dreißigsten Tag zu bewegte, verwüstete ein brennendes Fieber die Stadt Damaskus und legte seine Hand auch auf die Tochter des Libanon, doch nur sanft, so daß es kaum eine Stunde währte, daß es sie den himmlischen Lehren des Evangelisten fernhielt. Und so wurde täglich der Zweifel gestärkt – würde sie der heilige Apostel plötzlich mit der Hand berühren und ›Lebewohl, Weib!‹ sagen, oder würde er sie am dreißigsten Tag Christus als reine Braut übergeben? Doch völlige Freiheit gehört zum Dienst Christi, und die Wahl lag nur bei ihr.

Die Sonne ging am dreißigsten Morgen in all ihrem Glanz auf, doch plötzlich wurde sie von jagendem Sturm verdunkelt. Erst zum Mittag zeigte sich die Himmelskugel wieder; dann war das Licht wieder unverhüllt, und die syrischen Täler frohlockten von neuem. Dies war die Stunde, die schon für die Taufe der neuen Tochter Christi vorherbestimmt war. Himmel und Erde überschütteten das Fest mit Glückwünschen, und als alles vorbei war, lag die neugeborene Tochter des Libanon unter dem Baldachin auf dem flachen Dach ihres Wohnhauses, von dem aus man die Rosengärten von Damaskus überschauen und weit auf ihre heimatlichen Hügel blicken konnte, in seliger Entrückung, durch ihre weißen Taufkleider die wiedergewonnene Unschuld und ihre Versöhnung mit Gott verkündend. Als die Sonne sich im Westen neigte, stand der Evangelist, der seit dem Mittag am Bett seiner geistlichen Tochter gesessen hatte, feierlich auf und sagte: ›Herrin des Libanon, der Tag ist gekommen, und die Stunde wird bald kommen, da erfüllt werden muß, was ich dir zugesagt habe. Willst du also, die du jetzt weiser in deinen Gedanken geworden bist, Gott, deinem neuen Vater, erlauben, dir zu geben, indem Er zu verweigern scheint, dir in einer besseren Weise oder in einer weit besseren Welt zu geben?‹ Doch die Tochter des Libanon grämte sich bei diesen Worten; sie sehnte sich nach ihren heimischen Hügeln, nicht um ihrer selbst willen, sondern weil sie dort ihre süße Zwillingsschwester zurückgelassen hatte, mit der sie seit ihren frühesten Kindertagen Hand in Hand unter den immerwährenden Zedern gewandelt war. Und wieder setzte sich der Evangelist an ihr Bett; von Zeit zu Zeit sprach sie mit ihm, und dazwischen schlief sie ruhig unter der Last ihres Fiebers. Doch als der Abend näher kam und nur noch ein kleiner Zeitraum fehlte, bis die Sonne untergehen würde, stand der Evangelist abermals und mit noch tieferer Feierlichkeit auf und sprach: ›O Tochter, dies ist der dreißigste Tag, und die Sonne geht auf ihre Ruhe zu; kurz ist die Zeit nur noch, in der sich erfüllen muß, was Gott dir durch mich gesagt hat.‹ Weil leichte Wolken des Fieberwahns ihren Kopf umspielten, hob er seinen Hirtenstab, wies auf ihre Schläfen, tadelte die Wolken und befahl ihnen, ihren Blick nicht mehr zu belästigen und nicht mehr zwischen ihr und den Wäldern des Libanon zu stehen. Und die Wolken des Fieberwahns teilten sich, brachen nach rechts und nach links auseinander. Doch über den Wäldern des Libanon hing ein mächtiger, sie überschattender Dunst, ein Erbe des morgendlichen Sturms. Ein zweites Mal hob der Evangelist seinen Hirtenstab, wies auf den Dunst, tadelte ihn und befahl ihm, nicht mehr zwischen seiner Tochter und ihres Vaters Haus zu stehen. Und sofort brach der dunkle Dunst nach rechts und nach links vom Libanon auseinander, und die Abschiedsstrahlen der Sonne schienen auf alle Wege, die zwischen den immerwährenden Zedern zum Palast ihres Vaters führten. Doch vergebens suchte die Herrin des Libanon alle Wege nach Erinnerungszeichen an ihre Schwester ab. Der Evangelist hatte Mitleid mit ihrer Sorge und lenkte ihre Augen auf den klaren blauen Himmel, den der abziehende Dunst freigegeben hatte. Und er zeigte ihr, daß dort Frieden war. Dann sagte er zu ihr: ›O Tochter, auch dies ist nur eine Hülle!‹ Und gleich hob er seinen Hirtenstab zum dritten Mal, wies auf den klaren blauen Himmel, tadelte ihn und befahl ihm, nicht mehr zwischen ihr und der Vision Gottes zu stehen. Und sofort teilte sich der blaue Himmel nach rechts und nach links und legte die unendlichen Offenbarungen frei, die nur sterbenden Augen sichtbar werden können. Und die Tochter des Libanon fragte den Evangelisten: ›O Vater, was für Armeen sind das, die ich dort im unendlichen Abgrund sich versammeln sehe?‹ Und der Evangelist antwortete: ›Das sind die Armeen Christi, und sie versammeln sich, um eine geliebte Blüte des Menschengeschlechts, einen Erstling des christlichen Glaubens, zu empfangen, die heute von Damaskus zu Christus auffahren wird.‹ Als das Kind des Libanon auf die mächtige Vision starrte, sah es plötzlich unter den himmlischen Heerscharen das eine Antlitz, nach dem es sie hungerte und dürstete, sich ihr zuneigen, als ob es sie grüßen wollte. Ihre Zwillingsschwester, die auf sie im Libanon warten sollte, war vor Gram gestorben und wartete auf sie im Paradies. Verzückt richtete sie sich plötzlich von ihrer Liegestatt auf, von Schwäche übermannt, fiel sie sofort wieder zurück; sie warf ihre Arme um den Hals des Evangelisten, der sie aufgefangen hatte und ihr die letzten Worte ins Ohr flüsterte: ›Willst du jetzt Gott erlauben, dir zu geben, indem Er zu verweigern scheint?‹ – ›O ja – ja – ja‹, war die inbrünstige Antwort der Tochter des Libanon. Sofort gab der Evangelist dem Himmel das Zeichen, und der Himmel gab der Sonne das Zeichen; und eine Minute, nachdem die Tochter des Libanon in ihren weißen Taufkleidern als ein marmorner Leichnam zurückgefallen war, tauchte die Sonnenkugel hinter dem Libanon unter; und der Evangelist, dessen Augen mit sterblichen und unsterblichen Tränen geziert waren, dankte Gott, der so das Wort erfüllt hatte, daß Er durch ihn zu der Magdalena des Libanon gesprochen hatte – daß die Sonne nicht zum dreißigsten Mal hinter ihren heimatlichen Hügeln versinken sollte, bevor er sie zurückgebracht hätte in ihres Vaters Haus.

Anmerkungen des Autors

1 *Isaac Milner:* – Er war der Öffentlichkeit als Dekan von Carlisle bekannt, familiär hieß er immer *Dekan Milner*; in seinem eigenen Kreis war er jedoch am bekanntesten als Rektor des Queens College in Cambridge, wo er auch gewöhnlich wohnte. Wie sein Bruder Joseph von Hull war er dem Wesen nach ein Wesleyscher Methodist, und in dieser Eigenschaft setzte er, was Prinzipien und allgemeine Richtung seiner Neigungen betraf, die von seinem verstorbenen Bruder begonnene Geschichte der christlichen Kirche bis zu Luthers Zeiten fort. In unseren Tagen würde er jedoch nicht als Methodist, sondern einfach als Angehöriger der Low Church bezeichnet. Welche Bezeichnung ihm auch zugelegt wird, es ist heutzutage bemerkenswert, daß ein offenkundig so gewissenhafter Mann wie Dekan Milner es mit seinen moralischen Auffassungen vereinbaren konnte, gleichzeitig ein so wichtiges kirchliches Ehrenamt wie das eines Dekans und das Amt des Rektors eines bedeutenden Colleges zu bekleiden. Das eine oder das andere mußte doch bewußt vernachlässigt werden. Solch ein Bericht läßt heutzutage deutlich erkennen, welche Fortschritte die Kirche innerhalb der letzten Generation dabei gemacht hat, bis zur Selbstverleugnung gehenden religiösen Skrupeln praktisch Reverenz zu erweisen. Heutzutage dürfte sich nicht einmal ein als sehr lax geltender Mann das zu tun erlauben, was vor dreißig Jahren ein ernster Methodist (den manche sogar als fanatisch bezeichneten) ständig tat, ohne zu befürchten, er müsse sich entschuldigen. Wenn ich den Sinn dieses Falls nicht mißdeute, dann dient er dazu, höchst lebendig den höheren Stand des moralischen Verantwortungsgefühls zu illustrieren, der in der heutigen Generation vorherrscht. Wir tun unserem eigenen Zeitalter ständig unrecht, das meinem Empfinden nach offen und versteckt viele Anzeichen dafür gibt, daß es mehr als jedes andere seit Königin Elizabeth und König Charles I. ein

intellektuelles, ein bewegendes, ein sich selbst prüfendes Zeitalter ist; und wo der Intellekt außergewöhnlich geweckt worden ist, da muß die moralische Empfindsamkeit unvermeidlich in gleichem Maße erwachen. Die Unterscheidungen psychologischer und metaphysischer Natur, die unser modernes Denken als Angelpunkte und Verbindungen bestimmen, demonstrieren den feineren Charakter der Fragen, die heutzutage unser Denken in Anspruch nehmen. Solche Unterscheidungen wären vor hundertdreißig Jahren nicht nur als pedantisch, sondern als verdächtig unverständlich, als strafbar betrachtet und vielleicht (zusammen mit Mandevilles ›Politischer Ökonomie‹) den vierteljährlichen Gerichtssitzungen in Middlesex ernstlich als öffentliches Ärgernis vorgelegt worden. Doch um zu Dekan Milner und den Erinnerungen an seine aus den zeitgenössischen Kreisen der ersten Generation dieses 19. Jahrhunderts herausragenden Talente zurückzukehren, möchte ich darauf hinweisen, daß sich diese Talente nur sehr schwach aus seinen gelegentlichen Schriften ermessen lassen, die alle von ihm offenbar unter dem Druck zufälliger Anlässe aufgezeichnet wurden. Im Gespräch behauptete er *hinreichend* seinen herausragenden Platz. Wordsworth, der ihm oft an der Tafel des verstorbenen Lord Lonsdale begegnete, sprach von ihm immer nur als von dem größten Fürsten seiner eigenen Generation und als dem einzigen Mann (nachdem Burke gestorben war), der nicht von seinen Erinnerungen lebte, sondern sich jeder Frage, die seine Teilnahme erregte, mit spontanen und kraftvollen Regungen neuen und originellen Denkens stellte. Als Opiumesser galt Dekan Milner als energischer Streiter gegen die körperlichen Notwendigkeiten, die ihm diese Gewohnheit aufzwangen. Aus verschiedenen Kreisen hörte ich, daß seine Tages*ration* 34 Grain (oder ungefähr 850 Tropfen Opiumtinktur) betrug, aufgeteilt in vier Portionen, die ihm in regelmäßigen Abständen von je sechs Stunden von einem vertrauten Diener gereicht wurden.

2 Wer ist der Philosoph X.? Im Ernst, ich habe es vergessen. Nicht durch mein Verschulden, sondern auf Veranlassung irgendeines lächerlichen Feiglings, der in der Druckerei viel zu sagen hatte, wurden in der ersten Ausgabe des Buches vor fünfunddreißig Jahren hinter meinem Rücken alle Namen getilgt. Mich hatte man nicht gefragt, und ich entdeckte die lächerlichen leeren Stellen erst Monate später, als ich von einem sarkastischen Rezensenten völlig berechtigt deswegen verspottet wurde. Nichts konnte alberner wirken als das Berufen auf Schatten – auf Lord X., auf Dekan X. oder auf den Unterstaatssekretär X. So passierte es dem Philosophen X., daß sein leuchtendes Licht – ach! – in dem allgemeinen Durcheinander unwiderruflich ausgelöscht wurde. Indessen gab es keinerlei Entschuldigung für diesen absurden Eingriff, etwa daß irgendwelche Anzüglichkeiten verhindert werden müßten, die einer betroffenen Person Verdruß bereitet hätten. Alle die angeführten Fälle waren einem großen Kreis von Freunden allgemein bekannt – vielleicht mit Ausnahme des Falles von Wilberforce (hinsichtlich dessen ich heute selbst leise zögernde Zweifel habe). Allerdings hat Mr. John Taylor, der tüchtige Verleger des Werkes, Anspruch darauf, daß ich *ihn* von dieser Absurdität völlig freispreche.

3 Daß sie den Beifall von Schülern finden und Themen für einen Preisaufsatz abgeben können.

4 *Bekannt geworden:* – Gerade das war jedoch unmöglich. Keine Einzelheit des heidnischen Lebens der Antike ist der Aufmerksamkeit mehr entgangen als die extreme Seltenheit, der hohe Preis und der nur auf Umwegen erreichbare Zugang zu den stärkeren Drogen, insbesondere den mineralischen Drogen sowie solchen, die einer sorgfältigen Zubereitung oder besonderer Fertigkeiten bei der Herstellung bedurften. Da der Zubereitungsprozeß langwierig und kompliziert war, bestand auch wenig Nachfrage nach ihnen. Und wenn wenig Nach-

frage bestand, warum sollten sie dann hergestellt werden? Beschäftigt man sich mit der Geschichte und der Zeit Herodes des Großen, wie sie von Josephus dargestellt werden, gewinnt der Leser einen Eindruck von der Heimlichkeit und dem Argwohn, womit alle Versuche verbunden waren, Drogen zu importieren, die für mörderische Zwecke benutzt werden konnten – folglich von der Schranke, der Schwierigkeit und der Gefahr, die der Bekanntschaft mit Opium entgegenstanden.

5 *Jenem furchtbaren Fluch:* – Zwei Dinge stumpfen den allgemeinen Schrecken ab, der sich sonst mit Zahnschmerzen verbinden würde: zum ersten ist es die weite Verbreitung; kaum ein Haushalt in Europa ist frei davon, sondern in jedem von ihnen gibt es ein Kämmerlein, das zeitweilig von dem durch diese grausame Tortur abgepreßten Stöhnen widerhallt. Darin, also in ihrer allgemeinen Verbreitung, liegt ein Grund dafür, daß Zahnschmerzen so wenig beachtet werden. Der zweite Grund liegt in ihrer Ungefährlichkeit. Diese letztere Ursache der Unterschätzung wird in einer Sir Philip Sidney zugeschriebenen Bemerkung erwähnt (die Quelle kenne ich allerdings nicht): Wenn Zahnschmerzen auch nur in einer verschwindend geringen Anzahl von Fällen einen tödlichen Ausgang hätten, würden sie allgemein als die entsetzlichste Krankheit des Menschen betrachtet; wogegen die Gewißheit, daß sie selbst im schlimmsten Fall nicht zum Tode führen, und die Erfahrung, daß inmitten ihrer Stürme manchmal ein plötzlicher Wechsel erwartet werden darf, der lange heitere Windstille mit sich bringt, in ungerechtfertigter Herabsetzung dazu geführt haben, daß diese Erkrankung nur als Herausforderung von Standhaftigkeit und Geduld betrachtet wird. Man kann sich für ihre Intensität und überwältigende Heftigkeit keine überzeugendere Bemerkung denken als diese Tatsache: In meinem privaten Bekanntenkreis bezeichneten zwei Personen, die sowohl an Zahnschmerzen als an Krebs gelitten hatten, die erstere Qual als vielfach schlimmer. In beiden Fällen tritt *zuzeiten* auf, was die

Wundärzte ›stechende‹ Schmerzen nennen – scharfe, plötzliche, bohrende Ausstrahlungen von quälendem Schmerz. Sie bilden eine Vergleichsgrundlage – Anfall gegen Anfall –, die zu dem obengenannten Ergebnis führte.

6 So Wordsworth in seinem ausgezeichneten Porträt von S. T. Coleridge und sich selbst als gelegentliche Bewohner von ›Schloß Trägheit‹.

7 Dieses Wort – bei den großen alten französischen und englischen Freibeutern Ende des 17. Jahrhunderts, Zeitgenossen unseres eigenen bewundernswürdigen Dampier, allgemein gebräuchlich und genauso geschrieben wie hier – tauchte kürzlich in den Zeitungen der Vereinigten Staaten wieder auf, und zwar im besonderen Hinblick auf Kuba; heute wird es allerdings immer (ich weiß nicht, warum) ›Fillibuster‹ geschrieben. Wie es indessen auch geschrieben wird, es wird als eine verderbte frankospanische Form des englischen Wortes ›freebooter‹ gedeutet.

8 siehe ›Othello‹.

9 ›Simson der Kämpfer‹.

10 *Motiv:* – Das Wort ›Motiv‹ wird hier in dem Sinn gebraucht, den Künstler und Kunstkenner dem Fachausdruck ›motivo‹ beilegen, wie er für Bilder oder besondere Tonfolgen eines musikalischen Themas benutzt wird.

11 Von Reisenden – Engländern, Franzosen und auch Deutschen – wird behauptet, daß die herzoglichen Familien in Spanien (als jener Teil des spanischen Adels, der besonders sorgfältig von dem ferngehalten wird, was Kentucky die ›rauhe‹ Zucht einer Volkserziehung nennen würde) in ihrem Äußeren und ihrer körperlichen Entwicklung unverhüllte Beweise verweichlichter Gewohnheiten zeigen, die sich seit vielen Generationen herausgebildet haben. Es wäre gut, in diesem Punkt die

Wahrheit ohne jede Übertreibung zu erfahren, die weder von nationalen noch von demokratischen Vorurteilen verfälschte Wahrheit.

12 Salford ist eine große Stadt, aus parlamentarischen Gründen verwaltungsmäßig geschieden von Manchester und durch einen Fluß auch geographisch getrennt, doch sonst, was Verkehr und wechselseitigen Einfluß angeht, praktisch ein Stadtteil von Manchester. Im Grunde hat die Stadt dasselbe Verhältnis zu Manchester wie Southwark zu London oder – wenn der Leser auf einer klassischen Erläuterung des Falls besteht – dasselbe Verhältnis wie in der Antike Argos zu Mykene. Gab der öffentliche Ausrufer von Argos eine Einladung zum Essen bekannt, dann wurde das im Zentrum von Mykene gehört – versprach es ein besonders gutes Essen zu werden, hörte es auch ein Feinschmecker in der weiter entfernten Vorstadt.

13 *Der ganzen Gemeinde:* – Ursprünglich in Kirchen, an die ich mich nicht mehr erinnere, wo jedoch im Hinblick auf mein zartes Alter die meinem Gedächtnis auferlegten Lasten viel leichter waren. Zwei oder drei Jahre später, als ich mich dem zehnten Lebensjahr genähert hatte und St. Peter fertiggestellt war, fand seine Eröffnung und (als unerläßliche Voraussetzung) die Weihe dieses Gebäudes durch den Bischof (Chester) statt. Als Mündel des Pfründeninhabers gehörte ich natürlich zu denen, die zu diesem Festakt ausdrücklich eingeladen waren; ich erinnere mich dabei an ein Vorkommnis, das deutlich den Gefühlskonflikt zeigt, den die Kirche von England von den Puritanern des siebzehnten Jahrhunderts übernommen hat. Die Kirche war in griechischem Stil erbaut, innen und außen jedenfalls sparsam genug geschmückt, weder überladen noch aufdringlich. Lediglich in der Mitte der Decke war ein großes Feld oder ein Schild aus Stuck, wo ein Füllhorn mit Früchten und Blumen prangte, um die Monotonie einer so großen, glatten weißen Fläche zu unterbrechen. Und doch, als wir alle

in der Sakristei versammelt waren und warteten – Pfarrherr, Kirchenvorsteher, Architekt und die Schar der Anhänger –, erhob sich ein leises Murmeln der Sorge, das sich bald zum offenen Ausdruck der Angst steigerte, der Bischof könnte sich – wie die schrecklichen Bilderstürmer des Jahres 1645 – veranlaßt sehen, einen Bannfluch gegen die einfache Dekoration dort oben zu schleudern. Furchtsam betraten wir alle im Gefolge des Prälaten die kleinen Seitenschiffe. Mit ernstem Gesicht blickte der hochwürdige Herr nach oben, doch schließlich – war es Höflichkeit, Unsicherheit seines Standpunkts oder Zustimmung? – schritt er weiter.

14 *Gewissensfreiheit:* – Wie schmerzlich zu wissen ist, sympathisierte Baxter keineswegs mit der Gewissensfreiheit. Religiöse Toleranz bezeichnete er als ›Seelenmord‹. Wenn man ihn erinnerte, daß gerade Mangel an solcher Toleranz sein hauptsächlicher Klagegrund gewesen war, dann sagte er: ›Ja, aber die Fälle sind ganz verschieden voneinander; ich war im Recht, wogegen die große Mehrheit derer, die von dieser neumodischen Toleranz profitieren werden, auf empörende Weise im Unrecht ist!‹

15 *Greenbay:* – Ein Landhaus, das mein Vater gebaut hatte. Als es errichtet wurde (etwa 1791 oder 1792), war es vom äußersten Rand Manchesters noch eine ganze Meile entfernt, doch inzwischen hat diese große Stadt es schon viele Jahre lang mit eiligen Schritten eingeholt und seit langem (nehme ich an) mit ihrem mächtigen Lärm eingeschlossen.

16 *Zweideutigen Stegreifvers:* – Die Gesellschaft hatte sich ungestüm versammelt, so daß einige Capulets unter die Montagues geraten waren, von denen einer Dr. Byrom aufforderte, auf das Wohl des Königs und den Untergang des Prätendenten zu trinken. Byrom antwortete:

»Dem König Heil, dem Held von Kirch und Staat,
und Heil auch dem, der sich dem Throne naht!
Denn wessen Anspruch gut und welcher schlecht –
wer weiß von uns, was Unrecht ist, was Recht?«

Dr. Byrom war nicht nur als Jakobit berühmt, sondern auch als Verfasser einer sehr kunstvollen Kurzschrift, die (nach dem Urteil einiger, die sie untersucht haben) sich geradezu zu philosophischer Würde erhebt. David Hartley sagte insbesondere von ihr: ›Wenn je eine philosophische Sprache – wie sie Bischof Wilkins, Leibniz und anderen vorschwebte – zustande kommen sollte, dann würde Dr. Byroms Werk die erforderliche Möglichkeit bieten, sie schriftlich festzuhalten.‹

17 *Die Abschrift der jambischen Verse:* – Die Verse finden sich in der Arbeit über den griechischen Artikel von Middleton, Bischof von Kalkutta, der des Knaben Hauslehrer war. Ich möchte hier erwähnen, daß Verse wie die von Dawe, die Homer oder Theokrit nachahmen wollen, oder allgemein daktylische Hexameter zur Prüfung der Fähigkeit, im Griechischen frei zu denken, völlig nutzlos sind. Wenn man solche Verse untersucht, wird man feststellen, daß die orchestrale Großartigkeit des Versmaßes und der klangvolle Rhythmus jeder einzelnen Zeile den Gedanken notwendigerweise Zusammenhanglosigkeit auf*zwingt.* Von diesem Mangel sind nur jambische Verse frei; dieses Versmaß besitzt die Kraft plastischer Durchdringung in ähnlicher Weise (wenn auch nicht in derselben Stärke) wie der englische Blankvers, wenn er in Miltonscher Art verwendet wird.

18 ›De veritate Christianae religionis‹.

19 Eine gewisse Entschuldigung für meine mangelnde Energie mag in der Tatsache liegen, daß schon bald nach meiner Aufnahme in diese Schule Mr. Lawson den Grotius als Sonntagabendlektüre durch Dr. Clarkes Kommentar zum Neuen Testament ersetzte. ›Aus den Augen – aus dem Sinn‹, das muß ich auch als Erklärung für meine eigene Nachlässigkeit bei der Aufklärung dieser Frage gelten lassen. Vielleicht aber klärte ich sie doch, verlor die Lösung jedoch nachher auf meinem langen Lebensweg.

20 *Eng oder nicht eng:* – In einigen Colleges wurden Bewerbungen von Zöglingen bestimmter Schulen unbedingt angenommen; in einigen wohl nur unter gewissen Bedingungen; in anderen dagegen gleichzeitig mit solchen aus bevorzugten Schulen oder bevorzugten Grafschaften.

21 *Philosophisches System:* – Hier könnte das größte Mißverständnis entstehen. Die meisten Leute werden meinen, daß Theologie und nicht Philosophie der Hauptgegenstand dieser Schriftsteller ist. Doch wie ich an anderer Stelle dargelegt habe, hat sich der überwiegende Teil der englischen Philosophie immer in der englischen Frömmigkeit versteckt. Bei Jeremy Taylor finden sich zum Beispiel alle *praktischen* Aspekte der Philosophie und ihrer Auswirkungen auf das Leben, auf die Ethik und auf die transzendente Vernunft – kurz also auf das Summum bonum der Griechen.

22 ›Alles, was Menschen tun – Gebet, Schrecken, Zorn, sinnliche Gelage, triumphale Feste, intellektuelle Auseinandersetzungen‹ – *Juvenal* in seinen einleitenden Zeilen, in denen die hauptsächlichen Themen seiner Satiren aufgezählt werden, die er in der großen Spätzeit Roms gesammelt hatte.

23 Es ist bemerkenswert, daß in der Periode unmittelbar vor Corneille ein stärkeres und lebhafteres Gefühl darum kämpfte, in der französischen Tragödie Ausdruck zu finden. Aus einem frühen Drama (ich weiß nicht mehr, ob von Rotrou oder Hardy) zitiert Guizot eine durch und durch leidenschaftliche Szene. Es handelt sich dabei um einen Fürsten, der für seine Liebe ein Mädchen niedriger Geburt gewählt hat. Sie ist getreu und beständig, doch die Höflinge des Prinzen verleumden sie aus eigenem gehässigem Interesse. Der Fürst läßt sich vom plausiblen Anschein der von ihnen verbreiteten Verleumdungen täuschen; er glaubt ihnen; doch nicht mit der (von den Höflingen erhofften) Wirkung, daß er das Mädchen aus seinen Gedanken verbannt. Im Gegenteil, um so be-

sessener wird er von ihrem Bild verfolgt, und in einer Szene, die uns den schändlichsten der Verleumder zeigt, wie er sich bis zum äußersten anstrengt, die Gedanken des Fürsten auf andere Gegenstände zu lenken, erleben wir den Fürsten, wie er vergeblich um Selbstbeherrschung kämpft, vergeblich Gehör schenken will, bis er von der Zärtlichkeit seiner trauernden Liebe überwältigt wird und gerade in den Worten des Verleumders, die seine Gefühle von ihrem Bild lösen sollten, neuen Anlaß findet, die Gedanken an das verlorene Mädchen zu beleben. Die Szene ist (wie Guizot selbst bemerkt) geradezu shakespearesch, und ich wage zu glauben, daß dieses Urteil auch Charles Lamb unterschrieben hätte.

24 Es wird jedem Leser klar sein, daß solche Arbeiten wie ›Mikrokosmos‹, bekanntlich von Eton-Schülern und daher zum Teil von Canning als einem ihrer damaligen Wortführer geschaffen, eine bewundernswerte Wirkung haben mußten, da nicht nur jeder Mitarbeiter notwendigerweise Nutzen davon hatte, sondern auch gezwungen war, sich einiger Vertrautheit mit seiner heimatlichen Literatur zu befleißigen.

25 Der Trunk ist zu wiederholen.

26 *150 Pfund pro Jahr:* – Ich habe niemals begreifen können, warum während meiner langen Minderjährigkeit von mehr als vierzehn Jahren diese Summe sich nicht vermehrte. Niemand stand dabei je unter dem Verdacht aktiver Unterschlagung, und doch muß dieser Fall den anderen Fällen passiver Vernachlässigung und sinnloser Kränkungen zugerechnet werden, die so zahlreich das repräsentative Bild der Vormundschaft in der ganzen Christenheit verunstalten.

27 *›Erhaben war damals die Besinnungslosigkeit der Freude‹:* – Wordsworth 1802 in Calais (vergleiche seine Sonette), als er nach dreizehn Jahren auf die große Zeit sozialer Auferstehung von 1788–1789 aus dem Schlaf von zehn Jahrhunderten zurückblickt.

28 *Seinen Kopf:* – Das Ende eines Sees, das die Flüsse und Bäche aufnimmt, die sein Wasser speisen, wird örtlich sein *Kopf* genannt, und in Fortführung desselben schöpferischen Bildes nennt man das entgegengesetzte Ende, das das überflüssige Wasser abgibt, den *Fuß*. Angeregt durch diesen Unterschied möchte ich bei dieser Gelegenheit bemerken, daß gerade die Existenz eines Kopfes und eines Fußes an jeder Wasserfläche die Bosheit von Lord Byrons höhnischer Bemerkung gegen die Dichter des Seengebietes zunichte macht, wenn er sie mit der abfälligen Bezeichnung ›Dichter der Teiche‹ belegt, einer Formulierung, die von einem Teil der Öffentlichkeit bereitwillig übernommen wurde als natürlicher Widerhall jener so armseligen und offensichtlich so grundlosen Gehässigkeit, wie sie von Lord Byron ständig gegen Wordsworth, noch verächtlicher gegen Southey gehegt wurde. Die Wirkung der Umformung eines lebendigen Bildes – eines Bildes rastloser Bewegung – in ein Bild fauliger Stagnation war spürbar vorauszusehen. Aber was war es, was den Gegensatz zwischen den *›vivi lacus‹* des Vergil und faulenden Teichen ausmachte, die mit grünem Schlamm überzogen sind? Einen Kopf und einen Fuß (das heißt das Prinzip ständiger Veränderung) zu haben oder *nicht* zu haben trifft genau das Innerste dieses Unterschieds, und wer das Wort *See* durch einen Begriff ersetzt, der das sehr unterschiedliche Prinzip, das einen See erst ausmacht – nämlich seine derzeitige und ewige Bewegung –, ignoriert und negiert, der spricht eine Beleidigung aus, die den beleidigten Teil weder trifft noch rührt.

29 *Eine höfliche französische Gewohnheit:* und keineswegs eine moderne Gewohnheit. Wenn die berühmte Gräfin von Derby (Charlotte de Tremouille), die die Verteidigung von Lathom House leitete (Lathom House und nicht Knowsley war damals der Hauptsitz der Stanleys), an Prinz Rupprecht schrieb, adressierte sie ihren Umschlag manchmal *A Monseigneur le Prince Rupert* und manchmal *A Monsieur Monsieur le Prince Rupert.* Das war 1644, in

dem Jahr von Marston Moor und dem vorletzten Jahr des 1. Bürgerkrieges.

30 *De Quincy:* Die Familie de Quincey oder Quincy oder Quincie (natürlich wie alle Eigennamen unter der Anarchie, die in der Orthographie bis vor hundertfünfzig Jahren herrschte, in jeder möglichen Form geschrieben, die menschlicher Laune einfiel) stammte ursprünglich aus Norwegen. Anfang des 11. Jahrhunderts emigrierte diese Familie von Norwegen nach Süden und spaltete sich dann in drei Zweige – den französischen, den englischen und den angloamerikanischen –, von denen jeder den Namen mit seinen eigenen leichten Veränderungen schreibt.

31 *Rhabdomatie:* – Das griechische Wort *manteia* (μαντεία), im Englischen durch *mancy* wiedergegeben, stellt den Stamm einer großen Familie von zusammengesetzten Wörtern dar; es bedeutet *Wahrsagung* oder die Kunst der magischen Ableitung wichtiger (normalerweise prophetischer) Schlußfolgerungen aus irgendeiner der vielen dunklen Quellen, die vom heidnischen Aberglauben sanktioniert waren. Und im allgemeinen wird der besondere Ursprung, auf den man sich bezieht, in der ersten Hälfte der Zusammensetzung zum Ausdruck gebracht. Zum Beispiel ist Oneiros das griechische Wort für einen Traum; daher bezeichnet *Oneiromatie* jene Art der Prophezeiung, die sich auf die Auslegung von Träumen gründet. *Ornis* (mit dem Genitiv *ornithos*) wiederum ist das allgemeine griechische Wort für einen Vogel; folglich ist Ornithomatie die Prophezeiung, die sich auf die besondere Flugweise bezieht, die bei einer zufälligen Ansammlung von Vögeln beobachtet wird. *Cheir* (χείρ) heißt auf Griechisch die Hand, so daß *Chiromatie* oder (nach dem lateinischen Wort *palma*) *Palmistik* die Kunst bezeichnet, das Schicksal eines Mannes aus seinen Handlinien zu lesen. *Nekros* ist ein Toter und *Nekromatie* eine Prophezeiung, auf die Antwort gegründet, die man entweder wie bei der Hexe von Endor von Phantomen

oder von der Leiche selbst wie bei Lukans Hexe Erichtho ableitet. Ich habe mir gestattet, in der Erläuterung des Falles so in die Breite zu gehen, da ich viele Jahre lang von geistreichen Lesern (die damit nur ihre eigene klassische Unbildung zeigten) mit zu enggefaßten Interpretationen meiner Worte auf die Probe gestellt worden bin. Ich fahre fort und sage, daß das griechische Wort *rhabdos* (ῥάβδος) eine Rute bedeutet – nicht eine solche Rute, wie sie die römischen Liktoren trugen, nämlich ein Bündel von Zweigen, sondern ein Stab, so dick wie ein gewöhnlicher Holzbleistift oder äußerstenfalls wie eine gewöhnliche Messingstange eines Treppenläufers – wenn diese Rute aus Weidenholz gemacht war, diente sie von alters her und dient noch heute in einer südlichen Grafschaft Englands als wirksames Mittel der Wahrsagung. Doch sei es verstanden, daß das Wort *Wahrsagung* einen weit breiter angelegten Gedanken als das Wort *Prophezeiung* ausdrückt, wobei selbst dies Wort *Prophezeiung,* enger begrenzt als Wahrsagung, in unserer überlieferten Übersetzung der Bibel höchst ungerecht eingeengt worden ist. Zu enthüllen oder zu entschlüsseln, was verborgen ist – das heißt in Wirklichkeit Wahrsagung. Und demzufolge bedeutet in den Schriften des Apostels Paulus ›*Gabe der Prophezeiung*‹ niemals das, was der englische Leser vermutet, sondern *exegetische* Gabe, die Gabe der Interpretation dessen, was dunkel ist, der Analyse dessen, was logisch entwickelt ist, der Ausbreitung dessen, was zusammengefaßt ist, der praktischen Verbesserung dessen, was sonst als rein spekulativ übersehen werden könnte. In Somersetshire, der Grafschaft in England, die am schlechtesten bewässert ist, entsteht beim Bau eines jeden Hauses beständig die Schwierigkeit, einen geeigneten Platz für die Anlage des Brunnens auszuwählen. Die Hilfe besteht darin, örtliche Wünschelrutengänger zu holen. Diese Männer überqueren das angrenzende Land, wobei sie die Weidenrute waagerecht halten; wo sie sich senkt oder sich spontan der Erde zuneigt, *dort* wird Wasser gefunden werden. Ich habe nicht nur gesehen, wie das Verfahren mit Erfolg durchgeführt wurde, sondern war auch Zeuge der enormen Mühen, Verzögerungen und Kosten, die die Vertreter des entgegengesetzten Lagers hatten, die es ablehnten, diese Kunst zu nutzen. Die Anwendung des Versuchsplanes (das heißt des Planes, dadurch Wasser zu finden, daß man aufs Geradewohl bohrte) endete nach meiner Beobachtung in vielfachem Verdruß. In Wirklichkeit sind diese armen Männer letztlich philosophischer als jene, die ihren Dienst verächtlich ablehnen. Denn diese Künstler folgen unbewußt der Logik von Lord Bacon: *sie* bauen auf die lange Kette der Induktion auf, auf die beständigen Ergebnisse ihrer lebenslangen Erfahrungen. Doch das entgegengesetzte Lager leugnet diese Erfahrungen nicht; alles, was sie vorzubringen haben, ist das, daß es nach den ihnen *a priori* bekannten Gesetzen solche Erfahrungen nicht geben dürfte. Nun, eine hinreichende Anzahl von Tatsachen reißt alle vorhergehenden Wahrscheinlichkeiten um. Was immer auch Wissenschaft oder Skeptizismus sagen mögen, die meisten Teekessel im Tal von Wrington werden durch *Rhabdomatie* gefüllt. Und schließlich sind die *a priori* angenommenen Skrupel gegen die Rhabdomatie nur solche Skrupel, die schon vor einem Versuch den Schiffskompaß für unmöglich erklärt haben würden. In beiden Fällen gibt es in ähnlicher Weise ein blindes Vertrauen zu einer unbekannten Kraft, die kein Mensch erklären kann, mit einem passiven Zeiger, der dich praktisch richtig leitet – selbst wenn Mephistopheles am Grund der Angelegenheit sitzen sollte.

32 *Der Dämmerung:* – das heißt der zweiten Dämmerung; denn ich entsinne mich, in irgendeinem deutschen Werk über jüdische Altertümer und auch bei einem großen englischen Theologen des Jahres 1630 (nämlich Isaac Ambrose) gelesen zu haben, daß die Juden in älterer Zeit zwei Dämmerungen kannten, die erste und die zweite; die erste nannten sie die Dämmerung der Taube oder Morgendämmerung, die zweite nannten sie die Dämmerung des Raben oder Abenddämmerung.

33 *Als erster:* – Innerhalb der Schule wäre ich *nicht* der erste gewesen, denn in dem Trio, aus dem die oberste Klasse bestand, gab es weder einen absoluten Vorrang noch einen Vorrang nach Verdienst, sondern lediglich eine zufällige Rangfolge. Unsere Würde als Führer der Schülerschaft erhob uns über jede kleinliche Konkurrenz; doch da es unvermeidlich war, in irgendeiner Ordnung zu stehen, gab es die Einteilung nach dem Alter. Da ich der jüngste von den dreien war, war ich deshalb der *tertius inter pares.* Doch die beiden älteren waren Tagesschüler, so daß ich in Mr. Lawsons Haus auf den obersten Platz aufstieg. *Dort* war ich der *princeps senatûs.* Solche unbedeutenden Einzelheiten erwähne ich als Hindernis für mögliche Ungenauigkeiten, groß oder klein. Es würde sonst das Interesse, das ein Leser an dieser Erzählung nimmt, abschwächen, wenn auch nur einen Augenblick anzunehmen wäre, daß irgendein Zug dieses Falles beschönigt oder verdreht worden ist. Vom allerersten Augenblick an war ich gewissenhaft – selbst bei absoluten Nebensächlichkeiten. Doch ich wurde noch argwöhnischer gegen mich selbst, nachdem ein irischer Kritiker, besonders glänzend als geistreicher Mensch und als Gelehrter, aber auch besonders gehässig, versucht hatte, die Genauigkeit meiner Erzählung in ihrem Londoner Abschnitt mit angeblich inneren Gründen anzuzweifeln.

Ich wünschte, ich hätte ehrlich sagen können, daß wir in der obersten Klasse kein Trio, sondern ein Duo waren. Doch die Tatsachen des Falles gestatten mir nicht, das zu sagen. Wie man allgemein feststellt, sind Tatsachen hartnäckige Dinge. Ja, und nur zu oft boshafte Dinge; wäre es nicht ihretwegen, hätte ich es so darstellen können, als hätte ich in der Klasse nur einen einzigen Beisitzer gehabt, wobei wir Castor und Pollux hätten sein können, die wie zwei Schöpfräder abwechselnd auf und nieder gingen – der eine mit der Morgendämmerung (oder Phosphoros) aufgehend, der andere (nämlich ich) mit Hesperos aufgehend und die ganze Nacht regierend.

34 Für diejenigen, die niemals die Flüstergalerie besucht und auch in wissenschaftlichen Abhandlungen neben anderen akustischen Phänomenen keinen Bericht über sie gelesen haben, mag es nützlich sein, als entscheidendes Merkmal der Sache zu berichten, daß ein Wort oder eine Frage, am einen Ende der Galerie ganz zart geflüstert, am anderen Ende mit donnerndem Dröhnen widerhallt.

35 Geschrieben im August 1821.

36 Die Haushälterin pflegte mir zu erzählen, daß die Dame vor zweihundert Jahren gelebt hatte (was vielleicht heißen mußte, geboren wurde); der zweite Fall würde besser zu der Überlieferung passen, daß das Porträt eine Kopie eines van Dyck war. Alles, was sie sonst über die Dame wußte, war, daß die Unbekannte eine besondere Wohltäterin entweder für die Grammar School oder für das College in Oxford, mit dem unsere Schule verbunden war, oder für das College in Oxford, mit dem Mr. Lawson persönlich verbunden war, oder viertens für Mr. Lawson als Privatperson gewesen war. Außerdem war sie achtzehn Monate lang durch ihre lieblichen madonnenhaften Züge eine besondere Wohltäterin für mich. Und in bestimmtem Maße wurde dieser Dienst dadurch vergeistigt und geheiligt, daß ich von ihr, die diesen Dienst unbewußt leistete, weder den Namen noch den Titel, das Alter oder den Ort ihres Lebens und Sterbens wußte. Sie war von mir durch vielleicht zwei Jahrhunderte getrennt, ich von ihr durch den Abgrund der Ewigkeit.

37 Αυτις ἔπειτα πεδόνδε κυλίνδετο λᾶας ἀναιδής – Homer, *Odyssee.*

38 *Erste Parade:* – Es war eine landschaftlich sehr malerische Parade; irgendwo an dieser Flußstrecke des Dee – nämlich unmittelbar unterhalb der St.-Johns-Priorei – wurde Edgar, der erste Monarch ganz Englands, von neun Vasallen *reguli* gerudert.

39 *Rechtes Ufer:* – Doch welches Ufer *ist* das rechte und welches das linke, wenn sich die Stellung des Betrachters endlos verändern kann? Das ist ein vernünftiger Einwand, doch führt ihn ein unerfahrener Leser an. Denn die Stellung des Betrachters ist traditionell fixiert. In der Militärtaktik, in der philosophischen Geographie, in der Geschichtswissenschaft usw. geht man von der gleichen Annahme aus, daß man mit dem Rücken zur Quelle steht und die Augen den Flußlauf verfolgen. Das Ufer, das unter diesen Umständen an der rechten Seite liegt, ist *absolut* und nicht nur relativ das rechte (wie es der Fall wäre, wenn es sich um ein Zimmer und nicht um einen Fluß handelte). Daraus folgt, daß die zu Middlesex gehörige Seite der Themse immer das linke Ufer und die zu Surrey gehörige Seite immer das rechte Ufer ist, unabhängig davon, ob man von London nach Oxford reist oder umgekehrt von Oxford nach London.

40 Manche Leute werden durch offenkundige Alliteration irritiert oder fühlen sich dadurch sogar beleidigt, wie es vielen Leuten mit Wortspielen geht. In ihrem Interesse möchte ich sagen: obwohl hier derselbe Konsonant acht Mal in einem halben Satz am Wortanfang steht, ist dies ein reiner Zufall. In dem ursprünglichen Entwurf dieses Satzes stand sogar neun Mal derselbe Konsonant, bis ich aus Mitleid für die möglicherweise Beleidigten *Vertreterin* statt *weiblichen Vertreter* einsetzte.

41 *Der kleinen Ruinen im Garten der Priorei:* – Die St.-Johns-Priorei war ursprünglich ein Teil der Klostergründung, die zu der sehr alten Kirche St. John außerhalb der Stadtmauern von Chester gehörte. Im frühen siebzehnten Jahrhundert wurde die Priorei oder das, was von ihr übriggeblieben war, von Sir Robert Cotton, dem Altertumsforscher, als Wohnhaus benutzt. Es gibt eine Überlieferung, daß er dort von Ben Jonson besucht wurde. Alles, was von der Priorei übrig war, als sie Cotton als Wohnsitz benutzte, war von Miniaturgröße, ausgenommen nur die Küche – ein vornehmer Raum mit

einem steinernen Kreuzgewölbe-Dach, genau den Anforderungen der klösterlichen Einrichtung angepaßt. Die kleine Eingangshalle, das Speisezimmer und der Hauptschlafraum waren von schlichter Eleganz und entsprachen in ihrer Ausstattung dem Wohnsitz eines literarischen Junggesellen. Sie sahen weitgehend noch so aus, wie sie Cotton vor zweihundert Jahren zurückgelassen hatte. Doch der Miniaturcharakter der Priorei, die durch sukzessiven Abriß vom königlichen Quartformat zu einem hübschen Duodezformat geschrumpft war, wurde vor allem an den herrlichen Ruinen sichtbar, die den kleinen Rasen schmückten, über den man durch die Eingangshalle Zugang zum Haus hatte. Diese Ruinen bestanden aus bestenfalls drei Bögen – die, da sie rund und nicht spitz waren, damals gewöhnlich sächsisch im Gegensatz zu gotisch genannt wurden. Ich weiß nicht, wie die Architektur genau zu bezeichnen sein könnte. Sicherlich trug die sehr alte Kirche St. John, deren Anhängsel die Priorei einst gewesen sein muß, den Charakter strenger und kahler Einfachheit, der abstoßend wirkte. Aber die kleinen Ruinen waren wirklich schön und zogen Sommer für Sommer Künstler und Zeichner an. Ich erinnere mich nicht, ob sie irgendwelche architektonischen Verzierungen aufwiesen. Aber sie interessierten alle Leute – zunächst durch ihre Miniaturgröße, auf Grund derer sie (hätte man sie tragen können) unmittelbar unter die ›Requisiten‹ und *dramatis personae* unserer Londoner Opernbühne hätten aufgenommen werden können; zum zweiten durch die herausragende Schönheit des Buschwerkes wilder Blumen und Farne, die die Bögen mit natürlichen Kronen von reichster Zusammenstellung überragten. In dieser Attraktivität zeigte sich die damals zum Verkauf stehende kleine Priorei meiner Mutter. Als Wohnsitz hatte sie den großen Vorteil, etwas abseits von der Stadt Chester gelegen zu sein, obwohl Chester (wie alle Bischofsstädte) ruhig und in der Zusammensetzung seiner Bevölkerung reputierlich war. Meine Mutter kaufte die Priorei, fügte einen Salon, acht oder neun Schlafzimmer,

Ankleidezimmer usw. hinzu, alles der Miniaturgröße des ursprünglichen Planes entsprechend, und gestaltete auf diese Weise einen sehr hübschen Wohnsitz, wobei die Würde der klösterlichen Vorzeit die ganze kleine Zufluchtsstätte umgab.

42 Es ist bemerkenswert, daß im Jahre 1802 und später, als ich versuchte, sie mit Bezug auf Wordsworth als Dichter günstig zu beeindrucken (dabei war dieses Thema nicht von mir angeschnitten worden, sondern von einer der Damen, die zufällig eine Freundin in Cambridge hatte, die mit dem Mann und vielleicht auch seinem Werk vertraut war), keine von ihnen geneigt war, mit Interesse oder Hoffnungsfreudigkeit auf seinen Anspruch zu reagieren. Aber sehr viel später, als das Unterhaus Sergeant Talfourd für die Erwähnung seines Namens mit Beifall bedacht hatte und in jedem Jahr alle amerikanischen Touristen von Rang nach Rydal Mount strömten, legen Wordsworth' eigene Gedichte Zeugnis dafür ab, daß in Llangollen eine große Revolution geschehen war. Ich erwähne diese Anekdote, weil ich mit gutem Grund glaube, daß ein großer Teil der ›Bekehrungen‹ im Falle Wordsworth unter demselben Einfluß stattfand.

43 Der Rang, zu dem Brasenose in der Wertschätzung der Welt plötzlich aufgestiegen war, wurde im folgenden Jahr auf die Probe gestellt. Die führende Familie im Hause (der *gens*) von Grenville war zu dieser Zeit die des Marquis von Buckingham, der nicht viel später in den Rang eines Duke erhoben wurde. Der zweite Sohn dieses Edelmannes – nämlich Lord George Grenville, der anschließend die Würde eines Peers von Nugent erbte und literarisch nur als Lord Nugent bekannt wurde – erreichte in diesem oder dem folgenden Jahr die Reife für die Universität, was in England bedeutete, daß er ein junger Mann und kein Knabe mehr war, im allgemeinen zumindest achtzehn Jahre alt. Nach aller bisheriger Tradition sollte er auf das Christ Church College gehen.

Doch als diese Frage aufkam, nahm natürlicherweise sein Onkel, Lord Grenville, unter dessen Schirmherrschaft der Grenvillesche *Homer* erschienen war und der ein befähigter Gelehrter gewesen sein soll, am Familienrat teil, und auf Grund seiner Empfehlung und zur Überraschung Oxfords wurde Brasenose der Vorrang vor Christ Church gegeben; wie ich glaube, ausschließlich aus Hochachtung für Dr. Cleavers Leitungstalent (in Verbindung mit seiner einmaligen Gelehrsamkeit). Dieser zufällige Vorrang von Brasenose, der (wie es der Fall war) auf rein *persönlicher* Basis beruhte, zerrann so schnell, wie er entstanden war, und ist längst in Vergessenheit geraten. Tatsache ist, daß Familien auf dem Lande, die von Oxford etwas entfernt leben, einem College, dessen Oberhaupt zufällig ein Bischof ist, natürlich eine gewisse Würde beimessen, ohne zu wissen, daß sich in Oxford und Cambridge die Oberhäupter aller ansehnlichen Colleges als in Rang und Würde dem Episkopat gleichwertig betrachten (und auch so betrachtet werden). Speziell in Oxford wird diese These ständig auch praktisch demonstriert, da *dort* der Dekan der Diözese notwendigerweise und *ex officio* das Oberhaupt des Christ Church College ist, das (im Hinblick auf Zahl und Rang seiner Angehörigen) ohne Zweifel das erste College der ganzen Universität darstellt. In dieser Eigenschaft (als Oberhaupt eines Colleges) ist der Herr Dekan ein weitaus größerer Mann als Seine Lordschaft der Bischof. Diese praktische Unterlegenheit angesichts einer theoretischen Überlegenheit wurde vor den neuen Regelungen, die die Bistümer einander etwas anglichen, noch durch die Armut Oxfords als Bischofssitz verstärkt. Es muß hinzugefügt werden, daß der Brauch, zugleich ein College und ein Bistum zu leiten, unter Berücksichtigung der Last der miteinander unvereinbaren Aufgaben, die mit jedem dieser Ämter verbunden sind, eine skandalöse Verletzung der öffentlichen Pflichten darstellt, die keine Stunde hätte geduldet werden dürfen.

44 Abgesehen von der Billigkeit und der strahlenden Sauberkeit einer Unterkunft, die von einem englischen Hausmädchen geleitet wurde, das von der Haushälterin eines englischen Bischofs anerkannt war, gab es wenig zu bedauern. Bangor hatte wenige Attraktionen, weniger als jeder andere Ort in Carnarvonshire. Und doch, gab es dort nicht die Kathedrale? Sicher gab es sie, und das wäre für mich auch eine große Entspannung gewesen, hätte es dort regelmäßige Chorkonzerte gegeben, aber das war nicht der Fall. Das konnte auch nicht der Fall sein, denn soviel ich jemals hörte, gab es dort gar keinen Chor. Der Friedhof der Kathedrale war zu dieser Zeit berühmt als der schönste im ganzen Königreich. Doch die Schönheit war wenig angemessen: es war die Schönheit eines gepflegten Gebüschs und nicht eines Friedhofs. Er brachte es dadurch fertig, freundlich und attraktiv auszusehen, daß er seine wirkliche Zweckbestimmung verbarg.

45 *Llanrwst:* – Das ist ein alarmierendes Wort für das Auge; ein Vokal bei dem, was das englische Auge als sieben Konsonanten zählt; doch es wird wie *Tlanroost* leicht ausgesprochen.

46 Doch ein Luxus anderer Art, eine Spezialität von Wales, war in jenen Tagen (ich hoffe, auch noch heute) die walisische Harfe, die in jedem Gasthaus vorhanden war.

47 *Vacuus:* – Obwohl schon viele Jahre vergangen sind, seit ich Juvenal gelesen habe, fürchte ich doch, daß *vacuus* in wahrer klassischer Bedeutung *sorglos, frei von aller Last der Angst* heißt, so daß *vacuitas* das *Ergebnis* des Verschontbleibens vom Raub ist. Doch es sei mir gestattet, es im Sinne von *frei von der Last des Besitzes* zu verstehen, wobei *vacuitas* die *Folge* solches Verschontbleibens wäre.

48 Vergleiche insbesondere ein Buch von Sir Egerton Brydges (dessen Titel ich vergessen habe) über die Inhaber der Peerswürde während der Herrschaft von Jakob I.

49 Dreizehn Jahre später – nämlich in dem Jahr von Waterloo – durchwanderte ich wieder das ganze Fürstentum von Süd bis Nord, von Cardiff bis Bangor und bog ungefähr fünfundzwanzig Meilen zur Seite ab, um mich nach der Gesundheit meiner hervorragenden Wirtin, jener entschlossenen Verwalterin so vieler Ämter und äußerster Gegensatz einer bequemen Pfründeninhaberin, zu erkundigen. Ich fand sie, ein Paar Stiefel und Sporen putzend und (so möchte ich meinen) dabei, sich als nächstes der vornehmen Aufgabe zu widmen, die Hufe eines Pferdes einzufetten. Daran wurde sie jedoch im Augenblick durch mich und einen anderen Reisenden gehindert, die ihre Dienste auf drei oder vier anderen Gebieten vorher erbaten. Ich fragte nach dem Kamin – rauchte er immer noch? Sie schien überrascht, daß das je als sträflich betrachtet worden sei, und da es nicht die Jahreszeit zum Feuermachen war, sagte ich nichts mehr. Doch ich sah viel grünes Holz und nur einen geringen Teil Torf. Ich fürchte daher, daß das Prunkzimmer des ganzen Unternehmens immer noch den Frieden der unglücklichen Touristen vergiftet. Eine persönliche Entschädigung für alle meine Tränen, die er mich vergießen machte, muß ich übrigens erwähnen, die mir dieser kleine schuldig gewordene Raum an diesem Abend erwies. Es ergab sich, daß ein öffentliches Tanzvergnügen gerade an diesem Abend in dieser Gastwirtschaft stattfand. Ich zog mich daher beizeiten auf mein Zimmer zurück, da ich eine solche lange Wanderung hinter mir hatte und die Gesellschaft oder die hervorragende Wirtin nicht ärgern wollte, die, wie ich wohl glaube, den Tänzern auf der Geige aufzuspielen hatte. Der Lärm und der Aufruhr waren fast unerträglich, so daß ich gar nicht schlafen konnte. Um drei Uhr wurde alles still, da die ganze Gesellschaft gemeinsam aufbrach. Plötzlich ertönte aus dem kleinen Salon, der von meinem Zimmer nur durch die dünnste und durchdringbarste Decke getrennt war, zusammen mit der aufziehenden Morgenröte die lieblichste Frauenstimme, die ich wohl je gehört habe, obwohl ich jahrelang ein *habitué* der Oper war. Sie

war eine Fremde, eine Besucherin aus einer gewissen Ferne und (wie mir am Morgen gesagt wurde) Methodistin. Was sie sang, oder zuletzt sang, waren die herrlichen Verse Shirleys, die mit den Zeilen enden:

›Süßer Duft liegt im gerechten Mühen,
es kann selbst im Staub erblühen.‹

Dieser Vorfall ließ mich den verwünschten Kamin vergessen und ihm vergeben.

50 *In Carnarvon:* – Bei dieser Gelegenheit erfuhr ich, wie ungenau die Vorstellung von *Zahlen* bei vielen einfachen Gemütern ist. ›Was denken Sie‹, fragte ich eine ältere Person, ›wieviel Leute heute in Carnarvon zusammenkommen werden?‹ – ›Wieviel Leute?‹ erwiderte die angesprochene Person, ›wieviel Leute? Nun, wirklich, ich möchte sagen – vielleicht so ungefähr vier Millionen.‹ Vier Millionen Menschen *zusätzlich* in dem kleinen Carnarvon, das kaum Unterbringung für zusätzliche vierhundert würde schaffen können!

51 *Es war ein Tanzsaal:* – Die Erklärung dieses Falles lag einfach darin, daß sich das Hotel in umfangreicher Reinigung, Verschönerung und, wie ich glaube, Erweiterung befand; und da ich in jener Nacht zufällig der einzige Gast des Hauses war, glitt ich unvermeidlich in die Ehren eines halb-königlichen Empfanges.

52 Die Holyhead Mail hing auf ihren ersten Etappen von Wind und Wasser (jedoch nicht von Gezeiten) ab und konnte daher nicht dieselbe Genauigkeit erreichen wie Eilposten, die nur über Land liefen. Sechzig Meilen Wasserweg zwischen Dublin und Holyhead wurden mit wunderbarer Präzision zurückgelegt. Die Pakete wurden vom Hauptpostamt nur solchen Kapitänen anvertraut, die bereits Fregatten kommandiert hatten. Und die Besoldung war so hoch, daß diese Kommandos zugestandenermaßen Auszeichnungen im nautischen Leben und Gegenstand harter Konkurrenz waren. Infolgedessen wurde kein Übel geduldet, das mit Sorgfalt,

Voraussicht und beruflichem Können vermeidbar war. Doch schließlich konnten umspringende Winde gelegentlich (insbesondere in den drei oder vier Wochen *nach* der Tagundnachtgleiche) es dem allergeschicktesten Mann unmöglich machen, die Zeiten einzuhalten, da das Hilfsmittel des Dampfes noch völlig fehlte. Für diese sechzig Meilen hatte die Post sechs Stunden eingeräumt, glaube ich; doch manchmal muß sich das als sehr unzulängliches Zugeständnis erwiesen haben.

53 Nicht generell. Wenn man von Hammerfest nach Süden reist (das heißt vom nördlichsten Punkt Norwegens oder Schwedisch-Lapplands durch alle Breiten Europas bis nach Gibraltar im Westen und Neapel im Osten), ist Glasgow der teuerste Platz zum Wohnen, den der Mensch kennt. Eine respektable Unterkunft für eine Person, die man in Edinburgh bequem für eine halbe Guinea pro Woche hätte haben können, würde in Glasgow eine Guinea kosten. Abgesehen von den Dienstboten wohnt man in Glasgow teurer als in London.

54 Zur jetzigen Zeit (Herbst 1856), nachdem fünfunddreißig Jahre seit der ersten Veröffentlichung dieser Memoiren vergangen sind, können Gesichtspunkte des Taktes nicht mehr erfordern, den Namen des Juden oder wenigstens den Namen, den er in seinen Verhandlungen mit Christen führte, länger geheimzuhalten. Ich sage daher ohne Skrupel, daß er Dell hieß, und einige Jahre später wurde dieser Name im Zusammenhang mit der einen oder anderen Frage (ich habe längst vergessen, *was* es war), die in der parlamentarischen Bewegung gegen den Herzog von York in bezug auf Mrs. Clark usw. aufgekommen war, vor dem Unterhaus erwähnt. Wie all die anderen Juden, mit denen ich in Verhandlungen gestanden habe, war er in seiner Geschäftsführung offen und ehrenhaft. Was er versprach, das hielt er auch, und wenn seine Vertragsbedingungen hoch waren, was sie notwendigerweise sein *mußten*, um sein Risiko zu decken, so bekannte er sich von Anfang an zu ihnen.

Ich wandte mich achtzehn Monate später wegen desselben Geschäftes abermals an Mr. Dell; da ich ihm zu dieser Zeit von einem geachteten College aus schrieb, war ich so glücklich, sein ernsthaftes Interesse für meine Vorschläge zu gewinnen. Meine Bedürfnisse waren nicht durch irgendwelche Extravaganzen oder jugendliche Leichtfertigkeiten (das hätten meine Gewohnheiten verboten) entstanden, sondern durch die nachtragende Bosheit meines Vormundes; als er feststellen mußte, daß er mich nicht länger hindern konnte, die Universität zu beziehen, weigerte er sich, als letztes Zeichen seiner Achtung eine Anweisung zu unterschreiben, die mir auch nur einen Shilling Unterhaltsgeld mehr zukommen ließ, als ich auf der Schule hatte, nämlich £ 100 pro Jahr. Von dieser Summe konnte man zu meiner Zeit (das heißt im ersten Jahrzehnt dieses Jahrhunderts) kaum auf dem College leben; unmöglich war es für einen Mann, der zwar über der Affektiertheit großtuerischer Mißachtung des Geldes stand und der auch keine aufwendigen Neigungen hatte, der jedoch sicher den Bediensteten zu sehr vertraute und an den kleinen Einzelheiten exakter Sparsamkeit wenig Gefallen fand. Ich geriet daher bald in Verlegenheit, und anstatt meine Situation offen meiner Mutter oder einem meiner anderen Vormünder zu bekennen, von denen mehr als einer mir die benötigten £ 250 vorgeschossen hätte (nicht in seiner Eigenschaft als Vormund, sondern als Freund), war ich in einem Moment der Ungeduld so dumm, umfangreiche Verhandlungen mit dem Juden aufzunehmen, und erhielt die erbetene Summe zu den ›üblichen‹ Bedingungen, indem ich siebzehneinhalb Prozent zahlte, und zwar als Jahreszahlung auf das gesamte beschaffte Geld; Israel nahm seinerseits gütigerweise nur etwa neunzig Guineen von dem genannten Betrag für die Rechnung eines Anwalts (für welche Dienste, wem und wann geleistet – ob bei der Belagerung Jerusalems oder beim Bau des zweiten Tempels –, habe ich noch nicht entdeckt). Wie viele Ruten diese Rechnung maß, weiß ich wirklich nicht mehr, doch verwahre ich sie noch in meinem Naturalienkabinett.

55 Zu jener Zeit hatte die Bristol Mail den besten Ruf im ganzen Königreich – welch Vorzug vor allem einer ungewöhnlich guten Straße zu danken ist –, und diesen Vorzug teilt sie mit der Bath Mail (deren Strecke auf hundertfünfzig Meilen genau dieselbe ist); doch zweitens hatte sie den besonderen Vorzug einer *zusätzlichen* Summe für Ausgaben, die von den Kaufleuten in Bristol gestiftet wurde.

56 Zwei Männer, Holloway und Haggerty, wurden viel später auf Grund von sehr fragwürdigen Beweisen verurteilt, diesen Mord begangen zu haben. Der Hauptbeweis gegen sie war die Aussage eines Gefangenenwärters aus Newgate, der ein Gespräch zwischen den beiden Männern unvollständig mitgehört hatte. Der allgemeine Eindruck war der großer Unzufriedenheit mit dem Beweis, und dieser Eindruck wurde durch eine Flugschrift eines scharfsinnigen Rechtsanwaltes verstärkt, in der die Anfechtbarkeit und Zusammenhanglosigkeit der Erklärung dargelegt wurde, auf die sich das Gericht verlassen hatte. Ungeachtet aller Opposition wurden sie jedoch hingerichtet. Und da es bei der Hinrichtung zu unerhörten Menschenverlusten kam (nicht weniger als sechzig Personen, glaube ich, wurden durch den ungewöhnlichen Druck mehrerer Bierkutscher niedergetrampelt, die sich eingehakt und so ihren Weg zu dem Platz unter der Falltür erkämpft hatten), wurde diese Tragödie viele Jahre lang von einem Teil des Londoner Pöbels als Strafgericht der Vorsehung über die Passivität der Hauptstadt betrachtet.

57 Es wird dagegen eingewandt werden, daß viele Männer von höchstem Rang und Wohlstand nichtsdestoweniger sowohl in unseren Tagen als auch in unserer Geschichte zu denen gehört haben, die der Gefahr auf dem Schlachtfeld in vorderster Linie gegenübergestanden haben. Das ist wahr, doch nicht der hier unterstellte Fall. Die lange Vertrautheit mit Macht und Wohlstand hat bei ihnen deren Wirkung und Anziehungskraft abgetötet.

58 Einige Jahre früher hatte ich Lord Desert, den ältesten Sohn einer sehr großen Familie, gekannt, als er noch den Titel eines Lord Castlecuffe trug. Cuffe war der Familienname; ich glaube, sie leiteten ihre Abstammung von einer Person von gewisser historischer Bedeutung ab – nämlich von jenem Cuffe, der Sekretär des unglücklichen Grafen von Essex während seiner hochverräterischen *émeute* gegen die Regierung der Königin Elisabeth war.

59 Agamemnon – **ἀναξ ἀνδρῶν.**

60 **Ομμα θεῖς' εις πέπλον.** Der Gebildete wird wissen, daß ich mich in dieser Passage auf die früheren Szenen des *Orestes* beziehe – eine der schönsten Darstellungen der familiären Zuneigung, die auch die Dramen des Euripides liefern können. Für den weniger gebildeten Leser mag es notwendig sein, zu erwähnen, daß das Drama damit beginnt, daß ein Bruder, lediglich von seiner Schwester gepflegt, während der dämonischen Besessenheit eines leidenden Bewußtseins (oder in der Mythologie des Schauspiels: von den Erinyen verfolgt) sich in unmittelbarer Gefahr durch Feinde befindet und ihn angebliche Freunde verlassen oder sich nicht um ihn kümmern.

61 *Stattlich:* – Es ist nur billig zu erwähnen, daß Wordsworth damit das *Interieur* gemeint hat, auf das sehr wenig von dem armseligen, gewöhnlichen Äußeren geschlossen werden konnte, das sich am Ende der Oxford Street zeigt.

62 *Verschwunden:* – Diese Art, die Bühne des Lebens zu verlassen, scheint im siebzehnten Jahrhundert gut bekannt gewesen zu sein, doch wurde sie zu jener Zeit als königliches Privileg betrachtet, das Apothekern keineswegs zur Verfügung stand. Denn ungefähr 1686 drückt ein Dichter mit einem ziemlich ominösen Namen (dem er offensichtlich auch gerecht wurde) – nämlich

Mr. Flat-Man (Seicht-Mann) – bei der Erwähnung des Todes Karls II. seine Überraschung aus, daß Fürsten eine so vulgäre Handlung wie das Sterben begehen, weil, sagt er,

›ein König müßt verachten
den Tod, *verschwinden* nur‹.

63 *am Dienstag und am Samstag:* nämlich die zwei Tage, an denen die Gazette erscheint (oder zu erscheinen pflegte).

64 Daran scheinen die Gebildeten jedoch in letzter Zeit gezweifelt zu haben, denn in einem unerlaubten Nachdruck von Buchans *Häusliche Medizin*, die ich in den Händen einer Bauersfrau sah, die sie zum Nutzen ihrer Gesundheit las, warnte der Doktor seine Leser, mehr als ›fünfundzwanzig *Unzen*‹ Laudanum als Einzeldosis zu nehmen. Richtig sollte es zweifellos fünfundzwanzig *Tropfen* oder Minims heißen, was ungefähr einem Grain durchschnittlichen Opiums entspricht, doch Opium selbst – unverarbeitetes Opium – schwankt ganz erheblich in Reinheit und Stärke, und infolgedessen auch die daraus hergestellte Tinktur. Die meisten Medizinkundigen, die ich gekannt habe, kochten ihr Opium, um es von groben Verunreinigungen zu läutern.

65 In der großen Herde der Reisenden und anderer, die durch ihre Gedankenlosigkeit deutlich genug zeigen, daß sie nie wirklichen Kontakt mit Opium hatten, muß ich meine Leser vor allem vor dem geistreichen Verfasser des *Anastasius* warnen. Dieser Herr, dessen Einbildungskraft einen dazu bringen könnte, ihn für einen Opiumesser zu halten, hat es unmöglich gemacht, ihn als solchen zu betrachten, und zwar durch die schlimme Falschdarstellung seiner Wirkungen auf den Seiten 215–217 in Band 1. Nach eingehender Erwägung muß das dem Verfasser selbst so erscheinen; denn auch wenn die Fehler, auf die ich oben nachdrücklich hingewiesen habe und die (neben anderen) in vollstem Umfang übernommen sind, außer acht gelassen werden, wird er selbst

zugeben müssen, daß ein alter Herr ›mit schneeweißem Bart‹, der ›reichliche Mengen Opium‹ ißt und dennoch fähig ist, Gedanken zu äußern, die als sehr gewichtige Überlegungen über die schädlichen Auswirkungen jenes Verhaltens gemeint sind und aufgenommen werden, nur ein unbedeutender Beweis dafür ist, daß Opium die Menschen entweder vorzeitig tötet oder sie ins Irrenhaus schickt. Doch was mich betrifft, so verstehe ich diesen alten Herrn und seine Motive. Tatsache ist, daß er auf ›das kleine goldene Gefäß mit der schädlichen Droge‹, das Anastasius bei sich trug, versessen war; und es gab keinen sichereren und praktischeren Weg, in dessen Besitz zu gelangen, als den Eigentümer zu Tode zu erschrecken. Dieser Kommentar wirft ein neues Licht auf die Angelegenheit und verbessert die Geschichte erheblich; denn die Rede des alten Herrn ist als pharmazeutische Lektion absurd, doch als Streich gegen Anastasius liest sie sich vorzüglich.

66 Dieser Wundarzt war der erste, der mich auf die gefährlichen Unterschiede in der Stärke des Opiums aufmerksam machte, die sich aus dem unterschiedlichen Grad seiner Vermengung mit fremden Verunreinigungen ergeben. Als ein Mann, der sich von Berufs wegen der Gefahr bewußt war, ein künstliches Bedürfnis nach Opium über das hinaus zu wecken, was zur Linderung eines Leidens auf jeden Fall nötig war, zitterte er jede Stunde bei dem Gedanken an seine armen Kinder, daß er nicht durch irgendeine von ihm selbst begangene Unbesonnenheit die Krisis seiner Erkrankung beschleunigte, und hielt es naturgemäß für notwendig, die tägliche Dosis auf ein *Minimum* zu reduzieren. Doch um das tun zu können, mußte er zunächst über ein Mittel verfügen, die Opiummenge zu messen, und zwar nicht die scheinbare Menge, die man wiegen kann, sondern die *tatsächliche* Menge nach Berücksichtigung der Beimengungen oder des unterschiedlichen Grades von Verunreinigungen. Das war jedoch ein phantastisches Problem. Seine Berechnung war einfach unmöglich. Das

Problem nahm daher einen anderen Charakter an. Es ging nicht darum, die Verunreinigungen zu messen, denn da sie mit den aktiven und wirkungsvollen Bestandteilen des Opiums verbunden waren, waren sie nicht meßbar. Die unreinen (oder unaktiven) Teile abzutrennen und herauszulösen, das war jetzt das Ziel. Und dieses wurde schließlich durch ein besonderes Verfahren erreicht, nämlich das Opium zu kochen. Wenn man das getan hatte, ergab sich ein Rückstand von gleichbleibender Stärke, und die tägliche Dosis konnte bequem eingestellt werden. Ungefähr 18 Grain bildeten jahrelang seine tägliche Ration. Nach der üblichen Krankenhausrechnung entspricht das 18 mal 25 Tropfen Laudanum. Doch da 25 = 100/4 ist, ist 18 mal ein Viertel von hundert = ein Viertel von 1800, und das ist meiner Meinung nach 450. Soviel betrug die durchschnittliche tägliche Dosis dieses Arztes, etwa zwanzig Jahre lang. Dann begann plötzlich ein wilderes Stadium der Schmerzen, die von seiner Krankheit herrührten. Doch gleichzeitig war der Kampf vollendet und der Sieg gewonnen. Alle Pflichten waren erfüllt: seine Kinder waren erfolgreich ins Leben entlassen, und der Tod, der ihm von Tag zu Tag notwendiger wurde als Befreiung von der Qual, ereilte jetzt ungerechterweise niemanden.

67 *›Der verstorbene Herzog von Norfolk‹:* – Mein Gewährsmann war der verstorbene Sir George Beaumont, ein alter Bekannter der Familie des Herzogs. Aber solche Ausdrücke unterliegen immer der Gefahr schwerwiegenden Mißbrauchs. Mit dem ›verstorbenen Herzog‹ meinte Sir George denjenigen Herzog, der der Nation als der Parteifreund von Fox, Burke, Sheridan usw. im Zeitalter der Großen Französischen Revolution von 1789–1793 bekannt ist. Seit *seiner* Zeit, glaube ich, hat es drei Generationen von herzöglichen Howards gegeben – die immer für die englische Nation interessant sind: einerseits wegen der blutigen historischen Tradition, die ihr großes Haus umgibt, andererseits wegen der Tatsache, daß sie an der Spitze des englischen Adels stehen.

68 Ich vertraue darauf, daß mein Leser den Windungen meiner Erzählungen nicht so unaufmerksam gefolgt ist, daß er annimmt, ich spräche hier von den Brown-Brunellschen und Pymentschen Zeiten. In jenen Tagen stand mir natürlich kein Geld für die Oper zur Verfügung. Ich spreche hier von Jahren, die lange nach jenen Jugendszenen lagen – Zwischenspiele meines Oxforder Lebens oder lange nach Oxford.

69 *Threttánelo – threttánelo:* – Das herrliche symbolische Echo, mit dem Aristophanes den Klang der griechischen *phorminx* oder eines anderen Instruments ausdrückt, das mutmaßlich am ehesten unserer modernen europäischen Harfe entsprechen soll. Was die alten hebräischen Instrumente angeht, die im Tempeldienst verwendet wurden, so müssen alle unsere Versuche, sie durch die griechische Septuaginta oder die lateinische Vulgata zu identifizieren, blindlings und vergeblich bleiben. Doch in bezug auf griechische Instrumente ist die Sachlage anders: es gibt immer die entfernte Chance, daß irgendeine Marmorstatue ausgegraben wird, die Orchesterzubehör und -requisiten zeigt.

70 Doch alles fließt; dieselbe Grassini, die ich einst bewundert hatte, ging nach Paris, nachdem sie mit englischem Gold vollgestopft war; und als ich hörte, unter welchen Umständen sie mit einem so wenig hochherzigen Mann wie Napoleon lebte, fing ich an, sie zu hassen. Beklagte ich mich darüber, daß ein Mensch England haßte oder eine Frau lehrte, ihre Wohltäterin zu hassen? Keineswegs, sondern nur darüber, daß er einfach aus zweiter Hand das böse Gut einer feindlichen Nation übernahm, mit der er ursprünglich nicht ernsthaft sympathisiert haben konnte. Hasse uns, wenn es dir gefällt; doch nicht auf schmeichlerische Weise, indem man anderen den Hof macht.

71 Ich habe im Augenblick nicht das Buch zur Verfügung, um darin nachzuschlagen, aber ich glaube, die Passage

beginnt: ›Auch jene Gasthaus-Musik, die den einen Menschen glücklich und den anderen verrückt macht, verbreitet in mir ein anhaltendes Gefühl tiefer Verehrung‹ usw.

72 *›Ruß‹:* – In den großen, weiten Kaminen der ländlichen Hütten im gesamten Seengebiet kann man von dem Sitz in der Kaminecke, der einem als geehrtem Besucher angeboten wird, durch den ganzen Hohlraum bis nach oben blicken. Dort pflegte ich oft Bienen zu hören (wenn auch nicht zu sehen). Ihr Summen war zu hören, obwohl ihre körperlichen Formen zu klein waren, um in jener Höhe noch sichtbar zu sein. Als ich mich erkundigte, stellte ich fest, daß Ruß (vor allem von Holz und Torf) in bestimmten Etappen der Erzeugung von Wachs oder Honig für sie nützlich war.

73 Das heißt die *hunderttorige* Stadt (von ἑκατον, *hekaton*, hundert, und πυλη, *pyle*, ein Tor). Dieser Beiname der hunderttorigen Stadt galt dem ägyptischen Theben im Gegensatz zu dem ἑπτάπυλος (*heptápylos* oder *siebentorig*), was das griechische Theben bezeichnet, eine Tagesreise von Athen entfernt.

74 *›Anastasius‹:* – Der Leser der heutigen Generation wird sich über die wiederholten Verweise auf *Anastasius* wundern; das Buch ist heute fast vergessen, so ungeheuer ist der Strom von romanschreibenden Talenten, wirklich originellen und kraftvollen, der unsere Literatur im Laufe von fünfunddreißig Jahren überflutet hat, die seit der ersten Veröffentlichung dieser Bekenntnisse vergangen sind. *Anastasius* wurde von dem berühmten und reichen Mr. Hope geschrieben und war 1821 ein Buch sowohl von gutem Ruf als auch von großem Einfluß in den führenden Kreisen der Gesellschaft.

75 Ein hübscher Zeitungs-Lesesaal, zu dem mir bei meiner Reise durch Manchester entgegenkommenderweise einige Herren dieser Stadt kostenlosen Zugang verschaff-

ten, wird entweder ›*The Porch*‹ oder ›*The Portico*‹ genannt, was dem griechischen Wort *Stoa* entspricht; als Fremder in Manchester folgerte ich daraus, daß sich die Abonnenten als Stoiker oder als Anhänger von Zeno bekennen wollten. Doch mir wurde inzwischen versichert, daß das ein Irrtum ist.

76 Dies wurde zum Zeitpunkt der ersten Veröffentlichung geschrieben.

77 Ich rechne hier fünfundzwanzig Tropfen Laudanum als Gegenwert von einem Grain Opium, was meines Wissens der üblichen Annahme entspricht. Da jedoch beide Werte stark schwanken (die Stärke des unverarbeiteten Opiums und noch mehr die Stärke der Tinktur sind sehr unterschiedlich), nehme ich an, daß es bei solchen Berechnungen keine mathematische Genauigkeit geben kann. Teelöffel sind in ihrer Größe so unterschiedlich wie Opium in seiner Stärke. Kleine fassen ungefähr einhundert Tropfen, so daß achttausend Tropfen, was offensichtlich dasselbe wie achtzig mal hundert Tropfen ist, einen *kleinen* Teelöffel achtzig Mal füllen. Doch große, moderne Teelöffel fassen sehr viel mehr. Manche reichen in ihrem Inhalt an Dessertlöffel heran. Der Leser sieht also, wie sehr ich mich an Dr. Buchans nachsichtiges Höchstmaß halte.

78 Zwischen der seefahrenden Bevölkerung an der Küste von Lancashire und der entsprechenden Bevölkerung an der Küste von Cumberland (wie in Ravenglass, Whitehaven, Workington, Maryport usw.) gab es ständig einen schwachen Strom des gegenseitigen Verkehrs, insbesondere in den Tagen der Preßpatrouille – teils auf dem Seeweg, teils aber auch auf dem Landweg. Übrigens möchte ich eine interessante Tatsache erwähnen, die ich in einem Almanach und Reiseführer entdeckte, der ungefähr aus der Mitte der Regierungszeit der Königin Elisabeth (das heißt aus dem Jahr 1579) stammt, daß zu *ihrer* Zeit der offizielle Weg für königliche Boten nach

Nordirland und natürlich auch für Reisende allgemein nicht (wie heute) durch Grasmere und dann weiter über St. John's Vale, Threlkeld (denn die Abkürzung über Shoulthwaite Moss war damals noch unbekannt), Keswick und Cockermouth nach Whitehaven führte. Bis zur St.-Oswald's-Kirche in Gresmere (so wurde es damals mit Rücksicht auf seinen dänischen Ursprung geschrieben) verlief der Weg wie heute. Dann wandte er sich nach links um den See, durchquerte Hammerscar, ging *Little* Langdale hinauf über den Wrynose-Paß nach Egremont und von Egremont nach Whitehaven.

79 Dieses Mädchen, Barbara Lewthwaite, war zu dieser Zeit schon eine Person von gewissem literarischem Rang, da sie (ihr selbst unbewußt) der Hauptsprecher in einem kleinen Hirtengedicht von Wordsworth war. Daß sie wirklich schön war und nicht bloß von mir zur Verstärkung der malerischen Wirkung so beschrieben wurde, kann der Leser an dieser Gedichtzeile ermessen, die vielleicht zehn Jahre früher geschrieben war, als Barbara sechs Jahre alt war:

›Klein-Barbara Lewthwaite war's,
ein Kind so selten schön!‹

Dieses Zitat von William Wordsworth, der sowohl ein wählerischer Richter als auch ein Mensch war, der die strikteste Wahrheit ungeschminkt aussprach, beweist einen realen Anspruch auf das Wort Schönheit, zumindest damals real. Doch es ist bekannt, daß in den Anthologien der Erde in allen ihren Zonen eine Blume nach der anderen der Veränderung unterliegt, und diese Blume ist das Antlitz der Frau. Ob Spenser in seinen herrlichen Strophen über die ›Veränderlichkeit‹, in denen die ergreifendsten Beispiele des Erdenschicksals feierlich aufgeboten sind, auch dieses, das traurigste von allen, ausführlich genug darstellt, weiß ich nicht mehr.

80 Diese Schlußfolgerung ist jedoch nicht zwingend; die Unterschiede der Wirkungen, die von Opium auf unterschiedliche Konstitutionen ausgeübt werden, sind un-

endlich. Ein Londoner Friedensrichter (Hariott, ›Kampf durchs Leben‹ Band III, Seite 391, dritte Auflage) berichtet, daß er beim ersten Mal, als er Laudanum gegen die Gicht versuchte, *vierzig* Tropfen nahm, am nächsten Abend *sechzig* und am fünften Abend *achtzig*, ohne irgendeine Wirkung zu verspüren; dabei war er bereits im fortgeschrittenen Alter.

81 Vergleiche die üblichen Berichte bei jedem östlichen Reisenden oder Seefahrer über die wilden Exzesse von Malaien, die Opium genommen hatten oder durch Unglück im Spiel zur Verzweiflung getrieben wurden.

82 Er war Wundarzt in Brighton.

83 Die Hütte und das Tal, von denen diese Erzählung handelt, waren nicht erdacht: das Tal war das *damals* liebliche Tal von Grasmere, und die Hütte habe ich mehr als zwanzig Jahre lang selbst bewohnt, nachdem ich dort 1809 Wordsworth' unmittelbarer Nachfolger geworden war. Wenn der Leser die oben gemachte Einschränkung – nämlich: *damals* – liest, wird er fragen, in welcher Weise die *Zeit* die Schönheit von Grasmere angegriffen haben kann. Sind die Täler von Westmoreland zu Grauköpfen geworden? O Leser, das ist für einige von uns eine schmerzliche Erinnerung! Vor dreißig Jahren legte eine Gruppe von Vandalen (mir Gott sei Dank namentlich unbekannt) für den Bau einer Postkutschenstraße, die niemals gebraucht werden würde, zu einem Preis von 3000 £ für das betrogene Kirchspiel einen scheußlichen Damm von reinem Granitmauerwerk auf der Länge einer dreiviertel Meile unmittelbar durch die lieblichste Folge von geheimen Waldtälchen und zurückgezogenen Seewinkeln, die von unvergleichlichen Farnen umstanden waren, zu denen die Art Osmunda regalis gehörte. Wordsworth beschreibt diesen einsamen Winkel von Grasmere, wie er sich an einem Septembermorgen enthüllt, in den hervorragenden Gedichten über ›Orte und ihre Namen‹. Davon – nämlich von diesem Fleck

Erde und seiner großartigen Bekrönung (der Osmunda) – wurde auch jene einmalige Zeile angeregt – für sich die schönste Zeile in allen je aufgezeichneten Versen:

›Lady am See,
einsam gelagert an Ufern uralter Sagen.‹

Ich hatte also recht, jene Einschränkung zu machen, Grasmere vor und nach diesem Frevel waren zwei verschiedene Täler.

84 Mit welchem endgültigen Erfolg, das fällt mir schwer zu sagen. Nach solchen Siegen kehrte ich ausnahmslos wieder zum täglichen Opiumgenuß zurück, und zwar auf Grund freiwilliger Entscheidung (nachdem ich die Konsequenzen auf beiden Seiten gegeneinander abgewogen hatte), jedoch mit stillen Veränderungen der Gewohnheiten des zahlreichen und großen Opiumgenusses (offensichtlich durch die wiederholten Kämpfe bewirkt). Zu diesen Veränderungen gehörte, daß sich die benötigte Menge allmählich verringerte, und zwar in riesigem Maße. In der modernen umgangssprachlichen Ausdrucksweise nahm ich in der mittleren Phase meiner Karriere als Opiumesser *›sagenhafte‹* Mengen. Um die Mengen anzugeben – nicht an festem Opium, sondern in Form der Tinktur (allgemein als *Laudanum* bekannt) –, so betrug meine Tagesmenge achttausend Tropfen. Wenn man sie auf die gewöhnliche Weise als 8000 schreibt, sieht man auf den ersten Blick, daß man sie als acht mal tausend, als achthundert mal zehn oder schließlich als achtzig mal einhundert lesen kann. Eine Einzelmenge von einhundert Tropfen füllt etwa einen sehr altmodischen, veralteten Teelöffel, wie man ihn noch bei den Achtbaren der Armen herumliegen findet. Achtzig solcher Einzelmengen würden also achtzig solcher vorsintflutlichen Löffel füllen – das wäre die übliche Krankenhaus-Dosis für dreihundertzwanzig erwachsene Patienten. Doch der gewöhnliche Teelöffel des gegenwärtigen neunzehnten Jahrhunderts hat fast dasselbe Fassungsvermögen wie der Dessertlöffel unserer Vor-

fahren. Ich nehme an, daß das folgende Ursache hat: Während des achtzehnten Jahrhunderts, als der Tee der arbeitenden Bevölkerung bekannt wurde, waren die Teetrinker fast ausschließlich Frauen; selbst in den gebildeten Klassen hielten die Männer (bis hin zur Französischen Revolution) daran fest, solch Getränk als einem unnützen und weichlichen Genuß abzutun. Diese eigensinnige Marotte auf dem Gebiet männlicher Gewohnheiten war es, die insgeheim die Herstellung von Teelöffeln steuerte. Bis Waterloo waren Teelöffel vorwiegend an der Größe des weiblichen Mundes orientiert. Zum großen Nutzen für die nationale Gesundheit ist seitdem auch das stärkere und gröbere Geschlecht der weichlichen Gewohnheit des Teetrinkens verfallen, und das Fassungsvermögen der Teelöffel hat sich natürlich dem neuen Zweck der unersättlichen Münder angepaßt, die zu Myriaden auf die Teetabletts dieser späteren Generationen gestoßen sind.

85 *Hin und her* usw.: – Oh, lieber Leser, sicher brauchst du nicht erst ein Orakel, das dir sagt, daß dies ein guter alter Kinderreim ist, der vier Jahrhunderte lang der Kritik standgehalten hat – dem Zorn gegen die Feinde der Daw standgehalten hat – dem Mitleid für die Daw selbst standgehalten hat, die so unrühmlich auf Stroh degradiert wurde –, ausgesprochen von achtzig Generationen von Kindern, die Kleinkindzeit jeweils zu fünf Jahren gerechnet.

86 Hier gibt es einen Parallelfall, genauso lebensgefährlich, wo er auftritt, jedoch bewegt er sich glücklicherweise in weit begrenzterem Kreise. Vor ungefähr fünfzig Jahren erwähnte Sir Everard Home, ein Wundarzt höchsten Ranges, als entsetzliche Warnung, daß manch eine schmerzlose Geschwulst im Gesicht, oft nur ein höchst unbedeutender Pickel, der dreißig Jahre oder länger nicht die geringsten Beschwerden verursacht hatte, durch einen Zufall die kleinstmögliche Wunde beim Rasieren davontrug. Was folgte daraus? Einmal aufgerührt,

wurde die unbedeutende Wucherung zum offenen Krebs. Wird die parallele Katastrophe im Atmungssystem, wenn einmal die Entwicklung ausgelöst ist, ihre Bedeutung vor dem uninformierten Auge nicht genauso verbergen? Doch andererseits ist sie tausend Mal wahrscheinlicher.

87 *Wütender Verfolgung:* – Ich will nicht sagen, daß unter meinen individuellen Bedingungen irgendein Widerstand hätte entstehen können, der über die verbale Form hinausgegangen wäre, denn es wäre jederzeit für mich einfach gewesen, mich Hunderte von Meilen von den Auseinandersetzungen zurückzuziehen, die sich aus dem Fall ergeben konnten. Doch die Gründe, die Angelegenheit geheimzuhalten, waren nicht weniger dringend. Denn es wäre schmerzlich gewesen, in das Dilemma gebracht zu werden, entweder gewohnheitsmäßige und umfassende Heuchelei zu praktizieren oder sich andererseits kopfüber in den wilden Strudel hitzköpfiger Unkenntnis allein des Namens Opium zu stürzen, der es bis zur Stunde (obwohl mit weniger erbittertem Fanatismus) gefährlich macht, den täglichen Genuß einer so starken Droge zuzugeben.

88 Aus dem griechischen Wort für *sinnliches Vergnügen* – nämlich *Hedone* (Ἡδονή) – prägte Professor Wilson das englische Wort *Hedonist*, das er manchmal in scherzhaftem Vergleich auf mich und andere anwandte.

89 Die Heldin dieses bemerkenswerten Falles war ein Mädchen von ungefähr neun Jahren, und es kann kaum zweifelhaft sein, daß sie in den *Krater* des Todes – jenen entsetzlichen Vulkan – so tief hineinblickte, wie ein menschliches Wesen nur hineingeblickt haben *kann*, das es fertiggebracht hat, zurückzukommen und seine Erlebnisse zu berichten. Nicht weniger als neunzig Jahre überlebte sie diese denkwürdige Rettung, und ich darf sie als eine Frau von in jeder Weise bemerkenswerten und interessanten Eigenschaften beschreiben. Während ihres

langen Lebens erfreute sie sich, wie der Leser gerne folgern mag, heiterer und wolkenloser Gesundheit; sie hatte einen männlichen Verstand, verehrte die Wahrheit nicht weniger als die Evangelisten und führte ein Leben heiliger Frömmigkeit, das eine Zierde gewesen wäre für *›Hilarion oder Paul‹* – (Die Worte in Schrägschrift stammen von Ariosto.). – Ich erwähne diese Züge, die sie in denkwürdigem Maße charakterisieren, damit der Leser nicht annimmt, er stütze sich auf jemanden, der mit Übertreibungen handelt, auf einen leichtgläubigen Enthusiasten oder auf jemanden, der sorglos mit der Sprache umgeht. Fünfundvierzig Jahre lagen zwischen dem ersten und dem letzten Mal, als sie mir diese Geschichte erzählte, und nicht ein Jota unter all den Einzelheiten hatte seinen Standort verändert, und nicht einmal der bedeutungsloseste aller Begleitumstände war verschoben worden. Die Szenerie des Vorfalls war das kleinste aller Täler, was die Griechen in alten Zeiten ein ἄγκος genannt hätten und was wir Engländer ein ›dell‹ nennen würden. Es hatte keine menschlichen Bewohner, selbst am Mittag war es still, und es wäre ein völlig einsamer Winkel gewesen, liefe nicht ein Bächlein – nicht breit, aber gelegentlich tief – rauschend am Fuß der kleinen Hügel entlang. In diesen Bach, wahrscheinlich in einen seiner gefährlichen Tümpel, fiel das Kind, und normalerweise hatte sie nur geringe Aussichten, auf irgendeine Weise gerettet zu werden, denn obwohl ein Wohnhaus dicht dabei stand, war es durch die dazwischenliegenden Bodenwellen von jeder Einblickmöglichkeit abgeschnitten. Die Frage, wie lange das Kind im Wasser gelegen hatte, ist vermutlich niemals ernsthaft gestellt worden, bis eine Antwort endgültig unmöglich war, denn eine Dienstbotin, deren Fürsorge das Kind anvertraut gewesen war, hatte ein natürliches Interesse daran, die ganze Angelegenheit zu vertuschen. Nach dem Bericht des Kindes scheint es so, als ob sich die *asphyxia* bereits angekündigt hatte. Ein Prozeß des Kampfes und der tödlichen Erstikkung muß halb bewußt durchlebt worden sein. Dieser Prozeß endete mit einem plötzlichen Schlag *auf* den Kopf oder *in* ihm, dem kein Schmerz oder Kampf folgte; doch brach unmittelbar danach ein blendendes Licht hervor, dem wiederum die feierliche Offenbarung des gesamten bisherigen Lebens folgte. Inzwischen war das Verschwinden des Kindes im Wasser glücklicherweise von einem Bauern beobachtet worden, der in dieser kleinen Einsamkeit einige Feldstücke gepachtet hatte und durch einen seltenen Zufall gerade in diesem Augenblick an ihnen entlangritt. Nicht sehr gut beritten, wurde er durch die Hecken und die anderen Einfriedungen auf seinem Wege zum Wasser hinunter aufgehalten; eine gewisse Zeit ging dadurch verloren; doch an der Stelle angekommen, sprang er mit Stiefeln und Sporen hinein, und es gelang ihm, einen Menschen zu retten, der von den Bewohnern des Grabes nur noch so weit entfernt war, daß die Gesetze der Unterwelt gerade noch seine Rückkehr zuließen.

90 Ich glaube (ohne im Augenblick über Mittel zu verfügen, mit denen ich meine Annahme verifizieren könnte), daß es der 24. August war. An diesem Tag oder etwa zu dieser Zeit hißte Karl I. die königliche Standarte in Nottingham, die in der folgenden Nacht, unheilverkündend genug (wenn man die Stärke solcher abergläubischen Gefühle im siebzehnten Jahrhundert, und unter den Menschen dieses Jahrhunderts insbesondere in der Generation des Bürgerkrieges, berücksichtigt), herunterfiel. Ich möchte im Vorübergehen bemerken, daß eigentlich keine vorsätzliche Lüge größer oder böswilliger sein kann als die, die Erzbischof Laud einem besonderen oder außergewöhnlichen Glauben an solche stummen Warnungen unterstellt.

91 *Karmesinroten Tunika:* – Das Signal, das eine bevorstehende Schlacht anzeigte.

92 *Alalagmos:* – Ein Wort, das die Gesamtheit des römischen Kriegsgeschreis – Alála, Alála! – ausdrückt.

93 *Von einem großen modernen Dichter:* – Welcher Dichter? Es war Wordsworth. Warum erwähnte ich früher seinen Namen nicht? Dieser Umstand wirft ein Licht zurück auf die seltsame Geschichte von Wordsworths Ruf. Ich schrieb und veröffentlichte diese Bekenntnisse im Jahre 1821; obwohl Wordsworths Name zu dieser Zeit begann, aus der dunklen Wolke der Verachtung und des Hohns hervorzubrechen, die ihn bis dahin überschattet hatte, hätte er sich doch zu dieser Zeit erst höchst unvollkommen durchgesetzt. Erst zehn Jahre später wurde seine Größe freudig und allgemein anerkannt. Als der allererste (ohne jede Ausnahme), der ihn schon am Anfang seiner Laufbahn ehrte und begrüßte, schreckte ich mit Abscheu vor dem Gedanken zurück, daß irgendein Satz von mir die Ursache dafür sein könnte, daß sich niedrige Bosheit gegen ihn entladen könnte. Doch die Erhabenheit der hier zitierten Passage spricht für sich selbst; und derjenige, der höchst verächtlich den Namen des Dichters in Verbindung mit dem Attribut ›groß‹ gehört hatte, mußte durch den Glanz der Verse seine Bosheit gehemmt und sich selbst mit List zu herrlicher Bewunderung bewogen sehen.

94 *Objektiv:* – Dicses Wort, das 1821 noch fast unverständlich war, das so ungeheuer scholastisch und infolgedessen im Kreise gewohnter und heimischer Worte so offensichtlich pedantisch klang, doch andererseits für genaues und *umfassendes* Denken so unentbehrlich war, ist seit 1821 zu alltäglich geworden, um noch irgendeine Entschuldigung zu benötigen.

95 William Lithgow. Sein Buch (›Reisen‹ usw.) ist langweilig und nicht gut geschrieben, doch der Bericht von seinen eigenen Leiden unter der Folter in Malaga und danach ist überwältigend ergreifend. Weniger ausführlich, doch von derselben Tendenz ist der Bericht über die Ergebnisse der Folter, den 1830 Juan van Halen veröffentlichte.

96 In allen früheren Ausgaben hatte ich diesen Gedanken Jeremy Taylor zugeschrieben. Die genaue Nachforschung, mit der ich mein Zitat verifizieren wollte, ergab jedoch, daß ich mich geirrt hatte. Etwas sehr Ähnliches erscheint mehr als einmal in den umfangreichen Schriften des Bischofs; doch die genaue Passage, die ich im Sinn hatte, war offensichtlich die folgende aus Lord Bacons *Essay über den Tod:* ›Es ist genauso natürlich zu sterben, wie geboren zu werden; und für ein kleines Kind ist das eine vielleicht so schmerzlich wie das andere.‹

97 *Om el Denia:* – ›Mutter der Welt‹ – ist der arabische Titel der Stadt Damaskus. Daß sie schon vor Abraham bestand – das heißt, als eine alte Gründung viel mehr als tausend Jahre vor der Belagerung Trojas und zweitausend Jahre vor dem Beginn unseres christlichen Zeitalters existierte –, kann aus 1. Mose 15,2 geschlossen werden, und mit der allgemeinen Zustimmung aller östlichen Rassen wird Damaskus der altersmäßige Vorrang vor allen anderen Städten westlich des Indus eingeräumt.

98 Palmyra hatte noch nicht seinen höchsten Glanz griechischer Entwicklung, wie später ungefähr in der Zeit Aurelians, erreicht, war jedoch schon eine vornehme Stadt.

99 *Der Prophet:* – Obgleich ein Prophet nicht *deswegen* und kraft dieser Eigenschaft ein Evangelist war, mußte doch jeder Evangelist im biblischen Sinne ein Prophet sein. Es sei daran erinnert, daß Prophet zu sein nicht einen *Vorher*sager oder *Vorher*schauer von Ereignissen bedeutete, es sei denn durch Ableitung oder durch Schlußfolgerung. Was *war* dann ein Prophet im übereinstimmenden biblischen Sinne? Er war ein Mann, der den Vorhang vor den geheimen Ratschlüssen des Himmels wegzog. Er erklärte oder verkündete bis dahin verborgen gewesene Wahrheiten von Gott; und da künftige Ereignisse göttliche Wahrheiten einschließen könn-

ten, könnte man einen Offenbarer künftiger Ereignisse einen Propheten nennen. Doch war jener Teil der Aufgaben eines Propheten, der das Vorherschauen künftiger Ereignisse betraf, nur klein und kein *überhaupt* notwendiger Teil.

Nachwort

Rauschgiftsucht ist ein aktueller Diskussionsstoff in den entwickelten kapitalistischen Ländern in der zweiten Hälfte des 20. Jahrhunderts. Die Drogenszene besitzt, obwohl gemäß dem Haager Internationalen Opiumabkommen vom 23. Januar 1912 überall Gesetze zur Unterbindung und Bekämpfung des Vertriebs und unkontrollierten Gebrauchs von Rauschgiftmitteln erlassen wurden, keineswegs nur die Unerheblichkeit einer Randerscheinung. Verbreitung erlangten in erster Linie das aus dem Harz einer vorwiegend im Nahen Osten angebauten Hanfsorte stammende Haschisch oder Marihuana, das aus den Blättern des südamerikanischen Coca-Strauches hergestellte Kokain und das gefährlichste aller Rauschgifte, Heroin. Es wurde erstmals 1898 als Abkömmling des aus Opium abgesonderten Morphins in den Farbenfabriken Friedrich Bayer & Co. in Leverkusen gewonnen, um als Medikament zu dienen. Eine stattliche Reihe von Idolen des Showgeschäfts war in Skandale verwickelt und hat die Sucht mit der Gesundheit oder sogar dem Leben bezahlt. Auf Partys der Wohlhabenden werden Rauschgifte im Gefühl sensationellen Genusses geschnupft. Vor allem aber unter einer durch berufliche Perspektivlosigkeit und Krisen verunsicherten Jugend hat die Flucht in die Droge ein beängstigendes Ausmaß angenommen. Fernsehen und Film zum Beispiel ließen dieser Erscheinung ungewöhnliche Aufmerksamkeit zukommen: sie packten damit ein nicht länger übersehbares, ernstes soziales Problem an, erfüllten jedoch zugleich die Aufgabe, brennende politische Fragen und das schicksalbestimmende Verhältnis des einzelnen zu seiner konkret-historischen Umwelt als Kunstgegenstand zurückzudrängen. Die in einer Studie über ›Rauschgifte und Suchten‹ aus dem Jahre 1929 bereits getroffene Feststellung hat für die nichtsozialistischen Staaten nicht das geringste an Gültigkeit eingebüßt: ›Alle Versuche, des illegalen Rauschgifthandels, von dem kein zivilisiertes Land der Erde verschont geblieben ist, Herr zu werden, sind bis jetzt zum mindesten teilweise wirkungslos geblieben. Der große Wert der Rauschgifte, die beträchtlichen Gewinne, die der illegale Handel abwirft, das geringe Volumen, das die Entdeckung von Verkäufen und Transporten äußerst schwierig macht, die raffinierten Handelsmethoden, die sich ausgebildet haben, verführen immer von neuem skrupellose Personen, sich dem lukrativen Geschäftszweig zuzuwenden.‹

Angesichts dieser Aktualität des Rauschgiftmißbrauchs verdient die erstmals 1821 erschienene, auf intensiver Selbstbeobachtung beruhende Schrift ›Bekenntnisse eines englischen Opiumessers‹ (›Confessions of an English Opium Eater‹) des Schriftstellers Thomas de Quincey nicht nur Augenmerk als historisches Dokument. Ihr kommt vielmehr – als Warnung und Information zugleich – durchaus gegenwärtiger Aussagewert zu.

Das Opium war als therapeutisches Mittel seit altersher bekannt. Sein Gebrauch ist bei den Ägyptern und im klassischen Altertum, nicht aber in der Bibel, belegt. Der Begriff selbst geht auf das griechische Wort **οπὸς**, Saft, zurück. Theophrast (370–287 v. d. Z.) hat die Gewinnung des Opiums beschrieben. Hippokrates (460?–377 v. d. Z.) verwies auf einige Heilzwecke des weißen und schwarzen Mohns. Ceres, die römische Göttin des Getreides und Ackerbaus, und Hypnos, der griechische Gott des Schlafes, wurden als Statuen und in Abbildungen mit Mohnköpfen geschmückt. Der hellenistische Dichter Theokrit (3. Jh. v. d. Z.) berichtet, daß auf Sizilien am Hochzeitstag Mohnkränze getragen wurden. Angaben über die medizinische Indikation des Mohnsaftes finden sich bei so berühmten Ärzten wie Galen (131–201), Alexander von Tralles (525–605), Paulus von Aegina (1. Hälfte d. 7. Jh.) oder auch dem arabischen Philosophen Avicenna (980–1037). Nachdem im Mittelalter das Opium in Europa nicht oder nur selten angewendet worden war, entdeckten es die berühmten Renaissance-Ärzte Girolamo Fracastoro (1478–1553) und Paracelsus (1493–1541) neu. Letztgenannter mischte mit seinem Anodynum specificum eine schmerzstillende Arznei unter Verwendung von Opium. Er gewann in der Folgezeit einen weitreichenden Einfluß auf zahlreiche Mediziner, die die spezifischen Wirkungen und die Zusammensetzung des Opiums untersuchten und Opiate zu Heilzwecken benutzten. Unter ihnen verdient der englische Arzt Thomas Sydenham (1624–1689) Erwähnung, der 1665 erstmals eine Tinktur herstellte, die er Laudanum nannte und gegen Schmerz, Erbrechen und Durchfall verschrieb. De Quincey breitet sehr anschaulich aus, wie er diese flüssige Variante in verschiedenen Dosierungen – bis zu der erstaunlichen Zahl von 8000 Tropfen, was 20 Gramm Opium pro Tag entspricht –, mit Alkohol gemischt, zu sich nahm.

In der Lebenszeit de Quinceys gelangen Analysen des Opiumsaftes und die Aussonderung der in ihm enthaltenen Alkaloide, so des Morphins (1804, 1806), des Narkotins (1804), des Codeins (1832), des Narceins (1832), des Papaverins (1848) und weiterer Bestandteile. Einer der Entdecker des Morphins, der Apotheker Friedrich Wilhelm Sertürner (1783–1841), der sich mit diesem Mittel gegen Rheumatismus behandelte, verfiel dem Rauschgift, ebenso wie die Frau des schottischen Arztes Alexander Wood (1817–1884), der neben F. Rynd (1801–1861) die subkutane Einspritzung des Morphins anwandte. Die massenhafte Nutzung dieser schmerzbekämpfenden Methode im amerikanischen Bürgerkrieg (1861–1865) und im Deutsch-Französischen Krieg 1870/71 führte zur erstmaligen größeren Ausbreitung des Morphinismus in Europa und den Vereinigten Staaten. Die Rauschgiftsucht in anderen Regionen der Erde verknüpft sich mit den unmenschlichen Seiten des Kolonialismus und des kapitalistischen Profitstrebens. In ihren amerikanischen Kolonien machten die Spanier schon im 16. und 17. Jahrhundert den Anbau der Cocapflanze zu einem gewinnträchtigen Geschäft und die Sucht der Indianer zum Mittel extremer Ausbeutung der Arbeitskräfte. Englische Kaufleute besaßen das Monopol für den Opiumtransport von Indien nach China, wo das Opiumrauchen vom Ende des 17. Jahrhunderts an zur Volksseuche geworden war. Als China gesetzlich gegen den Handel mit dem Gift vorgehen wollte, setzte England kurzerhand die Waffen ein. Die beiden Opiumkriege (1839–1842; 1856–1860), von denen de Quincey auch erfahren haben muß, gehören zu den dunkelsten Kapiteln britischer imperialer Politik.

Opium liefern die Varianten einer Unterart des Schlafmohns, Papaver somniferum. Seine Heimat ist der ägyptisch-kleinasiatische Mittelmeerbereich. Mit der Ausdehnung des Islam verbreitete er sich ostwärts über Persien (7. Jahrhundert) und von da über Afghanistan nach Nordchina sowie nach Indien und später Südchina, seit dem 17. Jahrhundert auch auf der Balkanhalbinsel. Zu verschiedenen Reifegraden der Pflanze wurde durch Ritzen der Kapseln ihr Milchsaft freigesetzt und der eingetrocknete Extrakt zu kleinen, flachgedrückten Kuchen von etwa 5 bis 13 cm Durchmesser verarbeitet, die, in der Regel in Mohnblätter eingewickelt, zum Verkauf kamen. Neben dem reinen Auszug aus den Mohnkapseln gab es seit dem Altertum ein Opiumprodukt, das bis zum Anfang des 19. Jahrhunderts wahrscheinlich das gängigste im Handel war. Dieses sogenannte Meconium bestand aus einer Mischung des Saftes der Mohnpflanze und der zerstampften Masse von Stielen, Blättern und Kapseln. Kleinasien, Persien, Indien und Mazedonien waren die Hauptliefergebiete; London zählte zu den wichtigsten Umschlagplätzen.

Auf Grund der natürlichen unterschiedlichen Alkaloidzusammensetzung des Saftes und der vielfältigen Verarbeitungsmethoden waren Beschaffenheit und Wirkung der im Handel befindlichen, bitter und brennend schmeckenden Kuchen oder auch der meist aus Persien stammenden Stangen sehr uneinheitlich. De Quincey hebt zu Recht das Opium türkischer und indischer Herkunft voneinander ab. Der kleinasiatische Mohnsaft enthält mit 10–15 % relativ viel Morphin, der indische lediglich 5–7 %. Aber auch die türkischen Sorten divergieren beträchtlich. In einer für de Quincey zeitgenössischen Untersuchung beschrieb E. Merck im 18. Band (1836) der ›Annalen der Pharmacie‹ drei Güteklassen des über Konstantinopel und fünf des über Smyrna (Izmir) gelieferten Opiums. Erstgenannte bestanden einmal aus außen rotbraunen, innen gelben brotartigen Kuchen mit 15–16 % Morphin und einem Gewicht von 250–1 250 Gramm, zum zweiten aus kleineren

Kuchen von 150–180 Gramm und mit 10–12 % Morphin sowie zum dritten aus solchen von 300 Gramm und mit 8% Morphin. Unter den Smyrna-Produkten nahm ein rundliches, lichtbraunes, außen hartes und innen weiches Brot von 750 Gramm die erste Stelle ein, das etwa 13 % Morphin und 0,25% Codein enthielt und die besondere Eigenschaft hatte, sich in siedendem, mit Wasser verdünntem Alkohol nahezu völlig aufzulösen. De Quincey waren diese Varianten, wie es scheint, nicht im einzelnen bewußt. Zumindest ergeben die von ihm erwähnten Dosierungen keine genauen Anhaltspunkte über die tatsächlich eingenommenen Quantitäten an reinem Rauschgift. Sein da und dort angedeutetes Erstaunen über das Ausbleiben übermäßiger Wirkungen mag auf wechselnde Warenposten zurückzuführen sein.

De Quinceys ›Bekenntnisse eines englischen Opiumessers‹ erheben und erfüllen nicht den Anspruch einer wissenschaftlich exakten Analyse der Auswirkungen von Rauschgift auf den menschlichen Organismus. Trotzdem besitzt seine intuitive, literarisch-publizistisch aufbereitete dokumentarische Selbstbeobachtung einen außerordentlichen kultur- und wissenschaftsgeschichtlichen Rang. In einer Periode, als das Bedürfnis nach einer naturwissenschaftlichen Untersuchung der Welt rapid anstieg und sich in Europa die Erkenntnis der in den Opiaten versteckten Zweiseitigkeit von Therapie und Zerstörung Bahn brach, legte der Schriftsteller eine Beschreibung vor, deren Intensität und Differenziertheit beispiellos war und deren Form ein großes Lesepublikum anzog. Die erste Fassung des Werkes gehörte zu den Sensationstexten der Zeit und kam in Gestalt eines schmalen Büchleins zwischen 1822 und 1856 in England in sechs und in Amerika in vier Auflagen heraus. In einer hundert Jahre später verfaßten Geschichte der Heilmittelkunde heißt es: ›Gerade diese Schrift hat nicht wenig dazu beigetragen, daß die Sucht im Laufe des 19. Jahrhunderts als eine Krankheit erkannt wurde und daß man die Erfahrungen früherer Jahrhunderte mit Opium ebenfalls als solche wertete‹ (Hans Haas: Spiegel der Arznei, Berlin-Göttingen-Heidelberg 1956, S. 215). Die Wirksamkeit von de Quinceys Schrift wird dadurch eindringlich belegt.

Die ›Bekenntnisse‹ sind allerdings mindestens ebenso belangvoll als literarische Delikatesse eines verfeinerten, ausladenden Prosastils, wie er vergleichsweise in Deutschland durch Jean Paul (1763–1825) ausgebildet wurde, den de Quincey denn auch zu den bewunderten Großen der Literatur zählte. Dessen Symbiose des Skurrilen und Phantastischen, von Pathos und Humor, die ihn für de Quincey ›zum bei weitem größten Künstler in dieser Richtung seit Shakespeares Zeiten‹ machte, schwebte auch dem Engländer für seine ambitioniertesten Prosaarbeiten vor. Schließlich heischen die ›Bekenntnisse‹ nicht zuletzt Aufmerksamkeit als Zeugnis eines literaturgeschichtlichen Umbruchs vom romantischen Subjektivismus zum realistischen Roman der Thackeray, Dickens, George Eliot oder der Brontë-Schwestern und zu einer bürgerlich klassenbewußten künstlerischen Ideologie. Angesichts der Vollendung der industriellen Revolution (etwa 1760–1830) und der Blüte des durch imperiale Kolonialausbeutung gestützten Kapitalismus der freien Konkurrenz entsprach sie noch dem Sendungsbewußtsein der Bourgeoisie, die voll an die Macht gelangt und die führende gesellschaftliche Klasse war. Aber sie trug in ihrer konservativen Überheblichkeit und der Abwehr der Forderungen des ausgebeuteten Volkes, vor allem des sich formierenden Proletariats, das in den vierziger Jahren in Marx und Engels seine führenden Ideologen fand, schon antirevolutionäre und zunehmend reaktionäre Züge.

Thomas de Quincey zählt zu jenen Autoren, die als Exponenten der aus dieser Situation erwachsenen weltanschaulichen, politischen und ästhetischen Widersprüche besonders ins Gewicht fallen. So mag die eigentümliche Mischung von Bohemien und Bürger, Exzentriker und Moralisten, als die sich seine Persönlichkeit einprägt, keineswegs verwundern. Er wurde 1785, am 15. August, geboren – also etwa anderthalb Jahrzehnte nach den älteren Hauptvertretern der englischen Hochromantik William Wordsworth (1770–1850) und Samuel Taylor Coleridge (1772–1834) und nur wenige Jahre vor den Heroen der jüngeren Romantikergeneration George Gordon Lord Byron

(1788–1824), Percy Bysshe Shelley (1792–1822) und John Keats (1795–1821). Frühvollendet waren letztgenannte bereits gestorben, als de Quincey sich noch in den Anfangsjahren seiner schriftstellerisch-publizistischen Tätigkeit befand. Aber obwohl er zeitlich viel eher jenen Dichtern nahestand, die in kühnen ideellen, bildhaften und metrischen Erfindungen und Neuerungen ihre Unzufriedenheit, Opposition und Verachtung gegenüber kapitalistischer Ausbeutung, utilitaristischem Profitstreben und politischer Restauration bekundeten, schloß sich de Quincey ideologisch und persönlich den Schriftstellern an, die ihm dem Alter nach voraus waren. Wordsworth, Coleridge und der literarische Publizist Robert Southey (1774–1843), das Dreigestirn der ›Lake Poets‹ – so genannt nach ihrem zeitweiligen oder ständigen Wohnsitz in dem idyllischen Berg- und Seengebiet im Nordwesten Englands –, hatten zunächst die Französische Revolution und die Jakobinerherrschaft begrüßt. Schockiert vom Parteienstreit und der Machtergreifung durch die konterrevolutionäre französische Großbourgeoisie, enttäuscht von der Nichtrealisierbarkeit der Ideale von Gleichheit, Freiheit und Brüderlichkeit und verängstigt von der Gefahr einer Revolution der ausgebeuteten Massen, zogen sie sich in die englische Provinz zurück, vertieften sich in die Probleme der Beziehung des Individuums zur Natur, der Gefühlserlebnisse des Subjekts in Freude und Kummer, des lyrischen Ausdrucks von Empfindungen und philosophischen Erwägungen. Teils schneller und schmerzlos, teils zögernd und qualvoll, wandelten sich ihr Nonkonformismus und ihr Demokratismus in mit subjektivem Idealismus durchtränkten Konservatismus, der bei Southey und Wordsworth in den späteren Lebensjahren in Fortschrittsfeindlichkeit überging.

Die geistige Abkehr vom Klassizismus und vom Sensualismus des 18. Jahrhunderts manifestierte sich bei Wordsworth und Coleridge in einer volkstümlich-eingängigen und dabei ungemein flexiblen dichterischen Sprache, in präziser Beobachtung der Natur und einer durch Rhythmus und Klang stark emotional wirkenden Poesie. Sie schlug de Quincey sehr früh ebenso in ihren Bann wie das Streben nach einer intellektuell-künstlerischen Eigenwelt jenseits der Konflikte und Widersprüche der in ihre Endphase übergehenden industriellen Revolution mit all ihren sozialen Auswirkungen. Die Lektüre der ›Lyrischen Balladen‹ (›Lyrical Ballads‹, 1798) der beiden Dichter wurde, wie er später selbst anmerkte, für ihn ›das größte Ereignis in meiner eigenen geistigen Entwicklung‹. Er identifizierte sich mit dem abstrakten Humanismus, der in Wordsworth' dichterischem Bekenntnis des ›Vorworts zu den ‚Lyrischen Balladen'‹ (1800) noch den Ausdruck demokratischer Gesinnung bedeutete. Dort war der Dichter als ›ein Mensch, der zu Menschen spricht‹, ausgezeichnet durch Sensibilität, Zartgefühl, Wissen ›um die menschliche Natur‹ und Beseeltheit, definiert – und Dichtung als ›Anerkennung der Schönheit des Universums‹, als ›Huldigung der natürlichen und nackten Würde des Menschen, des großen elementaren Prinzips geistigen Genusses, durch den er denkt und fühlt, lebt und handelt‹. Für de Quincey, dem die in solchen Äußerungen mitschwingende persönliche Erfahrung der Französischen Revolution fremd sein mußte, dessen geistige Physiognomie durch standesbewußte Familie und Erziehung beeinflußt wurde und der sich als Jugendlicher im Umgang mit aristokratischen Freunden und Familien besonders wohl fühlte, verbanden sich diese Verallgemeinerungen von vornherein und viel stärker als bei seinen Vorbildern mit einem hauptsächlich konservativ determinierten Weltbild. Er steuerte das Boot seines Künstlertums auf dem breiten Strom der affirmativen Kultur eines sich noch sendungsbewußt und zukunftsträchtig gebenden Bürgertums. Dabei erschien er gewiß und wissentlich als ein Außenseiter in persönlichem Habitus und künstlerischem Stil, aber doch nur insofern, als sein Schiffchen vielleicht auffällige Verzierungen und Farben aufwies und er es auch stets ein wenig abseits vom Hauptpulk hielt. Gegen den Strom die Segel zu hissen war seine Sache nicht, eher schon hin und wieder ein Trompetenstoß, der den Kurs der Konsolidierung bürgerlicher Ordnung und englischer Größe feierlich bestätigte. Symptomatischerweise beeinflußte ihn der politische Publizist und Redner Edmund Burke (1729–1797), der, von demokratisch-liberalen Auffassungen ausgehend, mit seinen ›Betrachtungen über die Französische Revolution‹ (›Reflections on the Revolution in France‹, 1790) zu einem Hauptideologen antirevolutionärer Machtabsicherung im bürgerlichen England avancierte. De Quincey lobte ihn als ›den besten Schriftsteller des Jahrhunderts, den Mann der größten und feinsten Einsichten‹. Ganz in Burkes Geiste stand er in zeitgenössischen Klassenauseinandersetzungen mehr auf Seiten der herrschenden Mächte. Diese grundsätzliche politische Haltung will nun keineswegs besagen, daß der Schriftsteller als unbeugsamer, finsterer Reaktionär abzustempeln wäre, dem es um die brutale Verteidigung der Ausbeutungsverhältnisse ging. Zahlreiche Passagen in den ›Bekenntnissen‹ und anderswo lassen keinen Zweifel daran, daß er die Augen vor dem Unglück anderer und vor dem verbreiteten Elend und Mangel nicht verschloß, die dem Kapitalismus als Kehrseite seines glanzvollen Aufstiegs anhafteten. Jedoch die eigentliche Lage der arbeitenden Klassen und der Charakter der Ausbeutung entgingen seinem Verständnis. Er las zwar William Petty (1623–1687) und Thomas Robert Malthus (1766–1834), nicht aber Karl Marx und Friedrich Engels, die in seinen späteren Lebensjahren in England lebten und arbeiteten. Sein Mitgefühl, sein Gerechtigkeitssinn und die Menschenbezogenheit seines Denkens insgesamt ließen ihn soziale Verbesserungen wünschen – nicht aber durch Revolution, sondern durch die altruistische Einsicht der Besitzenden.

Thomas de Quincey kam als fünftes Kind eines erfolgreichen Handelskaufmanns in Manchester zur Welt, jener Stadt, die eben zu jener Zeit das Epizentrum der Entwicklung des Industriekapitalismus war. Innerhalb von gut fünfzig Jahren rückte sie vom provinziellen Weberstädtchen an die Spitze der industriellen Produktion der Welt. Der Vater starb bereits 1792 und hinterließ ein Vermögen, das seiner Witwe ein standesgemäßes Leben und seinen Kindern eine bürgerlichen Standards entsprechende Schulbildung ermöglichte. Das Erbteil reichte jedoch für die Nachkommen nicht für Extravaganzen oder gar als Grundlage für die private Beschäftigung mit gelehrten Gegenständen beziehungsweise freischaffende Schriftstellerei aus, die keine oder nur unzureichende Einnahmen brachten. Der Junge erhielt zunächst eine Einzelausbildung bei einem Geistlichen in Manchester, besuchte dann die öffentliche Grammar School in Bath, eine Privatschule in Winkfield in Wiltshire und schließlich die Grammar School in Manchester, die den Vorzug besaß, ihre Absolventen für das Studium am Brasenose College der Universität Oxford mit einem Stipendium auszustatten. Im Juli 1802 lief er allerdings heimlich aus dieser Schule weg, unternahm lange Wanderungen durch Wales und begab sich dann nach London, wo er sich im Trubel der Stadt treiben ließ, viel las und unter anderem auch mit einer Prostituierten verkehrte. Die ›Bekenntnisse‹ zeichnen von diesem Lebensabschnitt ein detailliertes Bild.

Im Herbst 1803 bezog de Quincey das Worcester College der Universität Oxford. Unter dem Einfluß eines Deutschen namens Schwartzburg wurde er dort mit der deutschen Literatur und Philosophie bekannt, die ihn fortan ständig beschäftigten. 1807 oder 1808 verließ er die Universität ohne Abschlußdiplom und hielt sich darauf meist in London auf, wo er mit den Schriftstellern und Publizisten William Godwin (1756–1836), Charles Lamb (1775–1834) und William Hazlitt (1778–1830) zusammentraf. Wie er selbst verehrten die beiden letztgenannten Coleridge und Wordsworth, die von der allgemeinen Reputation, die sie später erlangen sollten, noch weit entfernt waren. De Quincey trat mit Coleridge in Kontakt, dessen Schicksal mit dem seinen insofern eine gewisse Verwandtschaft aufweist, als sich der romantische Dichter ebenfalls zeitweise in erheblichen Geldsorgen befand und gleich ihm der Opiumsucht verfiel. Obwohl de Quincey Coleridge in einer für diesen sehr prekären Situation zu einem Darlehen verhalf, blieb ihr Verhältnis doch eher unterkühlt, und der abweichenden Urteilsbildung über das Opium in den ›Bekenntnissen‹ haftet im Ton, wenn auch vielleicht nicht in der Sache, etwas von kleinlicher Rechthaberei an. Die erste Begegnung mit Wordsworth datiert vom November 1807. Im November 1809 bezog de Quincey dessen altes Haus, Dove Cottage, das

21 Jahre lang sein Hauptwohnsitz blieb. Die zunächst sehr enge, freundschaftliche Beziehung zu Wordsworth lockerte sich nach einiger Zeit wieder und blieb schließlich vor allem über dessen feinsinnige Schwester Dorothy lose erhalten, die auch de Quinceys nicht ganz ranggleiche Eheschließung mit der achtzehnjährigen Bauerntochter Margaret Simpson, im Februar 1817 – drei Monate nach der Geburt ihres ersten gemeinsamen Kindes –, eher verstand.

Die Notwendigkeit, für eine Familie zu sorgen, zwang ihn endlich dazu, sich um finanzielle Einkünfte zu kümmern. 1819 übernahm er vorübergehend die Herausgeberschaft der stocktoryistischen Provinzzeitung ›Westmoreland Gazette‹. Mit der Veröffentlichung der ersten Fassung der ›Bekenntnisse eines englischen Opiumessers‹ im ›London Magazine‹, der erst 1820 gegründeten, aber ein Jahr darauf schon führenden Kultur-Zeitschrift der englischen Hauptstadt, wurde er praktisch über Nacht berühmt, ähnlich wie wenig später der Historiker und Essayist Thomas Babington Macaulay (1800–1859) mit einem Aufsatz über Milton in der ›Edinburgh Review‹ (1825). Daß man sich so schnell einen Namen machen konnte, hängt damit zusammen, daß mit Beginn des 19. Jahrhunderts kulturpolitische Rezensionsschriften (Reviews) und Magazine hohes Ansehen gewannen und als Plattform ideologischer, ästhetischer und philosophischer Kontroversen mit teilweise ausgeprägtem parteipolitischem Hintergrund dienten. Der englische Literaturwissenschaftler Ian Jack resümiert in einer literaturhistorischen Übersicht: ›In einem Zeitalter der Diskussion gehörten sie zu den Hauptkanälen der Diskussion. Zeitweise war ihr Einfluß vergleichbar selbst mit dem des Parlaments. Ihre Herausgeber waren wichtige Männer.‹ Die Thematik der Zeitschriften war weit gefächert: Politische Essays, historische Studien, Biographien, wissenschaftliche Traktate, literatur- und kulturgeschichtliche Untersuchungen wurden als Originalbeiträge gedruckt oder besprochen. Ein hohes stilistisches Können war Vorbedingung. Wer schrieb, mochte sich als Schriftsteller fühlen.

So auch Thomas de Quincey. Seine literarische Bedeutung wurzelt ganz im Essayismus, denn seinem einzigen größeren fiktiven Werk, dem der Schauerliteratur nahestehenden Roman ›Klosterheim‹ (1832), war Erfolg nicht beschieden. Um so mehr aber seinen Aufsätzen, unter anderem über Jean Paul (1821), Johann Gottfried Herder (1823) und Goethes ›Wilhelm Meister‹, den er im militanten Ton puritanischer Prüderie herunterputzte, was freilich zu seinem eigenen persönlichen Vorleben nicht so recht passen will. In kürzester Zeit wurde er, der vor seinem 37. Lebensjahr praktisch nicht publiziert, wohl aber viel gelesen und eine Unmenge von Konspekten angefertigt hatte, zu einem Essayisten von Renommee und Können, der die mächtige Tradition englischer Prosa durch Originalität und unverwechselbare Stilgebung bereicherte. Ab 1826 veröffentlichte er hauptsächlich in dem in Edinburgh erscheinenden ›Blackwood's Magazine‹, das insgesamt eine konservativ-toryistische Redaktionspolitik verfolgte und zugleich Attraktivität durch das Aufgreifen unkonventioneller Themen und durch ungewöhnlich zugespitzte Polemiken anstrebte. Von de Quincey druckte es unter anderem eine kommentierte Übersetzung von Lessings ›Laokoon‹ (1826/27), zwei Essays über Immanuel Kant (1827; 1830) und die aufsehenerregende Schrift ›Der Mord als schöne Kunst betrachtet‹ (›On Murder considered as one of the fine arts‹, 1827). Der Autor, trotz relativ guter Bezahlung durch die Zeitschriften in dauernden Geldsorgen, siedelte mit seiner Familie 1830 nach Edinburgh über, wo er ein sehr zurückgezogenes Leben führte. Gelang es Freunden und Bekannten aber, den körperlich kleinen Mann mit den feingeschnittenen Gesichtszügen in Gesellschaft zu ziehen, dann erwies er sich als geistvoller Unterhalter. Zeitgenossen und Biographen sind sich einig darin, daß es keinen Konversationsgegenstand gab, zu dem sich de Quincey nicht mit Wissen und Witz zu äußern vermochte. Als Essayist war er in der Folgezeit höchst produktiv. Durchschnittlich verfaßte er im Jahr neben kleineren Beiträgen ungefähr sechs längere Artikel zu so auseinanderliegenden Gegenständen wie Literaturgeschichte, Philosophie, Rhetorik, römischer Geschichte, politischer Ökonomie, religiösen Streitfragen und kulturgeschichtlichen Themen. Unter ihnen machten besonders die ›Sketches of

Life and Manners from the Autobiography of an English Opium-Eater‹, die ›Tait's Magazine‹ ab 1834 in insgesamt etwa 30 Fortsetzungen veröffentlichte, wegen der bewundernden *und* kritischen Wertung der englischen Romantiker sowie ›Die englische Postkutsche‹ (›The English Mail Coach‹, 1849 in ›Blackwood's‹) durch die stilistische Raffinesse in der Form und die nationale Selbstbestätigung im Inhalt Furore.

De Quincey war ein unermüdlicher Arbeiter. Neben seinem Hauptwohnsitz in einem Gehöft in der Nähe von Edinburgh, das er nach dem Tode seiner Frau (1837) für seine Kinder erworben hatte, soll er in seinen späteren Lebensjahren bis zu sechs möblierte Zimmer in der Stadt gemietet haben, die mit Konspekten, Büchern und Manuskripten übersät waren und es ihm ermöglichten, wenigstens halbwegs den Kopf über seiner Papierflut zu halten und wie ein Fuchs den Nachstellungen von Gläubigern und Freunden zu entgehen.

Mit dem Opium kam de Quincey erstmals 1804 in Berührung, als er bei einem Apotheker in der Londoner Oxford Street ein Fläschchen Laudanum gegen Zahnschmerzen kaufte, die ihn hartnäckig plagten. Die weitere Geschichte ist in den ›Bekenntnissen‹ eindrucksvoll im einzelnen belegt: ihr Beginn mit der zunächst sporadischen, geistig stimulierenden Anwendung des Mittels in größeren Intervallen; das Abgleiten in die durch ein chronisches Magenleiden und die Angst vor einer ererbten Tuberkulose verursachte völlige Abhängigkeit von der Droge; die erste Opiumkrise von 1817–1819, die mit Visionen, Verzerrung des Raum- und Zeitgefühls, Willenslähmung, geistiger Verwirrung und Verlust des Arbeitsvermögens einherging; und schließlich die qualvolle Befreiung aus diesem Tief. Danach gelang es ihm, die Einnahme des Rauschgifts so zu kontrollieren, daß er bei wechselnden Dosierungen und im ständigen Kampf gegen die Begier auf höhere Mengen relativ normal arbeiten konnte. Die Magenentzündung und Nervenschmerzen warfen ihn 1844 und 1848 in das Inferno neuer Krisen, die er unter erstaunlicher Willensanstrengung überwand. Fortan hielt er den Verbrauch in strenger Selbstzucht auf einem Minimum. Beinahe verwunderlich mutet es an, daß der von Kindheit an kränkliche und von allerlei Schmerzen geplagte Mann ein hohes Alter erreichte. Ob trotz oder wegen der Fesselung an das Rauschgift, muß eine spekulative Frage bleiben. Im 75. Lebensjahr vollendete Thomas de Quincey am 8. Dezember 1859 friedlich seinen Lebensweg.

Neben Lamb, Hazlitt, Macaulay und Thomas Carlyle (1795–1881) war es de Quincey, der in der ersten Hälfte des 19. Jahrhunderts in England den Essay erneut zum literarischen Kunstwerk erhob, in dem sich geistvolle Information und sprachliche Verfeinerung paarten. Vielleicht kann er sogar als das bedeutendste Genie unter diesen Vertretern eines Genres gelten, das die bürgerliche Kultur in der Blüte ihrer letzten Aufstiegsphase zur Vollkommenheit entwikkelte. Er verband die kritische Analyse mit selbstbewußter Verallgemeinerung, den Hang zur objektivierten, wissenschaftsnahen Betrachtung seiner Gegenstände mit der ausgestellten Eigensicht des selbstbewußten Individuums. Das Schwergewicht lag dabei letztlich weniger auf der Beschreibung, sondern auf der Reflexion, sozusagen unter Vorwegnahme einer später durch die Psychologie bestätigten Einsicht, daß die äußeren Eindrücke über die inneren Bedingungen wirken. Seine literaturwissenschaftlichen Aufsätze – über Shakespeare, Donne, Milton, Pope, Swift, Browne, Burke, Wordsworth, Coleridge, Godwin, Clare – sind Beispiele für eine psychologische Kritik, die in der Beachtung des Wirkungsaspekts von Kunst auf den Leser und in der – freilich oftmals subjektiv gefärbten – Einsicht in die ideelle Tiefenstruktur literarischer Werke ihr Verdienst besitzt.

In seinen Essays und in den ›Bekenntnissen‹ spricht das private Individuum zum privaten Individuum. Wie eigenbrötlerisch und selbstisoliert auch immer sich das Dichter-Ich gegenüber der Öffentlichkeit gebärdete, so begriff es sich doch noch in eins mit einer Gesamtkultur und gesamtgesellschaftlichen Ordnung, mit der im Einklang befindlich de Quincey gleichermaßen das Publikum voraussetzte. Daher auch rührt jene reizvolle, augenzwinkernde Vertraulichkeit, die der Autor immer wieder mit seinem Leser herstellt, und ebenso die Protzigkeit des Bildungsbürgers, der mit Zitaten und fremdsprachigen Floskeln um sich wirft. In der bürgerlichen Selbstsicherheit wurzeln schließlich die stilistischen Ausschweifungen der Alliterationen, komplizierten Rhythmisierungen, Metaphern, Parenthesen, Vertauschungen der Wortfolge, attributiven Aneinanderreihungen und Klangbeziehungen. Sie lassen seine Texte ausgeschmückt erscheinen wie ein viktorianisches Architekturmonument mit seinen Zinnen und Erkern, Säulen und Vorsprüngen, Bogenfenstern und Reliefs, Putten und Urnen. Wie der Schatten zum Licht, so gehören zur Brillanz des Stils bei de Quincey das Überladene, zum Sachinhalt das Pompöse. Mit der linken Hand abzutun ist das keinesfalls: Immerhin provoziert der Autor nicht zuletzt dadurch die wache Aufmerksamkeit und Bereitschaft des Lesers zur eigenen geistigen Verarbeitung des Dargebotenen.

Die ›Bekenntnisse‹ sind ein außergewöhnlicher Markstein auf dem Wege zu jenem großen Territorium der wissenschaftlichen und künstlerischen Erkundung innerer psychischer Vorgänge, das von der zweiten Hälfte des 19. Jahrhunderts an in reichem Maße ausgemessen wurde. De Quincey fühlte etwas von einem Entdecker in sich, der das Opiumnehmen für sich wie für den Leser zum Abenteuer machte. Er erforschte einen exotischen Kontinent, der doch sein eigener Körper und das eigene Denken, Fühlen, Wahrnehmen und Träumen war. Er notierte dabei penibel die Hochgefühle und die Opfer, den Genuß und die Qual. Er ließ sich von der Macht des Opiums faszinieren, die ›in der Fähigkeit zur geistigen Vision, in dem erhöhten Vermögen, sich mit dem Schattenhaften und Dunklen zu befassen, besteht‹, wie er es in dem Essay ›Coleridge und das Opiumessen‹ (›Coleridge and Opium-Eating‹) ausdrückte. Und er verlor nie die in der Einleitung der ›Bekenntnisse‹ ausgesprochene Zielstellung aus dem Blick, den Bericht ›auch in beachtlichem Maße belehrend‹ zu gestalten. Als Schreibender erhob er sich in die Position des gestandenen Expeditionsleiters, dem hinreichende Erfahrungen sichere Urteile erlauben, der sich als Autorität ausgeben kann, weil er die gefährlichen Untiefen und die sichere Fahrrinne genauestens kennt. Die Selbstsicherheit des Bürgers obsiegt über Außenseiter- und Abenteurerhaltung. Mit der Kontrolle de Quinceys über das Opium gewinnt ideologisch gleichsam noch der Geschichtsoptimismus der Bourgeoisie die Oberhand.

›The Confessions of an English Opium-Eater‹ erschien zunächst in zwei ›London Magazine‹-Fortsetzungen im September und Oktober 1821. Das Oktoberheft enthielt im Herausgeberteil der Zeitschrift, genannt ›The Lion's Head‹, eine ›Bemerkung für den Leser‹, die dann der Buchpublikation des Textes im Jahre 1822 als Vorwort diente. Ein Brief des noch anonymen Verfassers im Dezemberheft des ›London Magazine‹ versprach eine dritte Folge, die er aber nicht realisierte. Eine gründliche Erweiterung nahm er erst für die Gesamtausgabe seiner Schriften vor. Sie kam zwischen 1853 und 1860 als ›Selections Grave and Gay, from writings published and unpublished, by Thomas de Quincey‹ unter der Herausgeberschaft des Schriftstellers selbst in 14 Bänden bei dem Verleger James Hogg in Edinburgh heraus. Ihr fünfter Band, 1856 publiziert, war den ›Bekenntnissen‹ vorbehalten, deren Umarbeitung, die selbst vor der ›Ursprünglichen Einleitung‹ nicht haltmachte, einer Neufassung gleichkam. Diesem Text folgt die Ausgabe des Werkes in der Reihe ›Everyman's Library‹ des Londoner Verlags Dent, die der vorliegenden Übersetzung zugrunde liegt.

Die Vergrößerung des Umfangs ging zunächst auf eine sehr pragmatische Erwägung zurück. De Quincey wollte sein sensationellstes Opus gern gesondert ediert wissen. Die einzelnen Bände der Hogg-Ausgabe umfaßten aber zwischen 320 und 360 Seiten, wohingegen sich die existierenden ›Bekenntnisse‹ lediglich auf 120 Seiten beliefen. ›So blieb mir nichts weiter übrig‹, erläuterte er brieflich seiner Tochter Emily, ›als an dem Buch herumzudoktern und es auf den würdigen Umfang auszudehnen, der seinem Preis angemessen war.‹ Auffällig ist vor allem der Ausbau des ersten autobiographischen Teils auf das Sechsfache des ursprünglichen Maßes, was als Ausdruck seiner Überzeugung gelten kann, daß jugendliche körperliche und geistige Labilität oft einen Menschen der Gewalt des Rauschgiftes anheimfallen läßt. Damit nahm de Quincey einen inzwischen von der Sucht-Forschung bestätigten Sachverhalt vorweg. Deutlicher als vorher ging er auch auf den medizinischen Aspekt der Einnahme von Opium ein. Durch Ausmalung der Personenbeschreibungen und Umweltschilderungen erhöhte er den kulturhistorischen Informationswert, entging aber da und dort nicht einer etwas langatmigen Detailverliebtheit und Rhetorik. Wie vor ihm Coleridge, entdeckte er eine besondere Vorliebe für abschweifende und meist unnötige Anmerkungen. Auf die geplante Beifügung von ›zwanzig oder fünfundzwanzig Träumen und Halluzinationen‹ mußte der Autor – bis auf ›Die Tochter des Libanon‹ – notgedrungen verzichten; die Begleitumstände sind im ›Vorwort‹ zur Neuausgabe hinreichend erläutert.

Ursprünglich hatte de Quincey 1822 in seiner Vorrede bemerkt, daß ›nicht der Opiumesser, sondern das Opium der wahre Held der Erzählung und das eigentliche Zentrum ist, um das sich das Interesse dreht‹. Daß dieser Satz im Druck von 1856 nicht mehr vorkommt, dokumentiert, wie das Biographische, das Subjekterleben, das Zur-Schau-Stellen des Ich mehr Gewicht erhält, ohne daß die nüchterne Protokollierung des ›Falles‹ nun ins Hintertreffen gerät. Die frühere essayistische Dokumentation erwarb mehr den Charakter der – von Dichtung und Wahrheit geprägten – *literarischen* Autobiographie. Über das Ergebnis war sich de Quincey selbst nicht so völlig sicher. In einem Brief hielt er es für möglich, daß mancher wohl die erste fragmentarische Version bevorzugen könnte. Dem fügte er hinzu: ›Als ein Buch für die *Unterhaltung* ist es zweifelsfrei verbessert; was ich bezweifle, ist, ob es das auch als Buch ist, das *beeindruckt.*‹ Ungeachtet dessen, daß dem Leser nur die endgültige Fassung vorliegt, bleibt des Autors Frage nach der Wirkung in verallgemeinertem Sinne gültig: Jeder soll und muß sie bei der Lektüre für sich beantworten.

Berlin, im Juni 1980 *Wolfgang Wicht*

Erläuterungen zum Text

5 *›Demutsvoll uns zeigen alle Zeit ...‹:* aus Wordsworth' Dichtung ›Die weiße Hindin von Rylstone‹ (›The White Doe of Rylstone‹, 1815) Canto I, Zeile 176–177.

6 *Wilberforce,* William (1759–1833): englischer Politiker, der sich nachdrücklich für die Abschaffung des Sklavenhandels und der Sklaverei einsetzte.

der erste Lord Erskine, Thomas (1750–1823): redegewandter Star-Rechtsanwalt und Politiker, der u. a. Sympathisanten der Französischen Revolution verteidigte.

Addington, Henry Unwin (1790–1870): Beamter im englischen Außenministerium.

Sidmouth, Henry Addington (1757–1844): englischer Politiker und Minister.

8 *Greenwich Hospital:* Pflegeheim und Krankenhaus für alte und kranke Seeleute.

Mead, Richard (1673–1754): berühmter Londoner Arzt; er publizierte über Gifte und Infektionen.

taedium vitae: lat., Lebensüberdruß.

11 *den fünften Band:* De Quincey bezieht sich auf die von ihm selbst vorbereitete vierzehnbändige Werkausgabe ›Auswahl – ernst und heiter‹ (›Selections Grave and Gay‹), die 1853–1860 in Edinburgh erschien.

17 *Sybaris:* Stadt der griechischen Antike, deren Bewohner Luxus und Vergnügen liebten.

Daphne: Lustgarten bei Antiochia in Syrien.

18 *Koloquinthe:* Abführmittel aus den Früchten eines Kürbisgewächses.

19 *Hare,* Julius Charles (1795–1855): englischer Geistlicher, verfaßte u. a. 1827 mit seinem Bruder, dem Geistlichen Augustus William Hare (1792–1834), die Essay- und Kommentarsammlung ›Mutmaßungen‹ (›Guesses at Truth‹). Hare war von Coleridge – was de Quincey verschweigt – stark beeinflußt und kannte dessen essayistische Werke und Sammlungen ›Biographia Literaria‹ (1817), ›Der Freund‹ (›The Friend‹, 1818) und

›Hilfestellung zum Nachdenken‹ (›Aids to Reflection‹, 1825), sehr gut. Letztgenannte Veröffentlichung veranlaßte Hare, Coleridge als den wahren König des modernen englischen Denkens zu apostrophieren.

20 ›Christabel‹: 1816 veröffentlichte, allerdings nicht abgeschlossene Verserzählung von Coleridge. Der als ›geschnitzt nach des Schnitzers Phantasie‹ (›All carved from the carver's brain‹) zitierte Vers, Zeile 180, lautet eigentlich: ›All made out of the carver's brain‹. Die erwähnte Lampe ist nach Coleridges Beschreibung an einer doppelten Silberkette an einem Engelsfuß befestigt.

21 *Caliban von Prospero:* Gestalten aus Shakespeares ›Der Sturm‹ (1611).

22 *Irasque leonum/Vincla recusantum:* lat., ›von zürnenden Löwen ..., der Bande sich sträubend‹; in der Übersetzung von Wilhelm Binder aus Vergils ›Aeneis‹, VII, 16.

Fürst der jesuitischen Kasuisten: Aus dem Zusammenhang ist nicht abzuleiten, wen de Quincey meint. Möglich wären der Gründer des Jesuitenordens, Ignatius von Loyola (1491–1556), oder Alfonso Lignori (1696–1784), der Mitte des 18. Jahrhunderts in Rom zur höchsten Autorität der Kasuistik wurde. Der berühmte Engländer Jeremy Taylor (1613–1667) dürfte als Protestant wohl nicht in Frage kommen (vgl. Anm. zu S. 32).

29 *Ferdinand VII.* (1784–1833): spanischer König.

31 *Moseley Street und die neu projektierte Oxford Street:* Moseley oder neuer Mosley Street ist eine belebte Geschäftsstraße in Manchester, an der später der Hauptbahnhof errichtet wurde. Oxford Street ist die Ausfallstraße in die südöstlichen Vororte, die im Zuge der schnellen Erweiterung der Industriestadt im 19. Jahrhundert bebaut wurde.

32 *Barrow,* Isaac (1630–1677): englischer Mathematiker und Geistlicher; u. a. Lehrer von Newton und berüchtigt für die Länge seiner Predigten.

Taylor, Jeremy (1613–1667): englischer Geistlicher und

Theologe. Seine wichtigste Schrift, ›Ductor Dubitantium‹ (1660), war als Handbuch christlicher Kasuistik und Ethik gedacht.

33 *Baxter,* Richard (1615–1691): englischer Geistlicher, der in den komplizierten religiösen Kontroversen um die Zeit der englischen bürgerlichen Revolution, für die er eintrat, ein wechselvolles Schicksal hatte und 1685 wegen angeblich ketzerischer Auslegung des Neuen Testaments sogar fast 18 Monate im Gefängnis schmachtete.

Whitfield, wahrscheinlich gemeint Whitefield, Henry (1597–1657): englischer Geistlicher; emigrierte aus Protest gegen die royalistische und antipuritanistische Politik der Staatskirche nach Amerika, von wo er 1650 zurückkehrte.

Cowper, William (1731–1800): englischer Dichter der Übergangsphase vom Klassizismus zur Romantik. Im II. Buch seines sechsteiligen Gedichts ›Die Aufgabe‹ (›The Task‹, 1785) meditierte er in etwas distanziert-ironischer Weise über die Gewalt des Kanzelredners über sein Publikum.

›Ich predigte, als schwinde meine Zeit...‹: aus Richard Baxters (s. o.) ›Worte der Liebe zu Dank und Lobpreis‹ (›Love Breathing Thanks and Praise‹), II. Teil, Zeilen 855–856.

34 *Curtius* Mettus: aristokratischer römischer Jüngling, der 362 v. d. Z. mit seinem Pferd in einen Spalt gesprungen sein soll, der sich auf dem Forum aufgetan hatte und nach Aussage der Wahrsager nur geschlossen werden konnte, wenn Roms größter Wertgegenstand hineingeworfen würde.

Sidney, Algernon (1622?–1683): englischer Offizier und Politiker; kämpfte im englischen Bürgerkrieg auf der parlamentarischen Seite und wurde 1683 mit anderen Aristokraten, die von der Restauration gefürchtet wurden, wegen Verschwörung angeklagt und hingerichtet.

36 *Arnold,* Thomas (1795–1842): englischer Geistlicher und Historiker; Rektor der berühmten Privatschule von Rugby. Arnold legte die erwähnten Auffassungen in

einem Artikel der Zeitschrift ›Englishman's Register‹ im Juni 1831 dar.

38 *›löste sie sich auf‹:* Das Bild der sich auflösenden Wolke wird von Antonius in Shakespeares ›Antonius und Cleopatra‹, IV, 14, 9–10, gebraucht.

39 *eine Privatschule in Wiltshire:* im Ort Winkfield.

40 *Peisistratos* (etwa 600–527 v. d. Z.): eroberte die Macht über Athen, die er bis zu seinem Tode ausübte; förderte die Bauernschaft, Handel und Verkehr, Kunst und Wissenschaft und ließ prachtvolle Bauten errichten. U. a. wird ihm nachgesagt, daß er die Redaktion der Epen Homers veranlaßte.

41 *aus ›des Dichters Weise, ...‹:* aus John Miltons (1608 bis 1674) Sonett ›Als der Angriff auf die Stadt gerichtet war‹ (›When the Assault was Intended to the City‹, 1642). De Quincey verbindet die Textstelle mit einer antiken Geschichte, die bei Milton nicht gemeint ist. Der Sonett-Dichter spielt auf eine Stelle bei Plutarch an, in der erzählt wird, wie der Spartaner Lysander und seine Offiziere 404 v. d. Z. Athen dem Erdboden gleichmachen und alle Bewohner in die Sklaverei führen wollten, jedoch, als ein Sänger aus Phokis einen Chorus aus Euripides' ›Elektra‹ vortrug, den barbarischen Charakter ihres Vorhabens erkannten.

›den großen makedonischen Eroberer‹... ›befahl zu schonen...‹. aus demselben Sonett. Milton bezieht sich auf Alexander den Großen, der das Haus des über 100 Jahre früher gestorbenen Dichters Pindar (522?–446 v. d. Z.) und die Familie des Dichters verschonte, während die Stadt Theben zerstört und ihre Einwohner verfolgt wurden.

›empor zum Thron des Sultans‹: Paraphrasierung einer Textstelle am Ende des I. Buches von Miltons Versepos ›Das verlorene Paradies‹ (›Paradise Lost‹, 1667).

42 *Tooke,* John Horne (1736–1812): Sein Fall wurde dadurch bekannt, weil seine Priesterweihe als nichtrevidierbar empfunden wurde.

43 *Prätendent:* Prinz Charles Edward (1720–1788) aus dem monarchischen Hause der Stuarts, das die eng-

lische Revolution entmachtet hatte. Unter Hilfe der Anhänger der Stuarts, der sogenannten Jakobiten, und der Franzosen, versuchte er 1740, zunächst in Schottland die Macht seines Hauses wiederzuerrichten, ließ sich als König Jakob VII. von Schottland ausrufen und rückte nach England vor, wo er vernichtend geschlagen wurde.

Byrom, John (1692–1763): bei Manchester geborener englischer Dichter, Mediziner und Erfinder einer Kurzschrift.

44 *Impluvium:* Marmorbassin in der Mitte des Innenhofes (Atrium) großer antiker römischer Häuser.

Millgate: Straße in Manchester, in der sich die Grammar School befand.

45 *plagosus Orbilius:* lat., der prügelwütige Orbilius; römischer Grammatiker und Schulmeister (114–14? v. d. Z.), der seine Schüler auch schlug, worüber sich Horaz (65–8 v. d. Z.) in seinen ›Episteln‹, 2, 1, 70 f., ausläßt.

47 *John o' Groats Haus:* Legende von acht holländischen Familien, die sich nahe der Nordostspitze Schottlands niedergelassen hatten. Um den Streit zu beenden, wer beim alljährlichen Fest des Jahrestages ihrer Ankunft den Vorsitz führe, ließ John de Groat ein achteckiges Haus mit einem achteckigen Tisch bauen.

›Round-Robin‹ (auch Round Robbin): Form des sportlichen Wettkampfes, bei dem jeder Teilnehmer gegen jeden kämpft und der mit den meisten Siegpunkten der Gewinner ist.

Harrington, James (1611–1677): englischer Publizist. Sein Hauptwerk, ›Oceana‹ (1656), in dessem ersten Teil sich die erwähnte Textstelle befindet, ist eine politische Utopie von einem republikanischen Staat, die der Ideologie des revolutionären Bürgertums entsprach.

49 *Sueton:* Gaius Suetonius Tranquillus (70?–140): römischer Geschichtsschreiber und Biograph berühmter Dichter, Philosophen und Grammatiker, u. a. Terenz, Horaz, Vergil.

›Spectator‹: nach ›The Tatler‹ (1709–1711) erste bedeuten-

de englische Kulturzeitschrift (1711–1712; 1714), herausgegeben von Joseph Addison (1672–1719) und John Steele (1672–1729).

50 *Nugent,* Thomas (1700?–1772): englischer Publizist und Übersetzer der ›Nouvelle Methode pour apprendre la langue Grecque‹ (1655) von Claude Lancelot (1615–1695), die de Quincey hier unter dem Titel ›Griechische Grammatik‹ meint. Sie erschien ab 1746 in mehreren Auflagen.

Port Royal: berühmtes Zisterzienserkloster südwestlich von Paris.

Morell, Thomas (1703–1784): englischer Gräzist, der durch sein Lexikon ›Thesaurus Graecae Poeseios‹ (1762) bekannt wurde.

Bentley, Richard (1662–1742): einer der bedeutendsten englischen Altertumswissenschaftler und Texteditoren.

Valckenaer, C. L. (gest. 1785): englischer Gräzist.

Porson, Richard (1759–1808): bedeutender englischer Gräzist. Herausgeber von Aischylos und Euripides.

Gray, Thomas (1716–1771): englischer Dichter; seine ›Elegie auf einen Dorfkirchhof‹ (›Elegy Written in a Country Churchyard‹, 1751) gehört zu den berühmtesten und bekanntesten Gedichten in der englischen Literaturgeschichte überhaupt.

Dawes, Richard (1708–1766): übersetzte einige Texte von Milton in griechische Hexameter und huldigte dem nicht realisierten Plan, ›Das verlorene Paradies‹ ins Griechische zu übertragen.

51 *Georg II.* (1708–1766): englischer König ab 1727. Sein Vater Georg I. (1660–1727), der nicht englisch sprach, überließ die Politik ganz seinen Ministern.

Tomline, George Pretyman (1750–1827): Erzieher und Sekretär von William Pitt; 1787 Bischof von Lincoln, 1820 Bischof von Winchester.

Pitt, William der Jüngere; (1759–1806): englischer Politiker.

52 *Lord Altamont* (geb. 1788): Knabe aus hocharistokratischem Hause, den der junge de Quincey 1799 in Bath kennengelernt hatte und im Sommer 1800 in

Eton besuchte, von wo aus sie eine gemeinsame Wanderung durch England und Irland unternahmen.

53 *Taylor,* William Cooke (1800–1849): englischer Publizist, der seinerzeit relativ bekannt war.

Grotius, Hugo (1583–1645): holländischer Jurist und Politiker. Sein religiöses Bekenntnisbuch ›De Veritate Religionis Christianae‹ (bei de Quincey fälschlich ›De veritate Christianae religionis‹) (1627) machte ihn berühmt. Sein Hauptwerk, ›De Jure Belli et Pacis‹ (1625) ist ein grundlegendes Werk in der Geschichte des Völkerrechts.

54 *Lardner,* Nathaniel (1684–1768): englischer Geistlicher und Theologe; sein Hauptwerk ist die vielbändige ›Glaubwürdigkeit der Evangeliengeschichte‹ (›The Credibility of the Gospel History‹, 1727–1756).

Paley, William (1743–1805): englischer Theologe. Seine Schrift ›Ansichten über die Zeugnisse des Christentums‹ (›The View of the Evidences of Christianity‹, 1794) wurde sehr bekannt.

Pococke, Edward (1604–1691): bedeutender englischer Orientalist; Verfasser der ›Specimen Historiae Arabum‹ (1649).

55 *G,:* Gemeint ist Ashurst Turner Gilbert (1786–1870); späterer Geistlicher und Bischof von Chichester.

57 *›De veritate‹:* vgl. Anm. zu S. 53: Grotius

59 *Chateaubriand,* François-René, Vicomte de (1768–1848): französischer Diplomat und Schriftsteller; unter dem reaktionären Louis XVIII. für einige Zeit Botschafter in England.

Bileam: Gestalt eines Wahrsagers im Alten Testament, 4. Buch Mose, Kap. 22, der für den Moabiterkönig Balak die Israeliten verfluchen soll, gegen seinen Willen aber einen dreimaligen Segen über sie ausspricht.

60 *Cousin,* Victor (1792–1867): französischer Philosoph und demokratischer Politiker. Sein Hauptwerk, ›Du vrai, du beau et du bien‹, erschien 1854.

61 *Chillingworth,* William (1602–1643): englischer Geistlicher und Theologe.

Browne, Thomas (1605–1683): englischer Arzt und

Schriftsteller, dessen stilistische Kraft und Exzentrik ihm beträchtliche Nachwirkung verlieh.

South, Robert (1634–1716): englischer Geistlicher und renommierter Prediger.

›Totentanz‹: seit dem 15. Jahrhundert bekannte, wahrscheinlich aus Frankreich stammende bildhafte Darstellung über die Allgewalt des Todes, auf der Menschen unterschiedlichen Alters, Geschlechts und sozialen Ranges durch ihren eigenen Leichnam ergriffen und fortgeschleppt werden.

62 *Comus:* Titelgestalt eines poetischen Maskenspiels (1634) von John Milton. Das Zitat gibt Zeile 636 dieses Stückes nicht ganz wortgetreu wieder.

63 *Froissart,* Jean (1337?–1404?): französischer Dichter und Geschichtsschreiber. Seine ›Chronik‹ wurde in der englischen Übersetzung von John Bourchier Lord Berners (1467–1533) 1525 veröffentlicht. Eine neue Übertragung erschien 1802–1805. Deshalb spricht de Quincey hier von der alten Übersetzung.

64 *Thalberg,* Sigismund (1812–1871): gefeierter Schweizer Pianist und Komponist.

65 *um auf Weiden zu hängen:* Bezug auf den 137. Psalm, 2: ›Unsere Harfen hingen wir an die Weiden ...‹.

Sommer des Jahres 1802: Am 27. März 1802 war der Frieden von Amiens geschlossen worden, der den zweiten Koalitionskrieg gegen Frankreich beendete. Im Mai 1803 brach jedoch der Krieg erneut aus.

74 *›Besinnungslosigkeit der Freude‹:* Zeile aus dem 5. Sonett, ›Calais, August 15, 1802‹, des I. Teils der ›Gedichte, der nationalen Unabhängigkeit und Freiheit gewidmet‹ (›Poems Dedicated to National Independence and Liberty‹) von William Wordsworth.

75 *Lady Carbery:* Freundin von de Quinceys Mutter, die den Knaben von frühester Kindheit an kannte.

77 *sub judice:* lat., noch unentschieden.

Englisches Seengebiet: Landschaft im Nordwesten Englands. William Wordsworth lebte dort von 1799 an im Dorf Grasmere.

78 *Radcliffe,* Anne (1764–1823): Verfasserin von romanti-

schen Schauerromanen. Sie schrieb die umfangreiche Versdichtung ›St. Alban's Abtei‹ (›St. Alban's Abbey‹) über eine der berühmtesten englischen Klosterruinen, nördlich von London gelegen, die de Quincey an dieser Stelle meint.

80 *Hesperiden:* legendärer Garten am westlichen Ende der Welt, in dem goldene Äpfel wachsen.

Pausanias: Griechischer Schriftsteller des 2. Jahrhunderts, dessen ›Beschreibung von Hellas‹ eine wichtige kulturgeschichtliche Quelle darstellt.

81 *mon possible:* frz., meiner Möglichkeiten.

83 *bona fide:* lat., gutgläubig.

Sphinx: Ungeheuer, das bei Theben alle diejenigen verschlang, die das Rätsel nicht lösen konnten, wer zuerst auf vier, dann auf zwei und zuletzt auf drei Beinen gehe. Durch die Antwort, daß es der Mensch sei, befreite Ödipus Theben; die Sphinx stürzte sich in den Abgrund.

›Dienst zu leisten‹: vgl. Hamlet, V., 2, 36.

valet: frz., Diener.

femmes-de-chambre: frz., Zofen.

Cléry, Jean-Baptiste (1759–1809): Kammerdiener Ludwigs XVI.; 1825 erschien ›Journal de Cléry suivi des Dernières Heures de Louis Seize‹.

87 *Salomo:* Vgl. 1. Könige, 7–11.

88 *›Erleuchte unsere Finsternis ...‹:* Bezug auf 1. Mose, 1; oder 2. Korinther, 4, 6.

92 *Rubikon:* De Quincey assoziierte die berühmten Worte Caesars, ›Der Würfel ist gefallen‹, mit denen er den Fluß überschritt und den Krieg gegen Pompeius begann.

93 *›mit atlashaften Schultern‹:* Milton, ›Paradise Lost‹, II, 306.

contretemps: frz., Widerwärtigkeit.

94 *›Sieben Schläfer‹:* Die sieben Schläfer von Ephesus waren die Helden einer frühen christlichen Legende, die in einer Höhle von ihren Verfolgern eingemauert wurden, aber, statt zu verhungern, in einen wundersamen Schlaf von mehr als 200 Jahren verfielen.

›Vorsehung als mein Wegweiser‹: abgeleitet von Milton, ›Das wiedergewonnene Paradies‹ (›Paradise Regained‹), I, 647.

Canter, Willem (Canterus, Guliemus): Herausgeber einer griechischsprachigen Ausgabe der Tragödien von Euripides (1571) sowie einer zweisprachigen griechisch-lateinischen Ausgabe (1597 und 1602).

96 *›Mir droht, wie einst der Rabe ...‹:* etwas abweichend zitiert nach Shakespeare, ›Othello‹, IV, 1, 20–21.

97 *›Ruth‹:* Wordsworths Ballade, aus der die Zeilen 69–73 zitiert sind, wurde 1799 verfaßt und 1800 veröffentlicht.

›Wir sind sieben‹: (›We are Seven‹); Das Gedicht Wordsworths war 1798 geschrieben worden und erschien 1800.

98 *Christian:* Held in John Bunyans (1628–1688) berühmter puritanischer Allegorie ›Die Pilgerreise‹ (›Pilgrim's Progress‹, 1678; 1679).

99 *Sindbad:* Anspielung auf die vierte Reise Sindbads in den Erzählungen ›Tausendundeine Nacht‹, bei der der Held auf eine einsame Insel verschlagen wird, wo er auf einen Greis trifft, der sich von ihm unablässig auf den Schultern herumtragen läßt.

des Flusses Dee: Nach der Legende wurde Edgar (oder Eadgar, 944–975) in seinem Boot von acht Vasallenkönigen auf dem Dee gerudert. Edgar wurde 957 König von Northumbrien und Mercien und 959 auch von Wessex und gilt damit als der erste nationale König.

101 *Solway:* Einbuchtung der Irischen See zwischen England und Schottland, mit gefährlichem, hohem Wechsel von Ebbe und Flut.

ἄνω ποτάμων des Euripides: grch., der ›Ströme Fluten rückwärts‹; Euripides, ›Medea‹, 411.

102 *Deukalion und Pyrrha:* von Zeus gerettetes Menschenpaar, als er durch eine Sintflut die Menschheit vernichtend strafte.

104 *παῤῥησία:* grch., Redefreiheit

Bore: Für diese Naturerscheinung, die de Quincey hier beschreibt, sind in England vor allem der Severn, daneben die Flüsse Dee und Wye sowie der Sohray Firth bekannt.

105 *Audrey:* Einfältiges Bauernmädchen in Shakespeares ›Wie es euch gefällt‹. In III, 3, 13 ff. klagt der Narr Probstein, er wolle, die Götter hätten sie ›poetisch‹ gemacht, worauf Audrey erwidert, daß sie nicht wisse, was ›poetisch‹ sei.

106 *Pandora:* Im Auftrag des Zeus erschaffene Frau, die in einem Faß (später als Büchse bezeichnet) alle Übel für die Menschheit mitbrachte, mit Ausnahme der Hoffnung.

Goldsmith, Oliver (1730–1774): englischer Schriftsteller und Essayist. Die erwähnte Textstelle stammt aus seiner bekanntesten Dichtung, ›Das verlassene Dorf‹ (›The Deserted Village, 1770), und erzählt von einem Pfarrer, der mit vierzig Pfund im Jahr als Einkommen für reich gilt.

107 *ein Onkel mütterlicherseits:* sein Name war Thomas Penson, und er diente als Kolonialoffizier in Indien.

108 *das siebte Siegel:* Offenbarung des Johannes, 8–10.

110 *Popham,* Home Riggs (1762–1820): Befehlshaber der englischen Truppen, die 1807 Montevideo als strategisches Einfallstor in das La-Plata-Gebiet besetzten.

an anderer Stelle: im Kapitel ›Mein Bruder Pink‹ (›My Brother Pink‹) seiner autobiographischen Schriften.

111 *Hercynischer Wald:* Von Julius Caesar als Hercynia Silva beschriebene bewaldete Berge, deren Ausdehnung in der Breite neun und in der Länge 60 Tagesreisen betrug. Der Name ist im deutschen Harz-Gebirge bewahrt.

116 *zu den Höhlen:* Am Südrand des Yorkshire-Dales-Berglandes befinden sich die Höhle von Ingeborough und die sogenannte Victoria-Höhle, wo auch prähistorische Funde gemacht wurden.

Bolton Abbey: nordöstlich von Leeds gelegene Ruinen eines Augustinerklosters, das im 12. Jahrhundert gegründet wurde.

117 *Patterdale:* Dörfchen und Ausflugsort an der Spitze des zu den ›Seen‹ gehörenden Ulleswater-Sees.

Low-Wood: Hotel an der Ostseite des Sees Windermere.
al-fresco-Leben: ital., Leben in freier Natur.
σύντροφον ὄμμα: grch., vertrautes Gesicht.

118 *Ponsonby,* Sarah (gest. 1831); und *Butler,* Eleanor (1745–1829): Die beiden Damen hatten sich in den siebziger Jahren des 18. Jahrhunderts entschlossen, in völliger Zurückgezogenheit von der Gesellschaft in einem Haus im Tal von Llangollen zu leben. Wordsworth verfaßte im September 1824 anläßlich eines Besuches dieser Landschaft einige Sonette, von denen eines ›An Lady E. B. und die Ehrenwerte Miss P.‹ (›To the Lady E. B. and the Hon. Miss P.‹), ein anderes ›In den Wäldern von Rydal‹ (›In the Woods of Rydal‹) überschrieben ist. Darauf spielt de Quincey in der Anmerkung zu dieser Textstelle an, die überdies bezeugen soll, wie Wordsworth nationale Anerkennung erlangte.

120 *Holyhead:* Hafen für die Fährverbindung nach Dublin.

121 *Cleaver,* William (1742–1815): von 1785 bis 1809 Rektor des Brasenose College der Universität Oxford; Bischof von Chester (1787), Bangor (1800) und St. Asaph (1806). Er erlangte hauptsächlich durch die von de Quincey erzählte Episode einen etwas zweifelhaften Ruhm.

122 *Arundel:* mächtiges Schloß des Herzogs von Norfolk südlich von London; 1644 im Bürgerkrieg zerstört.

123 *›Der Landprediger von Wakefield‹* (›Vicar of Wakefield‹): Roman (1766) von Oliver Goldsmith, dessen Held in einem Gasthaus auf einen ehrwürdig aussehenden Greis trifft, der über die Kosmogenie philosophiert und das u. a. von de Quincey wiedergegebene griechische Zitat (›Ohne Anfang und Ende ist das All‹) gebraucht. Es entstammt – nicht wortgetreu – der Schrift ›Über die Natur der Dinge‹, die angeblich von dem griechischen Philosophen Ocellus Lucanus (6. Jh. v. d. Z.) verfaßt wurde.

125 *Pennant,* Thomas (1726–1798): englischer Reisender und Naturforscher; zu seinen zahlreichen Veröffentlichungen zählt ›Eine Wanderung durch Wales‹ (›A Tour in Wales‹, 1778–1781), auf das sich de Quincey bezieht.

128 *cantabit vacuus coram latrone viator:* lat., nach de Quinceys Erläuterung: ›Angesichts des Räubers singt der Wanderer mit leeren Taschen‹. Aus Juvenals ›Satiren‹, 10, 22.

Dr. Johnson, Samuel (1709–1784): englischer Schriftsteller und Kritiker von gewaltigem zeitgenössischen Einfluß. Unter seinen Biographen ist James Boswell (1740–1795), ›Das Leben Johnson's‹ (›The Life of Johnson‹, 1791), der bedeutendste.

130 *artis est artem celare:* lat., Die Kunst muß ihre Kunsthaftigkeit verbergen.

131 *Paul Richter:* Jean Paul (1763–1825).

Hippel, Theodor Gottlieb (1741–1796): deutscher Romanschriftsteller und Verfasser populärer moralischer, philosophischer und politischer Schriften.

Hamann, Johann Georg (1730–1788): deutscher Essayist und Verfasser irrationalistischer Schriften mit plebejischen Sympathien; wirkte anregend auf den Sturm und Drang und auf die Romantik.

Hamilton, William (1788–1856): schottischer Jurist und Metaphysiker, den de Quincey 1814 in Edinburgh kennenlernte. Nach Besuchen in Leipzig 1817 und 1820 setzte er sich für die Verbreitung deutscher Literatur ein.

Jesus-College: Das 1571 gegründete College der Universität Oxford war ursprünglich ausschließlich für Studenten aus Wales gedacht. Zu de Quinceys Zeit wurde der Gottesdienst z. B. teilweise noch in Walisisch gehalten.

Butler... Talbots: Familien der britischen Hocharistokratie.

132 *Wordsworth und seine Schwester:* Dorothy Wordsworth (1771–1855); sie inspirierte stark die Dichtung ihres Bruders und förderte die freundschaftliche Bekanntschaft mit de Quincey.

135 *sapphischen und alkäischen Strophen:* De Quincey meint die Fähigkeit, Catull oder Horaz zu zitieren.

Io: Geliebte des Zeus, die auf Veranlassung der eifersüchtigen Hera in eine Kuh verwandelt und später von einer Bremse durch viele Länder gejagt wurde.

138 *erster Shakespeare-Folio:* erste Gesamtausgabe (1623) der Werke Shakespeares.

κειμηλιον: grch., Schatz, Kleinod.

139 *Bodleian Library:* Universitätsbibliothek von Oxford.

142 *Holwell,* John Zephaniah (1711–1798): Führte 1756 im kolonialen Indien den Kampf gegen den aufständischen Suraj na Dowlah. 156 Gefangene wurden in eine winzige Kammer gepfercht, von denen am nächsten Morgen nur noch 23 am Leben waren. Später wurde Holwell Gouverneur von Kalkutta.

Jessicas Mondlicht: In Shakespeares ›Kaufmann von Venedig‹ heißt es, in der Übersetzung von Schlegel/Tieck: ›Wie süß das Mondlicht auf dem Hügel schläft!‹ (V, 1, 54). Die Worte werden allerdings nicht von Jessica, sondern von Lorenzo gesprochen.

143 *locus penitentiae:* lat., hier: Gelegenheit zur Buße.

144 *ἐπομπεύε:* grch., eigentlich **ἐμπομπεύε**; wie in einem Festaufzug getragen.

Caesar semper Augustus: lat., Anspielung auf die Errichtung der römischen Monarchie mit der Verleihung des Titels Augustus an Gaius Julius Caesar Octavianus (63 v. d. Z.–14 n. d. Z.).

147 *Acheron:* in der griechischen Sage Fluß in der Unterwelt, den die Seelen der Toten überqueren mußten, um ins Totenreich zu gelangen.

camera obscura: lat., im 16. Jahrhundert erfundener Spiegelkasten, durch dessen kleine, mit einer Linse versehene vordere Öffnung Gegenstände auf einer matten Glasscheibe verkleinert abgebildet wurden.

NEWS: Diese Etymologie ist natürlich falsch. Das englische Wort stammt vom Altfranzösischen ›noveles‹.

148 *Lombard Street:* lange Zeit das Zentrum der Geldverleiher und Banken, wo sich zu de Quinceys Zeit auch noch das Hauptpostamt befand.

mei juris: lat., mein eigener Herr; frei von elterlicher Gewalt.

150 *officina diplomatum:* lat., Arbeitszimmer.

157 *Cromwell,* Oliver (1599–1658): Sein Leben als Führer der

englischen Revolution war ständig von Attentätern der Königspartei bedroht.

158 *Tartarus:* finsterer Strafort in der Tiefe der Erde.

159 *›Die ganze Welt lag vor uns‹:* abgeleitet von Miltons ›Paradise Lost‹, I, 646.

160 *›sine Cerere et Baccho...‹:* lat., ›Ohne Brot und Wein...‹; nach der römischen Göttin des Getreides und Ackerbaus sowie dem Gott des Weins; Ceres und Bacchus werden als Einheit z. B. in Vergils ›Idyllen‹ 5, 79 gefaßt.

167 *materialiter... formaliter:* lat., sachlich... formal.

Marquis von Sligo: Vater von Lord Altamont; vgl. Anm. zu S. 52. Nach der gemeinsamen Reise mit dem jungen Altamont hatte sich de Quincey im Jahre 1800 für einige Wochen auf dessen Familiensitz in Irland aufgehalten.

173 *›Tugend zu hindern, ihre Kraft zu stumpfen...‹:* Aus Miltons Epos ›Paradise Regained‹ II, 455–456.

Häuser der ›Dames‹: Unterkünfte der Eton-Schüler, die nicht im College selbst oder bei den Lehrern wohnten.

174 *›Ibi omnis effusus labor!‹:* lat., ›Alle Mühe war damit vergeblich.‹

Otway, Thomas (1652–1685): Vertreter der heroischen Tragödie des englischen Restaurationsdramas. Einer seiner frühen Biographien berichtete, wie Otway einst eine Guinee erhielt, als er um einen Shilling bat. Er kaufte ein ganzes Brot, um es heißhungrig zu verschlingen, konnte aber nur den ersten Bissen hinunterwürgen.

177 *Magdalena:* Maria Magdalena, im Katholizismus mit der Büßerin (Lukas 7, 36) identifiziert, wird von der Kirche als reuige Sünderin gefeiert.

179 *M...:* Margaret Simpson, die de Quincey am 15. Februar 1817 heiratete.

181 *Pantheon:* Gebäude in der Oxford Street, das nacheinander als Konzertsaal, Theater und Basar diente. Das Zitat ist aus Wordsworth' Gedicht ›Die Macht der Musik‹ (›Power of Music‹, 1807).

183 *φάρμακον νηπενθές:* grch., Leid linderndes Heilmittel; ›Odyssee‹ 4, 21.
ex cathedra: lat., unfehlbar.
184 *meo periculo:* lat., auf meine Gefahr, hier: an meinem Beispiel.
185 *›ponderibus librata suis‹:* lat., aus dem Gleichgewicht sein. Die Formulierung ist von Ovid.
186 *legate a latere:* lat., päpstlicher Botschafter erster Klasse.
materia medica: lat., medizinische Seite.
prima facie: lat., dem ersten Anschein nach.
188 *apex, acme:* lat., Gipfelpunkt.
190 *Herzog von Norfolk:* 11. Herzog von Norfolk (1746–1815); für seine Exzentrik bekannter Aristokrat. Der Name des Hauses ist Howard; es stand an der Spitze der spätmittelalterlichen katholischen Hocharistokratie.
Grassini, Josephina (1773–1850): italienische Opernsängerin. 1804 wurde sie von Napoleon, der sie verehrte, nach Paris geholt.
en grande tenue: frz., im großen Abendanzug.
191 *Andromache:* betrauerte den Tod ihres Mannes Hektor im Trojanischen Krieg tief.
›Was ihr wollt‹: De Quincey meint die Worte des Herzogs am Beginn von Shakespeares Komödie.
›Religio Medici‹: nachdem es mehrere Jahre als Manuskript zirkuliert war, 1743 veröffentlichtes Buch von Thomas Browne (vgl. Anm. zu S.), in dem er über religiöse und philosophische Themen meditiert. Die in der Fußnote von de Quincey beinahe wortgetreu zitierte Stelle ist aus dem 9. Kapitel des II. Teils.
192 *Weld,* Isaac (1774–1856): englischer Topograph; Autor der Reisebeschreibung ›Reisen durch die Staaten von Nordamerika und die Provinzen des Oberen und Unteren Kanada‹ (›Travels through the States of North America and the Provinces of Upper and Lower Canada‹, 1795).
Marinus (Ende des 5. Jahrhunderts): neuplatonischer Philosoph und Schüler des Philosophen Proclos (410 bis 485), dem er in seiner ›Vita Procli‹ ein Denkmal setzte.

195 *Höhle von Trophonios:* Höhle mit einem Orakel; ihr Eingang ist so eng, daß dieser nur kriechend, die Füße voran, passiert werden konnte. Ein Melancholiker unter den Griechen kam der Sage nach in bleichem und höchst verwirrtem Zustand wieder aus der Höhle heraus.

197 *›Schmach des Grabes‹:* Wordsworth benutzt in seinem Gedicht ›Zeichen der Unsterblichkeit‹ (›Intimations to Immortality‹) die Wendung ›Finsternis des Grabes‹.

198 *honi soit qui mal y pense:* frz., ein Schelm, der Arges dabei denkt.

199 *X. Y. Z.,* Hochwohlgeboren: Initialen, unter denen die ›Bekenntnisse‹ zuerst in ›London Magazine‹ erschienen.

Custos Rotulorum: lat., Aktenverwalter.

200 *trauriges Ereignis:* der Tod von Wordsworth' Tochter Catherine.

201 *à force d'ennuyer:* frz., durch Langweilen.

Eudämonist: Anhänger der sokratisch-demokratischen Ethik, daß das Ziel der menschlichen Existenz die Glückseligkeit sei.

202 *Chaucer,* Geoffrey (1340?–1400): De Quincey spielt auf die Zeilen 221–222 des Prologs der berühmten ›Canterbury Erzählungen‹ (›Canterbury Tales‹) des englischen Dichters an, in denen der Mönch charakterisiert wird.

203 *lustrum:* lat., Jahrfünft.

›die alles bewegt, wenn sie sich nur bewegt‹: aus Wordsworth' Gedicht ›Resolution und Unabhängigkeit‹ (›Resolution and Independence‹, 1802), Strophe XI.

205 *Adelung,* Johann Christoph (1732–1806): deutscher Philologe. 1806–1817 erschien in 4 Bänden ›Mithridates oder allgemeine Sprachenkunde‹.

206 *inter alia:* lat., unter anderem.

208 *›Schloß Trägheit‹ (›Castle of Indolence‹):* Versdichtung (1748) von James Thomson (1700–1748).

Clarkson, Thomas (1760–1846): führender Vertreter der Bewegung gegen den Sklavenhandel. 1808 erschien seine zweibändige ›Geschichte zur Abschaffung des afrikanischen Sklavenhandels‹ (›History of the Abolition of the African Slavetrade‹).

209 *St.-Thomas-Tag:* der 21. Dezember.

bellum internecinum: lat., einen vernichtenden Krieg.

Hanway, Jonas (1712–1786): Reisender und Schriftsteller, der u. a. einen ›Essay über den Tee‹ (›Essay on Tea‹, 1756) gegen das Teetrinken verfaßte. Samuel Johnson, der ein ständiger Teetrinker war, verriß dieses Werk in einer Rezension, worauf Hanway eine böse Entgegnung und Johnson wiederum eine ironische Antwort schrieb.

210 *a parte ante* und *a parte post:* lat., von vorn und von hinten.

Hebe: Göttin der Jugendblüte und Mundschenkin der Götter im Olymp.

212 *›Die Empörung des Islam‹ (›Revolt of Islam‹):* Das Zitat entstammt der 23. Strophe des 5. Cantos von Shelleys epischem Gedicht (1818).

217 *tentacula:* lat., Fühlhörner.

Margery Daw: Figur in einem Kindergedicht.

220 *Nelson:* De Quincey spielt sowohl auf die Seeschlacht von Aboukir (1798), in der der englische Admiral die französische Flotte besiegte (wofür er den Titel Baron Nelson of the Nile erhielt), als auch auf die Schlacht bei Kopenhagen (1801) gegen die Flotte Dänemarks als Mitglied der Nordischen Konföderation an.

222 *florilegium:* lat., Blumenlese.

224 *›Amrams Sohn‹:* Milton, ›Paradise Lost‹ I, 339. Amram ist der Vater von Moses.

›göttergleiche Stirn‹: Die Beschreibung von Coleridge findet sich in Wordsworth' Gedicht ›Strophen in meine Taschenausgabe von Thomson's 'Castle of Indolence' geschrieben‹, (›Stanzas written in my pocket-copy of Thomson's 'Castle of Indolence'‹, 1802).

proprio marte: lat., aus eigener Kraft.

225 *Clifton und die Bristol Hotwells:* Heilquelle am Westrand von Bristol, die vor allem im 18. Jahrhundert sehr beliebt war.

230 *Wilson,* John (1785–1854): Professor für Moralphilo-

sophie an der Universität Edinburgh (1820); gehörte dem Redaktionskollegium von ›Blackwood's Magazine‹ an. De Quincey war mit ihm befreundet.

231 *Kemble,* John (1757–1823): bedeutender, vor allem wegen seiner Shakespeare-Rollen bekannter Schauspieler.

Siddons, Sarah (1755–1831): Schwester Kembles und gefeierte Darstellerin tragischer Rollen. De Quincey berichtet in seinen ›Literarischen Erinnerungen‹ (›Literary Reminiscences‹), daß er sie 1813 oder 1814 Miltons ›Paradise Lost‹ auf dem Landsitz der Schriftstellerin Hannah More (1745–1833), Barley Wood in Somerset, lesen hörte.

232 *›oder sie überschreiten das rechte Maß der Natur‹:* Anspielung auf ›Hamlet‹, III, 2, 21.

233 *Ricardo,* David (1772–1823): einer der Hauptvertreter der klassischen bürgerlichen politischen Ökonomie. Das Buch, das de Quincey erwähnt, ist ›Prinzipien der politischen Ökonomie und Besteuerung‹ (›Principles of Political Economy and Taxation‹, 1817). Engels urteilte im Vorwort zu Marx' Schrift ›Das Elend der Philosophie‹ (1884), daß diese jetzt fast verschollene, von Marx großenteils erst wieder entdeckte Literatur bis zum Erscheinen des ›Kapital‹ unübertroffen blieb.

239 *Livius* (59 v. d. Z.–17 n. d. Z.): römischer Historiker, der seit der Renaissance als größter römischer Geschichtsschreiber galt.

August 1642: Der Bürgerkrieg der englischen Revolution begann am 22. (nicht 24.) August.

240 *George IV.:* von 1820–1830 englischer König.

Paullus, Lucius Aemilius (gest. 160 v. d. Z.): römischer Heerführer; zweimal Konsul.

Marius (156–86 v. d. Z.): römischer Politiker und Heerführer, der u. a. im Zuge einer Heeresreform das Söldnerheer einführte; mehrmals Konsul in Rom.

Piranesi, Giovanni Battista (1720–1778): italienischer Graphiker, dessen großformatige Kupferstiche des alten und zeitgenössischen Rom sich durch große

Eindringlichkeit auszeichnen. Seine Blätter ›Antichità Romane‹ erschienen in 4 Bänden 1756.

241 *›Im Augenblick enthüllte sich...‹:* Die Verse entstammen Wordsworth' Dichtung ›Die Wanderung‹ (›The Excursion‹, 1814), II, 834–851.

Dryden, John (1631–1700): englischer Dramatiker der Restaurationsperiode; Essayist und Dichter.

Fuseli, Henry (1741–1825): aus der Schweiz gebürtiger englischer Maler und Kunsthistoriker.

Shadwell, Thomas (1640–1692): englischer Dramatiker und Dichter.

φάρμακον: vgl. S. 183.

242 *Lord Orford:* Horatio Walpole (1717–1797), der vierte Graf von Orford, englischer Schriftsteller, zu seiner Zeit auch berühmt durch seine geistreichen Unterhaltungen und Bemerkungen.

243 *officina gentium:* lat., Werkstatt des Menschengeschlechts.

244 *Brahma... Wischnu... Schiwa:* Dreieinigkeit der Götter in der Hindu-Religion.

Isis und Osiris: altägyptische Gottheiten

245 *caeteris paribus:* lat., bei im übrigen gleichzusetzenden Fällen.

248 *›Tiefer, als ein Lot je forschte‹:* in der Übersetzung von Rudolf Schaller; aus Shakespeares ›Sturm‹, III, 3, 101.

249 *die Höhlen der Hölle...:* Textanspielung auf Miltons ›Paradise Lost‹, II, 767–769.

251 *›umdrängt von bösen Augen,...‹:* aus ›Paradise Lost‹, XII, 644.

Erläuterungen zu den Anmerkungen des Autors

Zu 1 *Joseph von Hull:* Milner, Joseph (1744–1797), englischer Kirchenhistoriker, ›Geschichte der Kirche Christi‹ (›History of the Church of Christ‹), und Rektor der Grammar School in Hull, Bruder von Isaac Milner (1750–1820).

Wesleyscher Methodist: Mitglied einer evangelischen Kirchengemeinschaft, die u. a. von den Brüdern John (1703–1791) und Charles Wesley (1707–1788) begründet wurde und im Unterschied zur anglikanischen Staatskirche eine Intensivierung des praktischen religiösen Lebens anstrebte.

Low Church: Bezeichnung für eine Gruppierung innerhalb der anglikanischen Kirche, welche die hochkirchlichen (High Church) aristokratisierten Rituale ablehnte und das tätige Christentum besonders betonte.

Mandevilles ›Politische Ökonomie‹: Gemeint ist die Satire ›Die Fabel von den Bienen, oder Private Laster machen öffentliche Tugenden‹ (›The Fable of Bees, or Private Vices Public Benefits‹), die der aus Holland gebürtige Bernard Mandeville (1670–1733) zuerst 1714 veröffentlichte. Eine erweiterte Neuauflage 1723, in der er die bigotte kapitalistische Krämer- und Vorteilsmoral in zugespitzten Paradoxa geißelte, wurde heftig befehdet und u. a. im Juli 1723 vom Gericht in Middlesex als wider die guten Sitten gerichtlich verurteilt.

Lord Lonsdale: Lowther, James, Graf von Lonsdale (1736–1802); einer der reichsten, eigenwilligsten und launischsten Vertreter der englischen Hocharistokratie; Wordsworth' Vater war für ihn als Rechtsvertreter tätig.

Burke, Edmund (1729–1797): in Dublin geborener britischer Staatsmann, politischer Publizist und berühmter Redner. Vertrat im Unterhaus eine liberale Politik, bekämpfte aber dann die Französische

Revolution und entwickelte eine konservativ idealistische Staatstheorie.

Zu 2 *Taylor,* John (1781–1864): englischer Verleger und Publizist; Mitinhaber des Verlages Taylor & Hessey, dem ab 1821 die Zeitschrift ›London Magazine‹ gehörte und der de Quinceys ›Bekenntnisse‹ 1822 als Buch edierte.

Zu 4 *Josephus,* Flavius (37–100?): jüdischer Gelehrter und Historiker. Seine bekanntesten Bücher sind eine ›Geschichte des jüdischen Krieges‹ und ›Jüdische Altertümer‹, wo er auch über Herodes den Großen (73?–4 v. d. Z.), den unter römischer Oberhoheit über Palästina herrschenden König, schrieb.

Zu 5 *Sidney,* Philip (1554–1586): englischer Renaissance-Dichter.

Zu 6 *›Schloß Trägheit‹:* De Quincey zitiert im Text die Zeile 39 von Wordsworth' im Mai 1802 geschriebenem Gedicht ›Stanzas written in my Pocket Copy of Thomson's ‚Castle of Indolence'‹.

Zu 7 *Dampier,* William (1652–1715): englischer Seefahrer, Meeresforscher und Freibeuter.

Zu 12 *Argos ... Mykene:* Zwischen beiden antiken Städten lag die heilige Stätte Heraion.

Zu 13 *Bilderstürmer des Jahres 1645:* De Quincey bezieht sich auf Vorfälle im Rahmen der religiösen Kontroversen für und wider die Obermacht der Bischöfe während der englischen Revolution.

Zu 16 *Capulets ... Montagues:* Namen zweier verfeindeter Familien in Shakespeares ›Romeo und Julia‹.

Hartley, David (1705–1757): englischer Arzt und Philosoph, der versuchte, psychologische Erscheinungen physiologisch zu erklären.

Wilkins, John (1614–1672): englischer Geistlicher mit philosophischen und naturwissenschaftlichen Interessen; ab 1668 Bischof von Chester.

Zu 19 *Clarke,* Samuel (1626–1701): Bibelherausgeber; ›Das Alte und das Neue Testament mit Kommentaren und Parallelstellen‹ (›The Old and New Testaments with Annotations and Parallel Scriptures‹, 1690).

Zu 21 *Summum bonum:* lat., das höchste Gut.

Zu 23 *Rotroun,* Jean de (1609–1650): französischer Dramatiker.

Hardy, Alexandre (1570?–1631): Verfasser einer großen Zahl melodramatischer Schauspiele.

Guizot, François-Pierre-Guillaume (1787–1874): französischer Politiker und Historiker, dessen Kulturvorlesungen an der Sorbonne Berühmtheit erlangten.

Zu 24 *›Mikrokosmos‹* (›Microcosm‹): Maskenspiel (1637) von Thomas Nabbes (1605–1641).

Canning, George (1770–1827): englischer Politiker, u. a. Außenminister.

Zu 28 *›vivi lacus‹:* lat., die frischen Seen; aus Vergils ›Georgica‹, II, 469.

Zu 29 *Gräfin von Derby* (Charlotte de Tremuille): Charlotte Stanley (1599–1664) entstammte der französischen Hocharistokratie und heiratete 1626 James Stanley, den späteren siebten Earl von Derby. Hausherrin des Schlosses Lathom House bei Liverpool, das im englischen Bürgerkrieg belagert und 1644 durch die königliche Reiterarmee unter Prinz Rupert (1619–1682), dem Enkel von König James I., befreit wurde. Danach kam es am 2. Juli 1644 zur Schlacht von Marston Moor bei York, in der die Armee des Königs der Revolutionsarmee Cromwells unterlag.

Zu 31 *Hexe von Endor:* Gestalt aus der Bibel, 1. Samuel, 28, 7–25, die der König Saul als Wahrsagerin befragte.

Erichtho: thessalische Zauberin, die Sextus Pompeius nach der Schlacht bei Dyrrhachion befragte; Lukan (39–65), ›Pharsalia‹, VI, 334 ff.

Zu 32 *Ambrose,* Isaac (1603–1664): puritanischer presbyterianischer Geistlicher, dessen Schriften und Predigten, z. B. ›Prima, Media und Ultima‹ (1650), einst sehr bekannt waren.

Zu 33 *tertius inter pares:* lat., der Dritte unter Gleichen.

princeps senatus: lat., der Erste der Versammlung.

Castor und Pollux: Sternbild der Zwillinge.

Hesperos: der Abendstern.

Zu 36 *Dyck,* Anthonius van (1599–1641): flämischer Maler, der ab 1632 in London arbeitete und ein Modeporträtist der aristokratischen Gesellschaft wurde.

Zu 41 *Cotton,* Robert Bruce (1572–1631): berühmter Büchersammler und Parlamentarier, der zur antiköniglichen Opposition gehörte.

Zu 42 *Talfourd,* Thomas Noon (1795–1854): englischer Richter, Schriftsteller und Parlamentsabgeordneter, der von Wordsworth stark beeindruckt war.

Zu 43 *Grenville,* Lord George Nugent (1788–1850): Vertreter einer bekannten Familie der Hocharistokratie, der tatsächlich entgegen der Familientradition das Brasenose College in Oxford besuchte.

Zu 48 *Sir Egerton Brydges:* Der von de Quincey vergessene Titel lautet ›Memoiren der Pairs von England während der Regierungszeit James I.‹ (›Memoirs of the Peers of England during the Reign of James the First‹, 1802); der Schriftsteller bezieht sich auf die Eintragung über die Talbots, die Earls von Shrewsbury.

Zu 49 *habitué:* frz., Stammgast.

Shirley, James (1596–1666): englischer Dramatiker und Dichter. Die zitierten Verse stammen aus der dramatischen Versdichtung ›Der Streit von Ajax und Ulysses‹ (›Contention of Ajax and Ulysses‹, 1659).

Zu 54 *Herzog von York,* Frederick Augustus (1763–1827): englischer Offizier aus hocharistokratischem Hause, ab 1798 Oberbefehlshaber der englischen Armee. Er reichte seinen Rücktritt ein, als eine Liebesaffäre mit einer gewissen Mary Anne Clarke (1776–1852) ans Licht der Öffentlichkeit und im Januar 1809 vor das englische Parlament kam.

Belagerung Jerusalems: 2. Könige, 25; Jeremia 39, 1–10; 52, 4–27.

Bau des zweiten Tempels: nach der Zerstörung Jerusalems auf Geheiß Gottes durch den König von Persien Kores durchgeführt; Esra 1–6.

Zu 58 *Graf von Essex* (1566–1601): Günstling Königin Elisabeths mit verschiedenen hohen Ämtern. In Ungnade gefallen, plante er einen Staatsstreich gegen regierende Höflinge, der mißlang, worauf Essex wegen Hochverrats hingerichtet wurde.

émeute: frz., Meuterei.

Zu 59 **άναξ άνδρῶν**: griech., König der Männer.

Zu 60 **Ομμα θεῖς' εἰς πέπλον**: griech., ›das göttliche Gesicht ins Gewand verborgen‹. – Die griechischen Zitate sind in Euripides' ›Orestes‹ nicht zu belegen.

Zu 62 *Flatman,* Thomas (1635–1688): englischer Dichter und Miniaturenmaler, der zu seiner Zeit recht bekannt war.

Zu 63 *Gazette:* ›London Gazette‹; seit 1665 – zunächst als ›Oxford Gazette‹ – erscheinende Zeitung, deren Ausgaben dienstags und samstags herauskamen.

Zu 64 *Buchan,* William (1729–1805): englischer Arzt und Verfasser der populären medizinischen Abhandlung ›Häusliche Medizin‹ (›Domestic Medicine‹, 1769).

Zu 65 *›Anastasius‹:* abenteuerlicher Roman (1819) von Thomas Hope (1769–1831), einem englischen Weltreisenden, Sammler und Innenarchitekten. Vgl. auch de Quinceys Anm. 74.

Zu 79 *Barbara Lewthwaite:* Name und zitierter Vers stam men aus Wordsworth' Gedicht ›Das Lämmchen‹ (›The Pet Lamb‹, 1800).

›Veränderlichkeit‹ (›Mutability‹): Gedicht des Renaissance-Dichters Edmund Spenser (1552?–1599).

Zu 80 *Hariott,* John (1745–1817): Kolonialoffizier, Landwirt, Erfinder, Begründer der Londoner Wasserpolizei und Polizeirichter. Seine Publikation ›Kampf durchs Leben‹ (›Struggles through Life‹) erschien in drei Bänden zuerst 1815.

Zu 83 *›Lady am See, einsam gelagert . . .‹:* aus dem vierten der sieben ›Gedichte über Orte und ihre Namen‹ (›Poems on the Naming of Places‹, 1800) von Wordsworth, leicht abweichend zitiert.

Zu 86 *Home,* Everard (1756–1832): berühmter Arzt und Anatom.

Zu 89 *Hilarion;* eigtl. Hilarius (291?–371?): christlicher Eremit und Heiliger.

Paul (geb. ca. 250): Paul von Theben, christlicher Mönch und Einsiedler.

ἄνκος: grch., Tal; Begriff ist verwendet z. B. in der ›Odyssee‹ und der ›Ilias‹.

asphyxia: grch., Erstickungsnot.

Zu 90 *Laud,* William (1573–1645): Erzbischof von Canterbury, religiöser Ideologe des englischen Königs, während der Revolution hingerichtet.

Zu 95 *Lithgow,* William (1582–1645): englischer Seereisender, der seine Erlebnisse in ›Die vollkommene Beschreibung seltener Abenteuer und beschwerlicher Wanderungen in langen neunzehn Jahren‹ (›The Totall Discourse of the Rare Aduentures and painfull Peregrinations of long nineteene Yeares‹, 1632) wiedergab. Eine Neuauflage dieser ›Reisen‹ erschien 1814.

Inhalt